中咨研究系列丛书

U0827820

中国工程咨询专业指南

第四卷

工程项目管理咨询专业指南

主编　李开孟

副主编　林则夫　伍迪

中国电力出版社
CHINA ELECTRIC POWER PRESS

内 容 提 要

本书从项目管理内涵和知识体系切入，系统阐述了各类工程项目管理咨询业务的服务范围、业务特征、理论方法、技术工具等内容，具体涵盖了工程项目管理策划咨询、采购与合同管理咨询、进度与质量管理咨询、投资与资源管理咨询、安全与环境管理咨询、信息与沟通管理咨询、风险管理咨询、收尾管理咨询等环节，可用于从事工程项目管理相关专题研究、咨询评估的专业人员继续教育及培训用书，也可作为高等院校相关专业教材用书。

图书在版编目（CIP）数据

中国工程咨询专业指南．第四卷，工程项目管理咨询专业指南/李开孟主编．—北京：中国电力出版社，2022.11

（中咨研究系列丛书）

ISBN 978-7-5198-7069-0

Ⅰ.①中…　Ⅱ.①李…　Ⅲ.①投资-咨询服务-中国-指南　②工程项目管理-咨询服务-中国-指南　Ⅳ.①F832.48-62　②F284-62

中国版本图书馆 CIP 数据核字（2022）第 176975 号

出版发行：中国电力出版社
地　　址：北京市东城区北京站西街 19 号（邮政编码 100005）
网　　址：http：//www.cepp.sgcc.com.cn
责任编辑：畅　舒
责任校对：黄　蓓　郝军燕
装帧设计：赵丽媛
责任印制：吴　迪

印　　刷：三河市万龙印装有限公司
版　　次：2022 年 11 月第一版
印　　次：2022 年 11 月北京第一次印刷
开　　本：710 毫米×1000 毫米　16 开本
印　　张：28
字　　数：424 千字
定　　价：125.00 元

本 书 编 委 会

主　　编　李开孟

副 主 编　林则夫　伍　迪

参编人员　（按姓氏拼音排序）

曹　玫　傅子昂　郭博文　李　东

李　燕　刘义成　牛耘诗　申海燕

唐淮安　王书鹏　杨凯越　袁云飞

詹　伟　张杰敏　张　蓉　张雪飞

总 序

现代咨询企业怎样才能不断提高核心竞争力？我们认为，关键在于不断提高研究水平。咨询就是参谋，如果没有对事物的深入研究、深层剖析和深刻见解，就当不好参谋，做不好咨询。

我国的工程咨询业起步较晚。以 1982 年中国国际工程咨询公司（简称中咨公司）的成立为标志，我国的工程咨询业从无到有，已经发展成具有较大影响的行业，见证了改革开放的历史进程，通过自我学习、国际合作、兼容并蓄、博采众长，为国家的社会经济高质量发展做出了重要贡献，同时也促进了自身的成长与发展壮大。

但应该清醒地看到，我国工程咨询业与发达国家相比还有不小差距。西方工程咨询业已经有一百多年的发展历史，其咨询理念、理论方法、工具手段，以及咨询机构的管理等各方面已经成熟，特别是在专业研究方面有着深厚基础。而我国的工程咨询业尚处于成长期，尤其在基础研究方面显得薄弱，因而总体上国际竞争力还不强。当前，我国正处于社会经济发生深刻变革的关键时期，不断出现各种新情况、新问题，很多都是我国特定的发展阶段和转轨时期所特有的，在国外没有现成的经验可供借鉴，需要我们进行艰辛的理论探索。立足新发展阶段，完整、准确、全面贯彻新发展理念，构建新发展格局，对标世界一流专业咨询机构，建设中国特色新型高端智库，促进高质量发展，对工程咨询提出了新的更高要求，同时也指明了发展方向，提供了巨大发展空间。这更需要我们研究经济建设特别是投资建设领域的各种难点和热点问题，创新咨询理论方法，以指导和推动咨询工作，提高咨询业整体素质，造就一支既熟悉国际规则，又了解国情的专家型人才队伍。

中咨公司历来非常重视知识资产的创造和积累，每年都投入相当的资金和人力开展研究工作，向有关机构提供各类咨询研究报告，很多都具有一定的学术价值和应用价值。《中咨研究系列丛书》的出版，就是为了充分发挥这些宝贵的智力财富应有的效益，同时向社会展示我们的研究实力，为提高我国工程咨询业的核心竞争力和促进高质量发展做出贡献。

立言，诚如司马迁所讲“成一家之言”，“藏诸名山，传之其人”。一个人如此，一个单位也是如此。既要努力在社会上树立良好形象，争取为社会做出更大贡献，同时还应当让社会倾听其声音，了解其理念，分享其思想精华。中咨公司会向着这个方向不断努力，不断将自己的研究成果献诸社会。我们更希望把《中咨研究系列丛书》这项名山事业坚持下去，让中咨的贡献持久恒长。

《中咨研究系列丛书》编委会

2022 年 9 月

前　言

中咨公司是顺应我国投资体制改革，贯彻投资决策科学化、民主化而成立的国内规模最大、涉及行业最多的综合性工程咨询机构，在我国工程咨询理论方法研究领域一直发挥着行业引领作用。公司自 1982 年成立以来，一直接受国家发展和改革委员会等有关部门的委托，并结合自开课题研究等形式，对工程咨询理论方法进行持续创新研究，取得了非常丰富的研究成果。部分成果以国家有关部委文件的方式在全国印发实施，部分成果以学术专著、论文、研究报告等方式在社会上推广应用，大部分成果则是以中咨公司内部咨询业务作业指导书、业务管理制度及业务操作规范等形式，用于规范和指导公司各部门及所属企业承担的各类工程咨询业务。中咨公司开展的各类咨询理论方法研究工作，为促进我国工程咨询行业健康发展发挥着重要作用。

自 1982 年成立以来，中咨公司为中央政府在国家重大建设项目的决策和实施中发挥了重要参谋作用，并为地方政府、企业、银行等各类客户提供大量咨询服务。参与了西气东输、西电东送、南水北调、退耕还林、青藏铁路、京沪高铁、港珠澳大桥、首钢搬迁、奥运场馆、百万吨级乙烯、千万吨级炼油、百万千瓦级超超临界电站、大飞机工程、载人航天、探月工程以及京津冀协调发展、长江经济带、粤港澳大湾区建设、海南自贸区、“一带一路”、生态文明建设、战略性新兴产业、西部大开发、东北振兴、新疆和藏区发展、三峡工程后续工作、汶川和玉树地震灾后重建规划等一大批关系国计民生、体现综合国力的建设项目和发展规划，积累了工程咨询业务实施的丰富经验，具有重要的总结提炼和推广应用价值。

中咨公司作为我国规模最大的综合性工程咨询机构，在推动我国工程咨询理论方法研究方面一直发挥着引领带动作用，始终坚持通过理论方法的研究创新，促进公司各项咨询业务的创新开展。工程咨询理论方法体系建设及创新研究，是中咨公司立足新发展阶段，完整、准确、全面贯彻新发展理念，构建新发展格局，对标世界一流专业咨询机构，建设中国特色新型高端智库，促进高质量发展的重要举措，在中咨公司发展战略布局中占有重要地位。

创新是引领发展的第一动力，创新驱动是经济增长动力由资源、投资等要素向知识、创新、人力资本等要素转换的动力源泉。新时代高质量发展对工程咨询理论方法创新提出更高要求，需要在把握投资建设客观规律、服务高质量发展总体目标、体现新发展理念的原则要求、强调可行性研究的核心地位、推动全过程工程咨询服务健康发展、融入“一带一路”建设的国际合作体系、扎实推进工程咨询行业标准规范体系建设、加强培育理论方法创新研究应用人才队伍等方面进行深入研究和实践探索。

工程咨询是一项专业性要求很强的工作，工程咨询业务受到多种不确定性因素的影响，需要对特定领域的咨询对象进行全面系统的分析论证，往往难度很大。这就需要综合运用现代工程学、经济学、管理学等多学科理论知识，借助先进的科技手段、调查预测方法、信息处理技术，在掌握大量信息资料的基础上对未来可能发生的情况进行分析论证，因此对工程咨询从业人员的基本素质、知识积累，尤其是对其所采用的分析评价专业方法提出了很高的要求。

研究工程咨询专业分析评价关键技术方法，要在继承的基础上，通过方法创新，建立一套与国际接轨，并符合我国国情的工程咨询创新研究专业指南，力求在项目评价及工程管理的关键路径和方法层面进行创新。所提出的关键技术方法路径，应能满足工程咨询业务操作的实际需要，体现工程咨询理念创新的鲜明特征，与国际工程咨询所采用的业务导则接轨，并能对各领域不同环节开展工程咨询实践活动起到规范引导的作用。

本次结集出版的《中国工程咨询专业指南》丛书，是《中咨研究系列丛书》中的一个系列，是针对工程咨询业务实施及高端智库研究方法的创新研究专业成果。中咨公司出版《中咨研究系列丛书》的目的，一是与国内外工程咨询业界同行交流中咨公司在工程咨询及高端智库理论方法研究方面取得的成果，搭建学术交流的平台；二是推动工程咨询及高端智库理论方法的创新研究，探索构建我国专业咨询及高端智库研究知识体系的基础架构；三是针对我国专业咨询及高端智库发展的新趋势及新经验，出版公司重大课题研究成果，为推动我国专业咨询及高端智库创新发展做出中咨公司的特殊贡献。

丛书的编写出版工作，由中咨公司研究中心具体负责。研究中心是中咨公司专门从事工程咨询基础性、专业性理论方法及行业标准制定相关研究工作的内设机构。其中，开展专业咨询及高端智库理论方法研究，编写出版《中咨研究系列丛书》，是中咨公司研究中心的一项核心任务。

发展是人类社会面临的永恒主题，创新是人类社会进步的不懈追求。我国工程咨询理论方法体系，从中华人民共和国成立以来学习借鉴前苏联东欧经验阶段，到改革开放以来学习借鉴西方市场经济国家及相关国际组织经验阶段，目前已经进入按照高质量发展的要求进行全面创新的新时代。工程咨询行业的高质量发展，呼唤着咨询理念及理论方法体系进行全面创新，并具体指导各类专业咨询实践活动。我们希望，《中国工程咨询专业指南》丛书的出版，能够对推动我国咨询业务实施及专业方法创新，推动我国专业咨询及高端智库研究事业健康发展，推动中国特色新型高端智库及世界一流专业咨询机构建设发挥积极的引领和带动作用。

作者

2022 年 9 月

目 录

第一章

工程项目管理概述

项目管理是运用各种知识、技能、方法与工具，为满足或超越项目有关各方对项目的要求与期望所开展的各种管理活动。工程项目管理咨询是工程咨询专业服务体系的重要组成部分，专业化项目管理咨询是工程咨询专业化高质量发展的重要方向。本章概述项目管理及其知识体系，如何从组织战略及项目治理等视角看待项目管理，以及项目管理的相关各方目标诉求、组织机构设计、管理制度建设及责权利的协调配合等内容。

第一节　项目管理及其知识体系

一、项目管理及其发展历程

（一）工程项目的概念及特征

关于项目，并没有公认的定义，此处列举几个主要的定义：

美国项目管理学会（Project Management Institute，PMI）认为：项目是为创造独特的产品、服务或成果而进行的临时性工作。

国际标准化组织（ISO）制定的《项目管理质量指南》（ISO 10006）定义项目为："具有独特的过程，有开始和结束日期，由一系列相互协调和受控的活动组成。过程的实施是为了达到规定的目标，包括满足时间、成本和资源等约束条件"。

中国国家市场监督管理总局、国家标准化管理委员会发布的国家标准《项目管理指南》（GB/T 37507—2019）中，对项目的定义为："项目包括一组独特的过程，其组成包括带有开始日期和结束日期，受协调和控制的活动，这些活动的实施用于实现项目目标。项目目标的实现需要提供符合特定要求的可交付成果。项目可能受制于多个制约因素”。

因此，“项目”的范围非常广泛，它包括了很多内容，最常见的有：科学研究项目，如基础科学研究项目、应用科学研究项目、科技攻关项目等；开发项目，如资源开发项目、新产品开发项目、园区开发项目等；工程建设项目，如工业与民用建筑工程、交通工程、水利工程等项目。

一般而言，项目有如下特征：

1. 项目的独特性

也可称为一次性，是项目最重要的特征。每个项目都有自己的特定过程，都有自己的目标和内容，都有起止时间，因此也只能对它进行单件处置（或生产），不能批量生产，不具重复性，只有认识到项目的特定性，才能有针对性地根据项目的具体特点和要求，进行科学的管理，以保证项目一次成功。这里所说的“过程”是指“一组将输入转化为输出的相互关联或相互作用的活动”。

2. 项目具有明确的目标和一定的约束条件

项目的目标有成果性目标和约束性目标。成果性目标是指项目应达到的功能性要求，如兴建一所学校可容纳的学生人数、医院的床位数、宾馆的房间数等；约束性目标是指项目的约束条件。项目都有自己的约束条件，项目只有满足约束条件才能成功，因而约束条件是项目目标完成的前提。一般项目的约束条件包括限定的时间、限定的资源（包括人员、资金、设施、设备、技术和信息等）和限定的质量标准，目标不明确的活动不能称作“项目”。

3. 项目具有特定的生命期

项目过程的一次性决定了每个项目都具有自己的生命期，任何项目都有其生产时间、发展时间和结束时间，在不同的阶段都有特定的任务、程序和工作内容，工程项目的生命期包括项目的决策阶段、实施阶段和使用阶段，其中决策阶段又包括项目建议书、可行性研究，实施阶段包括设计工作、建设准备、工程建设及竣工验收等；工程项目的生命周期包括投标与签订合同、施工准备、施工、竣工验收、用后服务。成功的项目管理是将项目作为一个整体系统，进行全过程的管理和控制，是对整个项目生命周期的系统管理。

4. 项目作为管理对象的整体性

一个项目，是一个整体管理对象，在配置生产要素时，必须以总体效益的提高为标准，做到数量、质量、结构的总体优化。由于内外环境是变化的，所以管理和生产要素的配置是动态的，项目中的一切活动都是相关的，构成一个整体，缺少某些活动必将损害项目目标的实现，但多余的活动也没有必要。

5. 项目的不可逆性

项目按照一定的程序进行，其过程不可逆转，必须一次成功，失败了便不可挽回，因而项目的风险很大，与批量生产过程（重复的过程）有着本质的区别。

（二）项目管理的概念及特性

1. 项目管理概念

项目管理是运用各种知识、技能、方法与工具，为满足或超越项目有关各方对项目的要求与期望所开展的各种管理活动。项目有关各方需要满足的要求与期望主要涉及以下方面：

（1）对项目本身的要求与期望。这是所有的项目有关各方共同要求和期望的内容，是项目全体有关各方共同的利益诉求。例如，对一个项目的范围、工期（时间）、造价（成本）和项目质量等方面的要求与期望就属于对于项目本身的要求和期望。

（2）项目有关各方不同的需求和期望。这是项目有关各方与自己相关利益的需要和期望，包括项目的业主/客户、资源供应商、项目承包商、协作商、项目团队、项目所在社区、项目的政府管辖部门等各个方面的要求与期望。项目有关各方的需求和期望有些是相互矛盾的。

项目管理的根本目的是满足或超越项目有关各方对项目的需求与期望。项目有关各方是指一个项目的所有利益相关者，包括项目业主和用户、项目的承包商或实施者、项目的供应商、项目的设计者或研制者、项目所在的社区、项目的政府管辖部门等。这些项目的利益相关者对项目会有完全不同的要求和期望。项目业主/客户要求和期望以最小的投资获得最大的收益和项目产出物的功能；项目承包商或实施者要求或期望以最小的成本获得最大的利润，项目供应商要求或期望能够获得更多的销售收入，而项目设计者或研制者要求或期望能够留下传世之作和有所收益，项目所在社区要求和期望不要破坏环境和造成污染，项目政府主管部门要求和期望扩大就业和提高社会福利等。项目管理的根本目的就是要努力使这些不同的要求和期望能够很好地实现和综合平衡，并最终使项目合理地、最大限度地满足这些不同的要求和期望，甚至超越这些要求和期望。这既是项目管理的难点所在，也是项目管理的挑战性之所在。

2. 项目管理的主要特征

（1）每个项目的管理都有自己特定的管理程序和管理步骤。每个项目都有自己的特定目标，项目管理的内容和方法要针对项目目标而定。

（2）项目管理是以项目经理为中心的管理。项目管理具有较大的责任和风险，其管理涉及人力、技术、设备、资金、信息、设计、验收等多方面因素和多元化关系，为更好地进行项目策划、计划、组织、指挥、协调和控制，必须实施以项目经理为核心的项目管理质量安全保证责任体制，在项目管理过程中应授予项目经理必要的权力，以使其及时处理项目实施过程中发生的各种问题。

（3）项目管理应使用现代管理方法和技术手段。现代项目大多数是先进科学技术的产物或是一种涉及多学科、多领域的系统工程，要圆满地完成项目就必须综合运用现代管理方法和科学技术，如决策技术、预测技术、网络与信息技术、时间管理技术、质量管理技术、成本管理技术、系统工程、价值工程、目标管理等。

（4）项目管理应实施动态管理。为了保证项目目标的实现，在项目实施过程中要采用动态控制方法，即阶段性地检查实际值与计划目标值的差异，采取措施，纠正偏差，制定新的计划目标值，使项目能实现最终目标。

（三）工程项目管理的概念及要素

工程项目管理可以定义为，运用系统的理论和方法，对工程建设项目进行的计划、组织、指挥、协调和控制等专业化活动。由此看出，工程项目管理既具有与一般管理共有的内涵，又有自己的特点。工程项目管理的对象是工程项目，它有自己的管理目标、管理任务和组织。按工程项目不同参与方的工作性质和组织特征划分，项目管理可分为业主方的项目管理、设计方的项目管理、施工方的项目管理、供货方的项目管理、工程总承包方的项目管理。但不论是哪方的项目管理，项目管理所涵盖的规律及其实施过程、方法工具、规范化要求都具有共性特征，基本要素包括以下方面。

1. 工程项目管理客体

工程项目管理的客体可归纳为由人、物质资源和组织机构组成。人在工程项目中既是管理主体，又是管理客体；物质资源是管理客体的主要组成部分，是工程项目经济活动的必备要素，包括人力、物力、财力、信息等；组织机构是工程项目管理客体的表现形式，应围绕目标，按照权责统一、层次适当等原则建立。

2. 工程项目管理主体

工程项目管理主体即项目的管理者和决策者，是项目管理中具有决定性影响的要素。它被赋予一定的管理权力，同时也要求需具备一定的能力，包括组织管理能力和技术能力。

3. 工程项目管理信息

信息在工程项目管理中的作用和地位日益重要，交流信息、加工信息、利用信息是工程项目管理的经常活动。一定意义而言，工程项目管理的整个过程实际就是信息传递的过程，工程项目管理的全部工作就是信息处理的过程。

4. 工程项目管理目的

工程项目管理的目的就是在有限的条件下，运用一定的方法和手段，完成预先确定的技术、经济和时间的项目目标。

5. 工程项目管理任务

工程项目管理的任务就是要创造和保持使工程项目顺利完成的环境和条件。工程项目是一次性完成的任务，每一个工程项目都有不同的环境和条件，工程项目管理就是针对工程项目的环境和条件，通过计划、组织、指挥、协调和控制，使之有利于工程项目的顺利运行。

6. 工程项目管理核心

工程项目管理的核心是科学、正确的决策。工程项目的管理过程，实际上处处表现为决策过程。计划是如何实施安排的决策；组织管理要按决策开展工作；指挥者也就是决策者；协调和控制需要依靠不断的决策而实施。

（四）项目管理的发展历程

1. 工程项目管理在国外的发展

在20世纪60年代末期至70年代初期，工业发达国家开始将项目管理的理论和方法应用于建设工程领域，并于20世纪70年代中期前后在大学开设了与工程管理相关的专业。项目管理的应用首先在业主方的工程管理中，而后逐步在承包方、设计方和供货方中得到推广。20世纪70年代中期前后兴起了项目管理咨询服务，项目管理咨询公司的主要服务对象是业主，但它也服务于承包方、设计方和供货方。国际咨询工程师协会（FIDIC）于1980年颁布了《业主方与项目管理咨询公司的项目管理合同条件》（FIDICIGRA8OPM），明确了代表业主方利益的项目管理方的地位、作用、任务和责任。在许多国家项目管理由专业人士担任，如建造师可以在业主方、承包方、设计方和供货方从事项目管理工作，也可以在教育、科研和政府等部门从事与项目管理有关的工作。建造师的业务范围并不限于在项目实施阶段的工程项目管理工作，还包括项目决策阶段的管理和项目使用阶段的物业管理（设施管理）工作。

2. 工程项目管理在国内的发展

我国工程建设项目管理的发展大致可以分为四个阶段。

第一阶段，20世纪50～90年代初，是我国工程项目管理的萌芽阶段。20世纪70年代以前，我国并未建立起项目管理制度，工程建设以自营建设单位和工程指挥部的模式为主。我国从20世纪80年代初期开始引进工程建设项目管理的概念，世界银行和一些国际金融机构要求接受贷款的业主方应用项目管理的思想、组织、方法和手段组织实施工程建设项目。我国的现代项目管理制度起源于1984年利用世行贷款的鲁布革水电站项目，该项目在国内首先采用国际招标，实行项目管理，缩短了工期，降低了造价，取得了明显的经济效益。鲁布革工程冲击了我国计划经济下工程建设投资体制，促使传统的投资管控制度进行了全方位改革。

第二阶段，20世纪90年代至2004年，是我国项目管理发展和成熟的阶段。20 世纪 90 年代初的二滩水电站在管理实践中经过学习、探索、创新，不断发展和完善项目法人责任制，规范招标投标制和合同管理制等，较好地对工程质量、工程造价和工程工期三大目标实施了控制。后来的大型工程建设都采用了以四制为基础的项目管理模式进行管理，并取得了良好的效果。投资管控也开始逐步从以概预算制度为核心转变为以估、概、预、结、决“五算”为核心架构的全过程投资管控制度。

第三阶段，2004～2017 年，是我国项目管理核心理念发生转变的阶段。2004 年 7 月国务院出台的《关于投资体制改革的决定》指出：“加强政府投资项目管理，改进建设实施方式，对非经营性政府投资项目加快推行代建制。”要求通过招标的方式，选择专业化的项目管理单位负责项目的投资管理和建设组织实施工作，项目竣工验收后移交给使用单位。项目管理的专业性和系统性成为该阶段的主要特征，投资管控制度的核心也由单纯的成本控制、成本节约向通过投资管控实现项目全生命周期内项目增值转变。鼓励具有工程勘察、设计、施工资质的企业，通过建立与工程项目管理业务相适应的组织机构和项目管理体系，充实项目管理专业人员，按照有关资质管理规定在其资质等级许可的工程项目范围内开展相应的工程项目管理业务。

第四阶段，自 2017 年以来，我国项目管理进入在专业化分工的基础上实现集成化管理的阶段。2017 年 2 月，《国务院办公厅关于促进建筑业持续健康发展的意见》中提出“全过程工程咨询”的理念，政府投资工程将带头推行全过程工程咨询，鼓励技术、经济、信息、人才的高度融合和集约化管理，需要围绕项目的投资目标，整合投资决策、招标、勘察、设计、项目管理、造价等业务资源和专业能力，提供全过程一体化的项目决策咨询和过程管理控制服务，各地区相继制定出台相关的指导意见或试点工作方案。全过程工程咨询对工程咨询行业带来新的机遇和挑战，在工程咨询服务行业引起极大的反响，并就全过程工程咨询的提出背景、内涵与特征、服务范围和内容、委托方式、市场准入、服务模式、咨询企业能力建设、服务酬金、政府监管、挑战和对策等热点问题引发了各种形式的研讨。

全过程工程咨询的服务内容是合同委托范围内全过程（或相对全过程）实

施的策划、控制和协调，以及单项或单项组合专业工程咨询。工程咨询业提出了全过程工程咨询服务中的“1＋N”模式，其中：“1”是指全过程（或相对全过程）工程咨询管理服务，服务内容是全过程（或阶段全过程）的策划、控制和协调工作，接近于以往业主工作，是贯穿全过程的服务管理咨询。“N”是指专业工程咨询管理服务的集合，承担全过程工程咨询企业可以根据委托方意愿、自身服务能力、资质和信誉状况等承担其中的一项或多项专业工程咨询服务，“剩余”的其他专业工程咨询服务可以由委托方直接委托或全过程工程咨询企业通过转委托、联合体、合作体等方式统筹组织和管理。

二、项目管理知识体系

（一）国际项目管理知识体系

项目管理知识体系是指由一些项目管理专业组织所制定的项目管理标准化文件，是项目管理专业组织对项目管理专业人员进行专业认证的重要依据。这些项目管理标准化文件主要规定项目管理的工作内容和工作流程，国际上已有美国、英国、德国、法国、瑞士、澳大利亚等十几个版本的项目管理知识体系。这里简述几种有代表性的项目管理知识体系或指南标准。

1. PMI 的 PMBOK

美国项目管理学会（PMI）在 1987 年正式公布了《项目管理知识体系》(The Project Management Body of Knowledge，PMBOK)，这是世界上第一个项目管理知识体系。其目的是让项目管理具备公认的解释以及标准化的说明。其定义的项目管理是将组织的政策应用于规划、管理、控制项目和产品要求，在过程中始终符合利益相关者对项目成功的要求，例如建筑项目中的业主、承包商、供应商、立法机构、环境管理办公室和邻近社区等对项目的期待。在项目管理过程中，PMBOK 更是一种方法论，显示了所需的全部信息，如工具和技术以及项目管理过程执行的顺序。

发展至今，PMBOK 对项目管理发展产生巨大影响。首先，有助于建立被实践者接受的项目管理术语，促进各参与方之间项目管理语言和概念的通用化、标准化以及专业人士之间的相互交流，并且是项目管理专业人员资格认证的基础。其次，PMBOK 作为世界认可的标准和指南，收录项目管理知识体系中被“普遍认可”的内容，使项目管理作为一门专业被认可，其知识、技能、工具和技术被普遍接受。

截至2022年初，PMBOK已经更新出版了6个版本。PMBOK第6版提出项目经理应具备四种技能：项目管理技术、领导力、商业管理技能和战略管理技能。确定了大多数情况下大部分项目通常使用的十个知识领域以及相应的管理过程。具体包括：①项目整合管理，包括识别、定义、组合、统一和协调各项目管理过程组的各种过程和活动；②项目范围管理，包括确保项目做且只做所需的全部工作，以成功完成项目的各个过程；③项目进度管理，包括为管理项目按时完成所需的各个过程；④项目成本管理，包括为使项目在批准的预算内完成而对成本进行规划、估算、预算、融资、筹资、管理和控制的各个过程；⑤项目质量管理，包括把组织的质量政策应用于规划、管理、控制项目和产品质量要求，以满足相关方期望的各个过程；⑥项目资源管理，包括识别、获取和管理所需资源以成功完成项目的各个过程；⑦项目沟通管理，包括为确保项目信息及时且恰当地规划、收集、生成、发布、储存、检索、管理、控制、监督和最终处置所需的各个过程；⑧项目风险管理，包括规划风险管理、识别风险、开展风险分析、规划风险应对、实施风险应对和监督风险的各个过程；⑨项目采购管理，包括从项目团队外部采购或获取所需产品、服务或成果的各个过程；⑩项目相关方管理，包括用于开展下列工作的各个过程：识别影响或受项目影响的人员、群体或组织，分析相关方对项目的期望和影响，制定合适的管理策略来有效调动相关方参与项目决策和执行。

2. IPMA 的 ICB

国际项目管理协会（IPMA）是在瑞士注册的非营利性的国际化的项目管理专业组织。IPMA委员会在1998年7月确定了项目管理专业人员资质认证全球通用体系的概念。为了配合认证，IPMA在一些国家的项目管理知识体系和评估标准的基础上，制定了项目管理专业人员通用能力标准（international competence baseline，ICB）。

IPMA曾先后于1992、1999 、2006年发布过三个版本的ICB，截至2022年项目初，最新的ICB 4.0是IPMA 于2015年发布的。4.0版本主要用于评估项目经理在人员、实践和视野三个方面的能力，既适用于单一项目管理的评估，也适用于项目组合管理以及综合项目管理的评估。ICB将能力定义为在某种功能中取得成功所需的知识、个人态度、技能和相关经验的集合。人员能力侧重项目经理成功参与或领导项目的个人能力及人际协调能力；实践能力从技术层面定义项目管理过程的特定方法、工具和技术等要素；视野能力涉及广泛环境中具备的相关要素，如引导各类人员、组织及社会资源去启动并支持项目。

为适应项目管理的发展，ICB 4.0 相对于 ICB 3.0 在下列几个方面有重大变化：

（1）目的。虽然 ICB 4.0 和 ICB 3.0 实质上都是一个定义项目管理专业人员所需能力的全球标准，但 ICB 4.0 之前的各个版本都是为支持 IPMA 面向个人的认证体系这一主要目的服务的，因而其中可见大量 IPMA 四级认证体系的相关内容。ICB 4.0 聚焦于项目管理中的个人能力本身，目的是能力培养、能力评估、能力提升等。

（2）受众。由于上述的目的不同，ICB 4.0 可为更广泛的受众服务，除传统的项目管理从业人员和认证评估师外，还包括教育工作者、培训讲师、人力资源管理人员等。

（3）范围。ICB 4.0 基于广义的项目管理（PP&PM）概念将个人项目管理能力的范围由 ICB 3.0 单一的项目管理领域扩展为项目管理、项目集群管理和项目组合管理三个领域，并对项目管理领域相关的个人能力、项目集群管理领域相关的个人能力和项目组合管理领域相关的个人能力分别进行描述。

（4）结构。ICB 4.0 仍沿用 ICB 3.0 的“能力之眼”作为个人能力体系的基础结构，即仍从“技术能力”“行为能力”和“环境能力”三个维度来认识个人能力。虽然考虑到语言习惯，ICB 4.0 中文版沿用了 ICB 3.0 中“技术能力”“行为能力”和“环境能力”这三个能力维度的中文表述，但 ICB 4.0 对三个能力维度采用了与 ICB 3.0 不同的英文表述，三个能力维度的陈述顺序也有所调整，在一定程度上反映了 ICB 4.0 认识项目管理视角的调整和项目管理能力要素逻辑结构的变化（见表 1-1）。

表 1-1　　ICB 4.0 与 ICB 3.0 定义的能力维度和能力要素

ICB 4.0	ICB 3.0
1. 环境能力（perspective competences）	1. 技术能力（technical competences）
1.01 战略 1.02 治理、架构与过程 1.03 遵循的要求、标准与规则 1.04 权力与利益 1.05 文化与价值	1.01 成功的项目管理　1.02 利益相关方 1.03 项目需求与目标　1.04 风险与机会 1.05 质量　1.06 项目组织 1.07 团队协作　1.08 问题解决 1.09 项目结构　1.10 范围与可交付成果 1.11 时间和项目阶段　1.12 资源 1.13 成本和费用　1.14 采购与合同 1.15 变更　1.16 控制与报告 1.17 信息与文档　1.18 沟通 1.19 启动　1.20 收尾
2. 行为能力（people competences）	2. 行为能力（behavioural competences）
2.01 自我反思与自我管理　2.02 诚信与可靠 2.03 人际沟通　2.04 关系与参与度 2.05 领导力　2.06 团队工作 2.07 冲突与危机　2.08 谋略 2.09 谈判　2.10 结果导向	2.01 领导　2.02 承诺与动机 2.03 自我控制　2.04 自信 2.05 缓和　2.06 开放 2.07 创造力　2.08 结果导向 2.09 效率　2.10 协商 2.11 谈判　2.12 冲突与危机 2.13 可靠性　2.14 价值评估 2.15 道德规范
3. 技术能力（practice competences）	3. 环境能力（conteviual competences）
3.01 项目策划/项目集群策划/项目组合策划 3.02 需求与目标/收益与目标/收益 3.03 范围 3.04 时间 3.05 组织与信息 3.06 质量 3.07 财务 3.08 资源 3.09 采购/采购与伙伴关系 3.10 计划与控制 3.11 风险与机会 3.12 利益相关方 3.13 变化与变革 3.14 选择与权衡	3.01 面向项目 3.02 面向项目集群 3.03 面向项目组合 3.04 项目、项目集群和项目组合的实施 3.05 长期性组织 3.06 运营 3.07 系统、产品和技术 3.08 人力资源管理 3.09 健康、保障、安全和环境 3.10 财务 3.11 法律

（5）要素。ICB 4.0在视角和逻辑调整的基础上，重新定义了能力要素，将三个维度的能力要素由ICB 3.0的46个精简为29个。

（6）内容。ICB 4.0在每个能力要素的内容构成方面相对于ICB 3.0做了较大的调整。ICB 4.0基于能力的内涵，每个要素包括知识、技能和才能等内容，增加了"关键能力指标"这一反映项目管理能力的重要内容，ICB 4.0的能力要素不再包括ICB 3.0中"可能的步骤"这类反映管理过程的内容。

3. 项目质量管理指南（ISO 10006）

国际标准ISO 10006是由ISO/TC 176/SC2国际标准化组织质量管理和质量保证技术委员会质量体系分委员会制定的。这个国际标准提供在项目管理中对项目执行起重要作用，并对于达到质量标准具有影响的质量体系要素、概念和惯例的指南。

ISO 10006概述了质量管理的原则和实践，适用于各种规模、复杂程度的单个项目或者项目群，主要强调以下几个方面的内容：①组织成员具备质量管理方面的经验，并且与项目组织进行互动，将以往的知识和经验应用到项目中；②以系统方法创建和维护项目产品和项目过程；③了解并满足用户及其他相关方需求；④组织的最高管理层应为当前和未来的项目实施负有持续改进的责任；⑤项目的规划、实施和控制应被详细定义并记录成相关文件。

ISO 10006是偏向过程导向（process-oriented）的标准，其重点在于分析项目质量管理过程中过去、现在和未来之间的联系。由于应用的情境广泛，可作为开发大量质量管理的组织理论和组织行为框架的参照。该规范将质量管理与范围、时间、成本、资源、沟通、风险、采购等管理联系起来，但没有详细地描述质量管理过程中的方法和工具。

ISO 10006：2017给出了项目质量管理应用指南，适用于在不同的环境中，从事复杂程度不同的项目的组织，作为单个项目或项目组合的一部分，无论所涉及的产品/服务或过程是什么，通过在项目中引入质量管理来满足项目相关方。这可能需要对指南进行一些修改，以适应特定的项目。

ISO 10006：2017不是项目管理本身的指南，它介绍了项目管理过程中的质量指南。关于项目管理和相关过程的指南可以参考ISO 21500。ISO 10006：

2017阐述了“项目质量管理”和“项目质量管理体系”的概念。这些问题通过以下条款分别加以区分项目质量管理：项目质量管理体系（第4条），项目管理责任（第5条），项目资源管理（第6条），项目产品/服务实现（第7条），项目测量、分析和改进（第8条）。

4. 项目管理指南（ISO 21500：2012）

国际标准化组织2012年发布了项目管理国际标准ISO 21500：2012，为项目管理提供了一个公认通用的指南，可以适用于各类组织、各种规模、各种复杂程度、各种周期、各个行业的项目。

ISO 21500的主要特点是没有提供项目管理工具和技术的描述，对每个过程的描述由一般描述和一个包含主要输入和主要输出的表格组成，方便专业人士在管理系统中开放式地选择最适合项目的工具和技术。当专家采用某个指导手册推荐的工具和技术时，可能会创建一个屏障忽略其他工具和技术的创新。同时，ISO 21500没有具体描述过程的输入和输出，也没有提到项目的阶段，方便适用于任何的管理系统。对输入、输出、阶段、工具和技术的灵活性将允许其他附加元素加入常规过程并转换成常用的元素。

《项目管理指南》（ISO 21500：2012）与PMBOK有较大的相似性。《项目管理指南》中称为Subject Groups（专题组）的，就是PMBOK2012中的知识领域。该标准包括五大过程组、十个专题组，39个过程。

五大过程组（process groups）包括启动（initiating）、规划（planning）、实施（implementing）、控制（controlling）、收尾（closing）。

十个专题组（subject groups）包括：整合（integration）、利益相关者（stakeholder）、范围（scope）、资源（resource）、时间（time）、成本（cost）、风险（risk）、质量（quality）、采购（procurement）、沟通（communication）。

（二）我国工程项目管理规范和知识体系

2017年住房和城乡建设部发布的《建设工程项目管理规范》（GB/T 50326—2017），将我国的工程项目管理内容划分为以下方面。

1. 项目管理策划　project management planning

为达到项目管理目标，在调查、分析有关信息的基础上，遵循一定的程序，对未来（某项）工作进行全面的构思和安排，制定和选择合理可行的执行方案，并根据目标要求和环境变化对方案进行修改、调整的活动。

2. 项目采购管理 procurement management

对项目的勘察、设计、施工、供应等产品和服务的获得工作进行的计划、组织、指挥、协调和控制等活动。

3. 项目投标管理 tendering management

为实现中标目的，按照招标文件规定的要求向招标人递交投标文件所进行的计划、组织、指挥、协调和控制等活动。

4. 项目合同管理 contract management

对项目合同的编制、订立、履行、变更、索赔、争议处理和终止等管理活动。

5. 项目设计管理 project design management

对项目设计工作进行的计划、组织、指挥、协调和控制等活动。

6. 项目技术管理 project technical management

对项目技术工作进行的计划、组织、指挥、协调和控制等活动。

7. 项目进度管理 schedule management

为实现项目的进度目标而进行的计划、组织、指挥、协调和控制等活动。

8. 项目质量管理 quality management

为确保项目的质量特性满足要求而进行的计划、组织、指挥、协调和控制等活动。

9. 项目成本管理 cost management

为实现项目成本目标而进行的预测、计划、控制、核算、分析和考核活动。

10. 安全生产管理 construction safety management

为使项目实施人员和相关人员规避伤害及影响健康的风险而进行的计划、组织、指挥、协调和控制等活动。

11. 绿色建造管理 green construction management

为实施绿色设计、绿色施工、节能减排、保护环境而进行的计划、组织、指挥、协调和控制等活动。

12. 项目资源管理　resources management

对项目所需人力、材料、机具、设备和资金等所进行的计划、组织、指挥、协调和控制等活动。

13. 项目信息管理　information management

对项目信息的收集、整理、分析、处理、储存、传递和使用等活动。

14. 项目沟通管理　communication management

对项目内外部关系的协调及信息交流所进行的策划、组织和控制等活动。

15. 项目风险管理　risk management

对项目风险进行识别、分析、应对和监控的活动。

16. 项目收尾管理　closing stage management

对项目的收尾、试运行、竣工结算、竣工决算、回访保修、项目总结等进行的计划、组织、协调和控制等活动。

17. 管理绩效评价　management performance evaluation

对项目管理的成绩和效果进行评价，反映和确定项目管理优劣水平的活动。

第二节　战略、治理与项目管理

一、战略与项目管理

组织通过战略管理过程理解竞争能力，发挥竞争优势，实现组织目标，创造社会价值。项目和项目管理对组织实现战略目标至关重要。组织不仅需要通过项目的实施，为社会和客户创造持续的价值，同时也需要在其内部实施各类研发、创新、组织变革等项目，以保持组织的竞争优势。

（一）组织战略与项目的关系

1. 项目已经成为组织战略的重要组成部分

战略计划确立了组织的任务、目标以及未来的发展战略。战略设计与实施明确了组织如何通过资源计划的使用实现战略目标。战略包括短期行动计划、政策、程序、资源分配指导、项目集和项目。实现战略目标通常与组织变革相关。组织变革是组织适应内外部环境变化、提升竞争能力并进而实现战略目标的必经之路。而这种变革必须以不同于组织日常运营管理的方式来进行管理，也就是项目管理的方式。

2. 组织战略计划是项目选择的重要依据

组织通过对其内外部环境的分析，确定和设计战略意图，从而充分挖掘组织的内部资源、能力和核心竞争力，以在竞争环境下实现组织目标。项目的战略一致性问题已经成为组织高层的重要决策挑战。由于资源的有限性，组织需要对项目进行选择，并对确定要实施的项目进行优先级排序，以确保资源利用的效率。同时，组织还要根据环境与需求的变化，动态调整战略计划，以保证项目战略与组织战略的一致性。

3. 项目管理能力是组织创新的有力保障

创新是推动组织发展的原动力。创新驱动发展战略已经成为国家重大战略，着力推动工程科技创新，实现从以要素驱动、投资规模驱动发展为主转向以创新驱动发展为主。组织需要通过实施各类研发、创新项目来保持其发展的核心竞争力。如何有效地管理这些项目，不仅需要建立项目管理的方法论，同时也需要培养胜任的项目管理人员。因此，是否具有项目管理的能力已经成为组织能否顺利实施战略，持续创造社会价值的关键。

4. 项目战略规划的主要内容

项目战略涉及项目的愿景、地位，做什么和如何做才能达到最佳竞争优势以及获得项目最佳价值。项目战略管理包括洞察力、指导思想、态度、方向和政策，从而引出实际的项目计划，促进项目成功所需模式的建成。一旦项目战略确定，通过项目计划可以明确项目需要开展的工作、资源、时间以及交付成果。项目战略规划是用以保证组织能够根据法律和政策，明确愿景和目标、制定和实施项目战略计划、有效分配资源、安全并成功实施项目管理的框架和过程。

（1）明确项目的商业目标。依据组织的战略目标，分析项目相关方对项目的需求与期望，根据项目所处的环境和背景，确定项目的商业目标，以及项目实施成功后将要实现的长期业务情况。

(2) 定义项目的价值与成功标准。分析项目在组织战略中的地位和价值，明确项目实施可以为组织和客户创造的价值。依据主要相关方对项目的期望，定义评估项目成功和失败的标准，并据此对项目交付成果的质量、绩效、时间、成本等进行分析与均衡。

(3) 定义项目的具体目标。确定项目的交付成果，明确项目工期、成本和绩效目标，通过范围界定、工作分解、进度计划等方法，明确项目的各项计划，组建项目团队。

(二) 组织战略与项目组合管理

组织从愿景和使命出发，进一步确定组织的战略和目标，通过战略管理流程和工具来定义和执行日常管理和项目管理的工作。对于组织，特别是以项目为导向的组织而言，项目组合管理已经成为组织战略和项目管理之间的重要桥梁。

项目组合管理是为了实现特定的战略业务目标，对一个或多个组合进行集中管理，包括对项目、项目集和其他相关工作的识别、优先排序、授权、管理和控制等活动。

1. 战略和资源分析

项目组合管理的第一步工作是对组织的战略计划和资源情况进行分析。在对项目进行选择的过程中，应当对项目的目标是否符合战略需求进行比较。战略分析应确定组织的主要相关方。资源分析除了对资金、人员、管理能力、目前正在进行和已经完成项目的情况等进行分析以外，还应包括组织可以使用的外部资源能力，如外部专家、咨询、分包商等情况的分析。在对战略和资源进行评估的基础上，应当确定组织项目成功的标准，作为对项目进行评估的重要指标。

2. 项目评估与选择

项目选择是组合管理中最重要的问题。不仅需要根据经济和盈利能力、风险等因素综合对项目进行评估，还需要选择符合组织战略发展以及资源配置的项目。

3. 项目组合分类

首先对组织目前所有的项目进行检查，包括在建项目、已筹划项目和今后期望开展的项目。然后应确定组织内部项目组合分类的原则，如根据业务类型、技术类型等，并根据对新项目的评估结果，对已有项目组合进行重新评审，把新选择的项目分配到不同的项目组合中。

4. 优先级排序

组织内部应首先建立项目分级的标准，在对战略和组合所产出的价值进行分析的基础上，根据标准对项目组合、项目集以及项目进行优先级的评估。同一个组合中的不同项目可能会存在战略意义重要性的差异，对这些项目进行资源的分配时需要关注。

5. 组合实施、平衡与监控

在项目组合的优先级确定后，应推动项目组合的组织实施。首先要对项目集经理进行授权，由项目集经理负责管理项目集各项目经理，对项目进展进行管理和汇报。项目集经理可以定期或在项目集的关键点对各项目以及计划的进展情况进行核查。

6. 定期审计与汇报

由于需要与组织的战略管理相结合，项目组合管理还包括一些类似于运作性的工作，包括需要定期对组织所有的项目组合进行分析和评估，对于结束的大型计划和重要项目进行审计和收益的考核，并将结果向组织管理层进行汇报，提出关于下一步工作的建议，并根据管理层的决策，继续对组织的项目进行管理。另外，还需要时刻关注组织战略的变化，以决定是否调整组合管理中的计划或项目。

7. 建立组织项目管理数据库

在项目组合管理框架模型中，项目管理数据库表示的是一个具有辅助决策功能的管理信息系统，其主要作用是把每一个环节的依据、过程方法和结果通过电子或书面的方式记录下来，不断地进行收集、筛选、整理和储存，并向不同的相关方及时发布不同的项目信息。随着组织项目管理成熟度的不断提高，该数据库将具有一定的知识管理能力，从最初的记录和储存功能逐步向智能化的决策支持系统转变。

二、项目治理

项目的成功离不开项目治理。治理对项目的成功和支持战略至关重要，治理涉及有效的管理，一致的策略、规范、过程和决策制定。项目治理为项目的成功决策制定框架，是项目管理的重要基础。

（一）治理与项目治理

1. 治理及其应用领域

治理（governance）最早起源于拉丁语“gubenare”，其为引导、操纵、掌舵之意。20 世纪 90 年代以来，“治理”一词开始频繁出现，研究领域逐渐涉及政治学、经济学、社会学、公共行政学、工程项目学等领域，应用领域包括组织和企业治理、政府治理、社会治理和项目治理。

治理的内涵十分丰富，包罗性很强，其中全球治理委员会 1995 年对治理做出如下界定：治理是个人和机构经营管理相同事务的诸多方式的总和。它是使相互冲突或不同的利益得以调和并且采取联合行动的持续的过程。它包括有权迫使人们服从的正式机构和规章制度，以及各种非正式安排。而凡此种种均由个人和机构或者同意，或者认为符合他们的利益而授予其权力。

虽然不同领域中对于治理概念的定义侧重点不同，但是有几点共识：政府不再是唯一的权力中心，任何公共或私人机构行使的权力只要得到公众的承认，就能够被认为是不同层级上的权力中心；在治理过程中，权力不再是从上往下的单一形式，而是上下互动、纵向合作或者相互沟通的多元模式；治理过程中形成的自主网络可以与政府进行合作，并且有助于公共事务的治理；政府可以使用新的技术和工具来引导和控制公共事务。

当今世界正经历百年未有之大变局，国际形势复杂多变，组织所面临的风险挑战之严峻前所未有。这些风险挑战，有的来自国内，有的来自国际，有的来自经济社会领域，有的来自自然界。为了应对这些共同挑战，推进全球治理已经成为世界发展的主题。

工程建设是直接生产力，工程创新是创新活动的主战场。改革开放以来，在关系国计民生和产业命脉的领域，重大工程是“定海神针”，立梁架柱，筑牢基石，已经成为中国现代化建设的可靠支撑。如何深刻把握我国发展要求和时代潮流，把制度建设和治理能力建设摆到更加突出的位置，继续深入研究工程和项目管理领域的治理问题，是推进国家治理体系和治理能力现代化的必然要求。

2. 项目治理和项目管理

随着社会分工的不断细化，项目已成为在有限时间内统筹人力、物力资源，以完成特定目标的运作单位，小到 3～5 人的工作小组，大到多个组织联合参与。全球化已成为当今时代的基本特征之一，项目的参与方不断增多，利益相关者对项目的影响能力也在不断加强，项目运作中面临的问题日益凸显，项目管理已然不能有效解决这些复杂的问题。一个项目的失败会造成巨大经济损失和社会影响，为进一步深入解决项目中的诸多风险，项目治理受到项目管理领域学者的广泛关注。

项目治理可以广义地定义为项目管理的管理，它是一个存在于比项目管理系统更高层次的系统，并且提供对项目管理系统的监督。项目治理不同于项目管理，项目管理关注的是如何组织和开展项目工作，而项目治理关注的是定义制定项目决策的制度环境，并确保这些决策以符合项目目标和利益相关者利益的方式做出。因此，项目治理系统处于中心位置，以确保项目实现其目标和利益，从而支持组织战略的实施。

项目治理通过协调安排项目全寿命周期内相关方的关系，来降低项目各方的风险，保证项目的合理正常运作。项目治理解决了传统项目管理所不能解决的制度层面的问题，治理水平的高低成为影响项目绩效的决定性因素。

（二）项目治理的组织环境

1. 组织治理与项目组合、项目集和项目

组织治理是一种通过人员、政策和流程来控制、指导和协调的结构化方法，旨在保障组织战略和运营目标的实现。组织治理通常通过高级管理委员会来实施。委员会用于提供高层监督，设定要求和战略优先事项，并指导组织对关键机构的评估。

项目组合、项目集和项目治理关注对框架、职能和流程的监督和批复，从而为项目组合、项目集和项目提供指导和决策，明确项目组合、项目集和项目管理活动的定义和实施，以确保实现组织战略和运营目标。

图 1-1 描述了组织治理与项目组合、项目集和项目管理活动的相互关系。组织治理的任务是监督整个组织，关注建立战略方向、政策规章、责任授权体系、监督职能以及各工作之间的边界管理。战略和组织政策流程通过项目组合、项目集和项目管理流程逐级下达。

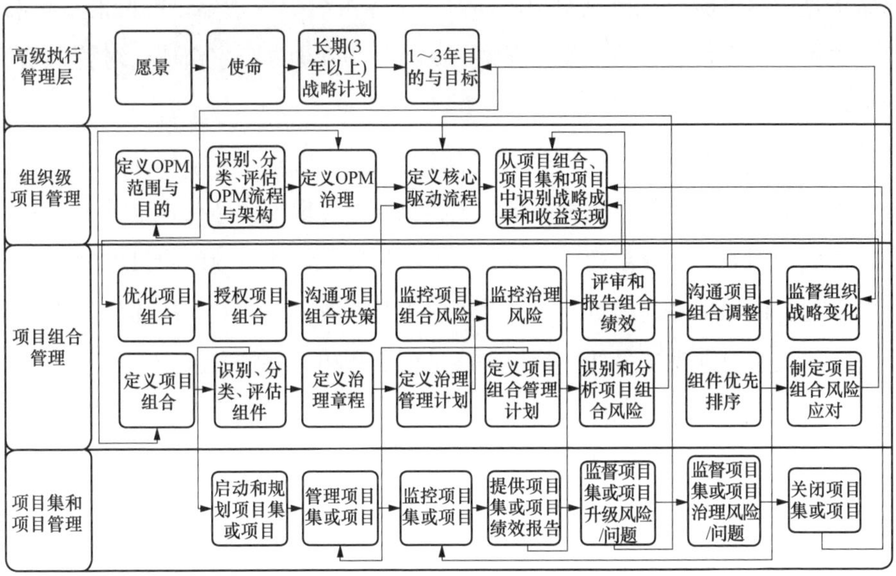

图 1-1 组织治理与项目组合、项目集和项目管理活动的相互关系

在组织治理的机构方面，可以采用一个或多个的高层管理委员会来共同完成治理工作。如美国航空宇航局（NASA）设立 3 个高层委员会：战略执行委员会、项目管理委员会和运营支持委员会。每个委员会都有各自关注的治理重点：战略执行委员会专注于组织的战略方向，评估与能否达到组织目标相关的重大决策；项目管理委员会关注采办项目和任务决策，重点是在采办项目的关键决策点进行绩效评价；运营支持委员会专注于任务赋能决策，为任务的实施提供设备、设施、技术和投资等支持。

2. 项目组合与项目集层面的治理

项目组合治理为项目组合管理提供指导，其治理和监督可能源自组织治理和多个治理主体。因此，项目组合治理的主体可成立项目组合治理委员会，由组织级领导、项目集的发起人、其他关键相关方代表、项目组合管理团队和项目组合管理办公室等构成，就项目组合管理中的关键问题、目标绩效审查、资源内部调研等问题进行协调，确保组织战略和目标的实现。

项目集治理是指导项目集管理活动的一套框架、职能和流程，通过项目集治理来评估项目集绩效和进度信息，确保项目集实现其期望的收益和成果。项目集治理应尽可能简化授权架构，其治理主体由组织级领导、项目集发起人、其他关键相关方代表、项目集管理团队及项目集管理办公室组成，对整个项目集和项目集经理提供监督和决策支持。

（三）项目治理的实施

项目治理是用于项目决策制定的过程及框架、模型或结构，也是项目交付的关键成功因素。项目治理不善将会导致项目失败，而有效的项目治理能促进项目成功。借助良好的项目治理，就可以进行有效果和有效率的项目决策，即由正确的人及时地做出最佳决策，来满足项目和相关方的需求。

1. 有效项目治理的四大原则

对项目进行有效的治理，首先需要明确有效项目治理的原则，这些原则也将成为设计项目治理模型的基础。

（1）为项目成功确定唯一的终责点。这确保了清晰的领导，以及清晰和及时的决策。

（2）服务交付主权决定项目主权。把服务作为项目交付的核心考虑事项，确保项目治理框架以服务交付为中心。

（3）确保相关方管理与项目决策活动相分离。避免决策机构人满为患，防止决策困难或低效。

（4）确保项目治理与组织治理相分离。把项目的决策路径从组织的命令链中分离出来，从而减少项目决策层的数量。如果混淆项目治理与组织治理，就会导致组织结构中的角色与项目治理中的角色不协调地凑在一起。

2. 项目治理模型的构建

依据有效项目治理的原则，建立项目治理模型，如图 1-2 所示。

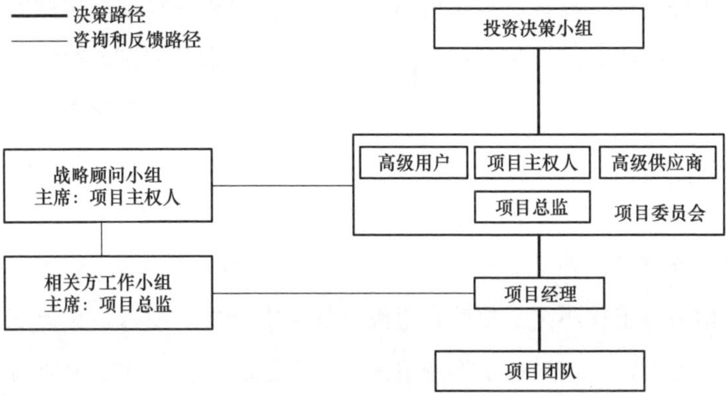

图 1-2　项目治理模型

(1) 项目主权人。项目主权人是项目最重要的相关方，他将依赖于项目的成功交付来持续地履行服务交付职责。其主要责任是对项目成功承担终责，对服务交付承担运营职责。

(2) 高级用户。第一类高级用户是资产将提供的服务的使用者的代表。这些资产可能是基础设施、IT 系统或业务流程或政策。如果没有合理地满足用户的需求，项目的成功会受到影响。第二类高级用户就是资产的运营者或维护者。高级用户要对确保满足项目用户的需求承担终责，其主要职责是定义用户需求，并监控用户需求的实现情况。

(3) 高级供应商。高级供应商的作用是确保根据服务交付的要求，成功交付资产或产品。他要对交付能够满足高级用户和项目主权人需求的项目资产承担终责。高级供应商的主要职责是设计、开发和交付项目资产。

(4) 项目总监。项目总监用自己的项目交付经验，代表项目主权人推动项目。项目主权人可能具有或缺乏项目交付经验。为了克服项目主权人的时间和技能约束等问题，就需要在项目委员会中引入“项目总监”这个角色。项目委员会是项目的关键决策机构，主要包括以上 4 类成员，应该在项目开始时就建立。其成员由项目主权人任命，可能需要项目集管理人员的协助。

(5) 投资决策小组。投资决策小组通常是预先存在于组织内的，它可能被称为预算委员会、预算审查委员会、支出（审查）委员会等。因此，它的成员通常是预先确定的。投资决策小组通常应该包括财务主管、首席财务官、首席运营官及其他高级管理人员，最好还要有一名项目集管理人员的代表。

（6）战略顾问小组。由那些不在项目委员会，但仍起主导作用的相关方组成，如未参加项目委员会的、项目资金提供方的高级管理者、财务部门、项目是在辖区、机构或组织中的高级管理人员等。战略顾问小组应该审查项目文件，提出审查意见，并且对项目重要事项提出建议，但并不是项目决策机构。

（7）相关方工作小组。那些在更细节的层次上参与项目，或者不太直接影响项目的相关方，可以通过工作小组来表达自己的需求。他们可能为战略顾问小组的成员工作。通常由项目总监担任相关方工作小组的主席，从而保持该小组与项目的直接联系。一般情况下，工作小组的成员直接向顾问小组中代表自己所在组织的那个成员汇报。

3. 项目治理框架的实施

（1）绩效评估。项目治理绩效评估是对项目治理质量的衡量和评判。不同的情境因素对应不同的治理策略，其治理机制也会不同，所以产生的效果也会有所差异。将项目治理绩效定义为在项目交易过程中，项目各参与方在合作过程中实际采取或感知到的合作制度的效果和效率，包括治理结构的选择和治理机制的选择。在特定的项目治理结构下，如果项目采用的治理机制能够按照预期影响交易主体的决策和行为，则认为项目治理绩效较好；如果低于预期目标甚至出现项目失败的情况，则认为项目绩效不好。在评估过程中也要把项目管理的绩效作为衡量项目治理能力的一个指标，分析相关方对项目过程和结果的满意程度。

（2）项目治理的改进。通过收集和分析项目相关方对项目满意度、项目实施过程中的战略一致性、交付成果、风险管理等方面的情况，对问题进行梳理和分析。对比项目治理实施的关键风险点，如组织文化的问题，包括项目管理人员担心失去权力、高级管理层不愿授权给项目委员会等；组织政策方面是否存在差距与冲突；预算、服务交付与成果不互相匹配所带来的组织问题；资源和技能问题等。审核具体问题，识别治理改进的机会，并将改进计划提交给高层管理委员会，在未来的项目中继续实践并持续改进。同时，要记录治理框架实施的经验与收获，完成绩效评估、问题分析、改进机会识别和改进方案等报告。

第三节　项目管理组织和制度

一、项目相关方

工程项目的相关方是指影响项目目标的实现，或者受到项目实施过程影响的所有个体、群体和组织。工程项目管理团队必须清楚谁是本工程项目的相关方，明确他们的要求和期望是什么，然后对这些要求和期望进行管理和施加影响，确保工程项目获得成功。工程项目的相关方有许多不同的名称和类型，对相关方的命名和分组可以帮助识别主要相关方。

（一）工程项目相关方的分类方法

1. 权力/利益矩阵

根据相关方的职权（权力）大小以及对项目结果关注的程度（利益）进行分组。

2. 权力/影响矩阵

根据相关方的职权（权力）大小以及主动参与（影响）项目的程度进行分组。

3. 影响/作用矩阵

根据相关方主动参与或影响项目的程度以及改变项目计划或执行的能力（作用）进行分组。

4. 凸显模型

根据相关方的权力（施加自己意愿的能力）、紧急程度（是否需要立即关注）和合法性（有权参与）对项目相关方进行分类。

在以上分类基础上，又可将工程项目的相关方划分为项目直接相关方与项目间接相关方。其中工程项目的直接相关方一般包括工程项目的发起人或投资人、投资人指派的项目经理和管理团队、承担工程项目任务的执行者，即承包商或供应商等。间接相关方，如政府机构、新闻媒体、社会群体、行业组织、项目成功的用户等，他们一般并不直接参与到项目内部，但项目的执行将使他们获得利益与满足或受到损害，因而会支持或反对项目的进行。

在工程项目的相关方中，工程项目的发起人或投资人有权决定工程项目是否启动并持续进行，所以既是工程项目的主要决策方，也是工程项目总体目标的制定者。

（二）工程项目的主要相关方

1. 业主

业主是工程项目的投资人或投资人专门为工程项目设立的独立法人。业主可能就是项目最初的发起人，也可能是发起人与其他投资人合资成立的项目法人组织。业主对工程项目的要求和期望表现为投资少、收益高、时间短、质量合格。

2. 咨询部门

咨询部门是指从事管理咨询的组织，其所经营项目是具有丰富的管理知识和经验并且掌握了咨询技法的人所从事的高智能的服务事业。咨询人员在工程项目提出要求的基础上深入工程项目，并且和项目管理人员密切结合，应用科学的方法，找出项目存在的主要问题，进行定量和确有论据的定性分析，查出问题存在的原因，提出切实可行的改善方案，进而指导实施方案，使项目的运行机制得到改善，提高项目的管理水平和经济效益。咨询部门对工程项目的要求和期望表现为合理的报酬、松弛的工作进度表、迅速提供信息、迅速决策、按时支付工作报酬。

3. 承包商

承包商是指有一定生产能力、技术装备、流动资金，具有承包工程建设任务的营业资格，在建筑市场中能够按照业主的要求，提供不同形态的建筑产品，并获得工程价款的建筑业企业。按照他们进行生产的主要形式的不同，分为勘察、设计单位，建筑安装企业，混凝土预制构件、非标准件制作等生产厂家，商品混凝土供应站，建筑机械租赁单位，以及专门提供劳务的企业等；按照他们的承包方式不同分为施工总承包企业、专业承包企业、劳务分包企业。

承包商对工程项目的要求和期望表现为优厚的利润、及时提供施工图纸、最小限度的变动、原材料和设备及时送达工地、公众无抱怨、可自己选择施工方法、不受其他承包商的干扰、按时支付工程进度款、迅速批准开工、及时提供服务。

4. 供货商

供货商是指可以为工程项目提供原材料、设备、工具及其他资源的企业。供应商可以是生产企业，也可以是流通企业。供货商对工程项目的要求和期望表现为规格明确、从订货到发货的时间充裕、有较高的利润率、最低限度的非标准件使用量、质量要求合理。

5. 生产运营部门

生产运营部门是指从事生产运营活动的组织，包括工、矿、商、贸等。生产运营部门对安全生产承担主体责任。生产运营部门对工程项目的要求和期望表现为按质量要求、按时或提前形成综合生产能力、培训合格的生产人员、建立合理的操作规程和管理制度、能保证正常运营。

6. 政府机构

广义的政府机构是指中央和地方的全部立法、行政、司法、审计等。狭义的政府机构仅指中央和地方的行政机关，即依照国家法律设立并享有行政权力、担负行政管理职能的部分国家机构，在我国亦称为“国家行政机关”。政府机构对工程项目的要求和期望表现为与整个国家的目标、政策和立法相一致。

7. 金融机构

金融机构是指从事金融服务的中介机构，为金融体系的一部分。金融业包括银行、证券、保险、信托、基金等行业。金融机构包括银行、证券公司、保险公司、信托投资公司和基金管理公司等。同时亦指有关放贷的机构，发放贷款给客户在财务上进行周转的公司。金融机构对工程项目的要求和期望表现为资金安全、按预定日期支付、项目能提供较高的回报、按期清偿债务等。

8. 公用设施管理部门

即公用设施相关的管理机构。公用设施是指为市民提供公用服务产品的各种公用性、服务性设施。公用设施的管理，主要是对城市公用设施的管理，包括市政设施管理、环境卫生管理、绿化管理、城乡市容管理、公园管理和游览景区管理等。公用设施管理部门对工程项目的要求和期望表现为及时提出对服务的要求、将工程建设的干扰降至最低限度。

9. 社会公众

社会公众是指与项目生产运营活动发生关系的各种群体的总称。公众对项目的态度，会对其生产运营活动产生巨大的影响。社会公众一般包括报纸、杂志、电台、电视台等传播媒介；与项目生产运营有关的非政府机构，如消费者组织、环境保护组织，以及其他群众团体，项目所在地附近的居民和社区团体。社会公众对工程项目的要求和期望表现为工程建设期无社会风险、无污染及公害，在工程项目运行期内对外部环境不产生有害的影响，工程项目有社会效益，产出品或提供的服务质量优良、价格合理。

10. 内部各部门

内部各部门是按照一定的原则设置的，是企业内部各组织职能分配的一种体现。内部各部门对工程项目的要求和期望表现为松弛的工作进度表，优良的工作环境，有足够信息资源、人力资源和物资资源。

二、项目组织

组织是一切管理活动取得成功的基础，项目组织的主要目的是充分发挥项目管理职能，提高项目管理的整体效率，以达到项目管理的目的。由于项目本身的特性决定了项目实施过程中其组织管理与传统组织管理既有相同之处，也有不同之处。项目管理与传统组织管理的最大区别在于项目管理更强调项目负责人的作用，强调团队的协作精神，其组织形式具有更大的灵活性和柔性。

（一）组织及其特征

1. 组织的定义和形成过程

从项目管理的角度来说，项目组织是指由一组个体成员为实现具体的项目目标而组织的协同工作的队伍。项目组织的根本使命是在项目经理的领导下，协同工作、共同努力、增强组织的凝聚力，为实现项目目标而努力工作。项目组织为了完成某个特定的项目任务，通常由不同部门、不同专业的人员组成一个特别的工作组织，它不受既存的职能组织构造的束缚，但也不能代替各种职能组织的职能活动。

作为动词的“组织”也称“组织过程”“组织设计”等，其一般过程是首先进行工作划分，即将组织要承担的任务按目标一致及高效的原则进行分解，然后进行工作分类，就是将分解得到的诸多工作分为不同的类别，这也就是以后组织中职务和职位的基础。最后是确定不同类别的工作之间的关系，也就是形成组织机构。其过程如图 1-3 所示。

图 1-3　组织结构的形成过程

2. 组织的特征

组织的共性特征主要包括：①目的性。任何组织都有其目的，这样的目的既是这种组织产生的缘由，也是组织形成后其使命的体现。②专业化分工。组织是在分工的基础上形成的，组织中不同的职务或职位承担不同的组织任务，专业化分工符合处理工作的复杂性及人的生理、心理等有限性特征的矛盾，便于积累经验及提高效率。③依赖性。组织内部的不同职务或职位并非孤立而是相互联系的，具体表现为组织的组织结构，这种依赖性一方面可以从结构图上看出，另一方面可以在具体岗位的说明书中看到，描述了不同职务或职位之间具体的工作关系。④等级制度。任何组织都存在一个上下级关系，下属有责任执行上级的指示，而上级不可以推卸掉组织下属活动的责任。⑤开放性。所有组织都与外界环境存在着资源及信息的交流，同时组织的多种决策要依赖从环境取得的信息。⑥环境适应性。组织本身是一个系统，并存在于环境这样的大系统之中，必须具有环境适应性才能生存发展。

项目组织的特点包括：①一次性和暂时性。项目组织的一次性和暂时性是其区别于其他组织的明显特点。一般来说，项目完成以后，项目组织就会解散，等待新项目启动。即使有一些项目组织不解散，但是项目成员也会发生改变以继续承接新项目。②生命周期。项目组织与项目一样有其生命周期，要经历建立、发展和解散的过程。项目组织是在不断地更替和变化。组织的一个基本原则是因事设人，所以应根据项目的任务设置机构，因岗用人，当环境或项目发生变化时，应及时调整项目组织。③柔性组织。柔性组织是指组织要有机动灵活的组织形式和用人机制，对内外环境具有适应性。④协调与沟通。由于项目具有较高的不确定性和风险性，大力协调与充分沟通、发挥集体决策的作用，是减少突发性问题的有效手段。⑤团队精神。由于项目具有一次性和暂时性的特点，项目组织都是临时组织，成员无法安心工作，此时应强化目标概念，强调团队精神。⑥跨职能部门。项目是一个综合的系统，项目组织内部需要多领域专业人员的多种技能以及他们之间的协作与分工，项目成员来自多个部门，注重跨职能部门的横向协调。

3. 组织设计的一般原则

组织是人们为了达到某个目的而形成的，然而现实中有的组织能高效率、低成本地实现组织目的，而有些组织则不仅不能促进组织目标的实现，还可能阻碍组织目标的实现。自古以来，人们在实践或学术领域都在研究合理组织设计的理论与方法，组织设计一般应遵循以下原则。

(1) 目标一致性原则。组织是为了组织目标而组建的，然而组织又是一个可以细分的系统，自上而下，从左到右相互联系的各部门及人员都会有自己部门或个人的目标，只有使各部门或个人目标的整合与组织目标一致时组织目标才能有效实现。因此组织设计应有利于实现组织的总目标，真正建立起上下保证，左右协调的目标体系。

(2) 有效的管理层次和管理幅度原则。管理幅度是指一个上级管理者直接领导下级的人数。管理层次是一个组织中从最高层到最底层所经历的层次数。管理幅度与管理层次成反比，增加管理幅度则会减少管理层次。相反，减少管理幅度会增多管理层次。管理层次的多少也会影响组织的效率及效果，层次过少，则引起幅度过大；层次过多，从信息传递方面讲，会有信息传递延迟、信息传递失真等，并会助长官僚主义。因此，对于一个组织而言，要结合具体情况制定出合理的管理层次和管理幅度。

(3) 责任与权利对等原则。组织设计要明确各层次不同岗位的管理职责及相应的管理权限，特别需要注意管理职责要与管理权限的对等。若有权无责，或责任小于权利，则会助长瞎指挥，乱拍板，滥用职权。有责无权，或权利太小，一方面不利于职责的完成，另一方面会束缚管理者的工作积极性和创造性。

（4）合理分工与密切协作原则。组织是在任务分解的基础上建立起来的，合理的分工便于积累经验和实施业务的专业化。合理的分工有利于明确职责。然而在强调合理分工的前提下还要强调密切协作，只有密切协作才能将各部门、各岗位的工作努力合成以实现组织整体目标的力量。

（5）集权与分权相结合的原则。管理就是要借他人之手完成预定的目标和任务，各级管理组织机构之间就有集权和分权的关系，集权有利于组织活动的统一，便于控制。分权有利于组织的灵活性，但使得控制变得困难。因此，集权与分权要适度，以适应组织的任务与环境。凡是关系到组织全局的问题要实行集权，而通过授权，使中层或基层都有一定的管理职责与权限，这也是分工原则的体现。

（6）环境适应性原则。组织是一个与环境有着资源、信息等交换的开放系统，并受环境发展变化的制约，因此组织的设计要考虑到环境变化对组织的影响，一方面要建立适应环境特点的组织系统；另一方面要考虑在环境发生变化时组织所应该具有的灵活性及可变革性。

（二）项目管理的组织形式

一个项目一旦确立，首先就要面临两个问题：一是必须确定项目与公司的关系，即项目的组织结构；二是必须确定项目内部的组成。项目组织对于项目的顺利完成很重要，能为项目经理的工作打好基础，构筑组织机构是企业高层领导的职责，其有责任设置好组织，使项目经理能够顺利地开展工作。组织设置是否合理，将影响项目管理的成败。实际中存在多种项目组织形式，并没有证据证明有一个最佳的组织形式，每一种组织形式有各自的优缺点，有其适用的场合。

1. 职能式

所谓企业项目管理的职能式组织形式，通常是指项目任务是以企业中现有的职能部门作为承担任务的主体来完成的。一个项目可能是由某一个职能部门负责完成，也可能是由多个职能部门共同完成。在这种情况下，各职能部门之间与项目相关的协调工作需在职能部门主管这一层次上进行。职能式组织结构如图 1-4 所示。

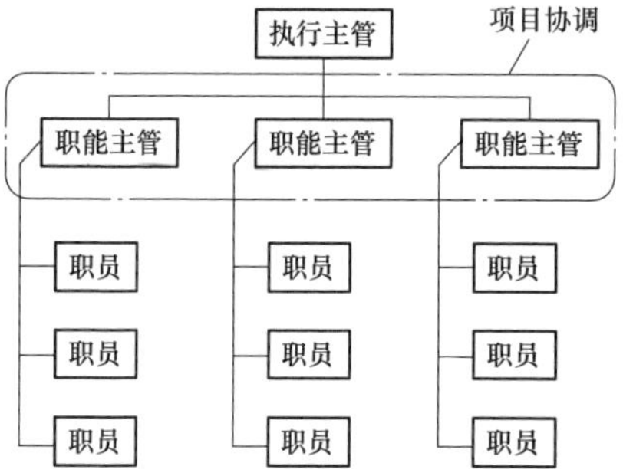

图 1-4　职能式组织结构示意图

职能式组织形式具有以下优点：①在人员的使用上具有较大的灵活性；②技术专家可以同时被不同的项目使用；③同一部门的专业人员在一起易于交流知识和经验；④当有人员离开项目组甚至离开组织时，职能部门可作为保持技术连续性的基础；⑤职能部门可以为本部门的专业人员提供一条正常的晋升途径。

职能式组织形式的缺陷包括：①这种组织结构使得客户不是活动和关心的焦点。职能部门有其自己的日常工作，项目及客户的利益往往得不到优先考虑；②职能部门的工作方式常常是面向本部门活动的，而一个项目要取得成功，其采取的工作方式必须是面向问题的；③没有一个人承担项目的全部责任；④对客户要求的响应迟缓和艰难；⑤项目常常得不到很好的对待；⑥调配给项目的人员，其积极性往往不是很高；⑦技术复杂的项目通常需要多个职能部门的共同合作，交流沟通比较困难。

职能式组织结构适宜于规模较小的，以技术为重点的项目，不适宜时间限制性强或要求对变化快速响应的项目。

2. 项目式

在项目式组织形式中，为达到某一特定目标所必需的所有资源按确定的功能结构进行划分，项目式组织的内部结构仍然是功能化的，但要建立以项目经理为首的自控制单元。项目经理可以调动整个组织内部或外部的资源。项目式组织结构如图 1-5 所示。

项目式组织结构的优点包括：目标的单一；命令的协调；决策速度快；结构简单灵活，易于操作。项目式组织结构的缺陷有：由于资源独占，可能造成资源浪费；临时项目结束时的工作保障问题；各部门之间的横向联系少。项目

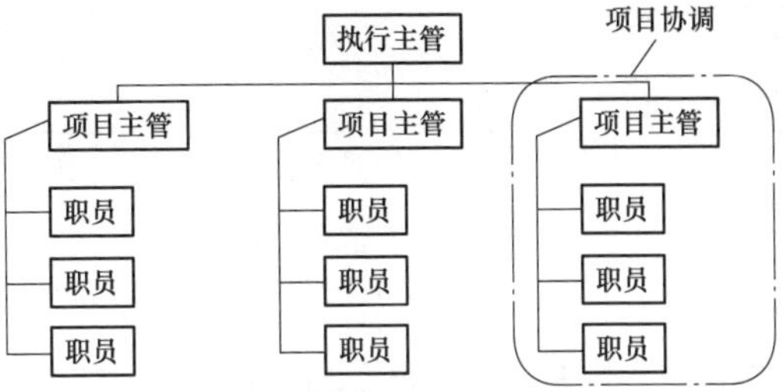

图 1-5 项目式组织结构示意图

化组织适用于包含多个相似项目的单位或组织以及长期的、大型的、重要的和复杂的项目。

3. 矩阵式

矩阵式组织结构是综合考虑项目的职能组织结构和线性组织结构特征，将各自的特点混合而成的一种项目的组织结构，是一种多元化结构，力求最大限度地发挥项目化和职能化结构的优点并尽量避其弱点。在职能式组织的垂直层次结构上，叠加了项目式组织的水平结构，又分为弱矩阵式、平衡矩阵式和强矩阵式。矩阵式组织结构如图 1-6 所示。

弱矩阵式、平衡矩阵式与强矩阵式组织结构的比较，如表 1-2 所示。

矩阵式组织形式的优点包括：①通过项目协调员或项目经理使各自项目目标平衡、各个功能部门条块之间工作协调，以及使项目目标具有可见性；②能够避免资源的重置；对客户要求的响应快捷灵活；③项目组成员对项目结束后的忧虑减少，虽然他们与项目具有很强的联系，但他们对职能部门有一种“家”的亲密感。

矩阵式组织形式的缺陷包括：①中层管理人员为两个以上的主管工作，当有冲突时可能处于两难困境，处理不好会出现责任不明确、争抢功劳的现象；②适应前提是面临外界压力，要实现多重目标，不得不提高信息处理能力，不得不分享资源。

矩阵式组织结构适用于需利用多个职能部门的资源而且技术相对复杂，但又不需要技术人员全职为项目工作的项目，特别是当几个项目需要同时共享某些技术人员时。

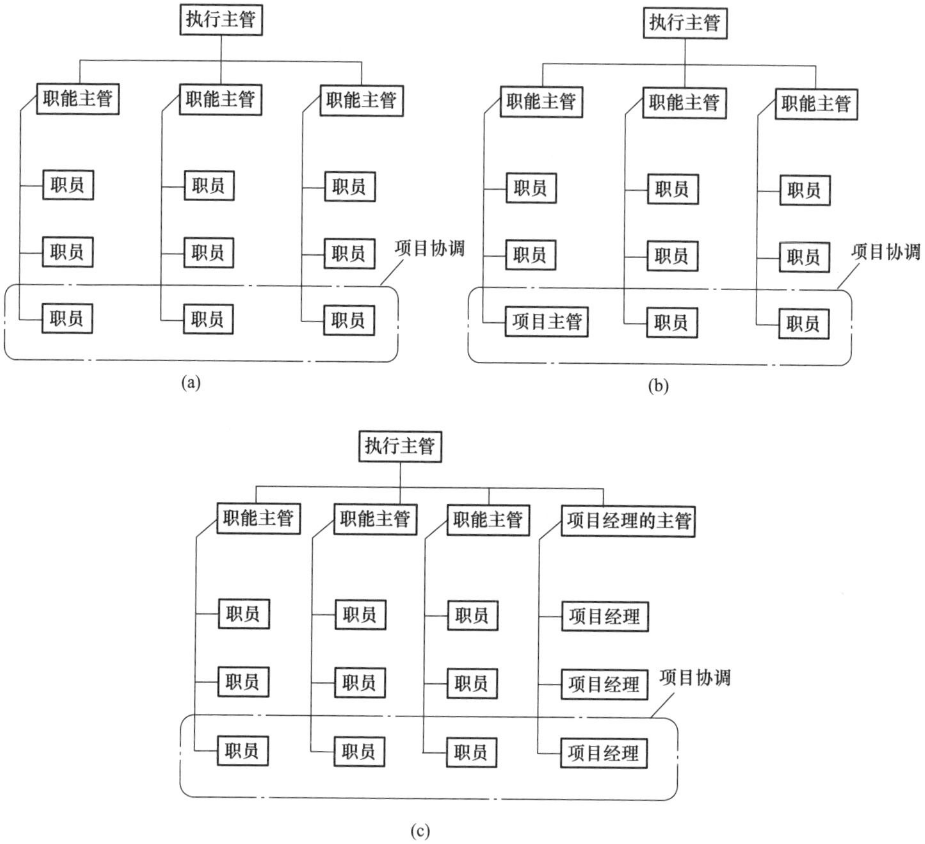

图 1-6 矩阵式组织结构示意图

（a）弱矩阵式组织结构示意图；（b）平衡矩阵式组织结构示意图 ；（c）强矩阵式组织结构示意图

表 1-2　　弱矩阵式、平衡矩阵式与强矩阵式组织结构的比较

组织特性	弱矩阵式	平衡矩阵式	强矩阵式
团队负责人权力	低	低到中等	中等到高
职能部门人员投入团队工作的时间比率	0～25%	15%～60%	50%～95%
团队负责人的角色	兼职	明确	专职
团队负责人的头衔	团队协调人	团队经理	团队经理

（三）项目管理办公室

项目管理办公室是企业项目管理中一种常用的组织形式。项目管理办公室是为组织（或其他长期性组织）中多项目的管理提供规范的专业化服务。

1. 项目管理办公室的职责

项目管理办公室的职责取决于组织的具体需求，而且会随同这些需求的变化不断调整。通常，项目管理办公室被定位为组织项目管理的业务支持机构或内部咨询机构，其主要职责包括：①开发和维护项目管理标准、方法和程序；②为组织提供项目管理的咨询和指导；③为组织提供合格的项目经理；④为组织提供项目管理培训；⑤为组织提供有关项目管理的其他支持。

需要注意的是：项目管理办公室通常不是一个决策机构和项目的管理机构，而是一个项目决策的支持和项目管理的服务机构。

2. 项目管理办公室的客户

主要包括：①公司总经理；②项目经理或主管；③项目团队成员；④职能部门的经理；⑤其他利益相关者，如项目产品的接收者。

3. 项目管理办公室的建立与运行

从开始建立项目管理办公室到使其具备成熟的管理能力通常需要经过如下几个阶段：①确定项目管理办公室提供的服务内容；②确定项目管理办公室人员的职责和技能要求；③建立项目管理办公室并宣布其开始运行；④工作中与总经理和项目经理密切联系以便了解他们的需求并满足这些需求；⑤在为项目经理提供服务时，通过不断满足业务需求、扩展项目管理办公室的服务；⑥在项目管理办公室的客户的经常参与下，不断地改进其技能和完善其职责；⑦为客户提供最佳的服务。

（四）项目管理组织的设计

1. 项目管理组织的规划

项目管理组织规划是指对项目组织开展工作、实现目标所需要的各种资源进行安排，以便在适当的时间、适当的地点把工作所需的各方面力量有效地组合到一起的一项管理活动过程。项目管理组织规划主要包括三方面内容：组织结构的设计、组织职能的设计和组织管理方式的设计。

组织结构的设计是一个建立或改造组织的过程，是对活动框架与组织结构的设计或再设计，通常包括结构类型确定、组织部门设置、管理幅度和管理层级的设计。组织职能的设计就是对组织的管理业务进行总体设计，确定组织的各项管理职能及其结构，并层层分解为各个管理层次、管理部门、管理岗位的业务工作，其通常包括部门职能设计、部门职权设计和组织规范设计。组织管理方式的设计是指在组织结构和组织职能设计之后，设计并采用科学、合理的管理手段和管理方式，确保组织功能得到充分发挥，其通常包括组织决策机制设计、组织集权分权设计、组织执行机制设计、组织协调机制及组织健全与完善等。

一般而言，项目管理组织的规划应由项目经理负责，这是由于项目管理组织规划涉及项目所在企业的管理体制、涉及企业的决策程序、涉及企业内部的集权与分权、涉及企业的监督与控制体系、涉及企业人力资源的配置等敏感问题。而这些相关信息只有企业高层管理者和项目经理才能获得，项目经理应该领导一个组织规划小组，开展具体的组织机构方案的构思和设计。

（1）项目管理组织规划的依据。项目管理组织规划必须依据一定的信息资料综合考虑，才能设计出既能满足项目目标要求，又简单干练的项目组织结构规划方案。项目管理组织规划的依据主要包括以下内容：①项目工作任务。项目目标和项目产出物生成的项目工作任务是项目管理组织规划中最重要的依据，其中最重要的就是项目工作分解结构。②项目范围说明书。项目范围说明书是对项目所要求完成的工作的叙述与说明，一般包括项目合理性说明、项目目标、项目可交付成果、项目描述及其组成描述和技术规范等。③项目的人员需要。项目组织有多大，每个机构需要多少人，都必须依据项目人员需要的基本预测数据而定。④项目的限制因素。项目的限制因素是指限制人们做出不同的项目组织规划方案选择的各种因素，主要包括执行组织的组织结构、集体协商条款、项目管理小组的偏爱和预期的人员分配等。⑤项目的各种接口和关系。项目实施组织中所存在的各种关系和接口，直接影响着项目组织规划，主要包括组织接口和关系、技术接口和关系以及人际接口和关系等。⑥企业人力资源状况。项目发起人企业的人力资源状况，专业技术人员、管理人员的多少，也是项目管理组织规划的依据。从工作需要出发，构思组织机构和部门设置，是一种合理的做法。⑦企业内部管理制度。项目所在企业的内部管理制度会直接影响到项目组织构成。如企业的集权与分权、企业内部监管程度、企业内部控制体系以及企业的法人治理结构等。

（2）项目管理组织规划的原则与程序。项目管理组织规划的原则是在组织设计原则基础上，结合项目特性而产生的组织规划指导思想，是项目组织构思过程中必须遵循的工作原则。项目组织规划的原则主要包括以下方面：目标统一原则、整体性原则、统一指挥原则、责权平衡原则、分工协作原则、集权与分权相结合原则、管理跨度适中原则与弹性原则。

无论项目规模大小，项目管理组织规划都是一个完整的过程，整个项目管理组织规划可以按照以下程序进行，如图 1-7 所示。

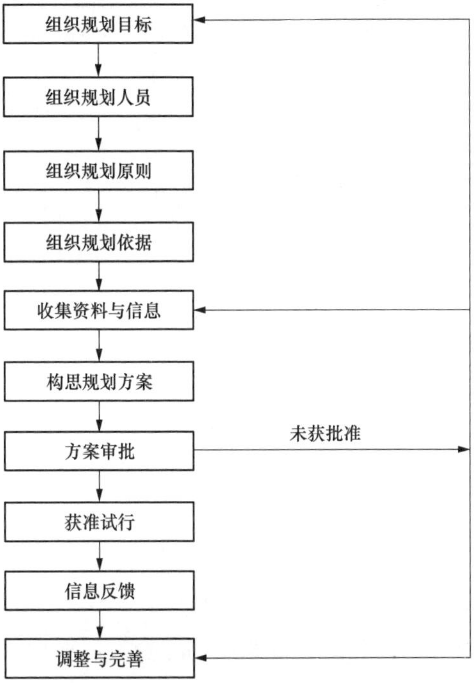

图 1-7 项目管理组织规划程序

2. 项目组织规划的成果

项目组织规划不应该仅停留在形成概念和思想上，而应该提供一个可交付的成果，这个成果至少应该包括项目组织结构图和项目组织管理制度两部分内容。

（1）项目组织结构图。项目组织结构图是由项目组织全部职能部门和单位组成的框图，用以反映项目组织内部的命令报告关系、上下级关系、平级关系，并体现各职能部门和单位的责任和权力。某工程项目组织结构图，如图 1-8 所示，图中矩形框表示各个工作单位或部门，指令关系用单向箭线表示。

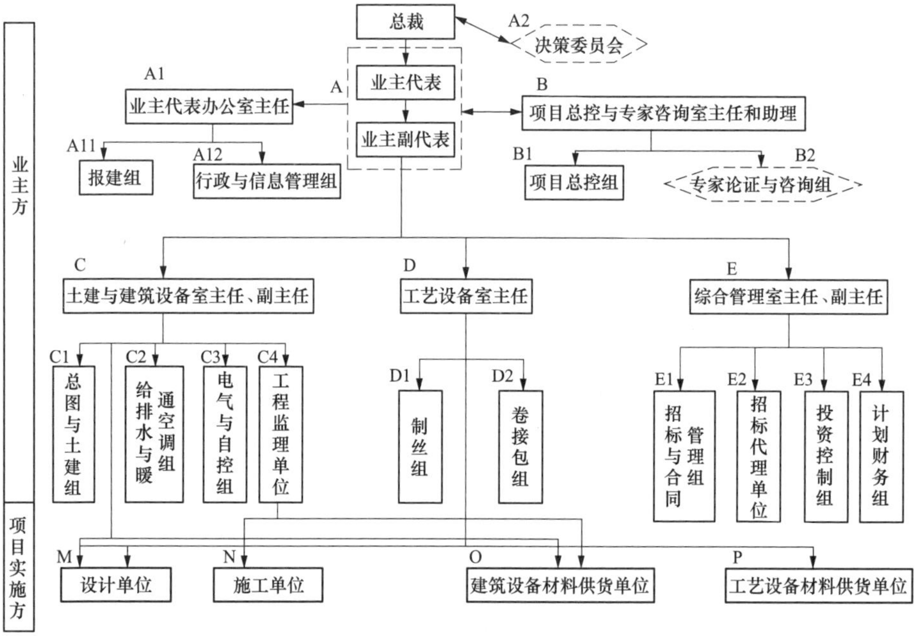

图 1-8 项目组织结构图示例

（2）项目组织管理制度。项目组织管理制度是针对项目组织结构图而制定的。仅有好的组织结构图并不能保证组织能够自然顺利地运行，产生良好的运行效率与效能，必须要有相应的管理制度相配合，并在项目运行过程中进行不断地调整和完善。

项目组织管理制度主要包括职位说明书、决策程序、协调机制、例外情况的应对措施以及激励约束机制等。

职位说明书包括工作的名称、主要的职能、职责职权和此职位与组织中其他职位的关系以及与外界环境的关系。

决策程序：在部门职责明确的基础上，日常工作的决策人基本清楚自己的工作范畴，但是为保证各项决策及时做出，省时省力，提高决策效率，还是应该在决策程序上作相应的规定。

协调机制：指在组织内部出现矛盾时，相互之间如何沟通、解决矛盾与棘手问题的制度安排。组织协调机制是分工与协作原则的具体体现。

例外情况的应对措施：项目组织是在一定的社会环境中生存的，社会环境的变化会给项目组织提出各种新的问题，而这些例外情况是无法预料的，所以当出现例外情况时，组织就需要考虑由哪个部门负责、由谁牵头负责处理例外事件，这些都应该在组织规划时以文件的形式规定记录。

激励约束机制：各部门的职责权限明确以后，还必须设计相关员工的激励约束机制，以调动员工的工作积极性。

三、项目经理

项目经理是项目小组的灵魂，是决定项目成功与否的关键人物。项目经理的管理素质、组织能力、知识结构、经验水平、领导艺术等都对项目管理的成功有决定性影响。

（一）项目经理的责任和权力

1. 项目经理的作用与地位

项目经理所行使的“中层管理”与职能经理所行使的“中层管理”在管理职能上有所不同。项目经理的决策职能有所增强而控制职能有所淡化，且行使控制职能的方式也有所不同。在长期固定组织背景下，由于项目组织的临时性特点，项目经理通常是“责大权小”。进一步分析项目经理所扮演的角色及其在组织中的作用和地位，将其与职能部门经理这一角色做比较，如表1-3所示。

表1-3　项目经理与职能经理角色比较

比较项目	项目经理	职能经理
扮演角色	“帅”/为工作找到适当的人去完成	“将”/直接指导他人完成工作
知识结构	通才/具有丰富经验和广博知识的通才	专才/是某一技术专业领域的专家
管理方式	目标管理	过程管理
工作方法	系统的方法	分析的方法

续表

比较项目	项目经理	职能经理
工作手段	个人实力/责大权小	职位实力/权责对等
主要任务	规定项目任务，何时开始、何时达到最终目标、整个过程的经费	规定谁负责任务，技术工作如何完成，完成任务的经费

2. 项目经理的责任

项目经理的责任是通过一系列的领导及管理活动使项目的质量、成本、进度目标成功，实现并使项目相关方都获得满意。

(1) 对于所属上级组织的责任。主要包括：保证项目的目标符合于上级组织目标；充分利用和保管上级分配给项目的资源；及时与上级就项目进展进行沟通。

(2) 对于所管项目的责任。主要包括：明确项目目标及约束；制定项目的各种活动计划；确定适合于项目的组织结构；招募项目组成员，工程建设项目团队；获取项目所有资源；领导项目团队执行项目计划；跟踪项目进展及时对项目进行控制；处理与项目相关方的各种关系；项目考评与项目报告。

(3) 项目经理的具体职责。项目经理是项目管理的关键角色，是实现项目目标的责任人。项目经理应确保项目全部工作在预算范围内按时优质地完成，并使利益相关者满意。项目经理应对项目的上级组织负责、对项目本身负责及对项目团队成员负责。项目经理的职责通常视项目的具体情况确定。其最基本的职责是领导项目的计划、组织和控制工作，以实现项目目标。

(4) 项目经理的权力来源。项目经理“责大权小”。“权力”是上级组织所赋予的，称之为“职位权力”，此外还有“个人权力”。

职位权力的来源：组织特许、组织中的地位、工作的特殊性、行政官衔、方针政策倾向、高级指挥权、代表权、较高的等级、经费控制权。

个人权力的来源：技术和管理知识，管理经验，保持与上级的友好关系，保持和同事、助手的友好关系，与其他项目经理建立和保持联盟，分析问题、解决问题的能力，保持正确。

3. 项目经理的权力

(1) 项目团队的组建权。包括两个方面：即项目经理班子（或管理班子）

的组建权和项目团队的选拔权。

（2）财务决策权。项目经理必须拥有与项目经理负责制相符合的财务决策权，否则项目就难以顺利展开。主要包括：分配权，在财务制度允许的范围内的费用控制权，资金的融通、调配权力。

（3）项目实施控制权。在项目实施过程中，由于资源的配置可能与项目计划书有所出入，有时项目实施的外部环境会发生一定的变化，这使项目实施的进度无法与预期同步，这就要求项目经理根据项目总目标，将项目的进度和阶段性目标与资源和外部环境平衡起来，做出相应的决策以便对整个项目进行有效的控制。

（二）项目经理的素质和能力要求

1. 项目经理的素质要求

（1）良好的道德素质。个人的道德观决定其行为处事的准则。项目经理必须具备良好的道德品质。这种道德品质大致可以分为两个方面：一方面是对社会的道德品质，另一方面是个人行为的道德品质。

（2）健康的身体素质。项目管理的工作负荷要求项目经理要有良好的身体素质。一个庞杂的大规模的项目，从项目计划的制定到执行过程中冲突的解决都需要项目经理参与，这样大的工作负荷没有健康的身体素质是不行的。健康的身体素质不仅仅指生理素质，也指心理素质。一般的项目经理应该性格开朗，胸襟豁达，易于同各方人士相处；应该有坚毅的意志，能经受挫折和暂时的失败，果断行事，遇事沉着冷静，不冲动，不盲从。

2. 项目经理的能力要求

（1）专业知识能力。一个优秀的项目经理要管好项目，必须在不断提高自身素质的同时，积极学习，扩充自己各方面知识，提高自己的能力，才能使管理水平在竞争激烈的市场经济条件下得到不断的提高，才能不断地壮大企业实力。为此项目经理需要掌握如下三方面的知识：项目所在领域的相关专业知识、管理方面知识、应用知识领域。

（2）综合管理能力。项目经理需要掌握的综合管理能力包括决策能力、计划能力、组织能力、领导能力、协调能力、信息能力、激励能力与人际交往能力。

（3）积极的创新能力。由于项目的一次性特点，使项目不可能有完全相同的以往经验可以参考，加上激烈的市场竞争要求项目经理必须具备一定的创新能力。创新能力一方面要求项目经理在职位能力上创新，包括对问题的敏感性、思维的流畅性、思维的灵活性以及对问题的重新认识能力。创新能力另一方面要求项目经理要敢于突破传统的束缚，主要表现在社会障碍和思想方法的障碍。社会障碍是指一些人会自觉不自觉地向社会上占统治地位的观点看齐，这些观点和风尚已经进入管理者的经验之中，如果完全被已有框架束缚，真正的创新是不可能的。

（4）系统的思维能力。系统的思维能力是指项目经理要具备良好的逻辑思维能力、形象思维能力及将两种思维能力辩证统一于项目管理活动中的能力。系统的思维能力还要求项目经理具有分析和综合能力，具有从整体上把握问题的系统思维能力。在运用系统的概念与观点分析处理问题时，把研究的对象作为一个整体来分析。既要注意整体中各部分的相互联系和相互制约关系，又要注意各要素间的协调配合，服从整体优化的要求。要综合考察系统的运动和变化，以保证科学地分析和解决问题。

（5）丰富的项目管理经验。项目管理是实践性很强的学科，项目管理的理论方法是科学，但是如何把理论方法应用于实践却是一门艺术。通过不断的项目管理实践，项目经理会增加对项目及项目管理的悟性，而这种悟性是通过运用理论知识与项目实践的思考而得来的。丰富的项目管理经验不能只局限在相同或相似的项目领域中，而要不断地变换所从事的项目类型，这样才能成为卓越的项目管理专家。

（三）项目经理的挑选与培养

项目经理的挑选，主要考虑两方面的问题：挑选什么样的人担任项目经理；通过什么样的方式与程序选出项目经理。

1. 挑选项目经理的原则

（1）考虑候选人的能力。主要指技术能力和管理能力。

（2）考虑候选人的敏感性。主要指对企业内部权力、对项目小组及成员与外界之间冲突、对危险等的敏感性。

(3) 考虑候选人的领导才能。项目经理应具备知人善任，有个人影响力，能够吸引他人投身于项目，为项目的完成努力工作。

(4) 考虑候选人应对压力的能力。由于项目经理在项目实施过程中必然面临各种压力，项目经理应能妥善处理压力，争取在压力中获得成功。

2. 项目经理的挑选方式与程序

(1) 由上级组织高层领导委派。由上级高层领导提出人选或由上级职能部门推荐人选，上级人事部门根据各方的意见，进行资质考查，最后由总经理委派。此方式适用于企业内部项目。

(2) 由上级组织和用户协商选择。分别由上级组织内部及用户提出项目经理的人选，然后双方在协商的基础上加以确定。适用于上级组织的外部项目。

(3) 竞争上岗的方式。需要一定的程序和客观的考核标准，即先由上级部门提出项目的要求，广泛征集项目经理人选，最后由具体上级部门进行考核与选拔。适用于上级组织内部项目。

3. 项目经理的培养与培训

(1) 项目经理的培养。选拔出来的对象应在经验丰富的项目经理的带领下，以助理的身份协助项目经理工作，或单独主持专业项目或小项目，可对其进行指导与考察。

(2) 项目经理的培训。应有针对性地对项目经理进行项目管理基础理论和方法的培训，内容涉及项目管理各种知识与技术。

四、项目管理制度

(一) 项目管理制度内涵

项目管理制度是项目管理的基本保证，由组织机构、职责、资源、过程和方法的规定要求集成。

1. 项目管理制度的建立

(1) 规定工作内容、范围和工作程序、方式的规章制度。规章制度包括工作内容、范围和工作程序、方式，如管理细则、行政管理制度、生产经营管理制度等。

（2）规定工作职责、职权和利益的界定及其关系的责任制度。责任制度包括工作职责、职权和利益的界限及其关系，如组织机构与管理职责制度、人力资源与劳务管理制度、劳动工资与劳动待遇管理制度等。

2. 项目管理制度的策划

内容包括：①识别并确定项目管理过程；②确定组织项目管理目标；③建立健全项目管理机构；④明确项目管理责任与权限；⑤规定所需要的项目管理资源；⑥监控、考核、评价项目管理绩效；⑦确定并持续改进规章制度和责任制度。

3. 项目管理制度文件

为了更好地实现项目目标，统一项目各参与方的职责、权利、义务，项目实施前需根据项目的具体情况制定有针对性的项目管理制度，一般包括《项目管理责任制度》《项目管理策划》《采购与投标管理》《合同管理》《设计与技术管理》《进度管理》《质量管理》《成本管理》《安全生产管理》《绿色建造与环境管理》《信息管理与知识管理》《沟通管理》《风险管理》《资源管理》《收尾管理》《管理绩效评价》等文件。

4. 项目管理制度改善机制

项目管理制度改善机制就是要创造一种持续、稳定的工作环境，实现管理活动的更准确、更好、更快、成本更低、工作更愉快、作业更容易、交付期更短、更安全的过程。项目管理制度实施过程中的“改善”就是在现行目标及流程中发现问题，然后通过 PDCA 循环，建立更合理、更有效、更优化的新标准、新流程，建立相应的评估与改善机制，把管理效能提升到新的高度。通过系统改善去主动适应变化，并在谋求变化中创造新机会。

（1）构建决策体系，规范决策管理方法。改善项目管理制度，需从决策构建入手，不断保证决策的实用性、适用性、准确性。首先，组织或项目领导应重视内外结合的原则，不断加大对市场环境的判断力度，以及对国家政策的解读能力，通过掌握第一手的信息，不断实现内部项目管理信息化，优化整个项目管理体系。其次，组织或项目领导应重视对项目的问题评估，通过构建风险监测、市场动向发展、施工方向和内容等评估机制，在最大限度上保持组织的可持续发展。最后组织要善于运用新技术等，不断提升内部控制力与市场竞争力。

(2) 完善生产体系，提升安全管理能力。组织应建立一套上行下效的制度管理体系，无论遇到任何生产活动的调整，都能保证建设生产的质效性。在完善管理制度体系过程中，应重视绩效考核、引才育才、技术培训、监督管理等机制，深化团队成员的管理意识，同时更要不断提高全员对安全生产的重视及安全管理能力的提升，才能使所有成员在岗位上尽职尽责工作，发挥出自身应有的价值。

(3) 深化经营考核，升华内部发展效能。生产是组织的基础，经营则是组织的灵魂。组织要获得更加持久、健康的收益，必须要加强内部经营管理。首先，通过完善和更新经营管理制度，将组织每一项工作任务落实，最大限度保持组织的建设与发展。其次，组织应结合市场发展情况，通过依托更加先进的管理技术和管理制度，不断重视工程建设和生产的专业性，从而在节约资源、成本的同时，提升内部发展效能。最后，通过升级技术水平，应用新技术，不断向专业化经营倾斜，从而在打造优质组织文化的同时，提升组织内部的发展活力。

(4) 明确权责关系，升级岗位工作价值。为提高组织的发展动能，组织领导必须要严明全体成员的权利、责任和义务。通过依托法律法规、企业文化、规章制度等，不断将组织成员团结在一起，使管理人员能够认识到管理的重要性，不断提高自身责任意识和管理能力。在奖惩制度方面，对于组织发展有功之人，给予及时的奖励。对于组织发展有过的人，给予严肃的处理，从而全面保证组织内部工作的公平性，使责任机制深化在每一个成员心中，最后通过不断优化组织内部环境，使得每个成员都能升华自我，实现自身工作价值。

（二）项目管理责任制

项目管理责任制应作为项目管理的基本制度。工程项目管理责任制强调事前谋划、事中控制和事后总结，明确各级人员的职责分工和目标。

1. 一般规定

(1) 项目管理责任制概念。项目管理责任制是指工程建设项目各实施主体和参与方应建立项目管理责任制度，明确项目管理组织和人员分工，建立各方相互协调的管理机制。

（2）项目相关方责任制。项目建设相关方应在各自的实施阶段和环节，明确工作责任，实施目标管理，确保项目正常运行。

（3）项目管理机构责任制。项目管理机构责任制是指项目管理机构应由项目管理机构负责人领导，接受组织职能部门的指导、监督、检查、服务和考核，负责对项目资源进行合理使用和动态管理。

（4）项目管理机构负责人责任制。项目管理机构负责人责任制应是项目管理责任制度的核心内容。项目管理机构负责人应按规定接受相关部门的责任追究和监督管理。同时需按国家相关法规要求对工程质量承担相应的责任。

2. 项目相关方责任和任务

项目各相关方应在各自的实施阶段和环节，明确工作责任，实施目标管理；明确各相关方的责任追究与监督管理；建立相关方协同机制；完善各相关方管理绩效评价机制。

（1）建设单位责任和任务。为保证工程质量，建设单位应将工程发包给具有相应资质等级的单位，不得违法违规发包；应依法对工程建设项目的勘察、设计、施工以及与工程建设有关的重要设备、材料采购进行招标。

建设单位应向有关的勘察、设计、施工、项目管理等单位提供与建设工程有关的原始资料，并做到真实、准确、齐全，不得任意压缩合理工期，不得明示、暗示或同意设计单位、施工单位违反工程建设强制性标准，降低建设工程质量。建设单位采购的建筑材料、建筑构配件和设备应符合设计文件和合同要求，不得明示、暗示或同意施工单位使用不合格的建筑材料、建筑构配件和设备。涉及建筑主体和承重结构变动的装修工程，建设单位应当在施工前委托原设计单位或者具有相应资质等级的设计单位提出设计方案，没有设计方案不得施工。

（2）勘察单位责任和任务。从事建设工程勘察的单位应当依法取得相应的等级资质证书，并在其资质等级许可的范围内承揽工程。禁止勘察单位超越其资质等级许可范围或者以其他勘察单位的名义承揽工程。勘察单位提交的勘察成果，包括提供的地质、测量、水文等勘察成果必须真实、准确，能满足规划、设计、施工阶段对不同级别的勘察精度要求，对勘察成果质量负责。

（3）设计单位责任和任务。设计单位应对设计文件质量负完全责任，做到设计依据可靠，资料真实，成果准确。设计单位的设计文件应当满足相关规程、规范和强制性标准要求，达到规定的设计深度，注明工程合理使用年限。设计单位在设计文件中选用的建筑材料、建筑构配件和设备，应注明规格、型号、性能等技术指标，其质量要求必须符合国家规定的标准。设计单位应就审查合格的施工图设计文件向施工单位进行技术交底，应参与建设工程质量事故分析，并提出质量事故技术处理方案。

（4）施工单位责任和任务。施工单位应在其资质证书许可的范围内承揽施工任务，不得违规违法转包和分包工程。施工单位应建立严格的质量责任制度，必须按工程设计图纸和施工技术标准施工，不得擅自修改工程设计，不得偷工减料；必须按工程设计要求、施工技术标准和合同约定，对建筑材料、建筑构配件、设备和商品混凝土进行自检，并向项目管理人员报验；检验应当有书面记录和专人签字，未经检验或检验不合格不得使用。

施工单位必须建立、健全施工质量检验制度，严格工序管理，做好隐蔽工程的质量检查和记录。重要隐蔽工程应报请建设单位和项目管理单位联合验收。施工单位对施工中出现质量问题的工程或竣工验收不合格的工程，应当负责返修。

（5）咨询单位责任和任务。在工程建设项目的决策阶段为决策者提供项目可靠性可行性研究，进行方案策划及前期论证工作。在项目实施阶段，为甲方提供招投标、设计、施工和运维等全过程管理服务，进行质量、进度和成本控制等专业服务。

（6）代理单位责任和任务。代理单位是依法设立、从事代理业务并提供相关服务的社会中介组织。其主要责任是接受委托人的委托，在委托权限范围内实施代理行为。代理的适用仅限于不具有人身性质的行为，依据法律规定或双方约定应由本人实施的民事法律行为不得代理，代理机构应当严格按照委托代理协议的约定依法依规开展代理业务。

3. 项目管理机构的责任和任务

项目管理机构应承担项目实施的管理任务和实现目标的责任：

（1）项目管理机构责任。项目管理部是管理公司派驻项目的管理机构，项目管理部与管理公司的关系是代理人与被代理人的关系，项目管理部代表公司在授权范围内，执行项目管理委托合同，项目管理公司承担合同主体责任。

（2）建立项目管理机构的规定。包括：结构应符合组织制度和项目实施要求；应有明确的管理目标、运行程序和责任制度；机构成员应满足项目管理要求及具备相应资格；组织分工应相对稳定并可根据项目实施变化进行调整；应确定机构成员的职责、权限、利益和需承担的风险。

（3）建立项目管理机构的步骤。包括：根据项目管理规划大纲、项目管理目标责任书及合同要求明确管理任务；根据管理任务分解和归类，明确组织结构；根据组织结构，确定岗位职责、权限以及人员配置；制定工作程序和管理制度；由组织管理层审核认定。

（4）项目管理机构的管理活动要求。包括：应执行管理制度；履行管理程序；实施计划管理，保证资源的合理配置和有序流动；注重项目实施过程的指导、监督、考核和评价。

（三）项目管理机构负责人责任和任务

1. 项目管理机构负责人的责任

（1）接受总经理或总经理授权负责人领导，代表公司在授权范围内执行管理委托合同相应责任，对项目管理部工作及项目实施负全面管理之责。

（2）负责项目管理费的收取工作，保证按照管理委托合同的规定，按时足额收取管理费。

（3）工期目标。项目管理部经理必须按照与投资人或投资主体签订的管理委托合同规定的工期目标，完成相关工作。

（4）投资人或投资主体满意度。项目经理必须与投资人或投资主体相关人员保持良好的沟通协调和正常的工作关系，做到尊重投资人或投资主体，充分考虑投资人或投资主体的意图。在工程进度、质量、投资控制等方面实现管理委托合同规定目标，切实让投资人或投资主体满意。

(5) 协调处理好与施工总包单位、各设计单位、各分包单位等项目参与方的关系，为项目正常管理营造良好的工作氛围。

(6) 建立、健全项目各项管理制度，实现项目管理制度化、规范化、程序化。认真维护并贯彻落实公司关于质量、环境保护、职业健康与安全的综合管理体系，使项目团队全体员工保持良好的工作状态、敬业精神和服务意识。

(7) 监督所属员工执行公司员工守则，并承担管理责任。

(8) 重视员工培训，努力为公司培养有潜质的后备人才。

2. 项目管理机构负责人的权限

(1) 要求权。项目管理部工作需要公司职能部门提供专业支持时，项目管理部经理可以通过公司例会或文字方式直接向公司职能部门提出要求，各部门必须积极配合，不得以任何理由推诿。

(2) 人员调配权。项目管理部经理在公司批准的项目团队人员编制内，可以根据工作需要和员工表现调整员工职位，对不满意人员可以退回公司。项目经理可在公司范围内选择人员，但须经公司协调及被选人所在部门同意，也可自行推荐社会人选，但须公司面试合格后方可录用。

(3) 管理费审批权。项目管理费实行总额包干。原则上，市政府、工程咨询部、工程管理部为项目办事发生的直接费用，由公司总部承担。

(4) 管理费包干节余支配权。根据管理费预算包干核定考核办法规定，在项目正常运作，按期足额收取管理费，在投资人或投资主体满意的前提下，项目管理费包干节余的70%由项目经理或总监支配，另外30%由公司支配。

(5) 投资人或投资主体奖励金支配权。根据与投资人或投资主体签订的管理委托合同中有关奖金条款的约定，由于项目团队的出色工作投资人或投资主体按管理委托合同约定兑现奖金，其中的30%由项目经理支配。

3. 项目管理机构负责人的管理

项目管理机构负责人为项目管理机构的法人代表，对工程建设项目的质量、工期、造价和安全等全面负责，为项目管理的第一责任人。

项目管理机构负责人应接受法定代表人和组织机构的业务管理，组织有权对项目管理机构负责人给予奖励和处罚。

（四）项目管理目标责任书

实行项目管理目标责任制，建立起层层责任约束机制，即各负其责。管理公司与项目经理要签订目标责任书，这样使项目建设全过程的管理责任得到落实，有利于建立责、权、利相一致的约束机制，有利于保证项目各项管理目标的实现，并能加强管理机构的运行能力。项目管理责任书应在项目实施之前，组织法定代表人或其授权人与项目管理机构负责人协商制定，需根据组织的管理需要和工程项目特点，细化管理工作目标和具体要求，以便更好地实施。

1. 项目管理目标责任书的制定和要求

项目管理目标责任书应在项目实施之前，由组织法定代表人或其授权人与项目管理机构负责人协商制定，制定时应遵循 SMART 原则：

（1）S（Specific）：目标具体，不含糊。项目目标管理应在责任书中明确具体目标，比如包括成本控制、工程款清收、工程质量、职业健康、安全文明施工、科技与信息化管理、工期、维护保修等具体内容。

（2）M（Measurable）：可计量，可以量化。根据上述目标管理的具体内容各自所占权重，以及各具体目标的控制点，将各目标的考核方式进行工期、成本、质量的量化考核，明确奖惩的具体内容及数额。

（3）A（Attainable）：可行，可以达到。制定管理目标责任书需以可实现性为基础，目标管理委员会对项目目标管理的制定负责。

（4）R（Relevant）：相关，与使命一致。目标管理的制定需与组织的整体战略目标一致。

（5）T（Time bounded）定时，有完成期限。制定目标需要有明确的时间期限要求，以便于考核评价。比如：制定工程项目管理责任目标需明确工程项目开竣工时间、缴纳风险抵押金时间、组织兑现时间等时间点。

项目管理目标责任书应属于组织内部明确责任的系统性管理文件，其内容也应符合组织制度要求，经企业有关管理部门拟定后会同项目经理进行确认，确认后的项目管理目标以项目管理目标责任书的形式签订发布。在项目实施过程中，企业管理部门应按对标设置的项目管理目标对项目经理进行考核。

2. 项目管理目标责任书的作用

（1）明确组织主管部门和各业务职能部门与项目团队之间的工作关系，包括指令、信息、责任以及指导和协助等方面的关系。通过目标责任书的明确，使得各方在处理工作关系时有据可依，同时也是制定各自工作责任的标准。

（2）明确项目团队的组织形式。在“项目管理目标责任书”中，应根据项目的性质、规模以及管理特点等要求确定项目团队的机构设置、人员构成以及管理模式。

（3）明确项目的各项目标，为项目团队提供工作标准。

（4）满足组织细部管理的需求，全面、具体地规定项目管理行为。

（5）为项目管理的效果评定以及奖罚兑现提供标准，进一步明确项目经理及项目团队成员的责任、权力和利益，并对其离任和解散所要达到的目标要求做出明确的规定。

3. 项目管理目标责任书的编制依据

编制项目管理目标责任书应依据下列信息：①项目合同文件；②组织的管理制度；③项目管理规划大纲；④组织的经营方针和目标；⑤项目特点和实施条件与环境。

4. 项目管理目标责任书的主要内容

内容包括：①项目管理实施目标；②组织和项目管理机构职责、权限和利益的划分；③项目现场质量、安全、环保、文明、职业健康和社会责任目标；④项目设计、采购、施工、试运行管理的内容和要求；⑤项目所需资源的获取和核算办法；⑥法定代表人向项目管理机构负责人委托的相关事项；⑦项目管理机构负责人和项目管理机构应承担的风险；⑧项目应急事项和突发事件处理的原则和方法；⑨项目管理效果和目标实现的评价原则、内容和方法；⑩项目实施过程中相关责任和问题的认定和处理原则；⑪项目完成后对项目管理机构负责人的奖惩依据、标准和办法；⑫项目管理机构负责人解职和项目管理机构解散的条件及办法；⑬缺陷责任期、质量保修期及对项目管理机构负责人的相关要求。

5. 项目管理目标责任书的完善机制

完善项目管理目标责任书，应做到如下几点：

（1）保证目标管理责任的严肃性，要求项目施工过程中，全员应该维护目标管理责任制的权威性和强制性。如遇特殊情况需要调整相关内容，需经项目团队提出申请，目标管理委员会集体讨论通过后给予变更。

（2）对工程项目实施动态监控。要求在项目施工过程中经常检查和监控目标的执行情况和完成情况，发现偏差，须及时纠正。

（3）责任落实到位，严格奖惩。实行项目分类分级管理，制订科学合理的项目目标责任书，确定利润分成标准，严格落实风险抵押金和履约保证金管理制度，加强项目全过程管理，强化目标责任过程考核。要求在项目施工过程中做到工作量化到位，任务分解到人，严格奖惩措施，做到事前有目标，事中有控制，事后有反馈，不断提高项目管理水平。

第二章

工程项目管理策划咨询

项目管理成功的关键在于首先要明确项目相关方的期望，确保项目交付成果能够达到投资方满意的水平，确保在规定的时间及批准的费用等条件下，交付符合技术性能规范要求的产出成果。由于项目一次性的特点，工程项目管理策划的任何失误都有可能带来难以挽回的损失。本章阐述项目管理策划的内容、基本要求和主要方法，并对工程项目决策策划和工程项目管理规划策划等主要内容展开讨论。

第一节　项目管理策划概述

一、项目管理策划的内容和基本要求

（一）项目管理策划的内容

1. 项目管理策划的要素

项目管理策划作为项目管理的依据，对项目周期全过程管理至关重要。众多项目实践证明，科学、严谨的项目管理策划是项目管理决策和实现增值的基础。增值可以反映在项目使用功能和质量的提高、实施成本和经营成本的降低、社会效益和经济效益的增长、实施周期缩短、实施过程的组织和协调强化以及人们生活和工作的环境保护、环境美化等诸多方面。

项目管理策划指的是为达到项目管理目标，在调查、分析有关信息的基础上，遵循一定的程序，对未来某项工作进行全面的构思和安排，制定和选择合理可行的执行方案，并根据目标要求和环境变化对方案进行修改、调整的活动。

项目管理策划是指导项目管理全过程的纲领性文件，需要项目管理团队每个成员熟知和贯彻执行，并在项目实施过程中不断完善和改进。同时，项目管理策划是招投标市场不断完善的需要，投资方获得项目管理服务的主要渠道就是招投标，因此项目管理策划水平就显得尤为重要。项目管理策划也是项目管理委托人进行全过程跟踪评估、检查项目管理服务承诺的依据之一。

项目管理策划包括项目决策策划、项目管理规划策划和项目管理配套策划等主要内容。项目决策策划最主要的任务是定义开发或者建设什么及其效益和意义如何。具体包括明确项目的规模、内容、使用功能和质量标准，估算项目总投资和投资收益以及项目的总进度规划等问题。一般可概括为以下六项内容：①建设环境和条件的调查与分析；②项目建设目标论证与项目定义；③项目功能分析与空间布局；④与项目决策有关的组织、管理和经济方面的论证与策划；⑤与项目决策有关的工程技术方案论证与策划；⑥项目决策的风险分析。

项目管理规划策划包括项目管理规划大纲和项目管理实施规划，项目管理配套策划是项目管理规划策划以外的所有项目管理策划内容。项目组织应建立项目管理策划的管理制度，确定项目管理策划的管理职责、实施程序和控制要求。在进行项目管理策划时，需要参照项目管理规范构建基本框架，并结合项目范围、特点和实际管理需要，进行逐步梳理、调整和完善。工程总承包及代建制模式的项目管理规划需要包含项目投融资、勘察设计管理、招标采购、项目过程控制及应急准备等相关的管理规划内容。

2. 项目管理策划的过程

项目管理策划应包括下列管理过程：①分析、确定项目管理的内容与范围；②协调、研究、形成项目管理策划结果；③检查、监督、评价项目管理策划过程；④履行其他确保项目管理策划的规定责任。

（二）项目管理策划的基本要求

1. 项目管理策划的总体要求

项目管理策划应满足以下要求：①项目管理策划的范围应包括完成项目的全部内容，并与各相关方的工作协调一致。②项目工作分解结构应根据项目管理范围，以可交付成果为对象实施。此外，应根据项目实际情况与管理需要确定详细程度，确定工作分解结构。③提供项目所需资源应按保证工程质量和降低成本的要求进行方案比较。④项目进度安排应形成项目总进度计划，宜采用可视化图表表达。⑤宜采用量价分离的方法，按照工程实体性消耗和非实体性消耗测算项目成本。⑥应进行跟踪检查和必要的策划调整；项目结束后，宜编写项目管理策划的总结文件。

2. 项目管理策划的程序

项目管理策划过程应明确项目范围，协调项目相关方期望，不断优化项目目标，为实现项目目标进行项目管理规划与项目管理配套策划。其具体应遵循下列程序：①识别项目管理范围；②进行项目工作分解；③确定项目的实施方法；④规定项目需要的各种资源；⑤测算项目成本；⑥对各个项目管理过程进行策划。

3. 项目管理策划的范围和编制主体

根据项目范围的不同，从大到小分为工程建设项目、工程项目和专业工程项目三种，三种不同的项目都需要编制不同的符合各自项目层级的管理策划方案，项目管理策划需要按照编制依据及步骤要求，构建基本框架，并结合项目范围、特点和实际管理需要，经过逐步梳理、调整和完善。

工程建设项目是指在一个总体规划范围内、统一立项审批、单一或多元投资、经济独立核算的建设工程，应由建设单位编制，实行总承包或代建制模式的项目应由总承包单位或代建单位编制，编制成果是工程建设项目管理规划方案。

工程项目是指工程建设项目的单位、单项工程或独立使用功能的交工系统（一般含多个），由承包单位编制，成果是工程项目管理规划方案，其中包括《规划大纲》和《实施规划》，如日常的施工组织设计、项目管理计划等。

专业工程项目指的是水、暖、电、风、消防、桩基础、内外装等，应由专业分包单位编制，成果是工程项目管理实施规划方案，规划大纲可略。

4. 项目管理策划的成果

项目管理策划成果主要包括项目建议书、可行性研究报告和项目评估报告。项目管理规划相关内容可采用各种项目管理计划的方式体现，如项目质量计划、进度计划、成本计划、安全生产管理计划、沟通管理计划、风险管理计划和工程总承包项目管理计划等。项目管理计划一般围绕专项管理（质量、进度、成本、安全、沟通、风险等管理）进行策划，是项目管理实施规划的重要组成部分。

项目管理配套策划的成果不一定要形成书面文件，具体需要依据国家、行业、地方法律法规要求和组织的有关规定执行。

二、项目管理策划的主要方法

项目管理策划的基础是充分占有信息和资料，信息和资料既包括项目有关环境和条件的调查，也包括类同项目经验与教训的分析。项目管理策划的任务是针对项目决策和实施，进行组织、管理、经济和技术等多方面的分析和论证，因此需要采取多种方法，对多方面的人才、知识进行组织和集成。

（一）项目管理策划方法的特点

1. 重视项目自身环境和条件的调查

任何项目、组织都要在一定环境中从事活动，环境的特点及变化必然会影响项目发展的方向、内容。可以将项目所面临的环境比作项目生存发展的土壤，它既为项目活动提供必要的条件，同时也对项目活动起着制约的作用。因此必须对项目环境和条件进行全面、深入的调查和分析。只有在充分的环境调查与分析基础上进行策划，才有可能避免夸夸其谈、形式主义的空谈，获得一个实事求是的策划方案。

2. 重视类同项目经验和教训的分析

项目管理策划是对拟实施项目的一种早期预测，因此类同项目的经验和教训就显得尤为重要。对国内、国外类同项目的经验和教训的全面、深入分析，是环境调查和分析的重要方面，也是整个项目管理策划工作的重要部分，应贯穿项目管理策划的全过程。

3. 坚持开放型的工作原则

项目管理策划需要整合多方面专家的知识。以工程建设项目为例，项目管理策划需要的知识包括组织知识、管理知识、经济知识、技术知识、设计经验、施工经验、项目管理经验和项目策划经验等。项目管理策划可以委托专业咨询单位进行，从事策划的专业咨询单位往往也是开放型组织，政府部门、教学科研单位、设计单位、供货单位和施工单位等往往都拥有某一方面的专家，策划组织者的任务是根据需要把这些专家组织和集成起来，项目管理策划的组织如图 2-1 所示。

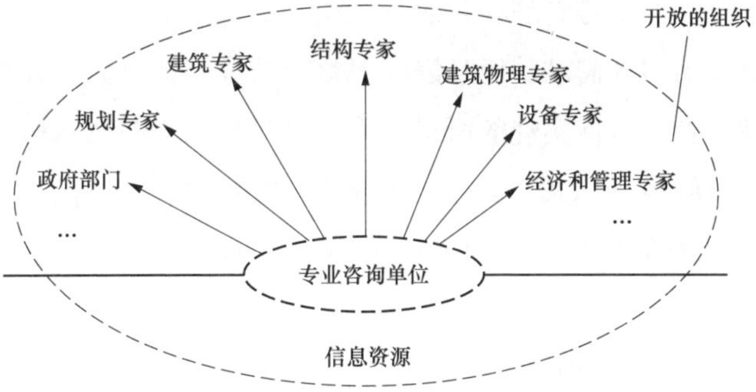

图 2-1　项目管理策划的组织

4. 策划是一个知识管理的过程

策划不仅是专家知识组织和集成的过程，还是信息组织和集成的过程。策划的实质就是对知识的集成，实质上就是一种知识管理的过程，即通过知识的获取、编写、组合和整理，通过深入细致的分析和思考形成新的知识。

5. 策划是一个创新求增值的过程

策划是一种“无中生有”的创造过程。项目管理策划是根据现实情况和以往经验，对事物变化趋势做出判断，对所采取的方法、途径和程序等进行周密而系统的构思和设计，是一种超前性的高智力活动。创新的目的是为了增值，通过创新带来经济效益。

6. 策划是一个动态过程

策划工作往往是在项目前期，但是策划成果不是一成不变的，策划工作也不是一次性的。一方面，项目管理策划所做的分析往往还是粗略的估计，随着项目的开展，项目管理策划的内容根据项目需要和实际可能将不断丰富和深入；另一方面，项目早期策划工作的假设条件往往随着项目进展不断变化，必须对原来的假设不断验证。所以策划结果需要根据环境和条件发生的变化，不断进行论证和调整，逐步提高准确性。

（二）项目管理策划的主要方法

1. 项目系统管理

项目系统管理是围绕项目整体目标而实施管理措施的集成，包括质量、进度、成本、安全、环境等管理相互兼容、相互支持的动态过程。系统管理不仅要满足每个目标的实施需求，而且需确保整个系统整体目标的有效实现。组织应识别影响项目管理目标实现的所有过程，确定其相互关系和相互作用，集成项目寿命期阶段的各项因素。组织在项目管理策划的过程中应用系统管理方法，主要包括下列方法：①系统分析；②系统设计；③系统实施；④系统综合评价。

2. 工作分解结构（WBS）

工作分解结构是为了管理和控制的目的而将项目分解成小要素。按层次把项目分解成子项目，子项目再分解成更小的、更易管理的工作单元（或称工作包），直至具体活动（或称工序）的方法。

3. 组织分解结构（OBS）

组织分解结构是将工作包与组织单位相联系而形成的一种项目组织结构，它将工作包与相关部门或单位分层次、有条理地联系起来，描述负责每个项目活动的具体组织单元。

4. 责任分配矩阵（RAM）

责任分配矩阵是按照工作分解结构来分配项目组织结构，确保项目范围内每个要素都安排给确定责任人的组织规划方法。一般矩阵纵列列出项目中的各项细节任务，横排列出项目相关人员名称，在其交叉格内标明每个人员的角色。它强调每一项工作细目由谁负责，并表明每个人的角色在整个项目中的地位。

5. 网络计划技术

网络计划技术是用网络计划对任务的工作进度进行安排和控制，以保证实现预定目标的计划管理技术。其中网络计划指在网络图中加注工作的时间参数等而形成的进度计划。网络图指由箭线和节点组成的，用来表示工作流程的有向、有序网状图形。

6. 价值工程

价值工程是通过经济技术的协同，对研究对象进行功能及成本分析，持续创新，旨在优化生命周期、节省成本、提高价值的资源节约型管理技术和思想方法。

7. 挣值法

挣值法主要支持项目绩效管理，其核心目的是比较项目实际与计划的差异，重点关注实际中的各个项目任务，在内容、时间、质量、成本等方面与计划的差异情况，然后根据差异对项目中剩余的任务进行预测、调整和控制。

8. 甘特图

甘特图又称横道图、条状图。以图示的方式通过活动列表和时间刻度形象表示出各项特定项目活动的顺序和持续时间。横轴表示时间，纵轴表示活动（项目），线条表示在整个期间上计划和实际的活动完成情况，用于直观地表明任务计划在什么时候进行，以及实际进展与计划要求的对比。

9. SWOT 分析法

SWOT 分析法又称态势分析法，通过对被分析对象的优势（strengths）、劣势（weaknesses）、机会（opportunities）和威胁（threats）等加以综合评估与分析得出结论，通过内部资源、外部环境有机结合来清晰地确定被分析对象的资源优势和缺陷，了解对象所面临的机会和挑战，从而在战略与战术层面调整方法和资源，以保障被分析对象的实行，进而达到所要实现的目标。

10. 德尔菲法

又称专家调查法，本质上是一种反馈匿名函询法。其大致流程是在对所要预测的问题征得专家的意见之后，进行整理、归纳、统计，再匿名反馈给各专家，再次征求意见，再集中，再反馈，直至得到一致的意见。该方法有三个明显特点，即匿名性、多次反馈、小组的统计回答。

11. 蒙特卡洛分析法

蒙特卡洛分析法又称统计模拟法，是一种采用随机抽样统计来估算结果的计算方法。由于计算结果的精确度很大程度上取决于抽取样本的数量，因此该方法一般需要大量的样本数据。

第二节 工程项目决策策划咨询

一、项目识别与选择

（一）项目识别和构思

1. 项目识别

项目来源于各种需求和亟待解决的问题，一个项目的提出并获得批准通常是基于以下原因：①人民生活及社会发展的需要。主要包括人民生活发展的要求、城市化进展的要求、环境保护的要求、竞争需求、市场需求、技术领先的需求、“项目链效应”等；②科学研究与科学发现；③体制改革的要求。考虑、发现和研究需要哪些项目的过程即为项目识别。市场调查是项目识别最基本和直接的方法。

2. 项目构思

项目构思就是提出实施项目的各种各样的设想，寻求满足需求的最佳方案。项目功能具有两重性，项目不仅要满足社会需要，也要满足某个组织或个体的利益。两者可能保持一致，也可能相互矛盾，应当努力实现两者的统一。项目的构思需注重创新和突破，项目的过程一般分为三个阶段：准备阶段、酝酿阶段、调整完善阶段。

（1）准备阶段。项目构思的准备阶段一般包括以下内容：①明确拟订所构思项目的性质和范围；②调查研究、收集资料和信息；③进行资料、信息的初步整理，去粗取精；④研究资料和信息，通过分类、组合、演绎、归纳、分析等多种方法，从所获取的资料和信息中挖掘有用的信息或资源。

（2）酝酿阶段。酝酿阶段一般包括潜伏过程、创意出现、构思诞生三个小过程。潜伏过程实质上就是把所拥有的资料和信息与所需要构思的项目联系起来，经过全面的、系统的反复思考，进行分析比较。创意出现就是在大量思维过程中所出现的与项目有关的独特新意，但又不完全成熟或全面的某些想法或构思。

（3）调整完善阶段。调整完善阶段包含发展、评估、定型三个具体的小阶段。项目构思的发展，就是将诞生的构思进行进一步的分析和设计，在外延和内涵上做进一步补充，使整个构思趋于完善；项目构思的评估，就是对已形成的项目构思进行分析评价，或是对形成的多个构思方案进行评价筛选；项目构思的定型，就是对评估阶段产生的项目构思进行进一步综合分析，并对内容进行补充和完善。

项目构思的三个阶段体现出一个渐进发展的过程，只有将每一个阶段、每一个步骤的工作都做扎实，才能实现理想的目标。

（二）项目选择

1. 项目选择的概念

社会的某种需求，往往可以通过多种不同的项目来满足。如城市交通拥挤问题，可以通过道路扩建来解决，也可以通过改善交通管理来解决，还可以通过机关、学校、企业错峰上下班来解决等。另外，个人和组织可能会同时识别出多个项目，但是可以利用的资源有限。特别是那些需要由政府拨款投资的项目，竞争会更加激烈。因此，必须综合考虑政治、经济、文化、环境保护、技术、财务、物资和人力资源、组织机构和风险等多种因素，权衡必要和可能两个方面，对这些项目设想进行筛选。

以上两种情况都必须对多种可能的项目设想进行比较，选择那些投入小、收益大的项目设想继续进行研究，进而付诸实施。这个过程就是项目选择。在项目选择阶段筛选掉那些不太有希望或不会产生效益的项目设想，避免在项目的以后阶段浪费大量的人力和财力。

2. 项目选择的原则

（1）科学化原则。投资目标必须合理，决策结果必须满足预定投资目标的要求，决策过程必须符合效率和经济性的要求，研究方案实施过程中可能出现的变化及应采取的应急措施。

（2）民主化原则。能反映最广大民众的意愿和利益，充分发挥每个决策成员的作用。

（3）系统性原则。项目是一个系统，需重视项目系统内部的协调性和项目系统对外部环境的适应性。

（4）效益性原则。项目的微观效益与宏观效益的统一，近期效益与远期效益的统一。

3. 项目选择的方法

（1）收益测量法（benefit measurement methods）。计算一些财务数据，如内部收益率（IRR）、动态投资回收期（PBP）、收益成本比率（BCP）、投资收益率（ROI）和净现值（NPV）等，并对这些财务数据进行比较。收益测量法包括：对比法、计分模型、收益分布、经济模型等。

（2）约束优化法（constrained optimization methods）。利用数学模型进行决策优化，选择最佳方案的一种方法。约束优化法常用的数学模型包括决策树、线性、非线性、动态、整数及多目标规划。

任何项目的选择方法都必须根据其在多大程度上符合执行组织的“目标”进行评估。组织的目标一般由高级管理层确定。因此，高级管理层的目标必须首先得到确认，从而利用高级管理层所要求的方法与模式进行选择。

4. 项目的确定

经过项目的识别、构思与选择过程，最终确定一个要实施的项目。项目的确定一般以完成项目说明书等为标志，部分项目因为自身的特点或投资主体的特殊性而无须编写。

项目说明书的内容视具体情况而可繁可简，一般包括以下内容：①项目建设的必要性；②项目产品或服务的市场预测；③产品方案、项目规模和用地设想；④项目建设必需的条件、已具备和尚不具备条件的分析；⑤投资估算和资金筹措的设想；⑥经济效果和投资效益的估计。

二、工程项目决策方案策划

（一）项目建议书策划

1. 项目建议书的研究任务

项目建议书是拟工程建设项目单位向项目主管部门申报的项目申请，是投资机会的具体化，是项目得以成立的书面文件，应对申报理由及其主要依据、项目的市场需求、生产建设条件、投资概算、简单的经济效益和社会影响情况做出概要叙述。项目建议书一般由提出项目的单位或部门编写，也可由他们委托有关设计院或咨询公司经调研后编写。项目建议书是项目发展周期的初始阶段，既是投资者选择项目的依据，也是可行性研究的依据。涉及利用外资的项目，在项目建议书获得批准后方可开展对外工作。

2. 项目建议书的主要内容

项目建议书的主要内容包括：①工程建设项目提出的必要性和依据（改扩建项目要说明现有企业情况）。②市场预测，包括国内外市场供需状况和发展趋势预测、销售预测和价格分析。③建设规模和产品方案设想，包括对建设规模的分析、产品方案是否符合行业发展规划、技术政策、产业政策和产品结构的要求。④建设地点，包括建设地点的自然条件和社会条件、环境影响的初步评价、建设地点是否符合地区布局的要求。⑤资源供给的可能性和可靠性。⑥主要技术工艺设想。需要引进技术和进口设备的，须提出引进和进口的国别、厂商的设想；主要单项工程与辅助、配套工程的总体部署设想。⑦外部协作条件，主要包括原材料、燃料、电力、水源的供应和运输条件等配合情况。⑧投资测算和资金筹措方案，包括所需投资的依据和资金来源。拟利用外资的，须说明理由和可能性，以及资金偿还的措施，同时写明建成后所需流动资金的估算额。⑨建设工期预计。⑩经济效益和社会影响初步评价，包括财务效益和经济影响初步分析，内部收益率、投资回收期和贷款偿还期等测算。

（二）投资环境调查

项目管理策划是在充分占有信息和资料的前提下所进行的一种创造性劳动，因此充分占有信息是策划的先决条件，否则策划就成了无本之木、无源之水。从这一基本思想出发，投资环境调查与分析是项目管理策划工作的第一步，也是最为基础的一环。如果不进行充分的环境调查，所策划的结果可能与实际需求背道而驰，甚至得出错误的结论，并直接影响项目的实施。因此策划的第一步必须对影响项目管理策划工作的各方面环境进行调查，并进行认真分析，找出影响项目建设与发展的主要因素，为后续策划工作提供基础。

1. 环境调查与分析的对象

环境调查与分析的对象是项目本身所涉及的各种环境因素和条件，以及项目实施过程中可能涉及的各种环境因素和条件。外部环境各种因素都或多或少会对项目产生一定影响，但是考虑到这些因素对项目的影响实际上有直接、间接及程度不同的差别，同时也为了节省不必要的人力和成本，通常将外部环境研究的对象相对集中，侧重于研究那些对项目有较为直接影响且影响程度较高的因素。

政治法律环境、社会文化环境、宏观经济环境等对所处该环境中的各种类型项目都会产生影响。除此以外，针对不同的项目类型还需要对不同的特殊环境对象进行调查。对工程建设项目而言，环境调查与分析的对象一般包括：①政策、法律环境；②产业市场环境；③宏观经济环境；④社会、文化环境；⑤项目建设环境；⑥项目建筑环境；⑦其他相关问题等。

环境调查与分析应该以项目为基本出发点，将项目实施可能涉及的所有环境因素进行系统性的思考，以其中对项目策划和项目实施影响较大的关键因素作为主要的考虑对象，进行全面、深入的调查与分析。

2. 环境调查与分析的方法

项目管理策划的过程是知识管理与创新的过程，因此在策划过程中，知识的积累至关重要，而知识的来源不仅包括自身的知识积累，也包括他人的经验总结，所以在策划过程中要充分利用环境调查与分析的方法与手段，吸收有利于项目策划和实施的经验或知识。环境调查与分析的方法包括以下方面。

（1）战略外部环境分析（PEST 分析）。PEST 分析是指宏观环境分析，它通过政治（politics）、经济（economic）、社会（society）和技术（technology）角度或四个方面的因素分析，从总体上把握宏观环境，并评价这些因素对组织或项目战略目标和战略制定的影响。

（2）现场实地考察。现场实地考察是环境调查的一个重要方法与途径，因为文字资料通常省去细节信息，或者在访问时，对方可能出于主观判断而遗漏重要信息，所以需要通过实地考察增加项目的感性认识，了解有关项目的具体信息，掌握项目环境的最新情况。

（3）相关部门走访。相关部门走访是收集项目背景资料的主要来源。从这些部门获取的资料具有相当的权威性和及时性，有时甚至是尚未正式发布的草案，对了解宏观背景的发展趋势具有极大的帮助作用。

（4）有关人员访谈。访谈的目的是了解项目相关人员和项目的关系以及对项目的意见或建议。此类调研对象往往和相关部门的调研相结合。一般包括以下几类人员：

1）项目投资方。对项目投资方相关人员的访谈内容主要集中在项目的背景、进展状况、项目发起的目的、希望达到的目标、基本设想以及目前存在的困难等。访谈的形式可以有很多种，可以采用集中介绍的方式，也可以采用单独访谈的方式，可以是正式的形式，也可以是非正式的形式。

2）最终用户。项目管理策划的重要原则之一就是“最终用户需求导向”，因此应充分重视对最终用户的访谈或调查。对最终用户的访谈会影响到项目管理策划的具体内容，包括功能的布局、标准的确定、建筑面积的确定、结构形式的选择等。在最终用户已经明确的情况下，可采用访谈形式，但如果最终用户尚不明确，则对可能的最终用户进行分析，以典型同类用户的需求为依据，总结概括出项目最终用户的需求。

（5）文献调查与研究。策划是一种创造性的劳动，在这一过程中，汲取的知识越多，对策划越有利，而文献是各种知识的凝聚与升华，因此要充分重视对文献的收集和研究。随着文献的数字化程度越来越高，文献的调查越来越方便。

（6）问卷调查。问卷对于有明确用户对象的项目管理策划有显著作用，如学校、商业街、住宅、办公楼以及某些建筑单体的策划等，对最终用户的问卷有助于策划成果的合理与完善。此外，问卷也可以针对已经策划的某一部分，如项目定位、功能布局、面积分配等，征求相关人员的意见，进一步完善策划成果。

环境调查有多种途径和方法，这些途径和方法在项目管理策划时一般都会用到，但考虑到资料的积累和重复利用问题，应注意知识管理的应用，使信息发挥更大的价值，并为后期的重复利用提供方便，因此资料管理是环境调查的一项重要工作。

3. 环境调查的工作成果分析

环境调查的最终目的是为项目管理策划服务，因此环境调查的分析至关重要。环境调查的工作成果分析是大量资料与信息提炼的过程。没有经过整理与分析的资料不仅对策划没有帮助，反倒成为大量的信息垃圾，大大降低信息的价值，因此应充分关注环境调查资料整理与分析。环境调查的主要工作成果包括环境调查分析报告及其附件。

环境调查分析报告没有固定的格式，根据策划的需要进行设定，但一般包括资料的简要论述、对比、由此得出的结论以及对策划的启示，此外还包括主要参考资料清单以及资料来源目录，重要的参考文献也可分类装订成册，作为附件，以便查阅。

（三）可行性研究

1. 可行性研究的概念

可行性研究是项目前期工作的最重要内容，它从项目建设到生产经营的全过程来考察项目的可行性。可行性研究从市场需求的预测开始，通过多方案比较，论证项目建设规模，工艺技术方案，厂址选择的合理性，原材料、燃料动力、运输、资金等建设条件的可靠性，然后对项目的建设方案进行详细规划，最后通过生产经营成本、销售收入和一系列指标的计算，评价项目在财务上的盈利能力和经济上的合理性，提出项目可行或不可行的结论，从而最终回答项目是否需要建设、如何建设的问题，为投资者的最终决策提供直接的依据。

2. 可行性研究的作用

投资一个项目，目的就在于最大限度地获得经济效益和社会影响效果。投资项目进行可行性研究的主要作用表现在如下方面：

（1）进行科学投资决策的依据。任何一个投资项目成立与否，投资效益如何，都要受到社会的、技术的、经济的等多种因素的影响。对投资项目进行深入细致的可行性研究，对项目进行分析、评价，从而积极主动地采取有效措施，避免因不确定因素造成的损失，提高项目经济效益，实现项目投资决策的科学化。

（2）项目设计的依据。在现行的规定中，虽然可行性研究与项目设计文件的编制分别进行，但项目的设计要严格按标准的可行性研究报告内容进行，不得随意改变可行性研究报告中已确定的规模、方案、标准、厂址及投资额等控制性指标。

（3）项目实施的依据。只有经过项目可行性研究论证，被确定为技术可行、经济合理、效益显著、建设与生产条件具备的投资项目，才能被列入当地投资计划，允许项目单位着手组织原材料、燃料、动力、运输等供应条件和落实各项投资项目的实施条件，为投资项目顺利实施做出保证。

（4）项目评估的依据。可行性研究报告具体地分析了项目建设的必要性和可行性，做出最终决策，并选出最优方案。项目评估是在可行性研究报告的基础上进行的，通过论证、分析，对可行性研究报告进行评价，为最后的投资决策提供咨询意见。

3. 可行性研究的阶段

广义的可行性研究分为三个阶段：机会研究阶段、初步可行性研究阶段、详细可行性研究阶段。各阶段的目的和估算精度见表 2-1。

表 2-1　可行性研究的阶段划分、目标与要求

分析阶段	机会研究	初步可行性研究	详细可行性研究	评估和决策
分析性质	项目设想	项目初步选择	项目拟定准备	项目评估
分析工作目的	鉴别投资方向和目标，选择项目，寻找投资机会，提出项目投资建议	对项目初步评价作专题研究，广泛分析、筛选方案，鉴定项目的选择依据和标准，判断项目能否进行	详细技术经济论证，在多方案比较的基础上选择最优方案	综合分析各种效益，对可行性研究报告进行评估和全面审核，分析判断项目可行性研究的可靠性和真实性，对项目做出决策
分析工作要求及作用	编制项目建议书，为初步选择投资项目提供依据	编制初步可行性研究报告，判断是否有必要进一步细化可行性研究	编制可行性研究报告，作为项目投资决策的基础和重要依据	提出项目评估报告，为投资决策者提供最后决策依据，决定项目取舍和选择
估算精度	（−30%，30%）	（−20%，20%）	（−10%，10%）	（−10%，10%）

续表

分析阶段	机会研究	初步可行性研究	详细可行性研究	评估和决策
分析费用占总投资的比例(%)	0.2～1.0	0.25～1.25	大项目 0.2～1.0 中小项目 1.0～3.0	—
需要时间（月）	1～3	4～6	8～12 或更长	—

（1）机会研究阶段。机会研究分为一般机会研究和特定项目机会研究两种。

一般机会研究是项目投资者或经营者通过收集大量信息，并经分析比较，确定出发展机会，最终形成明确的项目意向（或项目机会）的过程。一般机会研究通常需要进行地区研究、部门研究和资源研究。

一般机会研究包括以下内容：①地区研究。通过分析地理位置、自然特征、民族特征、人文习俗、地区经济结构、经济发展状况、进出口结构等状况，选择投资或发展方向；②部门研究。通过分析部门的特征，经营者或投资者所处部门（或行业）的位置、地位与作用、增长情况等进行项目的方向性选择；③资源研究。通过分析资源分布状况、资源储量、可利用程度、利用条件及经营者或投资者的资源占有情况等，寻找项目机会。

特定项目机会研究是在一般机会研究已经确定项目发展方向或领域后做进一步的调查研究。与一般机会研究相比较，特定项目研究通常会更深入，更具体。特定项目机会研究的主要内容有：市场研究、项目意向的外部环境分析、项目承办者优劣势分析。

（2）初步可行性研究。初步可行性研究是介于机会研究和详细可行性研究之间的一个中间阶段，是在项目意向确定之后，对项目的初步估计和分析。研究的主要目的在于判断机会研究提出的投资方向是否正确。

初步可行性研究的内容：①机会研究得出的结论是否有发展前景；②项目发展在经济上是否合理；③项目发展有无必要；④项目需要多少人、财、物资源；⑤项目需要多少时间完成；⑥项目进度与时间应该如何安排；⑦投资成本与收益估算等。

（3）详细可行性研究。详细可行性研究通常简称为可行性研究，是在项目决策前对项目有关的工程、技术、经济、社会影响等方面条件和情况进行全面调查和系统分析，为项目建设提供技术、生产、经济、商业等方面的依据并进行详细的比较论证，最后对项目成功后的经济效益和社会影响效果进行预测和评价的过程。详细可行性研究是项目进行评估与决策的依据。

对一个拟建项目进行详细可行性研究，除了必须在国家有关规划、政策、法规的指导下完成，还要有各种相应的技术资料。

详细可行性研究一般包括三方面内容：①市场研究和内容分析，以解决项目建设必要性的问题；②工艺技术方案的研究，以解决项目建设的技术可能性问题；③经济效益和社会影响效果分析，以解决项目建设的合理性和可持续性问题。

4. 可行性研究的步骤

根据国际通行的“六步法”，可行性分析工作应该按照以下六个步骤来进行。在整个程序中，委托单位和咨询单位需紧密配合。

（1）开始阶段。讨论研究的范围，限定研究的界限即明确客户的目标。

（2）进行实地调查和技术经济研究。每项研究要包括项目的主要方面，需要量、价格、产业结构和竞争将决定市场机会。同时，原材料、能源、工艺要求、运输、人力条件又会影响适当的工艺技术的选择。

（3）选优阶段。将项目的不同方面设计成可供选择的方案。随后进行详细讨论，客户要做出非计量因素方面的判定，确定协议项目的最后形式。

（4）对选出的方案进行更详细地研究，确定项目具体的范围，估算投资费用、经营费用和收益，并做出项目的经济分析和评价。为了确保预定目标的实现，可行性研究必须论证项目所选择的技术是可行的，建设进度能满足要求。

（5）编制可行性研究报告。其结构和内容常常有特定的要求，这些要求和规定的步骤将指导项目的编制的实施。

（6）编制资金筹措计划。项目的资金筹措在比较方案时，需要详细审查。项目实施中的期限和外部条件的改变也会导致资金供应状况的改变，需要根据可行性研究的财务分析进行相应的调整。

最后，要做出一个最终的决策，以使项目可根据进度要求和预算进行。

5. 可行性研究报告的编写

根据项目的规模和性质，可行性研究报告有简有繁。以下是可行性研究报告的一般目录格式。

（1）总论。总论应综合叙述研究报告中各章节的主要问题和研究结论，并对项目的可行与否提出最终建议，为可行性研究的审批提供依据。可参照下列内容编写：①项目背景；②可行性研究结论；③主要技术经济指标表；④存在问题及建议。

（2）项目背景和发展概况。说明项目提出的背景、投资理由、在可行性研究前已经进行的工作情况及其成果、重要问题的决策和决策过程等情况，提出本项目可行性研究的重点和问题。主要包括以下方面：①项目提出的背景；②项目发展概况；③投资的必要性。

（3）市场分析与建设规模。在对项目相关的国内与国外、现实与潜在的市场进行广泛深入调查研究的基础上，对市场前景进行量化预测，进行价格分析，确定建设规模。主要包括以下方面：①市场调查；②市场预测；③市场营销战略；④产品方案和建设规模；⑤产品销售收入预测。

（4）建设条件与厂址选择。按照建议的产品方案和规模研究资源、原料、燃料、动力等的需求和供应的可靠性，并对可供选择的厂址做技术与经济比较，确定最终选址。主要包括以下方面：①资源和原材料；②建设地区的选择；③厂址选择。

（5）项目技术方案。确定项目采用的生产方法、工艺和工艺流程、重要设备及其相应的总平面布置、主要车间组成及建筑物结构型式等技术方案，并在此基础上估算土建工程量和其他工程量。在这一部分中，除文字叙述外，还应将一些重要数据和指标列表进行说明，并绘制总平面布置图、工艺流程示意图等。主要包括以下方面：①项目组成；②生产技术方案；③总平面布置和运输；④土建工程；⑤其他工程。

（6）环境保护与劳动安全。对项目的环境影响评价、污染源及其危害进行分析，提出防治措施，并对其进行评价，推荐技术可行、经济合理、布局合理、对环境的有害影响较小的方案。主要包括以下方面：①建设地区的环境现状；②项目主要污染源和污染物；③项目拟采用的环境保护标准；④治理环境的方案；⑤环境监测制度的建议；⑥环境保护投资估算；⑦环境影响评价结论；⑧劳动保护与安全卫生。

（7）企业组织和劳动定员。根据项目规模、项目组成和工艺流程，研究提出相应的企业组织机构、劳动定员总数及劳动力来源、相应的人员培训计划。主要包括以下方面：①企业组织；②劳动定员和人员培训。

（8）项目实施进度安排。项目实施时期，也可称为投资时期，是指从正式确定工程建设项目到达到正常生产的这段时间，包括从项目实施准备、资金筹集安排、勘察设计、设备订货、施工准备、施工、生产准备、试运转直到竣工验收和交付使用的各个工作阶段。将项目实施时期各个阶段的各个工作环节进行统一规划、综合平衡，做出合理而又切实可行的安排。主要包括以下方面：①项目实施的阶段划分；②项目实施进度表；③项目实施费用。

（9）投资估算与资金筹措。对项目所需要的投资总额进行计算，分析投资的筹措方式，制订用款计划。主要包括以下方面：①项目总投资估算；②资金筹措；③投资使用计划。

（10）财务与敏感性分析。对项目进行财务评价、经济评价和社会影响分析，其评价结论既是建设方案取舍的主要依据之一，也是对工程建设项目进行投资决策的重要依据。主要包括以下方面：①生产成本和销售收入估算；②财务评价；③经济费用效益分析；④不确定性分析；⑤社会影响分析评价。

（11）可行性研究结论与建议。主要包括以下方面：①结论与建议；②附件；③附图。

三、项目评估

（一）项目评估的任务和内容

1. 项目评估的任务

项目评估指在项目可行性研究的基础上，由第三方（国家、银行或有关机构）根据有关政策、法规、方法、参数和条例等，从项目、经济、社会角度出发，对拟建项目建设的必要性、建设条件、生产条件、产品市场需求、工程技术、经济效益和社会影响效果等进行全面评价、分析和论证，进而判断其是否可行的一个评估过程。项目评估是项目投资前进行决策管理的重要环节，其目的是审查项目可行性研究的可靠性、真实性和客观性，为项目审批决策提供依据。

2. 项目评估的内容

(1) 项目与企业概况评估。

(2) 项目建设必要性评估。评估拟建项目是否符合市场要求；是否符合有关技术经济政策；项目产品方案和产品是否符合国家产业政策、发展规划等要求。

(3) 项目市场需求分析。主要研究项目所产出的产品或服务的市场现状，是否具有市场竞争能力等。

(4) 项目生产规模确定。在必要性评估与市场需求分析的基础上，分析厂址情况、资金筹措能力、技术管理水平和最佳生产规模。

(5) 项目建设生产条件的评估。综合项目的具体情况，主要评估项目的建设条件能否满足正常实施的需要，生产条件能否满足日常生产经营活动的需要。

(6) 项目工程与技术评估。主要分析工程项目设计的合理性、经济性和安全性。

(7) 项目的环境影响评价。主要分析与评价项目对环境和生态影响程度及种类，审查项目有关环境保护的方案、措施的可行性、环保投资费用的保证程度以及经济合理性。

(8) 投资估算与资金评估。主要估算项目总投资额（包括建设投资、流动资金投资与建设期利息等），并制订相应的资金筹措方案和资金使用计划。

(9) 财务效益分析。主要判断基本数据的选定是否可靠，主要财务效益指标的计算及参数选取是否正确，推荐的方案是否为“最佳方案”。

(10) 经济费用效益评估。在财务效益分析的基础上，重点对费用和效益的范围及其数值的调整是否正确进行核查。

(11) 社会影响效果评估。进行利益相关者分析，项目与当地社区发展的相互适应性分析，项目的主要社会风险分析，尤其是社会稳定风险评估。

（12）项目风险评估。盈亏平衡分析、敏感性分析、项目主要风险因素及其敏感度和概率分析，项目风险的预防措施及处置方案。

（13）项目总评估。在上述基础上，得出项目评估的结论，提出关于可否批准项目可行性研究报告和能否予以贷款、投资等的综合性意见和建议。

（二）项目评估的程序

项目评估涉及各行业各专业的技术与经济方面的工作，需要组织有关专家广泛开展调研，全面收集整理资料，然后进行计算，评价分析，汇总主要评估论点，最后采用评估报告会等形式提出评估结论，以书面形式完成项目评估报告。其评估程序可归纳为五个步骤。

1. 制定评估计划

评估机构根据委托评估要求，进行工作安排，提出具体实施意见，编制评估工作实施计划。由于项目评估是在可行性研究的基础上进行的工作，因此要根据项目的大小复杂程度组成评估小组，聘请有关专家参加，重大项目还需要按专题分小组进行。然后明确分工，制定评估工作计划，同时确定评估重点，安排评估的工作步骤与时间进度。具体包括三个环节：审查评估目的、审查主体工作、安排工作进度。

2. 现场调查和搜集资料

现场调查和搜集资料是项目评估的重要工作阶段，主要是搜集在可行性研究报告中不可或缺的基础数据资料，并对一些重要的数据资料进行重新搜集。现场调查和资料搜集是一项复杂、细致的工作，搜集过程中须注意数据资料的可靠性、准确性。

3. 审查分析项目

审查分析是对拟建项目的评估向广度、深度发展的工作阶段，是评估的核心，一般应从以下几个方面进行：

（1）审查项目的必要性。从宏观上审查项目是否符合产业政策，是否属于重复建设、盲目发展等。

（2）审查拟建规模和生产条件。

（3）审查设计方案和建设条件。主要是对工艺、设备选择、建设地点、施工条件和投资来源进行审查，确定项目建设条件是否能够落实、在技术上是否先进可行。

(4) 审查财务效益、经济和社会影响，对各项效益指标进行落实和计算。

4. 汇总评估观点

在有关专家参与下，通过专题论证会，将各个评估要点、各项专题评估意见进行汇总，列出主要问题，特别是对不同意见要重点讨论，从技术经济的角度评价提出最佳方案。

5. 编写评估报告

项目评估人员根据审查分析结果，对可行性研究报告推荐的方案经过上述分析论证，做出进一步的结论，以评估报告的方式加以肯定。评估报告必须包括论证会的主要意见和结论。

第三节　工程项目管理规划策划咨询

一、工程项目管理规划大纲

工程项目管理规划大纲是指导项目管理的纲领性文件。大纲的结构框架和内容需依据《建设工程项目管理规范》(GB/T 50326—2017)，结合工程项目特点和管理任务目标，经策划人员共同选择、分析、调整、补充和完善，形成大纲框架。大纲内容策划需着重强调工作思路，并且要点明确，不可能也没必要具体详细。规划大纲需集成项目团队的智慧，对项目管理重要事项提出方向性、策略性的工作思路和方法。对于规模小、技术简单的一般工业与民用工程建设项目、可接受项目管理实施规划投标的工程项目和分部分项工程或专业分包工程项目，可以省略项目管理规划大纲的编制，直接编制项目管理实施规划。

(一) 工程项目管理规划大纲的编制步骤

1. 明确项目需求和项目管理范围

项目需求应包括各相关方的需求。项目管理范围指为交付具有规定特征和功能的产品或服务所必须完成的工作，主要是确定哪些工作应该包括在项目内，哪些工作不应该包括在项目内。两者是确定项目管理目标的基础。

2. 确定项目管理目标

项目的目标主要包括投资成本目标、进度目标、质量目标三大方面，其他的管理目标还包括安全管理目标和环境保护管理目标。工程中的各相关方都有各自的项目管理目标，但承包单位、分包单位的管理目标是针对项目周期中某个阶段的目标或是某个单体项目的目标，只有建设单位的管理目标是针对整个项目、项目实施全过程的，所以在制定管理目标时，应以建设单位的管理目标为主导方向。

3. 项目实施工作结构分解

项目实施条件主要是指项目建设期所处的环境，包括自然环境、建设政策环境、市场环境、建设环境（能源、基础设施等）和建筑环境（风格、主色调等）。

4. 组织结构和职责分工

项目管理模式有多种类型，每种都有不同的优势和局限性，管理者应根据工程项目的特点和实际情况选择合适的项目管理模式，主要有代建制模式、总承包模式、设计一招标一建造模式、建造管理模式、管理承包模式等。组织结构可分为三种基本模式：线型组织模式、职能型组织模式和矩阵型组织模式。根据项目实际情况，应用其中一种基本组织形式或多种基本组织形式组合设计而成。职责分工就是对组织结构的说明和补充，将组织结构中各单位部门或个体的职责进行细化扩展。

5. 制定项目管理措施

项目组织为达成项目目标需采取一系列管理措施。管理措施主要是明确项目主持方的工作管理内容以及项目各参与方共同遵守的项目管理制度。项目主持方的项目管理工作内容是针对项目主持方的工作制度，各参与方的项目管理制度主要是针对项目的投资成本目标、进度目标、质量目标所制定的，根据项目的具体情况，项目还需制定有针对性的一些项目管理制度。

6. 编制项目资源计划

为保证项目投资成本目标、进度目标、质量目标的完成，需要投入各种资源，如人力、材料、机械设备等资源。各参建方应根据项目目标和工作分解结构，分析各项工作所需资源，并进行汇总。

7. 报送审批

在完成大纲的编制后，先由本单位的相关负责人进行审批，再报送上一级单位。各个单位应熟悉报送审批的工作流程和相关规定，以缩短报批管理周期，避免不必要的重复。

（二）工程项目管理规划大纲编制依据和内容

1. 项目管理规划大纲的编制依据

项目管理规划大纲的编制依据主要有：①项目文件、相关法律和标准；②类似项目经验资料；③实施条件调查资料。

2. 规划大纲的主要内容

规划大纲的主要内容包括：①项目概况；②项目范围管理；③项目管理目标；④项目管理组织；⑤项目采购与招标管理；⑥项目进度管理；⑦项目质量管理；⑧项目成本管理；⑨项目安全生产管理；⑩绿色建造与环境管理；⑪项目资源管理；⑫项目信息管理；⑬项目沟通与相关方管理；⑭项目风险管理；⑮项目收尾管理。

工程总承包及代建制模式的项目管理规划大纲制定，还需将项目投融资、项目结构分解与范围管理、勘察设计管理、工程招投标管理及项目试运行管理等内容纳入规划大纲。项目管理规划大纲的文件需要包含：项目管理目标和职责规定；项目管理程序和方法要求；项目管理资源的提供和安排。

二、工程项目管理实施规划

工程项目管理实施规划是规划大纲的进一步深化和细化，具体规定各项管理业务的目标要求、职责分工和管理办法，把履行合同和落实项目管理目标责任书的任务贯彻在实施规划中，是项目管理人员的行动指南。项目管理实施规划是项目实施过程的管理依据，对整个项目管理过程提出管理目标，并为实现目标做出管理规划，对项目管理取得成功有重要意义。项目管理规划是具有可行性、可操作性和指导性的实施方案，可以作为实施阶段项目管理实际操作的依据。项目管理实施能够有效提高管理效率和管理效果。

（一）工程项目管理实施规划编制步骤和依据

1. 项目管理实施规划编制步骤

项目管理实施规划应遵循以下步骤：①了解相关方的要求；②分析项目具体特点和环境条件；③熟悉相关的法规和文件；④实施编制活动；⑤履行报批手续。

2. 项目管理实施规划的编制依据

项目管理实施规划需根据项目管理规划大纲来编制，需要把规划大纲策划过程的决策意图体现在实施规划中。编制项目管理实施规划的依据主要有：①适用的法律、法规和标准；②项目合同及相关要求；③项目管理规划大纲；④项目设计文件；⑤工程情况与特点；⑥项目资源和条件；⑦有价值的历史数据；⑧项目团队的能力和水平。

（二）工程项目管理实施规划的内容

1. 项目概况

项目概况应在项目管理规划大纲的基础上根据项目实施的需要进一步细化。主要包括工程特点、建设地点及环境特征、施工条件、项目管理特点、工程管理总体要求以及工程项目工作目录等。

2. 项目总体工作安排

项目总体工作安排应明确项目管理目标、项目实施的总时间和阶段划分，对各资源的总投入做出安排，提出技术路线、组织路线和管理路线。一般包括：①项目的质量、进度及安全目标；②拟投入劳动力人数（包括高峰人数、平均人数）；③资源计划；④分包计划；⑤区段划分与施工程序；⑥项目管理总体安排，包括工程项目团队的安排，以及工程项目管理中控制、协调、总结、考核工作过程的规定。

3. 组织方案

组织方案包括项目管理的组织结构、任务分工和管理职能分工、项目管理工作流程、项目编码体系分析、管理制度等。具体需要编制以下内容：①项目结构图；②组织结构图；③合同结构图；④编码结构图；⑤重点工作流程图；⑥任务分工表；⑦职能分工表。

4. 设计与技术措施

设计与技术措施主要包括设计与技术目标、项目方案设计、项目初步设计、技术管理规划、施工组织设计、施工措施、施工技术方案等。表 2-2 所示为各阶段需审批的主要技术文件。

表 2-2　　各阶段需审批的主要技术文件

项目阶段	主要技术文件
方案设计阶段	（1）规划意见书； （2）规划、设计方案； （3）绿地规划方案； （4）人防规划设计； （5）交通设计
初步设计阶段	（1）建筑工程初步设计； （2）建设工程规划许可证
施工图设计阶段	（1）人防设计； （2）消防设计； （3）施工图设计

5. 进度计划

进度计划包括以下内容：①控制进度计划。项目总进度计划、分阶段进度计划、子项目进度计划和单体进度计划、年（季）度进度计划；②作业进度计划。分部分项工程进度计划和月（周）进度计划。

编制进度计划通常遵循以下步骤：①明确工程项目进度目标；②进行项目结构分解；③定义项目结构分解的各项目单元；④按总的进度目标逐层编制时间进度网络计划，并进行网络分析。编制进度计划常用的方法有里程碑表、工作量表、横道计划和网络计划，作业性进度计划应优先采用网络计划方法。

6. 质量计划

质量计划需与施工组织设计、施工方案等文件相协调，包括以下内容：①质量目标和质量要求；②质量管理体系和管理职责；③质量管理与协调的程序；④法律法规和标准规范；⑤质量控制点的设置与管理；⑥项目生产要素的质量控制；⑦实施质量目标和质量要求所采取的措施；⑧项目质量文件管理。

7. 成本计划

施工成本计划一般由施工单位编制，可按照成本组成（如直接费、间接费、其他费用等）、项目结构（如各单位工程或单项工程）和工程实施阶段（如基础、主体、安装、装修等或月、季、年等）进行编制，也可以将几种方法结合使用。

施工成本计划包括以下步骤和内容：①通过标价分离，测算项目成本；②确定项目施工总体成本目标；③编制工程项目总体成本计划；④根据项目管理机构与企业职能部门的责任成本范围，分别确定具体成本目标，分解相关成本要求；⑤编制相应的专门成本计划，包括单位工程、分部分项成本计划等；⑥针对以上成本计划，制定相应的控制方法，包括确保落实成本计划的施工组织措施、施工方案等；⑦编制工程项目管理目标责任书和企业职能部门管理目标；⑧配置施工管理与实施资源，明确成本管理责任和权限。

8. 安全生产计划

安全生产计划应满足事故预防的管理要求，一般与施工组织设计结合编制。一般包括安全作业目标、安全因素识别和评价、安全管理制度、安全管理的责任和权限、安全资源配置、安全技术措施。

安全生产计划需符合以下规定：①辨识和评价项目危险源和不利环境因素，确定对策和方案；②对危险性较大的分部分项工程编制专项施工方案；③对分包人的项目安全生产管理、教育和培训提出要求；④对项目安全生产交底、有关分包人制定的项目安全生产方案进行控制的措施；⑤应急准备与救援预案。

9. 绿色建造与环境管理计划

绿色建造计划应集成设计、施工、采购、试运行等过程的一体化环境管理要求，环境管理计划侧重施工过程的项目环境管理要求。在施工阶段，施工单位可将绿色建造计划和环境管理计划合二为一。

绿色建造与环境管理计划包括以下内容：①绿色建造范围和管理职责分工；②绿色建造目标和控制指标；③重要环境因素控制计划及响应方案；④节能减排及污染物控制的主要技术措施；⑤绿色建造所需的资源和费用。

10. 资源需求与采购计划

资源需求计划编制前应与供应单位协商，编制后应将计划提交供应单位。资源需求计划主要包括以下内容：①人力资源需求计划；②劳务需求计划；③工程材料与设备需求计划；④施工机具与设施需求计划；⑤资金需求计划。

采购计划主要包括以下内容：①采购工作范围、内容及管理标准；②采购信息，包括产品或服务数量、技术标准和质量规范；③检验方式和标准；④供方资质审查要求；⑤采购控制目标及措施；⑥特殊采购需求，如人员文化背景、工作年限、培训要求等。

11. 信息管理计划

信息管理计划包括以下步骤和内容：①明确项目信息管理范围；②确定项目信息管理目标；③明确项目相关方所需的信息（信息的类型、内容、格式和传递要求），并进行价值分析；④制定项目信息管理手段和协调机制；⑤制定信息编码系统；⑥明确信息产生主体，以及信息在项目管理机构内部和外部的具体使用单位、部门和人员之间的信息流动要求；⑦编制信息资源需求计划，包括信息资源名称、配置标准、数量、需用时间和费用估算；⑧制定信息管理制度和信息变更控制措施。

12. 沟通管理计划

沟通管理计划需根据合同文件、项目相关方的需求、项目主体之间的关系、沟通方案和冲突解决预案来编制。沟通管理计划包括以下内容：①沟通范围、对象、内容与目标；②沟通方法、手段及人员职责；③信息发布时间与方式；④项目绩效报告安排及沟通需要的资源；⑤沟通效果检查与沟通管理计划的调整。

13. 风险管理计划

风险管理计划需根据项目范围、招投标文件和工程合同、项目工作分解结构、组织风险管理制度等相关信息来编制。风险管理计划包括以下内容：①确定风险管理目标；②明确风险管理范围；③可使用的风险管理方法、措施、工具和数据；④风险跟踪的要求；⑤明确风险管理的责任和权限；⑥必需的资源和费用预算。

14. 项目收尾计划

项目收尾包括工程收尾、合同收尾、管理收尾等。工程收尾包括工程竣工验收、工程竣工结算、工程档案移交、工程竣工决算、工程责任期管理。工程竣工验收计划需明确工程竣工的工作内容、工作原则和要求、职责分工、工作顺序和时间安排。

15. 项目现场平面布置图

项目现场平面布置图包括以下内容：①说明施工现场情况、施工现场平面特点、施工现场平面布置图的编制原则；②确定现场管理目标和现场管理原则；③制定现场管理的主要措施；④制定施工平面图及其说明；⑤施工现场布置中必须符合的法律法规，如环境保护法、劳动保护法、城市管理规定、工程施工规范等。

16. 项目目标控制计划

项目目标控制计划应针对目标需要进行制定，包括以下内容：①投资管理目标控制；②进度管理目标控制；③质量管理目标控制；④安全管理目标控制；⑤环境保护管理目标控制。

17. 技术经济指标

技术经济指标应根据项目特点选定有代表性的指标，且突出实施难点和对策，以满足分析评价和持续改进的需要。技术经济指标主要包括：①技术性指标，如建筑密度指标、土地利用系数、绿地率、通风采光；②工期指标，如定额工期；③成本指标，如工程总造价、每平方米造价；④资源指标，如主要材料消耗量，其他材料消耗量、劳动消耗量。

三、工程项目管理配套策划

配套策划是对项目管理策划的补充，来弥补策划的不足和缺漏之处，从内容上来看，配套策划是对项目管理策划的策划，体现了项目管理规划以外的项目管理策划内容范围，是项目管理规划的两头延伸。配套策划的成果不一定要形成书面文件。

（一）配套策划的依据及步骤

1. 配套策划的编制依据

（1）项目管理制度。此处的项目管理制度特指组织关于项目管理配套策划的授权规定，应在相关人员的岗位职责条款里有所体现，不必单独制定。

（2）项目管理规划。

（3）实施过程需求。实施过程需求是项目管理规划在实施中的环境条件、资源需求。

（4）相关风险程度。项目管理策划实施过程中存在的风险和风险程度。

2. 配套管理策划的步骤

首先，人力资源是策划过程中最主要的资源，所以应先明确项目规划各部分的编制主体的具体人员。项目管理规划大纲应由组织的管理层或组织委托的项目管理单位编制。项目管理实施策划应由项目经理组织编制，由项目技术负责人负责编制，部分内容按照专业和管理职能分别由项目管理部的各部门（或各职能人员）编写，有时也需要企业管理层的一些职能部门参与。

然后，应明确策划编制过程需要采用哪些项目管理策划方法，以及采用这些方法需要的人力、资金、设备、材料等资源投入。

最后，应做出关于项目管理策划的进度计划，确定策划所需时间资源。

（二）保证管理策划人员沟通顺畅

1. 保证策划者之间的沟通顺畅

策划者可能来自不同的组织或不同部门，在策划过程中可能会出现沟通障碍，所以应采取一些措施保证沟通的顺畅：①建立信息沟通平台，并促进多渠道沟通；②明确各自职责，建立通讯录；③制定沟通计划；④制定沟通制度；⑤加强团队建设，增强沟通氛围。

2. 保证策划者与实施者之间的沟通顺畅

需要经过沟通让项目的实施者了解项目管理策划的内容，例如项目的基本概况、组织架构、人员安排、项目目标、相关计划、项目风险等，从而让策划的实施者明确自己的岗位、工作任务、工作内容、工作方法等。这种沟通包括两种形式：书面形式和口头形式。

（1）书面形式包括需要形成书面文件的技术交底、专项措施；书面文件的内容应意思清晰、用语规范；应制定相应的技术交底制度，如三级交底制度，对各级交底的内容、人员等应做出明确的规定。

（2）口头形式是不需要形成书面文件的口头培训、沟通交流、现场指导等方式的交底。口头形式是比较灵活的实施方式，可以搭配书面形式共同实施，也可以单独进行；可以是正式的会议形式，也可以是非正式的私下沟通；可以定时进行，也可以随时进行。口头形式一般作为书面形式的辅助形式，有着自身独特的优势，比如及时性、快捷性、清晰性，组织应重视口头形式的运用，提高交底的效果。

另外，策划者通过与实施者的沟通，可以更好地掌握策划的实施情况，获取项目进度信息，为改进策划提供依据。主要方式包括现场交流、工作报告等。

3. 加强信息的收集与整理

项目的管理策划是建立在足够的信息基础上编制的，信息的质量无论是对策划的制定还是持续改进都起着至关重要的作用。策划阶段项目信息管理工作内容主要是：

(1) 信息收集。包括项目前期的信息收集、项目实施过程中的信息收集、工程竣工阶段的信息收集。收集信息的内容主要包括法律法规信息、合同信息、环境信息、项目进度信息、风险信息等项目相关信息。

(2) 信息加工。除应注意各种原始信息的收集外，更重要的是要对收集来的信息进行加工整理，并对工程决策和实施过程中出现的各种问题进行处理。按照工程信息加工整理的深浅可分为如下类别：第一类为对信息和数据进行简单整理和甄别；第二类是对信息进行分析，形成有助于工程建设项目管理策划的信息；第三类是通过应用数学模型统计推断可以产生策划的信息。

(3) 信息存档。对信息资料进行编目，分类存放，便于查找。

4. 明确可能影响项目管理实施绩效的风险措施

可能影响项目管理实施绩效的风险是在配套策划的其他内容和项目管理规划内容的所考虑的范围之外的风险，具体是指项目管理策划在实施过程中可能会受到某些风险因素的影响从而导致策划的内容无法进行或影响策划实施的效果。其策划结果不需要形成书面文件或者在实施前无法形成书面文件，但必须采取有效的措施给予预防。

制定关于影响项目管理策划实施绩效的风险措施，首先要识别风险，需要重点考虑以下因素：①社会环境因素。如法律法规的改动、社会突发事件、政策改变等。②自然环境因素。如恶劣天气、自然灾害、地质变化等。③组织因素。如组织结构的改动、人员的调动、组织战略的调整等。④资金因素。项目资金的不足、超出预算、资金不到位等。⑤技术因素。实施过程中遇到的技术难题。⑥材料因素。因工程材料相关问题导致项目无法正常进行。⑦设备因素。因工程设备导致的项目无法正常进行。⑧安全因素。实施过程中的安全事故，或可能因为造成安全事故而遇到的阻碍等。⑨相关方因素。与项目相关方（如社区居民）的临时沟通与纠纷处理等。

（三）保证项目管理策划的合规性和有效性

1. 保证项目管理策划的合规性

项目管理策划的合规性体现在管理策划的程序和内容是否符合当前的法律法规、行业惯例、监管规定等，目的是为了使管理策划在合规的前提下正常实施，从而促进组织健康地发展。管理策划的合规性管理主要从以下几方面进行：①持续获取、正确理解和有效运用合规信息，保证合规信息沟通顺畅；②识别、预警合规风险，及时化解合规风险或者明显减少不合规行为；③制定合规管理的相关制度，落实岗位人员的合规责任；④重视合规性的相关教育和文化培养，保证策划者在策划过程中保持合规的理念。

2. 保证项目管理策划的有效性

项目管理策划的有效性体现在实施过程中是否能够符合项目的现实情况，有效地执行其策划内容。编制项目管理策划的活动发生在项目实施之前，由于信息的不足，策划者预想的项目情况可能会与项目的实际情况有所偏差，导致策划的内容不符合实际情况。评估项目管理策划内容的有效性和持续改进是解决这一缺陷的有效方式。另外，评估工作也可以考核实施者是否能够较好地执行策划的内容，实施者的执行力也是影响项目管理策划效果的一个重大因素。项目管理策划评估的内容包含但不限于以下方面：①组织安排是否符合项目需求；②控制目标是否能够完成；③进度、质量、成本计划执行情况；④资源与采购计划是否能够满足项目需求；⑤风险识别和风险应对措施是否完备；⑥策划内容是否符合法律法规。

在对项目管理策划评估完成后，需要将评估结果上报给策划者，针对问题对策划内容进行修订，修订后的内容需按项目管理策划的原审批程序进行报送审批。为了能够保证评估和持续改进工作的有效进行，组织需要采用以下保证措施：①建立评估和持续改进的相关制度；②制定评估和持续改进的计划；③落实评估和持续改进的相关责任人；④保证实施者与策划者沟通的顺畅。

3. 保证项目管理配套策划的有效性

在完成配套策划的编制后，应检验其有效性。配套策划应满足以下规定：①界定项目管理配套策划的范围、内容、职责和权利；②规定项目管理配套策划的授权、批准和监督范围；③确定项目管理配套策划的风险应对措施、总结评价项目管理配套策划水平。

项目组织应采取相应措施，保证配套策划的有效性。主要包括：①积累以往项目管理经验；②制定有关标准定额；③编制项目基础配置参数；④建立工作说明书和实施操作标准；⑤规定项目实施的专项条件；⑥配置专用软件；⑦建立项目信息数据库；⑧进行项目团队建设。

第三章

工程项目采购与合同管理咨询

项目采购与合同管理为工程建设提供物质保障，是工程项目管理咨询的核心内容之一，对工程项目后续各项工作的顺利开展起到基础性作用。应通过专业化高质量的招标采购工作，加强和完善合同管理体系，促进工程项目整体质量管理提升。本章重点阐述工程项目采购的原则和内容，常用的项目采购方式及其主要特征，招标采购工作的目标、原则、方式、流程及核心内容，工程项目合同类型及其基本特征，常用的建设工程合同及其内容确定，合同变更，索赔及风险管理，以及工程项目合同管理的专业方法和应用工具。

第一节　工程项目采购管理咨询

一、项目采购及采购管理

（一）项目采购原则和内容

项目采购最初是由英文 procurement 一词翻译而来，原意是努力获得，或设法搞到，或采办。它不同于一般概念上的商品购买，它包含着以不同方式通过努力从系统外部获得货物、土建工程和服务的整个采办过程。因此，项目采购不仅包括购买货物，而且还包括雇佣承包商来实施土建工程和聘用咨询专家来从事咨询服务。项目采购内容包括确定勘察、设计、施工、材料设备供应商等。

1. 项目采购的原则

（1）经济性和效率性。项目的实施需要追求经济性和效率性。采购是项目实施或执行阶段的关键环节和主要内容，所以对采购的经济性和效率性要特别予以强调。而货物和土建工程这两项的采购额，按世界银行的统计，大约占其总支付额的90%，其中货物约占20%，服务约占10%。采购要在经济上有效，也就是说，所采购的工程、货物、服务应具有优良的质量，以及在合理的、较短的时间内完成采购，以满足项目工程的要求。

（2）均等的竞争机会。要在采购中给予合格竞争者均等的机会，就是要使所有的合格竞争者都可以参加项目的资格预审、投标、报价；所提供的货物、服务和与之相关的配套服务（如运输、保险等）也必须来源于合格提供商；所有来自合格厂商的资格预审申请、投标文件和报价都必须受到公正对待。

（3）透明度。强调采购过程中的透明度，主要是强调更有利于提高采购过程的客观性，“公共部门参与招标，必须是财务、法律自主的”以及反欺诈及腐败等，都是增加透明度的具体措施。

2. 项目采购内容

项目采购工作从项目选定阶段就已开始，并贯彻于整个项目周期内。在项目周期内不同阶段的采购内容各不相同。

（1）识别阶段。要弄清项目中需要采购哪些工程、货物、设备，从而制定初步的采购计划和清单。

（2）准备阶段。确定采购分标或合同包的划分问题，比如工程如何划分标段、货物如何进行分包打捆等。

（3）评估阶段。主要就是采购计划安排，以及对采购方式、组织管理等问题进行规划。

（4）谈判阶段。就采购计划和采购方式达成最后协议。

（5）执行阶段。按照协议的采购方式，具体办理采购事宜。

（6）总结阶段。总结评定采购的整体执行情况，总结经验教训。

3. 项目采购过程

（1）编制采购计划。确定要采购何物以及何时采购，即确定项目采购货物的定义及分解线、编制采购计划。

（2）申请采购。即编制产品要求文件并找出可能的潜在供货来源，同时进行资源分析。

(3) 询价。根据项目的要求、资源的具体情况，取得报价、标价或建议。

(4) 授权。从可能的承包商中选择中标的承包商及合同的签订。

(5) 合同管理。管理同承包商之间的关系直至合同终了。

(二) 项目采购管理

1. 项目采购管理内涵

项目的采购管理是指在整个项目过程中的有关项目组织从外部寻求和采购各种项目所需资源的管理过程。项目采购管理主要工作内容包括编制组织实施方案、项目采购计划，协助建设单位组织开展项目采购。

在项目采购的管理中，主要涉及四个方面的利益主体，以及他们之间的角色互动。他们是项目业主或客户、项目组织（包括承包商或项目业主或客户组织内部的项目团队）、资源供应商以及项目的分包商。项目业主或客户是项目的发起方、出资方，是项目最终成果的所有者或使用者，同时也可以是项目资源的购买者。承包商或项目团队是项目业主或客户的代理方，它对项目业主或客户负责，要完成项目采购任务，然后从项目业主或客户那里获得补偿。资源供应商是为项目组织提供项目所需资源的工商企业组织，它直接与承包商或项目团队交易，以满足项目的资源需求。当项目组织缺少某种专长人才或资源去完成某些项目任务时，他们可能会雇佣分包商（或专业技术顾问）来实施这些任务。分包商可从项目组织或项目业主那里获得劳务报酬。

在项目采购管理中，通过这四个主要角色之间的有效沟通、积极的互动就可以使项目实施获得成功，反之，就会发生项目因为资源不到位而产生实施进度受阻或项目失败的风险。在实际的项目采购管理中，资源的计划和采购工作主要是由负责项目实施的承包商或项目团队开展和主持的，项目业主或客户直接进行采购的情况较少。因为项目组织是资源的直接需求者和使用者，最清楚项目各个阶段的具体资源需求。项目承包商或项目团队统称为项目组织。

2. 项目采购管理的重要性

采购在项目实施中占有特别重要的地位。从某种意义上讲，可以说，采购管理工作是项目成败的关键。这不仅仅是因为在一个项目中包括货物和服务的采购、采购费用往往占整个项目费用的绝大部分，而且更重要的是项目的设计和规划也必须体现在采购之中。如果采购到的设备、货物，或接受的服务不符合项目设计和规划的要求，就必然会降低项目的质量，严重的甚至会导致项目的失败。

项目采购管理对项目的重要性可以概括为以下四个方面：

（1）确保采购经济有效。能否经济而有效地进行采购，直接影响到能否降低项目成本，也关系着项目未来的经济收益水平。采购计划周密、工作做得好，不但采购可以降低成本，购买到合适的货物，或签订合适的服务合同，而且在货物制造、交货，以及服务提供的过程中，可以尽可能地避免各种纠纷。

（2）有助于掌握市场变化趋势。健全的采购管理工作，要求在采购前对市场情况进行充分、认真的调查分析，准确掌握市场的变化趋势。因而制定的采购计划应是切合实际的，预算也符合市场情况，又留有一定余地。签订合同后，双方在如何支付货款或劳务费用方面应权责分明。即使可能发生价格调整或不可预见的费用，也应在合同中做出明确的规定。

（3）保证项目按计划实施。好的采购工作，应通过招标，在招标文件中对所采购的货物或服务的技术规格、交货等方面做出具体规定。供货商或承包商在制定标书的过程中要充分考虑自己的供货或承包服务的能力；招标后签订的合同要明确规定双方的权利与责任的关系，不应模糊推诿；还要规定履约保证及违约赔偿的办法，以保证合同的实施，因而也可以保证按要求如期交货、提供服务，使项目按计划实施。

（4）从制度上最大限度地防止腐败现象的发生。项目采购工作涉及资金相对较大，同时也涉及复杂的横向关系，如果没有一套严密而周到的程序和良好有效的内部牵制制度，难免会出现贪污、浪费现象。周密的采购程序和有效的内部牵制制度，如在承包商的选择上，采用比较规范的公开招标，公平竞争的招标程序和严谨的支付办法，可以从制度上最大限度地防止贪污、浪费等不良现象的发生。

（三）常用项目采购方式

根据项目本身的要求、项目面临的宏观和微观环境的不同，可以选择的项目采购方式多种多样。不同的采购方式又分别适用于不同的项目采购规模、不同的资金来源渠道、不同的采购项目对象的性质和要求。因此，在项目实施过程中，有必要进行适当选择，以决定采用最适合某项目的采购方式；而且还可能出现在同一项目中同时使用多种不同的采购方式的情况，多种采购方式的合理组合使用，将有助于提高采购效率和质量。

常用的项目采购方式有：

1. 公开竞争性招标

公开竞争性招标是由招标单位通过报刊、广播、电视等媒体工具发布招标广告，凡对该招标项目感兴趣又符合投标条件的法人，都可以在规定的时间内向招标单位提交意向书，由招标单位进行资格审查，核准后购买招标文件，进行投标。公开竞争招标的方式可以给一切合格的投标者以平等的竞争机会，能够吸引众多的投资者，故称之为无限竞争性招标。根据项目采购的规模大小、要求的货物和服务的技术水平的高低以及资金来源，公开竞争性招标又可根据其涉及的范围大小，分为国际竞争性招标和国内竞争性招标。

2. 有限竞争性招标

又称为邀请招标或选择招标。有限竞争性招标是由招标单位根据自己积累的资料，或由权威的咨询机构提供的信息，选择一些合格的单位发出邀请，应邀单位（三家以上）在规定时间内向招标单位提交投标意向、采购投标文件等进行投标。这种方式的优点是应邀投标者的技术水平、经济实力、信誉等方面具有优势，基本上能保证招标目标的顺利完成。其缺点是在邀请时若带有感情色彩，就会使一些更具竞争力的投标单位失去机会。但这种方式比公开招标节省了广告费用和招标的工作量。

3. 询价采购

即比价方式，一般习惯称为“货比三家”。它适用于项目采购时即可直接取得的现货采购，或价值较小，属于标准规格的产品采购。有时也适用于小型、简单的工程承包。询价采购是根据来自几家供应商所提供的报价，然后将各个报价进行比较的一种采购方式，其目的是确保价格的竞争性。这种方式无须正式的招标文件，具体做法同一般的对外采购区别不大，只不过是要向几个供应商询价进行比较，最后确定采购的厂家。

4. 直接签订合同

这种方式是指在特定的采购环境中，不进行竞争而直接签订合同的采购方法。它主要适用于不能或不便进行竞争性招标、竞争性招标优势性不存在的情况。如有些货物或服务具有专卖性质，只能从一家制造商或承包商处获得；在重新招标时没有一家承包商愿意投标等。

5. 自制或自己提供服务

这种方式不是一种严格意义上的采购方式，而是由项目实施组织利用自己的人员和设备生产产品或承包建造工程。这可能是由于项目的一些特殊要求或是项目组织本着成本效益原则分析的结果所决定的。为了避免发生高成本和低效率的问题，采用这种方式进行采购前应尽可能地作详尽的设计，并估算成本。在具体实施过程中，还应建立严格的内部控制制度，进行进度、投资、质量控制。

二、工程项目采购计划及其编制

（一）工程项目采购计划的编制依据

1. 范围说明

范围说明书用于说明项目的范围界限，提供在采购计划过程中必须考虑的项目要求和策略。随着项目的进展，范围说明书可能需要修改或细化，以反映这些界限的所有变化。范围说明书应当包括对项目的描述、定义，以及详细说明需要采购的产品类目的参考图或图表及其他信息。

2. 产品说明

项目产品（项目最终成果）的说明，提供有关在采购计划过程中需要考虑的所有技术问题或注意事项。项目产品说明在早期阶段一般比较粗略，而后则越来越详细，这是随着成果特性的逐步深入了解必然产生的结果。虽然成果说明的形式和内容将会改变，但在任何时候其详细程度都应能够保证以后项目计划的进行。

3. 采购活动所需的资源

项目实施组织若没有正式的订货单位，则项目团队将不得不自己提供资源和专业知识支持项目的各种采购活动。

4. 市场状况

采购计划过程必须考虑市场上有何种产品可以买到、从何处购买，以及采购的条款和条件是怎样的。

5. 其他计划结果

只要有其他计划结果可供使用（如项目成本初步估算、质量管理计划等），则在采购计划过程中必须加以考虑。

6. 制约条件和基本假设

由于项目采购存在着诸多变化不定的环境因素，项目实施组织在实施采购过程中，面对变化不定的社会环境所做出的一些合理推断，就是基本假设。制约条件和基本假设的存在限制了项目组织的选择范围。

（二）采购计划的编制

1. 编制前期的准备

在编写采购计划之前，必须进行市场调查与分析。对于货物采购工作，要执行以下重要工作：进行广泛的市场调查和市场分析，掌握相关采购内容的最新国内外行情，了解采购物品的来源、价格、货物和设备的性能参数以及可靠性，并提出切实可行的采购清单和计划，为下一阶段确定采购方式和分标提供比较可靠的依据。如果不进行市场调查和价格预测，又缺乏可靠的信息，将会导致错误的采购，甚至会严重影响项目的执行。

对于工程采购和咨询服务来说，进行市场调查分析同样是一项重要的工作，但应该侧重于工程市场和咨询业的国际国内供求关系的变化，经常跟踪了解相关行业的承包商和咨询公司的经营业绩、技术力量和声誉方面的信息，以及建材市场与施工机械市场的行情起落及国内外咨询专家的工资水平的变化等。招标公司有信息优势，责无旁贷应该承担咨询责任；国内外信息网络及杂志等也经常刊登有此类的报道与分析，可以利用。资格预审期内的信息核实是更为具体的市场调查。

2. 采购管理计划内容

根据项目的具体要求，采购管理计划可以是正式的，也可以是非正式的；可能非常详细，也可能很粗略。它是整个项目计划的分项，描述将如何管理从招选计划到合同收尾的整个采购过程。需要明确应当使用何种类型的合同；是否需要有独立的估算作为评标标准，由谁负责，以及何时编制这些估算；项目实施组织是否有采购部门，项目管理组织在采购过程中自己能采取何种行动；是否需要使用标准的采购文件，从哪里找到这些标准文件。

3. 工作说明书

工作说明书是对采购的产品或服务进行具体描述。这个说明应足够详细，以使潜在的供应商能够根据该工作说明书来判断他们是否有能力提供这种产品或服务。工作说明书的详细程度依具体情况而定。要注意使用行业用语，并参照行业标准。工作说明书有时也称为目标说明书，应当作为合同的一部分，以确保买方获得卖方所投标的产品或服务。

三、招标采购工作

工程项目招标采购是在众多的供应商中选择最佳供应商的有效方法。它体现了公平、公开、公正的原则。通过招标程序，招标项目可以最大限度地吸引并扩大投标方之间的竞争，从而使招标方有可能以更低的价格采购到所需要的物资和服务，从而更充分地获得市场利益。招标采购方式通常用于比较重大的工程建设项目、新项目寻找长期物资供应商、政府采购或采购批量比较大等场合。

（一）招标采购工作的原则

1. 公开原则

公开原则就是要求项目招标应具有很高的透明度，体现在招标信息、招标程序公开及发布招标通告、公开开标、公开中标结果等方面，使每一个投标人获得同等的信息，知悉招标活动的一切条件和要求。

2. 公平原则

公平原则就是要求给予所有投标人平等的机会，使其享有同等的权利并履行相应的义务，不歧视任何一方。

3. 公正原则

公正原则是指招标人或招标代理机构在招标过程中，严格按照法律、法规和规章以及招标主体的规定公正对待所有投标人，评委在评标时应按事先规定和公布的评标标准公正对待所有投标人，招标人严格按照事先制定的定标原则择优确定中标人。

4. 诚实信用原则

招标投标当事人应以诚实、守信的态度行使权利，履行义务，以维持双方的利益平衡，在当事人之间的利益关系中诚信原则要求尊重他人利益，以对待自己事务的态度对待他人事务，保证彼此都能得到自己应得的利益，在当事人与社会的利益关系中，诚信原则要求当事人不得通过自己的活动损害第三人和社会利益，必须在法律范围内以符合其社会经济目的的方式行使自己的权利。不得有规避招标、串通投标、泄露标底、骗取中标、非法律允许的转包合同等。

（二）招标采购工作流程与重点

招标采购是一个复杂的系统工程，一个完整的招标采购过程，基本可以分为 6 个阶段。

1. 规划

工程项目采购规划至少应包括以下几个方面的内容：

（1）发包模式的选择。如采用平行发包、施工总承包、施工总承包管理、项目总承包等工程承包模式的可能性和利弊的分析。关于发包采购的模式，有多种可能的选择，可以根据项目的特点和要求等具体情况进行选择。

（2）将项目适当、合理地进行分解，确定各项采购的范围和内容。要按照最有利于项目目标控制的原则对项目进行分解，并对已分解的各个部分进行费用估算，以便发包采购。

（3）落实项目采购的组织机构。建立采购工作班子或者委托招标代理机构进行采购，确定采购工作流程。

（4）落实采购工作的时间安排，制定采购工作进度计划。要根据项目实施的总进度目标安排各项采购工作的进度计划。

（5）选择适当的采购方式。如选择国际竞争性招标或是国内竞争性招标、公开招标或是邀请招标等。

2. 招标

在招标方案得到同意和支持以后，就要进入实际操作阶段，招标阶段的工作主要有以下几部分：

（1）办理招标备案手续和招标申请。依法必须进行招标的项目，招标人自行办理招标事宜的，应向有关行政监督部门备案。

（2）形成招标书。招标书是招标活动的核心文件，需要认真制作。

（3）对招标书的标底进行仔细研究确定。有些需要召开专家会议确定，重点项目甚至可以邀请咨询公司代理编制。

（4）招标书发送，要采用适当的方式，将招标书传送到潜在的投标人手中。例如，对于公开招标，可以在媒体上发布：对于选择性招标，可以用挂号或特快专递直接送交所选择的投标人，许多标书需要投标者花钱购买，有些标书规定投标者要交一定的保证金后才能得到。

3. 投标

投标人在收到投标书以后，如果愿意投标，就要进入投标程序。

投标书、投标报价需要经过特别认真地研究、详细地论证完成，这些内容是要和许多供应商竞争评比的，既要先进，又要合理，还要有利可图。

投标文件要在规定的时间内准备好，一份正本，若干份副本，并且分别封装签章，信封上分别注明“正本”“副本”字样，寄到招标单位。

4. 开标

开标应按招标通告中规定的时间、地点公开进行，并邀请投标商或其委派的代表参加。开标前，应以公开的方式检查投标文件的密封情况，当众宣读供应商名称、有无撤标情况、提交投标保证金的方式是否符合要求、投标项目的主要内容、投标价格及其他有价值的内容。开标时，对于投标文件中含义不明确的地方，允许投标商作简要解释，但所作解释不能超过投标文件记载的范围，或实质性地改变投标文件的内容。以电传、电报方式投标的，不予开标。

开标要做开标记录，其内容包括项目名称、招标号、刊登招标通告的日期、发售招标文件的日期、购买招标文件单位的名称、投标商的名称及报价、截标后收到标书的处理情况等。

在有些情况下，可以暂缓或推迟开标时间，如招标文件发售后对原招标文件作了变更或补充；开标前，发现有足以影响采购公正性的违法或不正当行为；采购单位接到质疑或诉讼；出现突发事故；变更或取消采购计划等。

5. 评标

招标方收到投标书后，直到招标会开会时，不得事先开封，只有当招标会开始，投标人到达会场，才能将投标书邮件交投标人检查，签封完好，当面开封。

开封后，投标人可以拿着自己的投标书当着全体评标小组陈述自己的投标书，并且接受全体评委的质询，甚至参加投标辩论。陈述辩论完毕，投标者退出会场，全体评标人员进行分析评比，最后投票或打分选出中标人。评标由招标人依法组建的评标委会负责。评标委员会由招标人的代表和有关技术、经济等方面的专家组成，成员人数为5人以上单数，其中技术、经济等方面的专家不得少于成员总数的2/3。与投标人有利害关系的人不得进入相关项目的评标委员会，已经进入的应当更换。评标委员会成员的名单在中标结果确定前应当保密。招标人应当采取必要的措施，保证评标是在严格保密的情况下进行，任何单位和个人不得非法干预、影响评标的过程和结果，评标委员会应当按照招标文件确定的评标标准和方法，对投标文件进行评审和比较。

设有标底的，应当参考标底。评选委员会完成评标后，应当向招标人提出书面评标报告，并推荐合格的中标候选人。

评标委员会成员不得私下接触投标人，不得收受投标人的财物或者其他好处。评标委员会成员和参与评标的有关工作人员不得透漏对投标文件的评审和比较，中标候选人的推荐情况以及与评标有关的其他情况。

6. 定标

招标人根据评标委员会提出的书面评标报告和推荐的中标候选人确定中标人，招标人也可以授权评标委员会直接确定中标人。在确定中标者后，要通知中标方。

定标的方式一般有：①一次票决法；②票选抽签法（前3名）；③票选低价法（前3名）；④逐轮票决法；⑤优质低价法。

第二节　工程项目合同管理咨询

一、工程项目合同类型及特征

（一）工程项目合同内涵及合同管理

1. 工程项目合同管理内涵

合同管理是工程建设项目管理的重要内容之一。在工程建设项目的实施过程中，往往会涉及许多合同，比如设计合同、咨询合同、科研合同、施工承包合同、供货合同、总承包合同、分包合同等。大型工程建设项目的合同数量可能达成百上千。所谓合同管理，不仅包括对每个合同的签订、履行、变更和解除等过程的控制和管理，还包括对所有合同进行筹划的过程，应根据项目的特点和要求确定设计任务委托模式和施工任务承包模式（合同结构），选择合同文本，确定合同计价方法和支付方法，对合同履行过程进行管理与控制及合同索赔等。

2. 工程项目合同管理的主要任务

工程项目合同是指项目业主或代理人与项目承包人或供应人为完成确定的项目所指向的目标或规定的内容，明确相互的权利与义务关系而达成的协议。一个工程建设项目的实施，涉及的建设任务很多，往往需要很多单位共同参与，不同的建设任务往往由不同的单位分别承担，这些参与单位与业主之间应该通过合同明确其承担的任务和责任及拥有的权利。

由于工程建设项目规模和特点的差异，不同的项目合同数量可能会有很大的差别，大型工程建设项目可能会有成百上千个合同。但不论合同数量的多少，根据合同中的任务内容可划分为勘察合同、设计合同、施工承包合同、物资采购合同、工程管理合同、咨询合同、代理合同等。根据合同法的有关规定，勘察合同、设计合同、施工承包合同属于建设工程合同，工程管理合同、咨询合同等属于委托合同。

（1）建设工程勘察，是根据建设工程的要求，查明、分析、评价建设场地的地质地理环境和岩土工程条件，编制建设工程勘察文件的活动。建设工程勘察合同即发包人与勘察人就完成商定的勘察任务明确双方权利与义务关系的协议。

(2) 建设工程设计，是指根据建设工程的要求，对建设工程所需的技术、经济、资源、环境等条件进行综合分析、论证，编制建设工程设计文件的活动。建设工程设计合同即发包人与设计人就完成商定的工程设计任务明确双方权利与义务关系的协议。

(3) 建设工程施工，是指根据建设工程设计文件的要求，对建设工程进行新建、扩建、改建的施工活动。建设工程施工承包合同即发包人与承包人为完成商定的工程建设项目的施工任务明确双方权利与义务关系的协议。

(4) 工程建设过程中的物资包括建筑材料和设备等。建筑材料和设备的供应一般需要经过订货、生产（加工）、运输、储存、使用（安装）等各个环节，经历一个非常复杂的过程。物资采购合同分建筑材料采购合同和设备采购合同，是指采购方（发包人或者承包人）与供货方（物资供应公司或者生产单位）就建设物资的供应明确双方权利与义务关系的协议。

(5) 咨询服务，根据其咨询服务的内容和服务的对象不同又可以分为多种形式，咨询服务合同是由委托人与咨询服务的提供者之间就咨询服务的内容、咨询服务的方式等签订的明确双方权利与义务关系的协议。

(6) 工程建设过程中的代理活动有工程代建、招投标代理等，委托人应该就代理的内容，代理人的权限、责任、义务以及权利等，与代理人签订协议。

（二）工程项目合同的特征

1. 合同主体的严格性

建设工程合同主体一般只能是法人，发包人一般是经过批准进行工程项目建设的法人，具有国家批准的工程建设项目，投资计划已经落实，并具备相应的协调能力；承包人则必须具备法人资格，而且应当具备相应的从事勘察、设计、施工等资质。无营业执照或无承包资质的单位不能作为建设工程合同的主体，资质等级低的单位不能越级承包建设工程。

2. 合同标的的特殊性

建设工程合同的标的是各类建筑产品，建筑产品是不动产，其基础部分与大地相连，不能移动。这就决定了每个建设工程合同的标的都是特殊的，相互间具有不可替代性。

3. 合同履行期限的长期性

建设工程由于结构复杂、体积大、建筑材料类型多、工作量大，使得合同履行期限都较长。而且，建设工程合同的订立和履行一般都需要较长的准备期，在合同的履行过程中，还可能因为不可抗力、工程变更、材料供应不及时等原因而导致合同期限顺延。所有这些情况，决定了建设工程合同的履行期限具有长期性。

4. 计划和程序的严格性

工程建设对国家的经济发展、公民的工作和生活都有重大的影响。因此，国家对建设工程的计划和程序都有严格的管理制度。订立建设工程合同必须以国家批准的投资计划为前提，即便是国家投资以外的，以其他方式筹集的投资也要受到当年的贷款规模和批准限额的限制，纳入当年投资规模，并经过相应的核准备案等程序。建设工程合同的订立和履行还必须符合国家关于建设程序的规定。

5. 合同形式的特殊要求

考虑到建设工程的重要性、复杂性和合同履行的长期性，同时在履行过程中经常会发生影响合同履行的纠纷。我国合同法明确规定，建设工程合同应当采用书面形式。

（三）常用的工程项目合同类型

1. 施工承包合同

建设工程施工合同有施工总承包合同和施工分包合同之分。施工总承包合同的发包人是建设工程的建设单位或取得工程建设项目总承包资格的项目总承包单位，在合同中一般称为业主或发包人。施工总承包合同的承包人是承包单位，在合同中一般称为承包人。施工分包合同又有专业工程分包合同和劳务作业分包合同之分。分包合同的发包人一般是取得施工总承包合同的承包单位，在分包合同中一般沿用施工总承包合同中的名称，即仍称为承包人。而分包合同的承包人一般是专业化的专业工程施工单位或劳务作业单位，在分包合同中一般称为分包人或劳务分包人。在国际工程合同中，业主可以根据施工承包合同的约定，选择某个单位作为指定分包商，指定分包商一般应与承包人签订分包合同，接受承包人的管理和协调。

各种施工合同示范文本一般都由协议书、通用条款和专业条款组成。构成施工合同文件的组成部分，除了协议书、通用条款和专用条款以外，一般还应该包括中标通知书、投标书及其附件、有关的标准、规范及技术文件、图纸、工程量清单、工程报价单或预算书等。

作为施工合同文件组成部分的上述各个文件，其优先顺序是不同的，解释合同文件优先顺序的规定一般在合同通用条款内，可以根据项目的具体情况在专用条款内进行调整。

原则上应把文件签署日期在后的或者内容重要的文件排在前面，即更加优先。以下是《建设工程施工合同（示范文件）》（GF-201-0201）通用条款规定的优先顺序：①合同协议书；②中标通知书（如果有）；③投标函及其附录（如果有）；④专用合同条款及其附件；⑤通用合同条款；⑥技术标准和要求；⑦图纸；⑧已标价工程量清单或预算书；⑨其他合同文件。

2. 物资采购合同

工程建设过程中的物资包括建筑材料（含构配件）和设备等。材料和设备的供应一般需要经过订货、生产（加工）、运输、储存、使用（安装）等各个环节，经历一个非常复杂的过程。

物资采购合同分建筑材料采购合同和设备采购合同，其合同当事人为供货方和采购方。供货方一般为物资供应单位或建筑材料和设备的生产厂家，采购方为建设单位（业主）、项目总承包单位或施工承包单位。供货方应对其生产或供应的产品质量负责，而采购方则应根据合同的规定进行验收。

（1）建筑材料采购合同的主要内容：①标的；②数量；③包装；④交付及运输方式；⑤验收：⑥交货期限；⑦价格；⑧结算；⑨违约责任等。

（2）设备采购合同的主要内容。成套设备供应合同的一般条款可参照建筑材料供应合同的一般条款，包括产品（设备）的名称、品种、型号、规格、等级、技术标准或技术性能指标，数量和计量单位，包装标准及包装物的供应与回收，交货单位、交货方式、运输方式、交货地点、提货单位、交（提）货期限，验收方式，产品价格，结算方式，违约责任等，此外还需要注意以下方面：①设备价格与支付；②设备数量；③技术标准；④现场服务；⑤验收和保修。

3. 施工专业分包合同

专业工程分包是指施工总承包单位将其所承包工程中的专业工程发包给具有相应资质的其他建筑企业完成的活动。

专业工程分包合同示范文本的结构、主要条款和内容与施工承包合同相似，包括词语定义与解释，双方的一般权利和义务，分包工程的施工进度控制、质量控制、费用控制，分包合同的监督与管理、信息管理、组织与协调、施工安全管理与风险管理等。

分包合同内容既要保持与主合同条件中相关分包工程部分的规定的一致性，又要区分负责实施分包工程的当事人变更后的两个合同之间的差异，分包合同所采用的语言文字和适用的法律、行政法规及工程建设标准一般应与主合同相同。

4. 施工劳务分包合同

劳务作业分包是指施工承包单位或者专业分包单位（均可作为劳务作业的发包人）将其承包工程中的劳务作业发包给劳务分包单位（即劳务作业承包人）完成的活动。

劳务分包合同的主要条款包括：①劳务分包人资质情况；②劳务分包工作对象及提供劳务内容；③分包工作期限；④质量标准；⑤工程承包人义务；⑥劳务分包人义务；⑦材料、设备供应；⑧保险；⑨劳务报酬及支付；⑩工时及工程量的确认；⑪施工配合；⑫禁止转包或再分包的约定等。

5. 项目总承包合同

工程建设项目总承包与施工承包的最大不同之处在于承包商要负责全部或部分的设计，并负责物资设备的采购。因此，在工程建设项目总承包合同条款中，要重点关注以下方面：①项目总承包的任务；②开展项目总承包的依据；③项目总承包单位的义务和责任；④发包人的义务和权利；⑤进度计划；⑥技术与设计；⑦工程物资；⑧施工。

（四）国际工程承包合同

国际工程通常是指一项由多个国家的公司参与工程建设，并且按照国际通用的项目管理理念和方法进行管理的工程建设项目。在许多发展中国家，根据项目建设资金的来源（例如外国政府贷款、国际金融机构贷款等）和技术复杂程度，以及本国公司的能力具有局限性等情况，允许外国公司承担某些工程任务。

国际工程承包包括对工程项目进行施工、设备采购及安装调试等，既包括工程建设项目总承包或施工总承包，又包括专业工程分包、劳务分包等。按照业主的要求，有时也负责施工详图设计和部分永久工程的设计。

国际工程承包合同即指参与国际工程的不同国家的有关法人之间为了实现某个工程项目中的施工、设备供货、安装调试以及提供劳务等特定目的而签订的明确彼此权利与义务关系的协议。在国际工程中，许多业主方都聘请专业化的项目管理公司负责或者协助其进行项目管理，项目管理公司代表业主的利益进行管理，实行项目管理的专业化。

国际工程承包合同通常使用国际通用的合同示范文本，著名的标准合同文本有 FIDIC 合同（国际咨询工程师联合会）、ICE 合同（英国土木工程师学会）、JCT 合同（英国合同审定联合会）、AIA 合同（美国建筑师学会）、AGC 合同（美国总承包商协会）等。

FIDIC 标准合同主要适用于世界银行、亚洲开发银行等国际金融机构贷款项目以及其他国际工程，是我国工程界最为熟悉的国际标准合同条件，也是我国《建设工程施工合同（示范文本）》的主要参考蓝本。ICE 合同和 JCT 合同是英国以及英联邦国家和地区的主流合同条件，AIA 合同和 AGC 合同是美国以及受美国建筑业影响较大国家的主流合同条件，其中 FIDIC 合同和 ICE 合同主要用于土木工程，而 JCT 合同和 AIA 合同主要用于建筑工程。

二、工程项目合同管理的内容及工具

（一）确定合同内容

1. 制定合同框架

工程项目合同管理在工程建设中是一个非常重要的环节，合同的管理完善与否，直接关系到工程的造价，在项目策划阶段编制合同框架，对整个项目的合同结构进行策划，划分每一个合同的管理界面、技术界面，形成“闭合”合同，减少实施过程中的合同界面纠纷。

在初步设计概算审批通过后，根据批复概算，形成合同结构分解成果，展示所有合同的内容、金额、界面，并将合同管理工作落实到单位、落实到人。

2. 选择合同文本

为防范合同法律风险，提高合同会审、签订效率，在合同签订前要选择合适的合同示范文本。合同示范文本总结了以往实际执行的合同文本存在的问题，合同条款相对较为完善，框架结构也较为合理，适用合同示范文本草拟合同，可以为合同双方提供有益的参考，不仅可有效防范合同条款缺陷引发的法律风险，也有利于提高合同会审、签订效率，因此建议起草合同时应优先选用示范文本。

由于每份合同都具有其特殊性，合同示范文本的内容可能无法满足其特殊性要求，因此合同双方在使用合同示范文本起草合同时，必须根据实际情况，灵活、有机调整合同条款的相关内容。同时，合同示范文本多数条款已具备，部分内容空白的条款需要合同双方根据具体情况进行完善。

合同示范文本在条款的约定上有着紧密的关联性。例如，验收标准条款与验收程序、方法条款相互关联，付款条款与验收程序、方法条款相互关联；质保期及其起算期限条款与验收程序、方法条款相互关联；违约责任条款与合同示范文本约定的双方当事人的义务条款相互关联。因此，对合同示范文本前述条款的修订，都将会导致其关联条款的修订。合同双方应注意合同示范文本条款的关联性，避免合同条款约定前后矛盾。

3. 选择合同计价方式

建设工程合同的计价方式主要有三种，即总价合同，单价合同和成本补偿合同。

（1）总价合同。所谓总价合同是指根据合同规定的内容和有关条件，业主应付的合同款额是一个规定的金额，即明确的总价。总价合同也称作总价包干合同，即当合同内容和有关条件不发生变化时，业主支付的价款总额就不发生变化。

总价合同又可分为固定总价合同和变动总价合同两种。固定总价合同的价格计算是以图纸及规定、规范为基础，工程任务和内容明确，业主的要求和条件清楚，合同总价一次包死，固定不变，即不再因为环境的变化和工程量的增减而变化。在这类合同中，承包商承担了全部的工作量和价格的风险，因此承包商在报价时应对一切费用的价格变动因素以及不可预见因素都做充分的估计，并将其包含在合同价格之中。在国际上，这种合同被广泛接受和采用，因为有比较成熟的法规和经验先例，对业主而言，在合同签订时就可以基本确定项目的总投资，对投资控制有利，在双方都无法预测的风险条件下和可能有工程变更的情况下，承包商承担了较大的风险，业主的风险较小。但是，工程变更和不可预见的困难也常常引起合同双方的纠纷或者诉讼，最终导致其他费用的增加。

当然，在固定总价合同中还可以约定，在发生重大工程变更、累计工程变更超过一定幅度或者其他特殊条件下可以对合同价格进行调整。因此，需要定义重大工程变更的含义、累计工程变更的幅度以及什么样的特殊条件才能调整合同价格，以及如何调整合同价格等。

采用固定总价合同，双方结算比较简单，但是由于承包商承担了较大的风险，因此报价中不可避免地要增加一笔较高的不可预见风险费，承包商的风险主要有两个方面：一是价格风险，二是工作量风险。价格风险有报价计算错误、漏报项目、物价和人工费上涨等；工作量风险有工程量计算错误、工程范围不确定、工程变更或者由于设计深度不够所造成的误差等。

固定总价合同适用范围：①工程量小、工期短，估计在施工过程中环境因素变化小，工程条件稳定并合理；②工程设计详细，图纸完整、清楚，工程任务和范围明确；③工程结构和技术简单，风险小；④投标期相对宽裕，承包商可以有充足的时间详细考察现场、复核工程量，分析招标文件，拟定施工计划。

变动总价合同，又可称为可调总价合同，合同价格是以图纸及规定、规范为基础，按照时价进行计算，得到包括全部工程任务和内容的暂定合同价格。

它是一种相对固定的价格，在合同执行过程中，由于通货膨胀等原因而使所使用的工、料成本增加时，可以按照合同约定对合同总价进行相应的调整。当然，一般由于设计变更、工程量变化和其他工程条件变化所引起的费用变化也可以进行调整。因此，通货膨胀等不可预见因素的风险由业主承担，对承包商而言其风险相对较小，但对业主而言不利于投资控制。

（2）单价合同。施工图不完整或当准备发包的工程项目内容、技术经济指标一时还不能明确、具体地予以规定时，往往要采用单价合同形式。这样在不能比较精确地计算工程量的情况下，可以避免凭运气而使发包方或承包方任何一方承担过大的风险，工程单价合同可细分为估算工程量单价合同和纯单价合同两种不同形式。

估算工程量单价合同是以工程量清单和工程单价表为基础和依据来计算合同价格的。通常是由发包方委托招标代理单位或造价工程师提出总工程量估算表，即“暂估工程量清单”，列出分部分项工程量，由承包方以此为基础填报单价，最后工程的总价应按照实际完成工程量计算，由合同中分部分项工程单价乘以实际工程量，得出工程结算的总价，采用估算工程量单价合同可以使承包方对其投标的工程范围有一个明确的概念。这种合同一般适用于工程性质比较清楚，但任务及其要求标准不能完全确定的情况。采用这种合同时，工程量是统一计算出来的，承包方只要填上适当的单价就可以了，承担风险比较小。因此，估算工程量单价合同在实际中运用较多。如工程量清单招标所形成的合同就是估算工程量单价合同，实施这种合同的标的工程施工时要求施工过程中及时计量并建立月份明细账目，以便确定实际工程量。

纯单价合同是发包方只向承包方给出发包工程的有关分部分项工程以及工程范围，不需对工程量做任何规定。承包方在投标时只需要对这种给定范围的分部分项工程做出报价即可，而工程量则按实际完成的数量结算，这种合同形式主要适用于没有施工图、工程量不明，却急需开工的紧迫工程。

（3）成本加酬金合同。成本加酬金合同也称为成本补偿合同，这是与固定总价合同正好相反的合同，工程施工的最终合同价格将按照工程的实际成本再加上一定的酬金进行计算，在合同签订时，工程实际成本往往不能确定，只能确定酬金的取值比例或者计算原则。

采用这种合同，承包商不承担任何价格变化或工程量变化的风险，这些风险主要由业主承担，对业主的投资控制不利，而承包商往往缺乏控制成本的积极性，常常不仅不愿意控制成本，甚至还会期望提高成本以提高自己的经济效益，因此这种合同容易被那些不道德或不称职的承包商滥用，从而损害工程的整理效益。故应尽量避免采用这种合同。

成本加酬金合同的使用条件：①工程特别复杂、工程技术、结构方案不能预先确定，或者尽管可以确定工程技术和结构方案，但是不可能进行竞争性的招标活动并以总价合同或单价合同的形式确定承包商，如研究开发性质的项目；②时间特别紧迫，如抢险、救灾工程，来不及进行详细的计划和商谈。

对业主而言，成本加酬金合同的优点：①可以通过分段施工缩短工期，而不必等待所有施工图完成才开始招标和施工；②可以减少承包商的对立情绪，承包商对工程变更和不可预见条件的反应会比较积极和快捷；③可以利用承包商的施工技术专家，帮助改进或弥补设计中的不足；④业主可以根据自身力量和需要，较深入地介入和控制工程施工和管理；⑤也可以通过确定最大保证价格约束工程成本不超过某一限制，从而转移一部分风险。

对承包商而言，成本加酬金合同比固定总价合同的风险低，利润比较有保证，因此比较有积极性。其缺点是合同的不确定性，由于设计未完成，无法准确确定合同的工程内容、工程量以及合同的终止时间，有时难以对工程计划进行合理安排。

成本加酬金合同的形式：①成本加固定费用合同；②成本加固定比例费用合同；③成本加奖金合同；④最大成本加费用合同。

在国际上，许多项目管理合同、咨询服务合同等也多采用成本加酬金合同方式，在施工承包合同中采用成本加酬金计价方式时，业主与承包商应注意以下问题：①必须有一个明确的如何向承包商支付酬金的条款，包括支付时间和金额百分比。如果发生变更和其他变化，酬金支付如何调整。②应列出工程费用清单。要规定一套详细的工程现场有关的数据记录、信息储存甚至记账的格式和方法，以便对工程实际发生的人工、机械和材料消耗等数据认真而及时地记录。应该保留有关工程实际成本的发票或付款的账单，表明款额已经支付的记录或证明等，以便业主进行审核和结算。

4. 合同履约过程管理

在工程实施的过程中要对合同的履约情况进行跟踪与控制，并加强工程变更管理，保证合同的顺利履行。合同签订以后，合同中各项任务的执行要落实到具体的项目参与人员身上，承包单位作为合同义务的主体，必须对合同执行者的履行情况进行跟踪、监督和控制，确保合同义务的完全履行。

通过合同跟踪，可能会发现合同实施中存在着偏差，即工程实施实际情况偏离了工程计划和工程目标，应该及时分析原因，采取措施，纠正偏差，避免损失。

合同实施偏差有以下处理措施：①组织措施，如增加人员投入，调整人员安排，调整工作流程和工作计划等；②技术措施，如变更技术方案，采用新的高效率的施工方案等；③经济措施，如增加投入，采取经济激励措施等；④合同措施，如进行合同变更，签订附加协议，采取索赔手段等。

（二）合同变更与索赔管理

1. 合同变更

合同变更一般是指在工程施工过程中，根据合同约定，对施工的程序，以及工程的内容、数量、质量要求及标准等做出的变更。变更一般主要有以下几个方面的原因：①业主新的变更指令，对建筑的新要求，如业主有新的意图、修改项目计划、削减项目预算等；②由于设计人员、管理人员、承包商事先没有很好地理解业主的意图，或设计的错误，导致图纸修改；③工程环境的变化，预定的工程条件不准确，要求实施方案或实施计划变更；④由于产生新技术和知识，有必要改变原设计、原实施方案或实施计划，或由于业主指令及业主责任的原因造成承包商施工方案的改变；⑤政府部门对工程新的要求，如环境保护要求、城市规划变更等；⑥由于合同实施出现问题，必须调整合同目标或修改合同条款。

2. 合同索赔

合同索赔通常是指在工程合同履行过程中，合同当事人一方因对方不履行或未能正确履行合同或者由于其他非自身因素而受到经济损失或权利损害，通过合同规定的程序向对方提出经济或时间补偿要求的行为，索赔是一种正当的权利要求，它是合同当事人之间一项正常的而且普遍存在的合同管理工作，是一种以法律和合同为依据的合情合理的行为，反索赔就是反驳、反击或者防止对方提出的索赔，不让对方索赔成功或者全部成功。

一般认为，索赔是双向的，业主和承包商都可以向对方提出索赔要求，任何一方也都可以对对方提出的索赔要求进行反驳和反击，这种反击和反驳就是反索赔。在工程实践过程中，当合同一方向对方提出索赔要求，合同另一方对对方的索赔要求和索赔文件可能会有三种选择：①全部认可对方的索赔，包括索赔的数额；②全部否定对方的索赔；③部分否定对方的索赔。

针对一方的索赔要求，反索的一方应以事实为依据，以合同为准绳，反驳和拒绝对方的不合理要求或索赔要求中的不合理部分。

索赔可能由以下一个或几个方面的原因引起：①合同对方违约，不履行或未能正确履行合同义务与责任；②合同错误，如合同条文不全、错误、矛盾等，设计图纸、技术规范错误等；③合同变更；④工程环境变化，包括法律、物价和自然条件的变化等；⑤不可抗力因素，如恶劣气候条件、地震、洪水、战争状态等。

索赔成立的前提条件：①与合同对照，时间已造成了承包人工程项目成本的额外支出，或者直接工期损失；②造成费用增加或工期损失的原因，按合同约定不属于承包人的行为责任或风险责任；③承包人按合同约定的程序和时间提交索赔意见通知和索赔报告。

（三）合同风险管理

合同风险是指合同中的以及由合同引起的不确定性。

1. 合同风险的分类

（1）按合同风险产生的原因，可以分为合同工程风险和合同信用风险。

（2）按合同的不同阶段，可以分为合同订立风险和合同履约风险。

2. 合同风险产生的原因

（1）合同的不确定性。由于人的有限理性，对外在环境的不确定性是无法完全预期的，不可能把所有可能发生的未来事件都写入合同条款中，更不可能制定好处理未来事件的所有具体条款。

（2）在复杂的、无法预测的情况下，一个工程的实施会存在各种各样的风险事件。人们很难预测未来事件，无法根据未来情况做出计划，往往是计划不如变化快，诸如不利的自然条件、工程变更、政策法规的变化、物价的变化等。

（3）合同的语句表达不清晰、不细致、不严密、矛盾等，可能造成合同的不完全，容易导致双方理解上的分歧而发生纠纷，甚至发生争端。

（4）由于合同双方的疏忽未就有关的事宜订立合同，而使合同不完全。

（5）交易成本的存在。因为合同双方为订立某一条款以解决某特定事宜的成本超出了其收益而造成合同的不完全。由于存在着交易成本，人们签订的合同在某些方面肯定是不完全的。缔约各方愿意遗漏许多意外事件，认为等一等、看一看，要比把许多不大可能发生的事件考虑进去要好得多。

（6）信息不对称。信息不对称是合同不完全的根源，多数问题都可以从信息的不对称中寻找到答案。

3. 合同风险分配

业主起草招标文件和合同条件，确定合同类型，对风险的分配起主导作用，有更大的主动权和责任。业主不能随心所欲地不顾主客观条件，任意在合同中增加对承包商的单方面约束条款和对自己的免责条款，把风险全部推给对方，一定要理性分配风险。

（四）工程项目合同管理的方法工具

1. 建立健全的合同管理制度

工程建设是一个极为复杂的社会生产过程，由于现代社会化大生产和专业化分工，许多单位会参与工程建设之中，而各类合同则是维系各参与单位之间关系的纽带。为全面、高效地管理工程项目合同，使其标准化、规范化、制度化，应针对项目量身定制一套完善的合同管理制度体系，以完善工程项目的合同管理工作。合同管理制度一般包括项目合同归口管理制度、考核制度、合同用章管理制度、合同台账及归档制度等。

2. 建立合同履约保证体系

为总结项目投资决策机制，还原管理过程，比较合同文件与执行产出，完成本项目的合同管理经验总结，汲取教训，得到启示，为后续项目积累宝贵经验，改善合同管理和决策，达到提高合同条款有效履行的目的，应对工程项目合同实行履约管理。

合同履约管理包括以下工作内容：①严格按照合同条款，随时检查合同执行情况，将实际执行情况与合同约定进行对比，以降低合同风险；②帮助业主处理有关索赔及反索赔事宜；③合同执行过程中，协助业主解释合同，处理合同争议，负责合同执行情况统计、分析、总结；④总合同中的未完事项；⑤负责合同资料（包括招投标文件、信函、文书、会议纪要、备忘录、电报等资料）的整理、归档，直至竣工验收资料管理完成。

3. 应用合同管理软件

合同管理软件是建立在信息技术基础上、利用现代企业的先进管理思想，为建设方提供决策、计划、控制与经营绩效评估的全方位、系统化的合同管理平台，合同管理软件主要基于协同产品商务管理，把客户需求、制造活动、采购管理、账款管理、业务流程看作是一个紧密联结的协作链系统，采用全程一体化建模技术，将工程建设项目内部信息管理划分成几个相互协同作业的子系统，对协作链上的所有环节有效地进行管理。

合同管理软件必须解决实际业务管理中的问题，专注于工程项目合同管理的动态化、智能化、网络化，为建设方提供合理的流程和业务约束以及全方位的合同管理功能，包括合同起草、合同审批、文本管理、履约监督、结算安排、智能提醒合同收付款、项目管理、合同结款情况统计分析、报表输出和决策支持等。

第四章

工程项目进度与质量管理咨询

进度和质量管理咨询是工程项目管理咨询的核心内容之一。本章重点阐述了工程项目进度管理的主要特点，项目全生命周期中不同阶段进度管理的重点任务，工程项目进度管理的主要内容及进度管理咨询的方法工具，回顾了工程项目质量管理的发展历程，阐释了工程项目质量管理的基本特征，影响项目质量的主要因素，工程项目质量管理的目标、原则及主要内容，项目全生命周期中不同阶段质量管理的具体要求，以及质量管理咨询的基本原则和方法工具。

第一节　工程项目进度管理咨询

一、工程项目进度管理概述

工程项目进度管理是在保证工程建设要求和目标等相关条件的前提下，对工程项目通过组织、计划、协调、控制等方式进行进度控制，实现预定的项目进度目标，并尽可能地缩短建设周期的一系列管理活动的统称。一个项目能否在预定的工期内竣工交付使用，其建设进度安排是否合理，在实施过程中能否按计划执行，这是投资者最关心的问题之一，也是项目管理工作的重要内容。项目的进度管理要通过做好项目的进度计划和项目进度控制工作，合理分配资源、发挥最佳效率，以确保项目的按时完成。

（一）工程项目进度管理的特点

工程项目具有规模大、建设的一次性和结构与技术复杂等特点，无论是进度计划编制，还是进度控制，均有它的特殊性，主要表现在：

1. 进度管理是一个动态过程

一个大的工程项目，需要几年，甚至十多年。一方面，在这样长的时间里，工程建设环境在不断变化；另一方面，实施进度和计划进度会发生偏差。因此在进度控制中要根据进度目标和实际进度，不断调整进度计划，并采取一些必要的控制措施，排除影响进度的障碍，确保进度目标的实现。

2. 项目进度计划和控制是复杂的系统工程

进度计划按工程单位可分为整个项目总进度计划、单位工程进度计划、分部分项工程进度计划等；按生产要素可分为投资计划、物资设备供应计划等。因此进度计划的编制十分复杂。而进度控制更要复杂，它要管理整个计划系统，而绝不仅限于控制项目实施过程中的施工计划。

3. 进度管理有明显的阶段性

对于设计、施工招标、施工等阶段均有明确的开始与完成时间及相应的工作内容。各阶段工作内容不一，因而相应有不同的控制标准和协调内容。每一阶段进度完成后都要对照计划做出评价，并根据评价结果做出下一阶段工作进度安排。

4. 进度计划具有不均衡性

对于施工进度而言，由于外界自然环境的干扰，工作环境的变化及施工内容和难度上的差别，年、季、月间很难做到均衡施工，这就增加了进度管理的难度。

5. 进度管理风险性大

由于工程项目的单一性和一次性的特点，进度管理也是一个不可逆转的工作，因而风险较大。在管理中既要沿用相应的管理理论知识，又要借鉴同类工程进度管理的经验和成果，还要根据本工程特点对进度进行创造性的科学管理。

（二）不同阶段的进度管理重点

1. 任务承接阶段的进度管理

任务承接阶段的主要工作内容包括投标、中标、签订合同。在此阶段，承包方对进度的控制有相当的难度，通常只能响应标书对进度的要求，但也有一定的灵活性，可以在合同生效的条款上（例如在预付款支付的条款、保函开立的条款、现场交付的条款以及当地政府主管部门的大量协调工作的条款等方面）为承包方尽可能地争取工期。

2. 项目准备阶段的进度管理

签订合同后，承包商应全面展开项目的准备工作，收集项目的原始资料，了解项目的现场情况，调查项目当地的物资、技术、施工力量，研究和掌握项目的特点及项目实施的进度要求，摸清项目实施的客观条件，合理部署力量，从技术上、组织上、人力、物力等各方面为项目实施创造必要的条件，认真仔细地做好准备工作，对加快实施速度、保证项目质量与安全、合理使用材料、增加项目效益等方面起着重要的作用。项目准备阶段往往周期长、衔接工作量很大、工作内容很杂，常常在不知不觉中延误项目的实施进度，必须引起足够的重视。

项目准备阶段要特别注意以下两点：一是要在组织上尽快建立一个懂技术、会管理、团结和谐、精明强悍的管理团队，这往往是决定项目实施成败的最关键因素之一，特别是在进度控制上最好配备有计划管理经验、懂工程网络计划的管理专家；二是要调查研究收集资料。收集研究与项目实施有关的资料，可使准备工作有的放矢，避免盲目性。主要收集地形、地貌、工程地质、水文地质及气象条件等自然条件的资料和现场供水、供电、道路交通状况信息。地方建筑材料的生产供应能力及建筑劳务市场的发育程度，当地民风民俗、生活供应保障能力等技术经济条件。所有这些基础资料对项目的实施方案、承发包方式、施工组织等有至关重要的影响。

3. 设计阶段的进度管理

设计工作对项目的进度控制起着决定性的作用。这些活动既可以算作项目准备阶段的工作，也可以算作招投标阶段的工作，在此单独讲述，是因为在项目实施过程中能否加快进度，保证质量和节约成本，在很大程度上取决于设计工作的进度和设计质量的优劣。

设计阶段的进度控制主要注意以下两方面：

（1）设计本身的进度控制。设计工作是一个漫长的、系统的、复杂的工作。涉及资料的收集、平面的布置、数据的计算、系统的设计、图纸的审批以及由初步设计到施工图设计的设计过程，设计本身也有一定的周期，但往往图纸的提交对项目的实施进度有决定性的影响，所以要重视设计工作的进度。从设计工作内部采取激励措施、与设计单位保持良好的关系、承包商全力配合设计院的工作来促进设计进度。从设计工作外部，可以采取灵活的工作方式，比如把仅仅需要提交业主批准的图纸单独出图，而把不需要提交批准的图纸按正常的方式进行设计，这样即使业主不批准而修改设计也可以减少大量的设计工作，从而节约设计时间。

（2）设计对项目实施的进度控制。工程项目往往具有建设规模大、技术含量高、建设工期紧、实施难度大及承包风险大等特点。在工程项目的实施过程中，特别是在设计中大量地使用新技术、新设备和新工艺，可以达到有效地节约成本和缩短施工工期的效果。因此在设计中要鼓励设计单位（最好是在设计合同中设立一笔奖金）更多地使用新技术、新设备和新工艺，在设计中还要运用价值工程，进行多方案设计、多方案比选。从结构上、工艺上、系统上进行优化，同时综合平衡成本、进度、质量和安全的最佳结合，可以为项目的实施创造更好的进度控制途径。

4. 招标阶段的进度管理

招标工作是项目实施过程中重要的工作之一，在国内外都有相关的法律法规要求对项目进行招投标。如采用经过评审的合理低价中标原则，特别强调是经过评审的合理低价，包括对投标单位的资质、信誉、业绩、技术力量、人员配置、机具设备状况和财务状况等多方面的评价，不仅仅考虑价格因素，还要综合考虑进度、质量等，最好是有过良好合作关系的单位中标，这样可以为项目顺利地、快捷地实施打下良好基础。况且，项目管理的理念是与项目建设参与方共赢，一味地压低价格或其他苛刻的合作条件会使参与方在质量上、进度上甚至在安全上打折扣，最终可能影响招标人的总体利益，非常不利于项目进度的控制。

5. 施工阶段的进度管理

项目的施工阶段，首先要做好施工组织，尤其要做好施工组织设计，对施工活动进行全面的计划安排。根据项目的特点，施工单位要首先编制施工组织总设计方案，然后根据批准后的施工组织设计，编制单位工程施工组织设计。

施工组织设计一般应明确施工方案、施工的技术组织措施、施工准备工作计划、施工平面布置、施工进度计划、施工生产要素供给计划、落实执行工程项目计划的责任人和组织方式。

有了施工组织设计，施工单位应按照施工组织设计进行精心施工，这一阶段是施工管理的重点，要针对具体的施工活动，为落实施工组织设计的统一安排而进行协调、检查、监督、控制等指挥调度工作。一方面，应从施工现场的全局出发，加强各个单位、各部门的配合与协作，协调解决各方面问题，使施工活动顺利开展；另一方面，应加强技术、材料、质量、安全、进度等各项经济核算与管理工作，严格执行各项技术、质量检验制度。

在项目的施工过程中，要正确处理好合同分包，要对严重影响施工进度的分包商，采取合同手段保证进度，特别是要保留对严重滞后的关键工作回收的权利，以实现必要时进行进度突击；对关键的单位工程要找专业的分包队伍，或许能节约成本并缩短工期。

6. 竣工验收阶段的进度管理

竣工验收阶段是项目实施的最后阶段，在竣工验收之前，施工单位要内部做好预验收，检查各分部、分项工程的施工质量，尽快全面地消除项目的缺陷，整理各项交工验收的技术经济资料，把自身的工作做扎实，努力缩短交工验收时间。

二、工程项目进度管理的内容

（一）进度计划

1. 项目进度计划的含义和目的

项目进度计划是对项目建设中的各项建设任务或工程建设顺序、开始时间、结束时间，以及各项工作的相互搭接关系进行综合安排和规划，是指导工程建设顺序开展、确保项目建设目标实现的指导性文件。

为满足项目进度管理和各个实施阶段项目进度控制的需要，同一项目往往要编制各种项目进度计划，包括项目前期工作计划、项目建设总进度计划、项目年度计划、项目设计进度计划、项目施工进度计划、项目工程管理进度计划等。这些进度计划的具体内容可能不同，但其制定步骤却大致相似。一般包括收集信息资料、进行项目活动排序、项目活动时间估算、项目进度计划编制等步骤。

为保证项目进度计划的科学性和合理性，在编制进度计划前，必须收集真实、可信的信息资料，以作为编制进度计划的依据。这些信息资料包括项目背景、项目实施条件、项目实施单位及人员数量和技术水平、项目实施各个阶段的标准规定等。在编制工程项目建设总进度计划前，一定要掌握项目开工及投产的日期；项目建设的地点及规模；设计单位各专业人员的数量、工作效率、对类似工程的设计经历及质量；现有施工单位资质等级、技术装备、施工能力、对类似工程的施工状况；国家有关部门颁发的各种有关标准等资料。

项目进度计划的编制，是一个逐步深化的过程。在项目投资前期（即项目策划阶段），进度计划是对项目建设全过程的轮廓性描述，其中包括对项目论证及审批进度、设计进度、施工进度、物料采购供应进度及项目竣工验收进度等做出比较粗略的、总体性的计划。这类进度计划称为工程项目进度规划。随着项目建设过程的逐步展开，还应将项目建设各阶段、各主要建设任务及重要的工作分项，进行较为详细的规划，这种项目进度计划称为工程项目总进度计划。工程项目总进度计划为项目的建设总工期及各分项工期的目标控制提供依据，是编制项目实施进度计划的纲领性文件。在项目建设各阶段或对所从事的各项具体建设任务或建设中某项工作的活动过程做出实施性安排，如单位工程施工规划等，称这类项目进度计划为工程项目的执行计划。工程项目进度规划、工程项目总进度计划、工程项目执行计划，三者之间是相辅相成的，在工程项目进度目标控制中起着不同的作用。

2. 按计划的期限划分

（1）中长期计划。中长期建设进度计划，是属于对工程项目建设全过程的建设行为进行纲领性的规划，一般适用于项目建设规模大、建设周期长的大型工程项目。编制项目建设进度的中长期计划，是为了全盘规划整个工程项目的建设行为。因此，工程项目中长期进度计划，又称为工程项目总进度计划。建设周期在三年及其以上的工程项目，一般都要编制工程项目中长期的建设进度计划。

（2）短期计划。对工程项目的某一个建设阶段、某种重点子项目，当要较详尽地规划其建设进度时，所编制的工程项目计划属于短期计划。短期计划编制年份一般在 3 年以内，编制的目的是对中长期进度计划的细分或补充。

（3）年度计划。按建设年度编制的进度计划，是工程项目的执行计划。应按照中长期计划和短期计划的要求，来确定项目年度建设计划的目标，以此安排年度进度计划。

（4）季度进度计划。按照年度计划确定的进度目标，结合季度的具体条件，编制项目季度进度计划。季度进度计划属于实施计划。

（5）月、旬计划。月、旬进度计划是年、季度计划的具体化、细化，作为组织项目建设活动的依据，属于操作计划的类型。

3. 按项目建设阶段划分

（1）项目投资前期的工作进度计划。编制项目投资前期的工作进度计划，应根据工程特点、规模、工作业务要求、项目管理机构模式，以及工程项目总进度目标和各年度进度目标，编制工程项目投资前期的工作进度，包括项目立项进度、可行性研究的工作进度、项目审批进度等。一般由业主或项目管理机构负责编制。

（2）工程勘察设计进度计划。根据工程勘察设计合同中规定的进度目标，由勘察设计单位负责编制工程勘察设计进度计划，明确勘察设计各阶段的工作完成时间、审批时间、出图时间等，并由业主或项目管理机构审查。

（3）施工进度计划。根据工程项目承包合同规定的进度目标，由施工单位负责编制工程项目施工进度计划，明确工程项目、单项工程、单位工程等的开工时间、竣工时间等，由承包单位负责人批准，报业主或项目管理机构审批。

4. 按项目进度计划编制的范围划分

项目进度计划可以包括项目总进度规划、控制性总进度计划、控制性阶段进度计划或专项进度计划等。

项目总体控制计划是根据业主对整个工程项目进度计划的总体设想、重点工程和复杂工程的规划，确定整个工程项目进度计划目标。项目总体控制计划由业主或项目法人或项目管理机构编制。其他还有单项工程进度计划，单位工程进度计划和分部分项工程进度计划。

进度计划除上述三种分类外，还有年度投资计划、材料及物资供应计划、大型设备及结构加工计划、劳动力需求计划、施工机械需要量计划、运输计划等。

5. 项目进度计划编制依据

项目管理机构应协助建设单位编制项目总进度规划，确定建设手续、采购、设计、施工、移交等里程碑节点，由建设单位审批后实施。

不同类型的进度计划，其依据稍有差别。编制施工进度计划，常应以下列信息资料为依据：①施工承包合同；②设计文件及施工详图供图速度；③施工方案；④有关法规、技术规范或标准；⑤施工企业的生产经营计划；⑥承包商的管理水平和设备状况；⑦有关施工条件。

6. 项目进度计划制定程序

(1) 确定项目进度总目标。为有效编制项目进度计划，首先必须合理确定进度目标。项目目标是计划编制的前提，如果目标不合理或不可行，势必出现计划编制上的偏差。确定项目进度总目标的主要依据有：合同约定、工期定额、类似项目的实际进度；项目难易程度及项目条件落实情况；项目预计投入的资源（人、材、物等）数量及强度等。

(2) 确定项目进度目标体系。根据系统工程的观点，可将一个项目的进度目标从不同角度逐级进行分解，明确各级进度目标和相应的责任者，形成项目进度计划目标体系，以便有效地组织项目实施，最终控制项目进度总目标。一般的项目进度目标分解方法包括如下几种：①按项目组成分解进度目标；②按项目实施单位分解进度目标；③按项目实施阶段分解进度目标；④按项目计划期分解目标。

(3) 活动定义。根据项目的规模及控制的需要，要对项目过程进行分解及活动定义。

(4) 计算工作量。按项目计划、工作或活动定义、设计文件及有关计算规则，确定项目各项工作或活动的工作量。

(5) 确定实施方案和分配资源。实施方案会对项目的进度计划以及费用产生很大的影响，而方案又与资源约束、拟提供的资源种类、数量及强度密切相关。

（6）确定各工作或活动的前后顺序。根据项目工作分解结构法和有关工艺及组织方面的约束条件，确定各工作或活动的前后顺序及其逻辑关系。

（7）确定各工作或活动的持续时间。由于项目实施单位的工作能力、水平、装备存在较大差别，所以要结合实际情况加以确定，亦可参考有关标准及以往的经验，在调查统计及预测的基础上，经分析比较后，采用专家评定、类比估算、工期定额、三点估计等方法确定项目中各项工作或活动的持续时间。

（8）编制项目进度计划。根据工作及活动间的逻辑关系及预计持续时间，以网络图或横道图等形式编制初步的项目进度计划，再采用工期、费用和资源优化方法，得到最终的项目进度计划。

项目管理机构应根据项目特点和介入时间确定项目总进度规划编制方案。项目总进度规划宜分别在方案设计或施工图设计开始前进行编制。项目总进度规划应包括编制说明、项目概况、总进度目标、里程碑节点、主要风险及应对措施、其他相关内容。

项目管理机构应在施工准备开始前组织编制控制性总进度计划，对总进度规划中的施工、移交里程碑节点进行细化，经建设单位审批后实施。

项目管理机构应根据现场施工进展情况，组织编制控制性阶段进度计划或专项进度计划，并发布实施。进度计划应包括编制说明、任务名称、开始时间、完成时间、持续时间及其他相关内容。项目管理机构应根据管理需要，要求施工单位编制施工进度计划，按规定程序审批后实施。

（二）进度控制

1. 项目进度控制的含义和目的

项目进度控制是指在执行计划的过程中，通过检查实际进度情况，并将其与计划进度相比较，若出现偏差，分析产生的原因和对工期的影响程度，进而提出必要的调整措施纠正偏差的过程。

在项目实施过程中，必须经常检查项目的实际进展情况，并与项目进度计划进行比较。如实际进度与计划进度相符，则表明项目完成情况良好，进度计划总目标的实现有保证。如发现实际进度已偏离了计划进度，则应分析产生偏差的原因和对后续工作及项目进度计划总目标的影响，找出解决问题的办法和避免进度计划总目标受影响的切实可行措施，并根据这些办法和措施，对原进度计划进行修改，使之符合现在的实际情况并保证原进度计划总目标得以实现，然后再进行新的检查、对比分析、调整，直至项目最终完成，从而确保项目进度总目标的实现，甚至可在不影响项目完成质量和不增加项目成本的前提下，使项目提前完成。

为了实现进度目标，进度控制的过程就是随着项目的进展，进度计划不断调整的过程。进度目标分析和论证的目的是论证进度目标是否合理，进度目标有否可能实现。如果经过科学的论证，目标不可能实现，则必须调整目标。进度计划的跟踪检查与调整包括定期跟踪检查所编制的进度计划执行情况，以及若其执行有偏差，则采取纠偏措施，并视必要调整进度计划。进度控制的目的是通过控制以实现工程的进度目标。

2. 项目进度控制的任务

项目业主方进度控制的任务是控制整个项目实施阶段的进度，包括控制设计准备阶段的工作进度、设计工作进度、施工进度、物资采购工作进度，以及项目动用前期准备阶段的工作进度。设计方进度控制的任务是依据设计任务委托合同对设计工作进度的要求控制设计工作进度，是设计方履行合同的义务。施工方进度控制的任务是依据施工任务委托合同对施工进度的要求控制施工进度，是施工方履行合同的义务。供货方进度控制的任务是依据供货合同对供货的要求控制供货进度，是供货方履行合同的义务。

3. 进度计划执行中的跟踪检查

对进度计划的执行情况进行跟踪检查是计划执行信息的主要来源，是进度分析和调整的依据，也是进度控制的关键步骤。跟踪检查的主要工作是定期收集反映工程实际进度的有关数据，收集的数据应当全面、真实、可靠，不完整或不正确的进度数据将导致判断不正确或决策失误。为了全面、准确地掌握进度计划的执行情况，项目管理人员应认真做好以下三方面的工作：

（1）定期收集进度报表资料。进度报表是反映工程项目实际进度的主要方式之一。进度计划执行单位应按照进度监督制度规定的时间和报表内容，定期填写进度报表。项目管理人员通过收集进度报表资料掌握项目实际进展情况。

（2）现场实地检查工程进展情况。派管理人员常驻现场，随时检查进度计划的实际执行情况，这样可以加强进度监测工作，掌握工程项目实际进度的第一手资料，使获取的数据更加及时、准确。

（3）定期召开现场会议。定期召开现场会议，项目管理人员通过与进度计划执行单位的有关人员面对面的交谈，既可以了解工程项目实际进度情况，同时也可以协调有关方面的进度关系。

进度控制的效果与收集数据资料的时间间隔有关。究竟多长时间进行一次进度检查，这是项目管理人员应当确定的问题。如果不能经常地、定期地收集实际进度数据，就难以有效地控制实际进度。进度检查的时间间隔与工程项目的类型、规模、监督对象及有关条件等多方面因素有关，可视工程项目的具体情况，每月、每半月或每周进行一次检查。在特殊情况下，甚至需要每月进行一次进度检查。

4. 实际进度数据的加工处理

为了进行实际进度与计划的比较，必须对收集到的实际进度数据进行加工处理，形成与计划进度具有可比性的数据。例如，对检查时段实际完成工作量的进度数据进行整理、统计和分析，确定本期累计完成的工作量、本期已完成的工作量占计划总工作量的百分比。

5. 项目进度控制的综合措施

（1）项目进度控制的组织措施。组织是目标能否实现的决定性因素，为实现项目的进度目标，应充分重视健全项目管理的组织体系。在项目组织结构中应有专门的工作部门和符合进度控制岗位资格的专人负责进度控制工作，在项目管理组织设计的任务分工表和管理职能分工表中应明示和落实进度控制人员的职责。应编制项目进度控制的工作流程。进度控制的主要工作环节包括进度目标的分析和论证、编制进度计划、定期跟踪进度计划的执行情况、采取纠偏措施，以及调整进度计划。

（2）项目进度控制的管理措施。工程项目进度控制的管理措施涉及管理的思想、管理的方法、管理的手段、承发包模式、合同管理和风险管理等，在理顺组织的前提下，科学和严谨的管理显得十分重要。采用网络计划的方法编制进度计划必须很严谨地分析和考虑工作之间的逻辑关系，通过网络计算可发现关键工作和关键线路，也可知道非关键工作可使用的时差，网络计划的方法有利于实现进度控制的科学化。承发包模式的选择直接关系到项目实施的组织和协调。为了实现进度目标，应选择合理的合同结构，以免过多的合同交界面而影响工程的进展。工程物资的采购模式对进度也有直接的影响，对此应做分析比较。为实现进度目标，不但应进行进度控制，还应注意分析影响项目进度的风险，并在分析的基础上采取风险管理措施，以减少进度失控的风险量。重视信息技术（包括相应的软件、局域网、互联网以及数据处理设备）在进度控制中的应用。虽然信息技术对进度控制而言只是一种管理手段，但其应用有利于提高进度信息处理的效率，有利于提高进度信息的透明度，有利于促进进度信息的交流和项目各参与方的协同工作。

（3）项目进度控制的经济措施。项目进度控制的经济措施涉及资金需求计划、资金供应的条件和经济激励措施等。为确保进度目标的实现，应编制与进度计划相适应的资源需求计划（资源进度计划），包括资金需求计划和其他资源（人力和物力资源）需求计划，以反映工程实施的各时段所需要的资源。通过资源需求的分析，可发现所编制的进度计划实现的可能性。若资源条件不具备，则应调整进度计划。资金需求计划也是项目融资的重要依据。资金供应条件包括可能的资金总供应量、资金来源（自有资金和外来资金）以及资金供应的时间。在工程项目预算中应考虑加快项目进度所需要的资金，其中包括为实现进度目标将要采取的经济激励措施的费用。

（4）工程项目进度控制的技术措施。工程项目进度控制的技术措施涉及对实现进度目标有利的设计技术和施工技术的选用。不同的设计理念、设计技术路线、设计方案会对工程进度产生不同的影响，在设计工作的前期，特别是在设计方案评审和选用时，应对设计技术与工程项目进度的关系做分析比较。在工程项目进度受阻时，应分析是否存在设计技术的影响因素，为实现进度目标是否有设计变更的可能性。施工方案对工程项目进度有直接的影响，在施工方案选用的决策过程中，不仅应分析技术的先进性和经济合理性，还应考虑其对进度的影响。在工程进度受阻时，应分析是否存在施工技术的影响因素，为实现进度目标是否有改变施工技术、施工方法和施工机械的可能性。

三、进度管理的方法工具

（一）进度计划方法工具

1. 项目进度计划的表示方法

项目进度计划的表示方法有多种，常用的有横道图、里程碑图和网络图三种表示方法。

（1）横道图。横道图也称甘特图，是美国人甘特（Gantt）在 20 世纪 20 年代提出的。由于其形象、直观，且易于编制和理解，因而长期以来被广泛应用于工程项目进度控制之中。

横道图以一段横向线条表示一项工作，通过横向线条在带有时间坐标的表格中的位置来表示各项工作的起始、结束时间和各工作的先后顺序，整个进度计划都由一系列的横道组成。图 4-1 所示为某桥梁工程项目的横道图。

图 4-1　某桥梁工程项目横道图示例

横道图简单明了，容易绘制，也便于理解，各工作起止日期、作业起止日期、作业延续时间都一目了然。然而，它不能反映出各个工作中，哪些工作对总进度目标起关键作用，必须抓紧；哪些工作在时间安排上可做些灵活变动，而对总进度目标没有影响；更不知道这些工作可灵活变动的时间幅度范围。

由于横道图存在上述不足，给工程项目进度控制工作带来很大不便。即使进度控制人员在编制计划时已充分考虑了各方面的问题，在横道图上也不能全面地反映出来，特别是当工程项目规模大、工艺关系复杂时，横道图就很难充分暴露矛盾。而且在工期计划的执行过程中，对其进行调整也是十分烦琐和费时。由此可见，利用横道图控制工程项目进度有较大的局限性。

（2）里程碑图。里程碑图是以项目中某些重要事件的完成或开始时间作为基准所形成的计划，是一个战略计划或项目框架，以中间产品或可实现的结果为依据，显示项目为达到最终目标必须经过的条件或状态序列，描述项目在每一阶段应达到的状态，而不是如何达到。图 4-2 所示为某项目进度的里程碑图。

项目名称	进度(月)					
	1月	2月	3月	4月	5月	6月
里程碑事件	上中下	上中下	上中下	上中下	上中下	上中下
技术方案确定	30/1▲					
研究实验				15/4▲		
技术设计					15/5▲	
制作组装						15/6▲

图 4-2　某项目进度里程碑图

（3）网络图。工程项目进度计划可以用网络图来表示，可以使项目进度得到有效控制。网络图是以箭线和节点来表示各项工作及其流程的有向、有序的网状图形，用于计划和控制项目进度的最有效工具。

网络图按网络形式不同可以分为单代号网络图和双代号网络图。单代号网络图是用一个圆圈代表一项活动，并将活动名称写在圆圈中。箭线符号仅用来表示相关活动之间的顺序，不具有其他意义，因其活动只用一个符号就可代表，故称为单代号网络图。双代号网络图则是用一个箭线表示一项活动，活动名称写在箭线上。箭尾表示活动的开始，箭头表示活动的结束，箭头和箭尾标上圆圈并编上号码，用前后两个圆圈中的编号来代表这些活动的名称，故称双代号网络图。

网络图按是否使用时间坐标又可以分为时标网络图和非时标网络图。时标网络图将项目网络图的形式与甘特图形式结合起来，可以反映项目活动的逻辑关系、活动的开始与结束时间及持续时间、活动的自由机动时间等信息。在时标网络图中，表示活动的箭头长度（或表示活动的节点长度）与其代表的活动的持续时间成比例。图 4-3 所示为时标网络图示例。

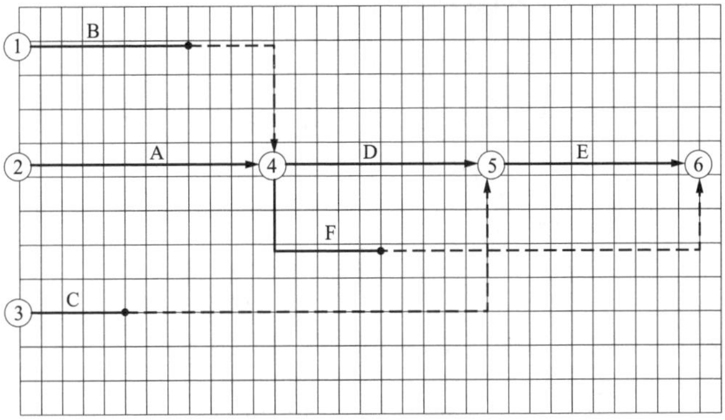

图 4-3　时标网络图示例

2. 项目活动时间估算方法

（1）专家评定。由于影响项目活动持续时间的因素太多，如资源水平或工作效率，所以常常难以估算。只要有可能，就可以利用以历史信息为根据的专家判断。各位项目团队成员也可以提供持续时间估算的信息，或依据以前的类似项目提出有关最长持续时间的建议。如果无法请到这种专家，则持续时间估计中的不确定性和风险就会增加。

（2）类比估算。类比估计意味着以先前的类似的实际项目的工作时间来推测估计当前项目各工作的实际时间。当项目的一些详细信息获得有限的情况下，这是一种最为常用的方法，类比估计也是专家判断的一种形式。当与以前的活动实际上而不仅仅是表面上类似，而且准备这种估算的项目团队成员具备必要的专业知识时，持续时间类比估算才可靠。

（3）基于时间定额的估算。根据测算出来的工作或活动的工作量，一般在工程活动中以实物工程量表示，如钢结构安装的重量、土方工程的体积、管道敷设的长度等，以及该工作或活动的工作定额，即每天应完成的标准工作量。每天可安排的劳动量或设备量，即可按式（4-1）计算出各工作或活动的持续时间。

$$D=\frac{Q/S}{RB} \tag{4-1}$$

式中 D——工作或活动的持续时间，工日；

Q——工作或活动的工作量，kg、m^3、m^2 等；

S——工作定额，kg/工日，m^3/工日，m^2/工日等；

R——每班安排的劳动力数或设备数；

B——每天工作班数。

(4) 三点估算法。对于一些特殊工作或活动，如科学研究活动，采用新技术、新工艺的工序等，在确定活动持续时间时，既无经验可循又无定额可查，可由项目管理人员采用三点估算法对工作或活动的持续时间进行测算。即对一项活动估算出三个历时值，然后对每个值赋予一个权重，最后通过计算得出活动的期望完成时间。

项目活动（工序）的期望完成时间可以由式（4-2）求得

$$T=\frac{a+4m+b}{6} \tag{4-2}$$

式中 T——工作或活动的持续时间，天；

a——最乐观估计时间（完成该活动最短估计时间），天；

m——最可能估计时间（完成该活动最大可能的时间），天；

b——最悲观估计时间（完成该活动最长的估计时间），天。

(5) 预留时间。项目团队可以在总的项目进度表中以“应急时间”“时间储备”或“缓冲时间”为名称增加一些时间，这种做法是承认进度风险的体现。应急时间可取活动持续时间估算值的某一百分比，或某一固定长短的时间，或根据定量风险分析的结果确定。应急时间可能全部用完，也可能只使用一部分，还可能随着项目更准确的信息增加和积累而到后来减少或取消。

3. 项目进度计划编制的方法工具

网络计划技术是指以网络图为基础的计划模型，其最基本的优点就是能直观地反映工作项目之间的相互关系，使一项计划构成一个系统的整体，为实现计划的定量分析奠定了基础。无论是工程项目设计阶段进度管理，还是施工阶段的进度管理，均可使用网络计划技术。网络计划技术自 20 世纪 50 年代诞生以来，已得到迅速发展和广泛应用，其种类也越来越多。但总的来说，网络计划可分为确定型和非确定型两类。如果网络计划中各项工作及其持续时间和各工作时间的相互关系都是确定的，就是确定型网络计划，如关键路径法，否则属于非确定型网络计划。计划评审技术（PERT）、图形评审技术（GERT）、风险评审技术（VERT）等均属于非确定型网络计划指标。

（1）关键路径法。关键路径法是一种基于单点时间估计，通过寻找关键路径及其时间长度来确定项目的完成日期与总工期的方法。在项目管理中，编制网络计划的基本思路就是在一个庞大的网络图中找出关键路径，并对各关键活动优先安排资源，挖掘潜力，采取相应措施，尽量压缩需要的时间。而对非关键路径的各个活动，只要在不影响工程完工时间的条件下，抽出适当的人力、物力和财力等资源，用在关键路径上，以达到缩短工程工期，合理利用资源等目的。在执行计划过程中，可以明确工作重点，对各个关键活动加以有效控制和调度。

关键路径法的应用步骤：①画出网络图（以单代号网络图为例），以节点标明事件，由箭头代表作业。②在箭头上标出每项作业的持续时间（T）。③从左面开始，计算每项作业的最早结束时间（EF）。该时间等于最早可能的开始时间（ES）加上该作业的持续时间。④当所有的计算都完成时，最后算出的时间就是完成整个项目所需要的时间。⑤从右边开始，根据整个项目的持续时间决定每项作业的最迟结束时间（LF）。⑥最迟结束时间减去作业的持续时间得到最迟开始时间（LS）。⑦每项作业的最迟结束时间与最早结束时间，或者最迟开始时间与最早开始时间的差额就是该作业的时差。⑧如果某作业的时差为零，那么该作业就在关键路线上。⑨项目的关键路线就是所有作业时差为零的路线。

（2）关键链法。关键链法是另一种进度网络分析技术，可以根据有限的资源对项目进度表进行调整，由艾利·高德拉特（Eliyahu M. Goldratt）提出，在关键路径法的基础上引入了 TOC 制约法的思想。

关键链法开始时利用进度模型中活动持续时间的估算，根据给定的依赖关系与限制条件绘制项目进度网络图，然后计算关键路径。在确定关键路径后，将资源的有无与多寡的情况考虑进去，确定资源限制进度计划。这种资源限制进度计划经常改变项目的关键路径。关键链法在网络图中增加作为“非工作进度活动”的持续时间缓冲，用来应对不确定性。放置在关键链末端的缓冲称为项目缓冲，用来保证项目不因关键链的延误而延误。其他的缓冲，即接驳缓冲，则放置在非关键链与关键链接合点，用来保护关键链不受非关键链延误的影响。根据相应路径上各活动持续时间的不确定性，来决定每个缓冲的时间长短。一旦确定了“缓冲进度活动”，就可以按可能的最晚开始与最晚完成日期来安排计划活动。这样，关键链法就不再管理网络路径的总浮动时间，而是重点管理剩余的缓冲持续时间与剩余的任务链持续时间之间的匹配关系。

4. 关键工作的调整

关键工作无机动时间，其中任一工作持续时间的缩短或延长都会对整个项目工期产生影响。因此，关键工作的调整是项目进度更新的重点。有以下两种情况：

（1）关键工作的实际进度较计划进度提前时的调整方法。若仅要求按计划工期执行，则可利用该机会降低资源强度及费用。实现方法是选择后续关键工作中资源消耗量大或直接费用高的予以适当延长，延长的时间不应超过已完成的关键工作提前的量；若要求缩短工期，则应将计划未完成部分作为一个新的计划，重新计算与调整，按新的计划执行，并保证新的关键工作按新计算的时间完成。

（2）关键工作的实际进度较计划进度落后时的调整方法。调整的目标就是采取措施将耽误的时间补回来，保证项目按期完成。调整的方法主要是缩短后续关键工作的持续时间。

5. 改变某些工作的逻辑关系

若实际进度产生的偏差影响了总工期，则在工作之间的逻辑关系允许改变的条件下，改变关键线路和超过计划工期的非关键线路上有关工作之间的逻辑关系，达到缩短工期的目的。这种方法调整的效果是显著的，例如可以将依次进行的工作变为平行或互相搭接的关系，以缩短工期。但这种调整应以不影响原定计划工期和其他工作之间的顺序为前提，调整的结果不能形成对原计划的否定。

6. 重新编制计划

当采用其他方法仍不能奏效时，则应根据工期要求，将剩余工作重新编制网络计划，使其满足工期要求。

7. 非关键工作的调整

当非关键线路上某些工作的持续时间延长，但不超过其时差范围时，则不会影响项目工期，进度计划不必调整。为了更充分地利用资源，降低成本，必要时可对非关键工作的时差做适当调整，但不得超出总时差，且每次调整均需进行时间参数计算，以观察每次调整对计划的影响。非关键工作的调整方法有三种：一是在总时差范围内延长非关键工作的持续时间；二是缩短工作的持续时间；三是调整工作的开始或完成时间。当非关键线路上某些工作的持续时间延长而超出总时差范围时，则必然影响整个项目工期，关键线路就会转移。这时，其调整方法与关键线路的调整方法相同。

8. 增减工作项目

由于编制计划时考虑不周，或因某些原因需要增加或取消某些工作，则需重新调整网络计划，计算网络参数。增减工作项目不应影响原计划总的逻辑关系，以便使原计划得以实施。因此，增减工作项目只能改变局部的逻辑关系。增加工作项目，只是对原遗漏或不具体的逻辑关系进行补充；减少工作项目，只是对提前完成的工作项目或原不应设置的工作项目予以删除。

（二）进度计划控制方法工具

项目进度计划控制的方法即以项目进度计划为依据，在实施过程中对实施情况不断进行跟踪检查，收集有关实际进度的信息，比较和分析实际进度与计划进度的偏差，找出偏差产生的原因和解决方法，确定调整措施，对原进度计划进行修改后再予以实施。随后继续检查、分析、修正；再检查、分析、修正……直至项目最终完成。整个项目实施过程，都处在动态的检查修正过程之中。

1. 进度偏差分析的方法

项目进度出现偏差时，应分析产生偏差的原因和对后续工作及项目进度计划总目标的影响，找出解决问题的办法和避免进度计划总目标受影响的切实可行措施。因此项目进度偏差分析过程包括：项目进度计划实施的实时跟踪、实际进度与计划进度的对比分析、分析偏差原因和后续影响、建议应对措施。其中最基本的是分析比较实际进度与计划进度之间的偏差，这种对比分析常用的方法是用图表表示，通常采用的图表比较法有：横道图比较法、S形曲线比较法、“香蕉”曲线比较法等。

（1）横道图比较法。是将在项目进展中通过观测、检查、收集到的信息，经整理后直接用不同颜色（或粗实线）横道线并列标于原计划的横道线上，进行直观比较的方法。例如，将某混凝土基础工程的施工实际进度与计划进度进行比较，如图 4-4 所示。其中，细实线表示计划进度，粗实线表示实际进度。

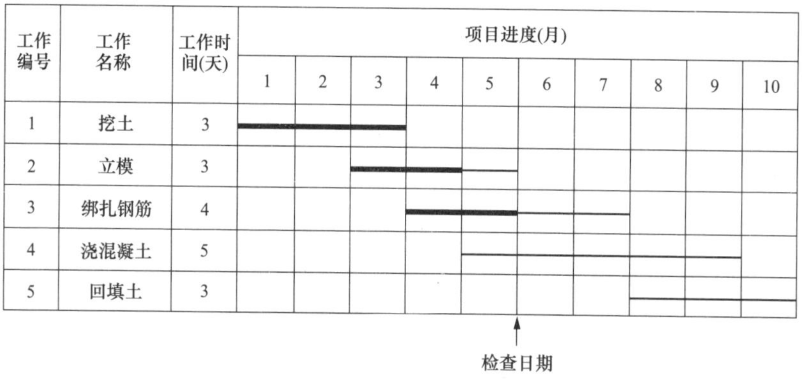

图 4-4 某混凝土基础工程的施工实际进度与计划进度

（2）S形曲线比较法。S形曲线比较法是以横坐标表达进度时间，纵坐标表示累计完成任务量，绘制出一条按计划时间累计完成任务量的S形曲线，将项目的各检查时间实际完成的任务量与S形曲线进行实际进度与计划进度相比较的一种方法。S形曲线反映了随时间进展累计完成任务量的变化情况，如图

4-5 所示。

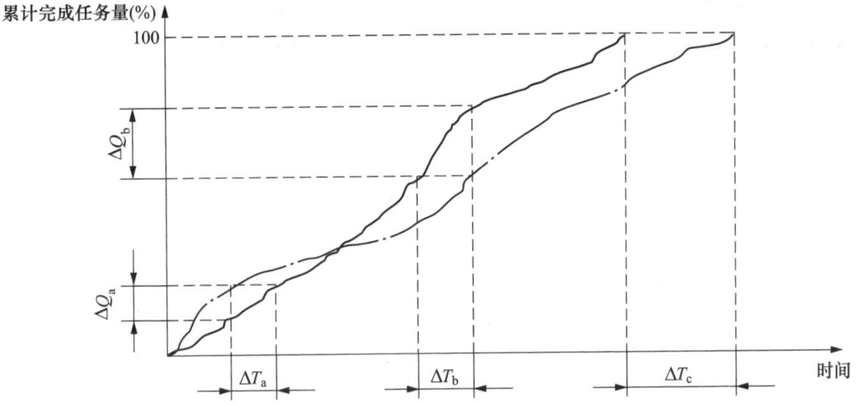

图 4-5　S 形曲线比较图

S 形曲线的绘制步骤：①计算每单位时间内计划完成的任务量；②计算各时间点的计划累计完成的任务量；③按各规定时间的计划累计完成任务量，绘制 S 形曲线。

S 形曲线比较：S 形曲线比较法是在图上直观地进行项目实际进度与计划进度的比较。通常在计划实施前绘制出计划 S 形曲线，在项目进行过程中，按规定时间将检查的实际完成情况绘制在与计划 S 形曲线同一张图中，即可得出实际进度的 S 形曲线，如图 4-5 所示。比较两条 S 形曲线，即可得到相关信息：①项目实际进度与计划进度比较。当实际进展点落在计划 S 形曲线左侧时，表明实际进度超前；若在右侧，则表示拖后；若正好落在计划 S 形曲线上，则表明实际与计划一致。②项目实际进度超前或拖后的时间。③项目实际完成任务量与计划任务量之间的偏差，即工作量完成情况。④项目进度预测，在实际进度偏离计划进度的情况下，如工作不调整仍按原计划安排的速度进行，则总工期必将超前或拖延，从图中即可得知此时工期的预测变化值。

(3)“香蕉”曲线比较法。在绘制某个项目计划进度的累计完成工作量曲线时，当按各工作的最早开始时间得到一条 S 形曲线后（简称 ES 曲线），在同一坐标上再按各工作最迟开始时间绘得另一条 S 形曲线（简称 LS 曲线）。

此时可发现，两条曲线除开始点和结束点重合外，其他各点，ES 曲线皆在 LS 曲线左侧，形成一支“香蕉”，如图 4-6 所示，故称其为“香蕉”曲线。理想的项目实施过程，其实际进度曲线应处于香蕉状图形以内。

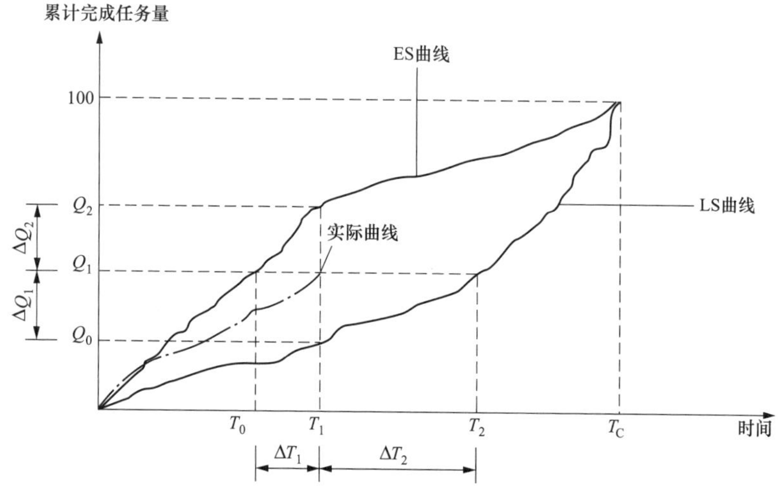

图 4-6 “香蕉”曲线比较图

利用“香蕉”曲线进行比较，所获信息和 S 形曲线基本一致，但由于它存在按最早开始时间的计划曲线和最迟开始计划曲线构成合理进度区域，从而使得判断实际进度是否偏离计划进度及对总工期是否会产生影响更为明确、直观。

2. 项目进度变更控制系统

项目进度变更控制系统描述了项目进度变更的过程，它包括文书工作、处理过程和改进措施。项目进度变更控制以项目进度计划、进展报告、变更请求和进度管理计划为依据，并通过进度变更控制系统来实现。比如：进度变更出现后，及时修改同项目进度管理有关的资料和文件；对进度变更采取措施，进行处理之后，应当将造成时间变更的原因、采取的措施以及采取这些措施的理由、随之要求资源和预算的变更、从此次变更中吸取的教训等都记录在案，形成书面文件，并在进度变更控制系统数据库中产生相应文档。

进度变更控制系统的主要内容包括：①健全的进度报告制定和进度监测系统，以保证实际进度资料、数据的收集；②科学的数据资料分析和进度变更系统，以保证数据资料分析和调整措施的科学性及准确性；③高效的组织实施系统，以保证变更措施得到及时准确的执行。

3. 项目管理软件

项目管理软件通常是指以项目的实施环节为核心，以时间进度控制为出发点，利用网络计划技术，对实施过程中的进度、费用、资源等进行综合管理的一类应用软件。一般包括五个主要功能模块：进度管理功能、资源管理功能、费用管理功能、报告生成与输出功能、辅助功能（主要指与其他软件的接口、二次开发、数据保密等）。这种概念源于对国外类似产品的分析概括，如甲骨文公司的 Oracle Primavera P6、微软公司的 Microsoft Project、上海普华科技的 PowerPlan 等。从广义上看，项目管理软件包括了与项目管理工作相关的各种应用软件，可以涉及进度、费用、资源、质量、风险、组织等各个方面，是项目管理相关软件的总称。项目管理软件随着项目管理理论和实践的发展、计算机和信息技术的变革而不断发展。项目管理软件的进度管理功能可以在进度计划和控制方面发挥重要作用，轻松实现进度计划编制、优化调整、进度控制等功能。

第二节　工程项目质量管理咨询

一、工程项目质量管理及其基本特征

（一）工程项目质量管理的发展历程及基本特征

1. 工程项目质量的基本内涵

随着质量体系的不断发展和完善，关于质量的定义也越来越难统一，不同的组织、专家都有不同的看法和理解。我国《质量管理体系基础和术语》（GB/T 19000—2016）关于质量的定义是：一组固有特性满足要求的程度。该定义可理解为质量不仅是指产品的质量，也包括产品生产活动或过程的工作质量，还包括质量管理体系运行的质量。工程项目质量是指通过项目实施形成的

工程实体的质量，是反映工程项目满足相关标准规定或合同约定的要求，包括其在安全、使用功能及耐久性能、环境保护等方面所有明显和隐含能力的特性总和。其质量特性主要体现在适用性、安全性、耐久性、可靠性、经济性及与环境的协调性六个方面。

2. 工程项目质量管理的发展历程

在过去的100年中，质量管理的观点和理念在不断地发展和变化着。一战前乃至20世纪50年代初，质量管理的重点是劣中选优，其主要方法有：①统计和数学方法；②抽样表；③控制图。

从20世纪50年代初到60年代末，质量控制演变为质量保证，重点从避免问题转移到发现问题，其主要方法有：①质量成本；②零缺陷计划；③可靠性工程；④全面质量控制。

当前质量管理被提高到战略的高度。现代质量管理的基本观点有：

（1）坚持“顾客至上”的原则，一切为了客户满意。充分理解、管理和影响需求，从而达到客户满意。

（2）坚持“预防为主”的原则，预防胜过检查。预防错误的成本总是大大低于补救错误的成本。

（3）坚持“全员参与”的原则，项目的质量与项目的全体成员都有关系。成功质量管理需要项目队伍的全员参与。

（4）坚持“PDCA循环”的原则，在项目的每个阶段都要重复进行PDCA循环。

3. 工程项目质量的基本特性

由于项目产品一般是采用单件性筹划、设计和施工的生产组织方式，因此其具体的质量特性指标是在各工程项目的策划、决策和设计过程中定义的。工程项目质量的基本特性可以概括如下：

（1）反映使用功能的质量特性。工程项目的功能性质量，主要表现为反映项目使用功能需求的一系列特性指标，如房屋建筑工程的平面空间布局、通风采光性能等。

（2）反映安全可靠的质量特性。项目产出不仅要满足使用功能和用途的要求，而且在正常的使用条件下应能达到安全可靠的标准。

(3) 反映文化艺术的质量特性。项目产出具有深刻的社会文化背景，历来人们都把建筑产品视同艺术品。工程项目艺术文化特性的质量来自设计者的设计理念、创意和创新，以及施工者对设计意图的领会与精益施工。

(4) 反映建筑环境的质量特性。建筑环境质量不仅包括项目用地范围内的规划布局、交通组织、绿化景观、节能环保，还要追求其与周边环境的协调性或适宜性。

(二) 工程项目质量的影响因素

1. 人的因素

人是指直接参与项目建设的决策者、组织者、指挥者和操作者，人的政治素质、业务素质和身体素质是影响质量的首要因素。

2. 材料的因素

材料（包括原材料、半成品、成品、构配件等）是工程项目施工的物质条件，没有材料就无法施工；材料质量是工程项目质量的基础，材料质量不符合要求，工程项目质量就不可能符合标准。

3. 方法的因素

这里所指的方法，包含工程项目整个建设周期内所采取的技术方案、工艺流程、组织措施、检测手段、施工组织设计等。方法是否正确得当，是直接影响工程项目进度、质量、投资控制目标能否顺利实现的关键。

4. 施工机械设备的因素

施工机械设备是实现施工机械化的重要物质基础，是现代化工程建设中必不可少的设施，机械设备的选型、主要性能参数和使用操作要求对工程项目的施工进度和质量均有直接影响。

5. 环境的因素

影响工程项目质量的环境因素较多，有工程技术环境，如工程地质、水文、气象等；工程项目管理环境，如质量保证体系、质量管理制度等；劳动环境，如劳动组合、劳动工具、工作面等。环境因素对工程项目质量的影响，具有复杂而多变的特点。

二、工程项目质量管理内容和重点

（一）质量管理的目标和原则

1. 质量管理目标

在工程项目管理中，项目管理公司会设定工程项目管理质量目标。为了实现质量管理目标，在项目实施前，需要明确各个阶段的质量目标。通过目标分解，把总目标转化成各个明确的、科学化的、系统化的具体目标，确定项目各参与方的质量责任，开展全面的目标管理。通过具体分项目标的实现，最终实现工程质量的总目标。

通过确定完整的质量目标体系、可行的质量保证措施、可靠的质量控制流程，履行严格的质量验收程序，达到质量、投资、进度之间的完美结合，达到主动的、动态的、全方位的控制与管理，达到设计文件规定的各项标准，满足使用功能要求。在质量控制中，强调事前控制，预防为主，实现“全过程精品”。

2. 质量管理原则

“百年大计，质量第一”，质量管理是整个工程项目管理过程中的重要任务。质量管理应贯彻“以人为本、质量预控、过程精品、数据控制、标准化管理”的原则。

（1）以人为本原则。调动人的积极性、创造性，增强人的责任感，强化“质量第一”的观念，提高专业水平，避免人为失误，以人的工作质量带动工序质量进而提高工程质量。

（2）质量预控原则。在项目管理中，完善各种措施，通过对“人、机、料、法、环”和“图纸、方案”各方面的完善来保证质量。

（3）过程精品原则。最终质量目标的实现，是大量的分项、分部工程质量目标实现后的综合结果。对项目整体而言，将按照实施的不同阶段、不同专业的不同特点，对项目目标进行分解，制定相应的措施，抓过程、保结果，以抓过程精品管理来保证各分解目标的实现。

（4）数据控制原则。在质量控制中，建立一套质量检测数据库，通过计算机数据分析系统，对工程质量状况实施量化管理。

（5）标准化管理原则。标准化是进行质量管理的依据和基础，标准化的活动贯穿于质量管理的始终，标准与质量在循环过程中互相推动，共同提高。

（二）质量管理的主要内容

项目质量管理过程又包括三个方面：质量计划、质量保证和质量控制，一般把这三个方面作为项目质量管理的内容进行分析。

1. 质量计划

项目质量表现在两个方面，一是项目过程质量；二是项目成果质量。如果未能满足这两个方面中的任何一个，均会对项目产品、部分或全部项目利益相关者造成消极后果。项目质量管理包括为了保证项目满足目标要求，指导、组织和控制项目质量的活动过程，涵盖全面管理职能的所有活动，确定质量方针、目标和职责并在质量体系中通过诸如编制质量计划、质量控制、质量保证和质量提高的所有活动。

项目质量计划是指为确定项目应该达到的质量标准和如何达到这些项目质量标准而制定的项目质量的计划与安排。项目质量计划是质量策划的结果之一。它规定与项目相关的质量标准，如何满足这些标准，由谁及何时应使用哪些程序和相关资源。项目质量计划工作的成果包括项目质量计划、项目质量工作说明、质量核检清单、可用于其他管理的信息。质量管理计划的确定是保证项目成功的过程之一，应当同项目其他计划制订过程结合起来。

2. 质量保证

质量保证确定了项目的执行标准，从而保证项目的流程是起作用的，而且确信该项目将达到质量计划中所制定的标准。这一职能要求采用全面的项目质量方法和测量手段以确保产品质量。

3. 质量控制

质量控制就是监督项目具体结果，判断它们是否符合有关的质量标准，进而确定消除产生不良结果的原因和途径。

项目具体结果既包括项目产品，如各阶段和最终阶段可交付成果，即工程建设项目建成的具体工程如电站、桥梁等，软件开发项目研制的软件等，也包括项目过程的结果，如编制的项目计划、绘制的网络图以及各种合同文件等。

项目产品的质量控制一般由质量控制职能部门负责，而项目过程结果的质量，一般由项目团队控制。

项目团队应当具备足够的统计质量控制知识，特别是抽样和概率，以便评价质量控制结果。在对项目进行质量控制时，应区分以下概念：

（1）预防和检查。预防是要始终保证中间不出现错误，而检查是要始终保证错误不出现在顾客手中。

（2）属性抽样和变数抽样。属性抽样分为结果合格和不合格，变数抽样则是根据测量合格程度的连续性尺度对结果进行评定。

（3）特殊原因和随机原因。特殊原因是指异常事件，产生不希望的质量结果，如机器故障等。随机原因也可称为正态过程方差，是过程特性的自然因素，标准差就是对这种特性进行测量的指标。

（4）公差和控制范围。公差表明结果若在公差规定的范围以内就可接受；控制范围则表明结果若在控制范围之内，过程就是在控制之中。

质量控制活动包括不断监控项目实施过程、识别和消除产生的原因、利用统计过程控制来减少可变性，增加这些过程的效率。质量控制能够保证组织的质量目标得以实现。

有效的项目质量控制应该采取事前控制、过程控制、闭环控制、主动控制的闭环系统。事前控制就是根据工程的类型和特点，以及类似工程的常发病和预防措施，对工程项目质量提出事前预防措施，这是项目质量控制的前提。过程控制就是按照预定的计划和程序，对工序、分项、分单位和整个项目的建设全过程进行过程监控，这是项目质量控制的基础。闭环控制就是把计划与实施、检查与评定、偏离与纠正、总结与提高等项目质量控制过程形成反馈系统，定期循环控制，不断减少质量偏离值，提高质量控制精度。主动控制就是在事前有预先控制措施，过程有监控措施，使项目质量控制始终按照规定质量标准实施，即使出现偏离及其纠偏时，也会使项目质量达到或逼近预期目标。

质量控制用来测量工作成果与标准之间的差异，以确保工作成果符合标准所确定的产品性能、特征和功能。测量工作成果常常是产品认可，或者由质量控制人员检测出瑕疵品。

（三）工程项目不同阶段的质量管理

一般工程项目的质量控制主要分为六个方面。

1. 工程项目前期决策阶段的质量控制

项目前期决策阶段质量控制的好坏直接影响到项目在后期实施运营阶段的工程质量。在工程项目的建设前期阶段，质量控制应该包括以下四个内容：①确定工程项目的质量目标；②做好工程项目质量管理的总体规划；③建立工程项目质量控制的系统网络；④制定工程项目质量控制的系统措施。

2. 工程勘察设计阶段的质量控制

工程勘察设计是一项技术性、专业性较强的工作。工程勘察质量控制的基本方法是按照质量控制的基本原理对工程勘察的质量影响因素进行检查和过程控制。

设计图纸的质量、深度是影响工程质量、成本和功能的重要影响。应从设计招标、初步设计评审、施工图纸会审和施工过程中的变更、洽商控制四个方面进行设计质量管理。其中，设计招标不仅是选择优秀的设计单位，更要落实设计合同中严谨的工作界面划分和职责要求，如细化的设计范围和图纸内容，对专项、二次设计的审核责任，现场设计配合的具体要求等，对设计单位的职责予以明确界定，初步设计评审的重点在于使用功能、标准和方案经济可行性等方面，施工图纸会审的重点在于解决各专业施工图纸的错、漏、碰、缺和施工可行性等方面，均主要通过设计过程中的跟踪检查和阶段性的设计审核来实现。施工过程中的变更、洽商控制则主要是通过与施工方的合同条款、严格的审核、批准程序及与设计的充分沟通来实现。此外，设计总包对各专项、二次设计均应进行严格的审查，以确保专项、二次设计符合建筑安装工程总体设计，避免出现设计的重复和错漏，造成经济损失。

设计阶段质量管理的主要内容和措施包括：

（1）定期检查勘察设计合同的履行情况，如阶段性成果、出图进度等。

（2）研究图纸、技术说明和计算书等设计文件，发现问题及时向设计单位提出，对设计变更进行技术经济合理性分析，并按照规定的程序办理设计变更手续。

（3）审查各设计阶段的图纸、技术说明和计算书等设计文件是否符合国家有关设计规范、有关设计质量要求和标准，并根据需要提出修改意见。

（4）若有必要，组织有关专家对结构方案进行分析、论证，以确定施工的可行性、结构的可靠性，进一步降低建造成本。

（5）审查有关水、电、暖等系统设计与有关市政工程规范、周围实际市政条件是否相符合。

（6）审查施工图是否达到足够的深度，是否满足可施工性的要求，以确保施工进度计划的顺利进行。

（7）对项目所采用的主要设备、材料，充分了解其用途，并做出市场调查分析；对设备、材料的选用提出建议，在满足功能要求的条件下尽可能降低工程成本。

（8）随时了解设计进度，了解其实施过程所配备的各专业设计人员数量和进程，以及是否能在预定的计划工期内完成。

（9）对设计概算进行审查，使其不突破经批准的工程概算。

3. 工程项目施工准备阶段的质量管理

施工准备阶段的质量控制内容与措施，包括图纸学习与会审、编制施工组织设计、组织技术交底、控制物资采购、严格选择分包单位五个部分。

（1）图纸学习与会审。图纸会审由建设单位或项目管理单位主持，设计单位、施工单位参加，并编写会审纪要。图纸审查必须抓住关键，特别注意构造和结构的审查，必须形成图纸审查与修改文件，并作为档案保存。

（2）编制施工组织设计。施工组织设计中对质量控制起主要作用的是施工方案，主要包括施工程序的安排、施工段的划分、主要项目的施工方法、施工机械的选择，以及保证质量、安全施工、冬季和雨季施工、污染防治等方面的预控方法和针对性的技术组织措施。

（3）组织技术交底。技术交底是一项经常性的技术工作，可分级分阶段进行，应以设计图纸、施工组织设计、质量验收标准、施工验收规范、操作规程和工艺卡为依据，编制交底文件，必要时可用图表、实样、小样、现场示范操作等形式进行，并做好书面交底记录。

（4）控制物资采购。施工中所需的物资包括建筑材料、建筑构配件和设备等，如果生产、供应单位提供的物资不符合质量要求，施工企业在采购前和施工中又没有有效的质量控制手段，往往会埋下工程隐患，甚至酿成质量事故。因此，采购前应按先评价后选择的原则，由熟悉物资技术标准和管理要求的人员，对拟选择的供方进行技术、管理、质量检测、工序质量控制和售后服务等质量保证能力的调查，信誉以及产品质量的实际检验评价，各供方之间的综合比较，最后做出综合评价，再选择合格的供方建立供求关系。

（5）严格选择分包单位。工程总承包商或主承包商将总包的工程项目按专业性质或工程范围分包给若干个分包商来完成，是一种普遍采用的经营方式。为了确保分包工程的质量、工期和现场管理能满足总合同的要求，总承包商应由主管部门和人员对拟选择的分包商，包括建设单位指定的分包商，通过审查资格文件，考察已完工程和施工工程质量等方法，从技术及管理实务、特殊及主体工程人员资格、机械设备能力及施工经验等方面，认真进行综合评价，决定是否可作为合作伙伴。

4. 工程项目施工阶段的质量管理

工程项目施工阶段的质量管理工作主要包括材料、构件、制品和设备质量的检查，以及施工质量监督和中间验收等工作。具体来说，施工阶段质量控制主要包括以下六个方面。

（1）严格进行材料、构配件试验和施工试验。对进入现场的物料，包括甲方供应的物料以及施工过程中的半成品，必须按规范、标准和设计的要求，根据对质量的影响程度和使用部位的重要程度，在使用前对涉及结构安全的应由建设单位或项目管理单位现场见证取样，送有法定资格的单位检测，判断其质量的可靠性。

（2）实施工序质量监控。工序质量监控的对象是影响工序质量的因素，特别是主导因素，其核心是管因素、管过程，而不单纯是管结果。工序质量监控重点内容包括：设置工序质量控制点，严格遵守工艺规程，控制工序活动条件的质量，及时检查工序活动效果的质量。

（3）组织过程质量检验。过程质量检验主要指工序施工中或上道工序完工即将转入下道工序时所进行的质量检验，目的是通过判断工序施工内容是否合乎设计或标准要求以决定该工序是否继续进行或停止，具体形式有：质量自检和互检，专业质量监督，工序交接检查，工程验收，工程预检，技术复核，基础、主体工程检查验收。

（4）重视设计变更管理。施工过程中往往会发生没有预料到的情况，如设计与施工的可行性发生矛盾；建设单位因工程使用目的、功能或质量要求发生变化而导致设计变更，须经建设、设计、施工单位各方同意，共同签署设计变更洽商记录，由设计单位负责修改，并向施工单位签发设计变更通知书。对建设规模、投资方案有较大影响的变更，须经原批准初步设计单位同意，方可进行修改。

（5）加强成品保护。在施工过程中，有些分项、分部工程已经完成，其他分项、分部工程尚在施工，对于成品如不采取妥善的措施加以保护，就会造成损伤，影响工程质量，有些严重的损伤难以恢复到原样，成为永久性缺陷。成品保护工作主要有合理安排施工顺序和采取有效的防护措施两个主要环节。

（6）积累工程施工技术资料。工程施工技术资料是施工中的技术、质量和管理活动的记录，是实行质量追溯的主要依据。施工技术资料管理是确保工程质量和完善施工管理一项重要工作，施工企业必须按各专业质量检验评定标准的规定和各地的实施细则，全面、科学、准确、及时地记录施工及试验检验资料，按规定积累、计算、整理、归档，手续必须完备，并不得有伪造、涂改、后补等现象。

5. 竣工验收交付阶段的质量管理

（1）坚持竣工标准。由于工程建设项目门类很多，性能、条件和要求各异，因此土建工程、安装工程、人防工程、管道工程、桥梁工程、电气工程及铁路建筑安装工程等都有相应的竣工标准。凡达不到竣工标准的工程，一般不能算竣工，也不能报请竣工质量核定和竣工验收。

（2）做好竣工预检。竣工预检是承包单位内部的自我检验，目的是为正式验收做好准备。竣工预检可根据工程重要程度和性质，按竣工验收标准，分层次进行，通常先由项目团队组织自检，对缺漏或不符合要求的部位和项目，确定整改措施，指定专人负责整改。在项目团队整改复查完毕后，报请企业上级单位进行复检，通过复检解决全部遗留问题，由勘察、设计、施工等单位分别签署质量合格文件，向建设单位发送竣工验收报告，出具工程保修书。

(3) 整理工程竣工验收资料。工程竣工验收资料是使用、维修、扩建和改建的指导文件和重要依据，工程项目交接时，承包单位应将成套的工程技术资料分类整理、编目、建档后移交给建设单位。

6. 工程项目回访保修期的质量控制

工程项目在竣工验收交付使用后，施工单位应按照规定在保修期限和保修范围内，主动对工程进行回访，听取建设单位或用户对工程质量的意见，对施工单位施工过程中的质量问题负责维修。如属设计等原因造成的质量问题，在征得建设单位和设计单位认可后，协助修补。

三、质量管理的原理与方法

(一) 质量管理的基本原理

1. PDCA 循环

PDCA 循环是质量管理的基本理论。PDCA 循环为计划→执行→检查→处置，以计划和目标控制为基础，通过不断循环，使质量得到持续改进，质量水平得到不断提高。

计划 P (plan)：即质量计划阶段，明确目标并制订实现目标的行动方案。

实施 D (do)：组织对质量计划或措施的执行计划，行动方案的交底和按计划规定的方法与要求展开工程作业技术活动。

检查 C (check)：检查采取措施的效果，包括作业者的自检、互检和专职管理者专检。各类检查都包含两大方面：一是检查是否严格执行了计划的行动方案、实际条件是否发生了变化、不执行计划的原因。二是检查计划执行的结果，即产出的质量是否达到标准的要求，对此进行确定和评价。

处置 A (action)；总结经验，巩固成绩，对于检查所发现的质量问题或质量不合格，及时进行原因分析，采取必要的措施予以纠正，保持质量形成处于受控状态。

PDCA 循环的关键不仅在于通过 A (action) 去发现问题，分析原因，予以纠正及预防，更重要的是对于发现的问题在下一 PDCA 循环中某个阶段，如计划阶段，予以解决。于是不断地发现问题，不断地进行 PDCA 循环，使质量不断改进，不断上升。因此 PDCA 循环体现了“持续改进”的思想。

2. 三阶段控制原理

三阶段控制包括事前控制、事中控制、事后控制。

事前控制要求预先编制周密的质量计划。

事中控制首先是对质量活动的行为约束，即对质量产生过程各项技术作业活动操作者在相关制度管理下的自我行为约束的同时，充分发挥其技术能力，去完成预定质量目标的作业任务；其次是参建各方对质量活动过程和结果的监督控制，这里包括来自企业内部管理者的检查检验和来自企业外部的工程管理和政府质量监督部门等的监控，事中控制虽然包含自控和监控两大环节，但其关键还是增强质量意识，发挥操作者自我约束、自我控制能动性，即坚持质量标准是根本的，监控或他人控制是必要的补充，没有前者或用后者取代前者都是不正确的。

事后控制包括对质量活动结果的评价认定和对质量偏差的纠正。

三阶段不是孤立和截然分开的，它们之间构成有机的系统过程，实质上也就是 PDCA 循环的具体化，并在每一次滚动循环中不断提高，达到质量管理或质量控制的持续改进。

3. 全面质量管理（TQM 原理）

从 20 世纪 70 年代末起，我国工程建设领域开始引进并推行全面质量管理。全面质量管理是指一个企业以质量为中心，以全员参与为基础，目的在于通过让顾客满意和本企业所有成员及社会受益而达到长期成功的管理途径。全面质量控制指对工程（产品）质量和工作质量以及人的质量的全面控制，从源头抓起，全过程推进。工作质量是产品质量的保证，工作质量直接影响产品质量的形成，而人的质量直接影响工作质量的形成。因此提高人的质量（素质）是关键，全员参与控制，从全面质量管理的观点看，无论组织内部的管理者还是作业者，每个岗位都承担着相应的质量职能，一旦确定了质量方针目标，就应组织和动员全体员工参与到实施质量方针的系统活动中去，发挥自己的角色作用。

4. 零缺陷管理与 6σ 管理

零缺陷管理又称无缺陷管理（简称 ZD），是被誉为全球质量管理大师的美国管理思想家菲利普·克劳士比于 20 世纪 60 年代初提出的。“缺陷”是指管理（包括产品和服务）方面的欠缺或不够完善的地方，这是质量提升需要关注的重点。“零”即管理目标，通过有效管理，最大限度地减少失误和误差，使管理预期效果实现最佳化、经济效益最大化。

零缺陷管理的特征：①系统性。“零缺陷”作为一种管理理念，作用于企业整个管理体系，主要贯穿于战略管理、专业管理和现场管理之中，追求系统每个环节和要素的无缺陷。②规范性。零缺陷管理要求在生产、质量、安全、工艺、设备、现场、成本、交易等各个环节，建立有据可依、有标可对的标准和制度。③ 受控性。零缺陷管理尤其重视过程，强调从管理的端点到终点的全过程，安排完善路径，设置控制措施，使各项工作的每个环节按程序执行，按标准操作，保持内部管理系统的严密受控。④目标性。以追求“零缺陷”为目标，尽一切可能克服工作、生产、管理等诸方面存在的各种缺陷，朝着“零缺陷”的方向发展，以求最佳管理绩效。

在 20 世纪 80 年代美国制造业面临日益激烈的国际竞争背景下，摩托罗拉公司率先提出 6σ 质量管理方法。6σ 是一个统计学上的概念，σ 就是总体的标准方差。具体说 6σ 具有多种含义，首先它是一个统计测量基准，6σ 的目标就是产品或顾客服务的缺陷仅为百万分之三点四，这意味着在生产制造流程或顾客服务流程中，若有 100 万个出现缺陷的机会，6σ 的质量水准才使缺陷出现 3.4 个；其次 6σ 是一种工作策略，它可以在激烈的市场竞争中占取先机，因为当改进了工序的 σ 值，必然使质量得到改善，而成本得到降低，必然使顾客满意度上升：另外，6σ 是一种处世哲学，它总结出一种业务方法，以提高利润的形式使企业获得最大的价值，让顾客以最低的价格获取需要的产品和服务，当供求双方的成本均处于最低，价值达到最大时，这个社会的交易活动的质量才是最好的。

6σ 是自上而下地由企业最高管理者领导并驱动的过程革新方法。由最高管理层提出改进或革新的目标、资源和时间框架。这种革新方法由界定（define）、量测（measure）、分析（analysis）、改进（improve）、控制（control）（简称 DMAIC）的结构化的改进过程为核心。这种革新方法强调定量方法和统计工具的运用，强调对顾客需求或满意的详尽定义与量化表述，每一阶段均有明确的目标并辅以相应的工具或方法。对于工程项目施工这种一次性的过程，尤其需要应用零缺陷管理及 6σ 管理方法。

（二）质量管理的方法和工具

在质量计划中，应当同项目其他计划制订过程结合起来，进行质量的策划。如应注意考虑项目质量的经济性，可以使用成本/收益分析方法。在质量控制中，如果想要客观地反映实际施工过程中的情况和问题，就必须进行细致的调查，然后得到相关的数据资料。数据是信息的载体，在对工程项目质量进行分析的过程中必须要以数据为基础进行综合判断，一切用数据来说话，在数据的处理过程中，可以使用直方图、排列图、控制图、因果分析图等图形来展示分析结果，在图上能更加直观地看出工程的质量问题，从而采取适当的措施。

1. 成本/收益分析

也可称为经济质量法，就是要求在制定项目质量计划时必须注意考虑项目质量改进行动的经济性。项目质量成本是开展项目质量管理活动所需的开支，项目质量收益是开展质量活动带来的好处，如减少返工、提高生产效率和降低成本等。质量成本/收益分析法的实质就是通过运用这种方法编制出能够保障项目质量收益超过项目质量成本的项目质量管理计划。

项目质量成本可分解为质量保障成本和质量纠偏成本，两者的关系是：质量保障成本愈高，质量的纠偏成本就愈低，反之亦然。项目的质量收益就是通过努力降低这两种成本即质量成本而获得的收益。收益高于成本是质量管理原则中的公理，所以质量计划要进行成本/收益分析。

质量计划过程必须权衡成本与效益，效益指项目各项工作做得好，满足质量要求，能够减少返工，提高生产效率，降低成本，提高项目利益相关者的满意程度。而成本指开展质量管理活动所需要的支出。质量管理应努力使效益超过成本，提高质量，降低成本，实现资本增值盈利最大化是企业和项目的重要任务和经营目标。

2. 直方图方法

直方图又称质量分布图、矩形图、频数分布直方图，是对从一个母体收集的一组数据用相等的组距分成若干组，画出以组距为宽度，以分组区内数据出现的频数为高度的一系列直方柱，按组界值（区间）的顺序把这些直方柱排列在直角坐标系里，这样得到的图形就是直方图。直方图法是通过频数分布分析研究数据的集中程度和波动范围的统计方法，用以了解工序是否正常、能力是否满足，并可推断母体的不合格率，同时又可确切地计算出样本数据的平均值和标准偏差 S。其优点是计算、绘图方便及易掌握，而且能够直观、确切地反映出质量分布规律。其缺点是不能反映时间变化及数据之间和数据群之间的变化，要求收集的数据较多，一般要 50 个以上，否则难以体现其规律，常见的直方图有标准型、孤岛型、双峰型、陡壁型、锯齿型、偏锋型、缓坡型等。图 4-7 所示为直方图分布状态。

3. 因果分析图方法

因果分析图也可称为鱼刺图，用于直观地表现各种原因及其构成因素同各种可能出现的问题之间的关系，反映潜在问题或结果与各种因素之间的联系，主要用于分析产生质量问题或缺陷的可能原因。通过整理、归纳、分析、查找原因，将因果关系剖析清楚，然后采取措施解决问题，使质量控制工作系统化、条理化。它主要包括特性和要因两个方面，所谓特性，是指工程施工中经常出现的质量问题。所谓要因，是指在质量问题分析中对质量有影响的主要原因。图 4-8 所示为一般的因果分析图例。

在工程实践中，任何一种质量问题的产生往往是多种原因造成的。这些原因有大有小，把这些原因依照大小次序分别用主干、大枝、中枝和小枝箭线图形表示出来，便可一目了然地、系统地观察出产生质量问题的原因，运用因果分析图可以帮助项目管理团队制订对策、措施，解决工程质量上存在的问题，从而达到控制质量的目的。

4. 排列图方法

排列图又称帕累托图，也叫主次因素分析图法，是用于分析影响工程（产

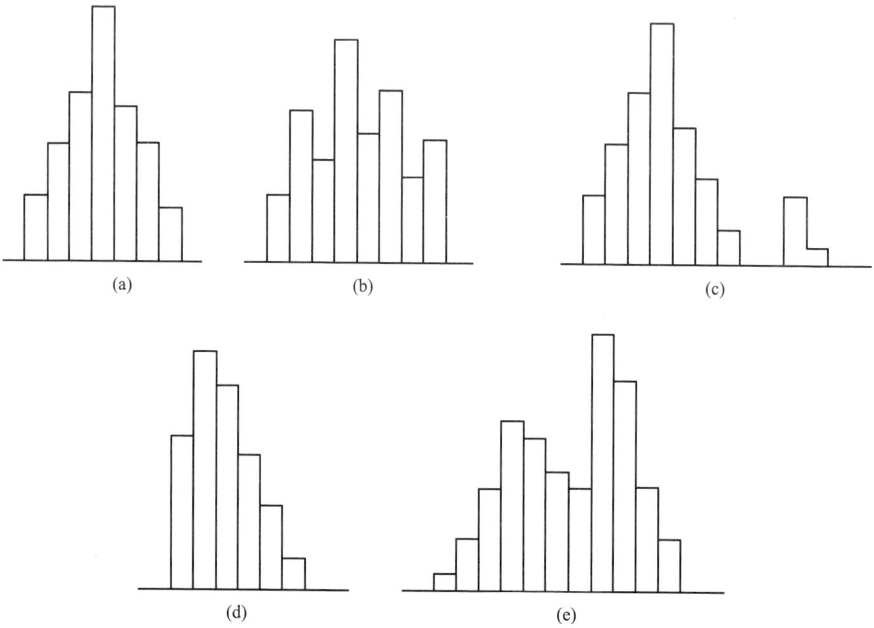

图 4-7 直方图分布状态

（a）标准型；（b）锯齿型；（c）孤岛型；（d）陡壁型；（e）双峰型

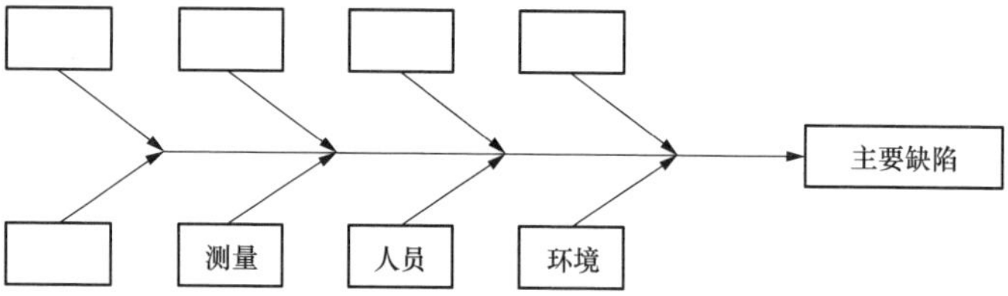

图 4-8 因果图（鱼刺图或石川图）

品）质量主要因素的一种有效方法。图 4-9 为某项目的排列图，排列图由一个横坐标、两个纵坐标、若干个矩形和一条曲线组成。图中左边纵坐标表示频数，即影响调查对象质量的因素重复发生或出现次数（或件数、个数、点数）；横坐标表示影响质量的各种因素，按出现的次数从多至少、从左到右排列；右边的纵坐标表示累计频率，即各因素的额数占总频数的百分比；矩形表示影响质量因素的项目或特性，其高度表示该因素频数的高低；曲线表示各因素依次的累计频率，也称为帕累托曲线。

该方法认为80%的质量问题源于20%的起因，20%的质量问题源于80%的起因，即所谓80/20法。因此，要确定并解决那些导致大多数质量问题的关键的少数起因，而不是致力于解决那些导致少数问题的大多数起因（不重要的多数），当已经解决了那些关键的少数起因，就可以把注意力集中放到解决剩余部分中的最重要的起因，不过它们的影响会是递减的。

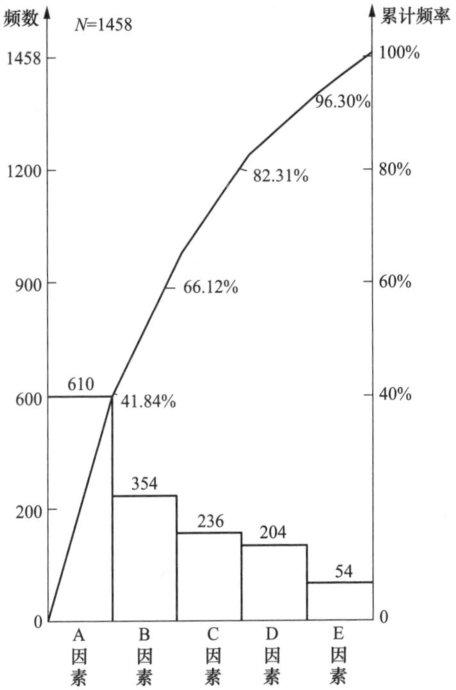

图 4-9　排列图示例

（1）收集工序质量数据。例如将工程建设项目按专业类别分为土建、电气、工艺、焊接、防腐五个专业，分别由不同的专业工程师负责质量监控工作，总工程师负责全面的质量管理工作。专项工程师对于一般工序巡检到位、重点工序平检到位、关键工序旁站到位，发现工序质量问题应及时下发通知单，要求施工单位按期整改，符合要求后方可继续施工。总工程师定期收集工程师下发的通知单，把施工过程中出现的问题按专业类别分类汇总。

（2）绘制排列图。建立直角坐标系，横坐标平均划分为5个单位长度，每个单位长度代表1个专业的质量问题，左侧纵坐标为每个专业质量问题出现的频数，右侧纵坐标为从左到右各个专业质量问题出现的累计频数百分比，用矩形的长度表示各个专业质量问题出现的频数，在表示每个专业质量问题频数的矩形右边框位置标定累计频数坐标，连接各点坐标获得累计频数百分比曲线。

5. 控制图方法

控制图的用途主要是防止错误，而不是探测和拒绝错误。在生产一个令人不满意的产品或者服务的代价要远远高于生产一个令人满意的产品。这些成本是劳动、材料、设备和客户量的损失。应用统计过程控制图可以大大降低生产合适产品的成本。

控制图分析确定了内在过程变异和过程均值是否处于稳定水平，或者其中之一或两者都处于统计之外（不稳定），或是否应该采取适当的行动。使用控制图的另外目的就是区分过程内在和随机变异，以及导致可指定原因的变异。随机变异的来源一般作为共同原因。在过程没有改变结构的时候，他们是不能随意改变的。相比之下，特殊原因变异要依着过程控制时的纠正情况而定。

控制图分析需要关注两类变化，一是共同原因变异或变化。这种随机变异出现在任何过程中。这种变异是内在的，只有当管理者决定改变主要过程的时候，这种变异才可以被矫正；二是特殊原因变异或变化。这种变异可以控制在局部或者作业层中。特殊原因在控制图中用一个点来表示，它超出了控制限度范围或者一致性趋近于控制限度。

第五章

工程项目投资与资源管理咨询

工程项目的投资建设需要大量资金、人力、原材料和设备等资源投入。工程项目投资与资源管理咨询，对于优化工程项目资源配置、提高项目投资及资源使用效率、实现项目建设目标和投资效益具有重要作用。本章主要阐述工程项目投资成本管理的基本任务、主要内容和措施方法，以及物资、人力、设备、资金等资源管理的具体要求和方法工具。

第一节　工程投资成本管理咨询

一、投资成本及其管理

（一）工程项目投资成本构成

1. 建设工程总投资

建设工程总投资是指投资主体为获取预期收益，在选定的工程建设项目上所需投入的全部资金。工程建设项目按用途可分为生产性工程建设项目和非生产性工程建设项目。

生产性工程建设项目总投资包括建设投资和流动资产投资两部分；非生产性工程建设项目总投资则只包括建设投资。

2. 建设工程投资成本构成

工程项目的建设是通过投资和建设方的一系列建设管理活动、建筑业的勘察设计和施工等活动，以及其他有关部门的经济和管理等活动来实现的，包括从项目意向、项目策划、可行性研究、项目决策，到地质勘测、工程设计、工程施工、生产准备和竣工验收等一系列复杂的技术、经济和管理活动，既有物质生产活动，又有非物质生产活动。

工程项目投资成本一般是由建设投资（或称固定资产投资）和流动资产投资两部分组成。建设投资是指进行一个工程项目的建造所需要花费的全部费用，即从工程项目确定建设意向直至建成竣工验收为止的整个建设期间所支出的总费用，是保证工程项目建设活动正常进行的必要资金，是工程项目投资中的最主要部分。流动资产投资是指为维持项目使用或生产经营而占用的全部周转资金。人们通常所说的投资，主要是指固定资产投资。实际上，生产经营性的项目还包括流动资产投资。例如，一个工厂建成后，光有厂房、设备和设施还不能进行生产，还要有用于购买原料、半成品燃料和动力等的资金，待产品出售后才能予以回收。工程项目投资估算时要把这笔投资也考虑在内。

从工程项目的建设以及项目管理的角度，投资成本控制的主要对象是建设投资，一般不考虑流动资产投资控制的问题。因此，人们习惯上将工程项目投资与建设投资等同，将投资成本控制与建设投资控制等同。工程项目投资主要由工程费用和工程其他费用（或称工程建设其他费用）组成。

（1）工程费用。工程费用包括建筑工程费用、安装工程费用和设备及工器具购置费用。建筑工程费用与安装工程费用的费用组成相同，两者合称为建筑安装工程费用。

建筑安装工程费用是指用于建筑物的建造及有关准备和清理等工程的费用；用于需要安装设备的安置和装配工程的费用等。其特点是必须通过兴工动料和追加活劳动才能实现。建筑安装工程费用项目的组成按两种方法划分：按费用构成要素划分，分为人工费、材料费、施工机具使用费、企业管理费、利润、规费和税金；按工程造价形成顺序划分，分为分部分项工程费、措施项目费、其他项目费、规费和税金。

设备及工器具购置费用，是指工程建设项目设计范围内的需要安装和不需要安装的设备、工器具和生产家具等的购置费。生产性工程建设项目的生产能力，主要是通过设备及工器具购置费用实现的。

（2）工程其他费用。工程其他费用，或称工程建设其他费用，是指由工程项目建设投资支付的为保证工程建设顺利进行和交付使用后能够正常发挥效用而必须开支的费用。

按费用支出的性质，工程其他费用一般可分为以下几类：第一类为土地使用费；第二类是与工程项目建设有关的费用；第三类是与项目建成以后生产经营有关的费用；第四类为预备费，包括基本预备费和价差预备费；第五类是财务费用，主要为贷款利息等。其中，第二类与工程项目建设有关的费用包括建设单位管理费、勘察设计费、研究试验费、临时设施费、工程管理费、工程保险费、配套工程建设费等；第三类与项目建成以后生产经营有关的费用包括联合试运转费、办公和生活家具购置费等。

（二）项目投资成本计划和控制

项目成本管理的目标，是确保项目在批准的预算内完成。项目成本管理是为保障项目实际发生成本不超过项目预算而开展的项目资源计划、成本估算、成本预算和成本控制等方面的管理活动。工程项目投资成本管理是指以工程项目为对象，为在投资计划值范围内实现项目而对工程建设活动中的投资成本所进行的策划、控制和管理。工程项目投资成本管理的目标是在工程项目的实施全过程中，通过投资策划与动态控制，将实际发生的投资额控制在投资的计划值以内，以使工程项目的投资目标尽可能地实现。

项目建设的不同参与方对工程项目投资成本的影响是不同的，项目业主在投资成本控制中起主导作用。工程项目管理的指导思想，就是在项目实施过程中进行项目的目标控制。因此，工程项目投资成本管理的核心，就是进行投资成本的计划和控制。或者说，工程项目投资成本管理主要由两个各有侧重又相互联系的工作过程所构成，即工程项目投资成本的计划和控制过程。在工程项目的建设前期，以投资成本的计划为主；在工程项目实施的中后期，投资成本的控制占主导地位（见图 5-1）。

1. 投资成本计划管理

投资成本的计划，包括确定计划投资费用和制定投资控制方案，即确定或估算工程项目的计划投资费用，以及制定工程项目实施期间投资控制工作方案的工程管理活动，主要包括投资目标论证分析、投资目标分解、制定投资控制工作流程、投资目标风险分析、制定投资控制工作制度及有关报表数据的采

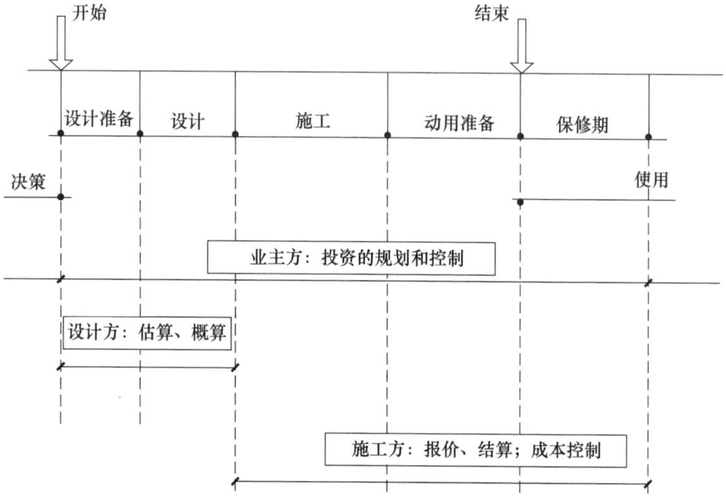

图 5-1 不同参与方对工程项目投资成本的影响

集、审核与处理等一系列控制工作和措施。

（1）计划投资费用的确定。主要是指在工程项目的前期和设计阶段，计算相应投资费用、确定投资计划值的项目管理工作，形成的工程项目投资费用文件主要包括投资估算、设计概算、施工图预算、标底价格或招标控制价、合同价格、资金使用计划等，依据建设程序，工程项目投资费用的计算和确定与工程建设阶段性的工作深度相适应，各投资费用文件前后关联，相互作用。在工程项目管理的不同阶段，计划投资费用的计算确定及其主要工作内容如下：

1）设计准备阶段，通过对投资目标的风险分析、项目功能与使用要求的分析和确定，编制工程项目的投资规划，用以指导设计阶段的设计工作以及相应的投资控制工作。

2）工程设计阶段，以投资规划控制方案设计阶段和初步设计阶段的设计工作，编制设计概算；以投资规划和设计概算控制施工图设计阶段的设计工作为基础，编制施工图预算；按工程量清单计价方式招标发包，确定工程承包合同价格等。

3）工程施工阶段，以投资规划、施工图预算和工程承包合同价格等控制工程施工阶段的工作，编制资金使用计划，以作为施工过程中进行工程结算和工程价款支付的目标计划。

（2）投资控制实施方案制定。除计算和确定计划投资费用外，投资策划的另一项重要工作就是制定投资控制的实施方案。一个目标明确、重点突出、科学合理的工程项目投资控制实施方案，对于全面指导投资的控制活动，做好工程项目实施全过程中的投资控制工作，实现投资控制目标将起到关键性作用。

工程项目投资控制实施方案的主要内容，包括工程项目建设各个阶段投资控制的目标、任务、管理组织、工作重点和方法、控制流程，以及相应的组织措施、技术措施、经济措施和管理措施等。

2. 投资成本的控制

投资成本的控制，就是指在工程项目的设计准备阶段、设计阶段、施工阶段、运营前准备阶段和保修阶段，以策划的计划投资为目标，通过相应的控制措施将工程项目投资的实际发生值控制在计划值范围以内的项目管理活动。

工程项目投资成本控制的目的和关键，是保证项目投资目标尽可能地实现。对工程项目投资进行控制，是运用动态控制原理，在项目建设过程中的不同阶段，经常地、定期或不定期地将实际发生的投资数与相应的投资计划值进行比较，若发现工程项目实际投资值偏离计划值，则应采取纠偏措施，纠正投资偏差，确保工程项目投资总目标能够实现。

（1）设计准备阶段。根据拟建工程项目的功能要求和使用要求，做出项目定义和项目投资定义，并按工程项目规划的要求和内容，随着项目分析和研究的不断深入，逐步地将投资规划值和投资估算的误差率控制在允许的范围之内。

（2）工程设计阶段。以投资规划和批准的投资估算为项目投资的计划值控制初步设计，如果初步设计阶段的设计概算与投资估算存在较大的偏差，则应对初步设计的设计结果进行修改和调整。进入施工图设计阶段，以投资规划和批准的设计概算为控制目标，控制施工图设计工作的进行，如果施工图设计阶段的施工图预算超过设计概算，应对施工图设计的设计结果进行修改和调整。

在工程施工招标阶段，以工程设计文件（包括设计概算和施工图预算文件）为依据，结合工程施工的具体条件和业主方的特殊要求等，编制招标文件，选择合适的合同计价方式，确定工程承包合同价格，通过对工程设计过程中形成的建设投资费用的层层控制，实现工程项目设计阶段的投资控制目标。

（3）工程施工阶段。以施工图预算和工程承包合同价格等为控制目标，通过工程计量、工程变更控制和工程索赔管理等方法，严格确定施工阶段实际发生的工程费用，合理进行工程结算，控制工程实际费用的支出。

（4）工程竣工验收阶段。全面汇集工程项目建设的实际费用，编制竣工决算，如实核算工程项目的实际投资，并总结分析工程建设管理经验，积累技术经济数据和资料。

（5）工程保修阶段。根据工程承包合同，协助处理项目使用期间出现的各种质量问题，选择相关的处理方案和方式，合理确定工程保修费用。

（三）项目投资成本影响因素

1. 质量对投资成本的影响

质量总成本是由质量的故障成本和质量的保证成本组成的。质量的故障成本与质量的关系是：质量愈低，引起的质量不合格损失愈大，即故障成本愈大；反之，质量愈高，故障愈少，引起的质量损失愈小，即故障成本愈低。质量的保证成本是指为保证和提高质量而采取的保证措施所消耗的支出。一般而言，这类支出愈大，质量保证愈高，反之则愈低。

2. 价格对成本的影响

在设计阶段对成本的影响主要反映在施工图的预算编制，而预算要取决于设计方案的价格，价格则直接影响到工程的造价。因此，在做施工图预算时，应做好价格预测，特别是通货膨胀可能造成的材料、设备、工资等的涨价，以便能较为准确地把握成本水平。

3. 管理水平对成本的影响

管理水平的高低对项目成本有着很大的影响，高的管理水平可以有效地节约成本，反之则可能造成成本的浪费。具体地说，管理水平对项目成本的影响主要表现在：①对预算成本估算不准确而影响项目的准确实现，造成项目成本的变更；②资金供应紧张或材料、设备供应发生问题，从而影响到项目工期的进展，造成成本增加；③风险控制不当造成的额外损失；④更改设计等给成本控制带来的不利影响。

二、工程项目投资成本管理的内容和重点任务

（一）工程项目投资成本管理的内容

工程项目投资成本管理主要包括成本计划和成本控制两个过程。

1. 成本计划

项目投资成本管理中的成本计划又可以分为成本估算和成本预算两个阶段。成本估算是对完成项目所需成本的估计和计划，是项目计划中的一个重要组成部分。要实行成本控制，首先要进行成本估算。成本估算涉及确定完成项目活动所需资源的成本的估算值。成本预算就是为了确定测量项目实际绩效的基准计划而把成本估算分配到各个工作项（或工作包）上去的成本计划。

2. 成本控制

成本控制（cost control）就是在整个项目的实施过程中，根据成本管理计划对项目投资成本进行管理，定期地、经常性地收集项目的实际成本数据，进行成本的计划值和实际值的动态分析比较，包括总目标和分目标等多层次的分析比较，并进行成本预测，如果发现偏差，则及时采取纠偏措施，尽量保证项目投资成本控制在预算范围内，对项目资金支出进行核算和监控，以使项目的成本目标尽可能好地实现成本控制。项目投资成本控制的关键是能找到可及时分析成本绩效的方法，以便在项目失控之前及时采取纠正措施。

项目投资成本控制涉及对于那些可能引起项目投资成本变化因素的控制（事前控制），项目实施过程中的成本控制（事中控制）和当项目投资成本变动实际发生时对于项目投资成本变化的控制（事后控制）。要实现对于项目投资成本的全面控制和管理，最根本的任务是要控制项目各方面的变动（项目变更），从而实现全面控制成本变动目标。

项目投资成本控制一般包括以下内容：①监督成本实施情况，查明实际开支偏离计划之处及其原因；②将所有的有关变更都准确地记录在成本基准之中；③阻止不正确、不合理或未经核准的变更纳入成本之中；④将核准的变更通知有关利益相关方；⑤采取行动将以后预期的成本限制在可以接受的范围之内。

有效地控制项目投资成本的关键是经常及时地分析项目投资成本管理的实际绩效，尤其要尽早发现项目投资成本出现的偏差和问题，以便在情况变坏之前能采取纠正措施。项目投资成本问题越早提出，对项目范围和项目进度的冲击就越小。否则，项目投资成本要想控制在预算内，结果不是缩小项目范围，就是推迟项目工期进度或降低项目质量。

（二）工程项目投资成本管理的主要任务

投资成本的计划为工程项目的建设确定了项目投资成本的目标计划和投资成本控制的实施方案。当工程项目进入实质性启动阶段以后，项目的实施就开始进入预定的计划轨道。这时，投资成本管理的中心活动就逐渐转变为投资成本目标的控制。

工程项目进入实施以后，尽管是按照投资成本的计划开展各项投资成本控制工作的，但由于工程项目建设的特点，项目在建设实施过程中必然会受到各种不利的以及难以预料因素的干扰，从而使投资成本的实际发生值与计划值出现偏离，因此必须进行控制管理。这是由于工程项目投资成本计划人员自身的知识和经验有限，特别是在工程项目实施过程中，项目的内部条件和客观环境等都会发生变化，如工程范围的变化、项目资金的限制、未曾预想的恶劣天气的出现、政策法规的调整和物价的大幅度波动等，使得工程项目不会自动地在计划轨道上运行。因此，工程项目投资成本管理成功与否，很大程度上取决于投资成本计划的科学性和投资成本控制的有效性。又由于工程项目投资成本管理与其他项目目标管理存在不同的特性，因而投资控制的目标、手段、重点等有着自身的特点和规律。

1. 工程项目投资成本管理任务的内容

（1）决策阶段投资成本管理。包括：①分析和论证项目总投资目标；②编制项目总投资；③编制设计任务书中有关投资控制的内容，对设计方案提出投资评价；④编制设计阶段资金使用计划；⑤编制项目投资估算表。

（2）设计阶段投资成本管理。包括：①根据方案设计审核项目总估算，控制项目总投资计划的执行；②根据扩初设计和投资估算，审核设计概算；③采用价值工程方法挖掘节约投资的潜力；④编制和调整设计阶段资金使用计划并控制其执行；⑤进行投资计划值与实际值的动态跟踪比较，完成各种投资控制报表和报告，必要时调整投资目标和计划；⑥根据扩初设计文件、设计概算和实施方案，细化投资控制目标，绘制合同框架结构图，编制招标采购计划。

（3）招标采购阶段投资成本管理。包括：①组织编制招标采购文件，确定招标采购范围、技术要求、商务要求；②组织审定招标采购文件；③组织编制招标控制价；④根据项目总体目标需要，统筹协调质量、进度、成本、风险等多方面因素，审定招标控制价；⑤组织汇标分析工作，通过集体讨论确定招标人代表评标指导意见；⑥组织合同谈判，办理合同签订手续。

（4）施工阶段投资成本管理。包括：①对施工安装阶段投资目标进行详细的分析、论证；②组织审核施工图预算；③编制各年、季、月度资金使用（预算）计划并控制其执行；④审核各类工程款和材料设备款的支付申请；⑤审核各类设计变更、技术变更、签证；⑥参与组织重大方案的技术经济比较和论证；⑦定期进行投资计划值与实际值的比较，完成各种投资控制报表和报告，必要时调整投资目标和计划；⑧审核和处理施工安装费用索赔；⑨审核各类设计变更和技术变更。

（5）竣工阶段投资成本管理。包括：①编制竣工结算计划；②编制本阶段资金使用计划并控制其执行；③进行投资计划值与实际值的比较，提交各种投资控制报告；④审核工程款项及金额，处理索赔事项，完成项目结算；⑤编制投资控制最终报告；⑥组织完成项目决算审计。

根据项目实际情况，可对投资额较大的重点项目聘请具有造价咨询资质、工程咨询资质的第三方专业咨询单位协助项目单位实施投资控制工作。

2. 项目周期不同阶段的工程项目投资成本管理任务

工程项目建设及其投资费用在其全寿命周期内有其独特的变化规律，这些规律决定了项目前期和设计阶段在项目全寿命周期中的重要地位。从前面的分析以及工程实践来看，在一般情况下，设计准备阶段节约投资成本的可能性最大，其对工程建设项目经济性的影响程度能够达到95%～100%；初步设计阶段为75%～95%；技术设计阶段为35%～75%；施工图设计阶段为25%～35%；而至工程的施工阶段，影响力可能只有10%左右。在施工过程中，由于各种原因经常会发生设计变更，并对项目的经济性产生影响，但设计变更的发生往往是由于项目前期或设计阶段的工作所致。

在设计阶段，节约投资成本的可能性最大，其中，在方案设计阶段，节约和调节投资的余地最大，这是因为方案设计是确定工程项目的初始内容、形式、规模、功能和标准等的阶段，此时对其某一部分或某一方面的调整或完善将直接引起投资数额的变化。正因为如此，必须加强方案设计阶段的投资控制工作，通过设计方案竞赛、设计方案的优选和调整，价值工程和其他技术经济方法应用，选择确定既能满足工程项目的功能和使用要求，又可节约投资，经济合理的设计方案。

在初步设计阶段，相对方案设计来说节约和调节投资的余地会减少，这是由于初步设计必须在方案设计确定的框架范围内进行，对投资的调节也在这一框架范围内，因此节约投资的可能性就会略低于方案设计。但是，初步设计阶段的工作对工程项目投资还是具有重大的影响，这就需要做好各专业工程设计和技术方案的分析和比选，如房屋建筑的建筑结构方式、建筑材料的选用、建筑方案中的平面布置、进深与开间的确定、立面形式的选择、层高与层数的确定、基础类型选用和结构形式的选择等，需要精心编制并审核设计概算，控制与初步设计结果相对应的工程项目投资。

进入施工图设计阶段以后，工程设计的工作应依据初步设计确定的设计原则对工程项目开展详细设计。在此阶段，节约和调节工程项目投资的余地相对就更小。在此阶段的投资成本控制，重点是检查施工图设计的工作是否严格按照初步设计来进行；否则，必须对施工图设计的结果进行调整和修改，以使施工图预算控制在设计概算的范围以内。

而至设计完成，工程进入施工阶段开始施工以后，必须严格按施工图的要求组织施工，节约投资的可能性非常小。从表面上看，工程项目的投资费用主要是集中在施工阶段发生的，且事实也确实如此。但是，施工阶段发生的费用是被动的，施工阶段所需要投入费用的大小通常都是由设计决定的。在工程项目实施之初，实际需要支出的费用很少，主要是一些前期的准备费用、支付给设计单位的设计费用和项目前期可能发生的工程咨询费用等。当工程项目进入施工阶段后，则需要真正的物资投入，大量的人力、物力和财力的消耗会导致工程实际费用支出的迅速增长，包括建筑安装工程费用、设备和材料的采购费用等工程费用主要均是在施工阶段发生的。也正因为如此，在工程实践中往往容易造成或导致误解，认为投资成本控制主要就是进行施工阶段的控制，在设计阶段不花钱就不存在投资成本控制问题，只要控制住施工阶段的工程费用，整个工程建设项目的投资也就能控制住。而实际上，工程施工阶段需要发生的投资费用主要是由设计所决定的。因此，进行工程项目的投资成本控制就必须抓住项目前期和设计阶段这个重点，尤其是方案设计和初步设计，而且越往前期，节约投资的可能性就越大。

工程项目的投资估算、设计概算、施工图预算与合同价格等都是在工程施工前编制的，这些计算确定投资费用的文件又均主要是在设计阶段形成的，是随着工程项目建设的不断深入，并通过一个又一个阶段的控制获得的。而这些经过层层控制所得来的投资费用文件有时仅仅是作为控制下一阶段投资费用的目标计划，实际需支出的费用并不一定按其发生。那么，为什么工程建设项目投资费用的确定不能像其他工业产品那样，待产品生产出来以后再来计算确定产品的价格，这是工程项目及其建设特点所决定的，其中最主要原因就是对工程项目的建设而言，预计的资金投放量主要取决于工程项目规划和设计的结果，项目前期和工程设计阶段的工作决定了施工阶段的费用支出。由于工程项目的投资往往很大，少则几十万元，多则成百上千万元甚至上亿元，如果不是通过项目前期和设计阶段对投资的层层控制，放任自流，项目业主或设计人员想怎样设计就怎样设计，不讲标准，不讲控制，不讲经济和效益，等到工程施工结束竣工以后再来计算核定工程项目的实际投资，则或许没有一个投资者能够承担这样的可能是巨大的投资风险，这也就是为什么在工程项目前期和设计阶段要做那么多“算”，即投资估算、设计概算、修正概算、施工图预算与合同价格等的原因。

3. 工程项目投资成本控制工作

工程项目投资成本控制应遵循动态控制，在工程项目建设中，投资成本的控制紧紧围绕投资目标的控制，这种目标控制是动态的，贯穿于工程项目实施的始终，随着工程项目的不断进展，大量的人力、物力和财力投入项目实施之中，此时应不断地对项目进展和实际投资费用的发生进行监控，以判断工程项目进展中投资成本的实际值与计划值是否发生了偏离。如发生偏离，须及时分析偏差产生的原因，以采取有效的纠偏措施，必要时还应对投资规划中的原定目标计划进行重新论证。从工程进展、实际数据收集、计划值与实际值比较、偏差分析和采取纠偏措施，又到新一轮起点的工程进展的控制流程应当定期或不定期地循环进行，根据工程项目的具体情况可以每周或每月循环地进行这样的控制流程。

按照动态控制的要求，工程项目的投资成本控制应做好以下几项工作：

（1）投资成本目标计划值的分析和论证。由于主观和客观因素的制约，工程项目投资策划中的投资目标计划值有可能难以实现或不尽合理，需要在项目实施的过程中，或合理调整，或细化和精确化。只有工程项目投资目标是合理正确的，投资控制方能有效。

（2）实际发生的投资成本数据的收集。收集有关投资发生或可能发生的实际数据，及时对工程项目进展做出评估。没有实际数据的收集，就无法了解和掌握工程项目投资的实际情况，更不能判断是否存在投资偏差。因此，投资实际数据的及时、完整和正确是确定有无投资偏差的基础。

（3）投资目标计划值与实际值的比较。比较投资目标计划值与实际值，判断是否存在投资偏差，应在工程项目投资策划阶段就对如何进行比较的监测分析做出安排，从而保证投资值比较工作的有效性。

（4）各类投资控制报告和报表的编制。获取有关项目投资数据的信息，制定反映工程项目计划投资、实际投资、计划与实际投资比较等的各类投资控制报告和报表，为进行投资数值分析和相关控制措施的决策提供支持。

（5）投资偏差的分析。若发现投资目标计划值与实际值之间存在偏差，则应分析造成偏差的可能原因，制定纠正偏差的多个可行方案，经评价后确定投资纠偏方案。

（6）投资偏差纠正措施的采取。按确定的控制方案，纠正投资偏差，保证工程项目投资目标的实现。

三、工程项目投资成本管理的措施方法

要有效地控制工程项目的投资成本，应从组织、管理、经济和技术等方面采取措施，尤其是将技术措施与经济措施相结合，是管理工程项目投资最有效的手段。

（一）工程项目投资成本管理的措施

1. 设置投资成本控制目标的计划值

没有目标，就没有控制，也不能进行控制。工程项目投资成本目标的计划值，有其自身的特点，即投资成本控制目标的计划值需要分阶段设置，且投资控制的计划值和实际值是相对而言的。控制是为实现目标服务的，一个系统若没有目标，就不需要也无法进行控制，投资成本控制目标的设置应是严肃的，应合理且有科学的依据。但是，工程项目的建设过程是一个周期长、综合复杂的过程，投资成本控制目标的计划值并不是一成不变的，在不同的建设阶段投资控制的计划值可能不同。因此，投资成本控制目标的计划值需按建设阶段分阶段设置，随着工程项目建设的不断深入，投资控制目标的计划值也逐步具体和深化。

由于在一定时间内占有的经验和知识是有限的，不但常常受到环境和技术条件的限制，而且也受工程项目建设过程的推进及其表现程度的限制，因而不可能在工程项目开始，就能设置一个非常详细和一成不变的投资成本控制目标计划值。因为在此时，通常只是对拟建的工程项目有一个概括性的描述和了解，因而也就只能据此设置一个大致的、比较粗略的投资控制目标的计划值，这就是投资成本估算。随着工程项目建设的不断深化，即工程项目从建设概念到详细设计等的完成，投资控制成本目标的计划值也将一步步地不断清晰和准确，这就是与各建设阶段对应的设计概算、施工图预算、工程承包合同价格以及资金使用计划等。

因此，工程项目投资成本控制目标的计划值应随着工程项目实施过程的不断深入而分阶段设置。方案设计和初步设计阶段的投资控制计划值，是工程项目的投资成本估算；在技术设计和施工图设计阶段，工程项目投资成本控制目标的计划值是设计概算；施工图预算或工程承包合同价格则应是工程施工阶段

投资成本控制目标的计划值。同时，某一投资成本值相对前一阶段而言是实际值，相对后一阶段而言又是目标计划值，即投资目标的计划值是相对的。在各建设阶段形成的投资成本控制目标的计划值相互联系、相互补充又相互制约，前者控制后者，即前一阶段目标控制的结果，就成为后一阶段投资成本控制目标的计划值，每一阶段投资控制的结果就成为更加准确的投资策划文件的组成部分，从投资估算、设计概算、施工图预算到工程承包合同价格，共同构成工程项目投资控制的目标计划系统。

2. 采取多种有效控制措施

投资成本控制虽然是与费用相关，表面上看是单纯的经济问题，其实不然。工程项目的投资成本与技术有着密切的关系，工程项目的功能和使用要求、土地使用、建设标准、设计方案的优劣、结构体系的选择和材料设备的选用等，无不涉及工程项目的投资问题。因此，在工程建设过程中把技术与经济有机结合，要通过技术比较、经济分析和效果评价，正确处理技术先进与经济合理两者之间的关系，把工程项目投资控制的观念渗透到各项设计和技术措施之中。

工程项目投资控制是一项融合了组织、管理、经济和技术的综合性工作，对投资控制人员素质的要求很高，要求具有管理、经济和技术等多个方面的知识。管理方面的知识包括：能够进行投资分解，编制投资规划；具有组织设计方案优化的能力；具有组织工程招标发包和材料设备采购的能力；掌握投资动态控制和主动控制等的方法；能够进行合同管理等。经济方面的知识包括：要懂得并能够充分占有数据；能够进行工程项目投资费用的划分；能够进行设计概算和施工图预算等的编制与审核，能够对工程付款进行复核；能进行工程建设项目全寿命经济分析；能够完成技术经济分析、比较和论证等工作。技术方面的知识包括具备土木工程、机电设施设备和工程施工等方面的技术知识，如建筑结构、施工工艺、材料和设备等方面的知识。当然，这些知识不可能集中在一个人身上，投资控制人员首先要了解和掌握这些知识，同时还需要与各方面专业人员结合一起工作，在相关专门人员的协助下做好投资成本控制的工作。

3. 做好工程变更控制

所谓工程变更包括设计变更、进度计划变更、施工条件变更及原招标文件和工程量清单中未包括的“新增工程”等。在工程实施过程中，由于勘察设计工作粗糙，以致会出现原招标文件中没有考虑或工程量清单中估算不准确的工程量，或者由于发生不可抗力的事件导致停工与工期拖延等，这些因素会不可避免地造成工程变更。

工程变更常发生于工程项目实施过程中，一旦处理不好常会引起纠纷，损害业主或承包人的利益，对项目投资控制很不利。工程变更可能导致工程投资失控。因为承包工程的实际造价等于合同价与索赔额的总和，承包人为了适应竞争日益激烈的建设市场，通常在合同谈判时让步而在工程实施过程中通过索赔获取补偿；由于工程变更所引起工程量的变化、承包人的索赔等，都有可能使最终投资超出原来的预计投资，所以工程管理人员应密切注意对工程变更价款的处理。

工程变更的种类多种多样，从管理角度讲，可以归为以下几种：

(1) 由工程建设项目业主提出的变更。工程建设项目业主根据项目功能目标的调整提出的工程变更包括：工程范围和建设内容的变更、工艺技术方案的变更、设备选型和配套方案的变更。工程建设项目业主提出的变更通常是重大方案变更，对工程建设项目投资的影响大，要特别慎重。

(2) 由工程设计单位提出的变更。根据工程建设条件的变化或针对原工程设计存在的缺陷提出的工程变更。在实施过程中，由设计单位提出的工程变更经常发生。

(3) 由工程承包人提出的变更。根据工程特点和要求以及现场施工条件的变化提出的工程变更。

(4) 由工程管理单位提出的变更。在工程管理中发现某些工程设计不合理或根据工程施工的需要提出的工程变更建议。

工程变更前，项目管理机构应组织审核工程变更造价变动金额。现场需办理工程经济签证时，项目管理机构应及时组织建设单位，项目管理机构、施工单位等现场查验，办理工程经济签证原始凭证。

项目管理机构应按照工程经济签证流程组织工程经济签证申报、审核工作，组织相关单位会签工程经济签证单，报建设单位审批。项目管理机构应定期统计工程变更、工程经济签证导致的造价变动情况，与投资规划限额对比分析。超过投资规划限额时应分析原因，实施投资纠偏。

4. 做好工程项目计量与支付管理

建设产品单件性、生产周期长等特点，决定了其工程价款的结算应采用不同的方式、方法进行单独结算。工程性质、建设规模、资金来源和施工工期、承包内容不同，所采用的结算方式也应不同。按工程计算的时间和对象，可分为按月结算、年终结算、阶段结算和竣工后一次结算等。

项目管理机构应依据管理范围内参建各方的合同约定，审核设计、工程管理、施工、材料设备供货等单位完成工程的计量资料与资金支付资料，提出审核意见，形成工程计量确认表和资金支付审核表，报建设单位审批。项目管理机构应定期汇总项目投资完成及资金支付数额，编制投资控制报告，报送建设单位核验。

项目管理机构应协助建设单位组织工程结算审核工作，协调处理结算争议问题，提出解决意见和建议，出具工程结算初步审核意见，报建设单位审批。建设单位委托造价咨询单位实施工程结算审核时，项目管理机构应根据建设单位需求，配合完成工程结算审核工作。项目管理机构应整理、汇总工程结算成果，与设计概算进行对比分析，形成项目投资控制分析报告。

5. 立足全寿命周期的管理

工程项目投资控制，主要是对建设阶段发生的一次性投资进行控制。但是，投资控制不能只着眼于建设期间产生的费用，更需要从工程建设项目全寿命周期内产生费用的角度审视投资控制的问题。投资成本控制，不仅仅是对工程项目建设直接投资的控制，只考虑一次投资的节约，还需要从项目建成以后使用和运行过程中可能发生的相关费用，进行项目全寿命周期的经济分析，权衡工程项目在整个寿命周期内功能和费用的关系。

例如，一些工程项目使用过程中消耗的能源费用、清洁费用和维修保养费用等往往是一笔巨大的费用开支。如果在建设时，略增加一些投资以提高或改进相关的标准和设计，则可以大大减少这些费用的发生，成为节能型工程项目。因此，工程项目投资控制并不是单纯地追求投资越小越好，而是应将工程项目的功能要求放在第一位，是在满足工程项目的质量、功能和使用要求的前提下，通过控制的措施，使工程项目投资越小越好。也就是说，在工程项目的建设过程中需追求合理投资，不应片面追求节约建设投资，要使工程项目全寿命周期内的使用和管理最为经济和节约。为此，在进行投资控制时，应根据工程项目的特点和业主的要求，对项目建设运营和使用的客观条件进行综合分析和研究，使得项目全寿命周期费用最为合理。

（二）工程项目投资成本管理的方法工具

工程项目投资控制的重点在设计阶段，做好设计阶段的投资控制工作对实现项目投资目标有着决定性作用。在工程设计阶段，可以应用价值工程和限额设计等管理技术和方法，对工程项目的投资进行有效的控制。

1. 设计阶段投资成本控制的价值工程方法

价值工程，又称价值管理或价值分析，是指通过对设施、产品、服务或流程等进行功能和全寿命周期成本分析，以独有的多学科团队工作方式和严谨的工作计划谋求创新的改进方案，提高项目或产品的价值。价值工程由美国通用电气公司的工程师麦尔斯于 1947 年创立，是一门新兴的科学管理技术。它从技术和经济两方面相互结合的角度研究如何提高产品、系统或者服务的价值，降低其成本以取得良好的技术经济效果，是一种符合客观实际的、谋求最佳技术经济效益的有效方法。

价值工程运用集体智慧和有组织的活动，对所研究对象的功能与费用进行系统分析并不断创新，使研究对象以最低的总费用可靠地实现其必要的功能，以提高研究对象的价值。这里的“价值”，是功能和实现这个功能所耗费用（成本）的比值，价值工程表达式为

$$V=F/C$$

式中　V——价值系数；

F——功能系数；

C——费用系数。

（1）价值工程的特点。价值工程活动的目的是以研究对象的最低寿命周期费用，可靠地实现使用者所需的功能，以获取最佳综合效益，价值工程的主要特点如下：

1）以提高价值为目标。研究对象的价值着眼于全寿命周期费用。全寿命周期费用指产品在其寿命期内所发生的全部费用，即从为满足功能要求进行研制、生产到使用所花费的全部费用，包括生产成本和使用费用。提高产品价值就是以最小的资源消耗获取最大的经济效果。

2）以功能分析为核心。功能是指研究对象能够满足某种需求的一种属性，也即产品的特定功能和所具有的具体用途。功能可分为必要功能和不必要功能，其中，必要功能是指使用者所要求的功能以及与实现使用者需求有关的功能。

3）以创新为支柱。价值工程强调突破、创新和求精，充分发挥人的主观能动作用，发挥创造精神。首先，对原方案进行功能分析，突破原方案的约束；其次，在功能分析的基础上，发挥创新精神，创造更新方案；最后，进行方案对比分析，精益求精。能否创新及其创新程度是关系价值工程成败与效益实现的关键。

4）技术分析与经济分析相结合。价值工程是一种技术经济方法，研究功能和成本的合理匹配，是技术分析与经济分析的有机结合。因此，分析人员须具备技术和经济知识，做好技术经济分析，努力提高产品价值。

（2）价值工程的基本内容。价值工程可以分为四个阶段：准备阶段、分析阶段、创新阶段和实施阶段，其大致可以分为八项内容：价值工程对象选择、收集资料、功能分析、功能评价、提出改进方案、方案的评价与选择、试验证明和决定实施方案。

价值工程主要回答和解决下列问题：价值工程的对象是什么？功能是什么？费用是多少？价值有多大？有无其他方法实现同样功能？新方案的费用是多少？新方案能否满足要求？

（3）价值工程在工程项目设计阶段的应用。在工程项目的设计阶段，应用价值工程具有重要的意义，其是投资控制的有效方法之一。尽管在产品形成的各个阶段都可以应用价值工程提高产品的价值，但在不同的阶段进行价值工程活动，其经济效果的提高幅度却是大不相同的。一旦设计图纸完成，产品的价值就基本决定，因此应用价值工程的重点是在产品的研究和设计阶段。同一个工程项目、同一单项或单位工程可以有不同的设计方案，也就会有不同的投资费用，这就可用价值工程方法进行设计方案的选择，这一过程的目的在于论证拟采用的设计方案技术上是否先进可行，功能上能否满足需要，经济上是否合理，使用上是否安全可靠。价值工程中价值的大小取决于功能和费用，从价值与功能和费用的关系式中可以看出。

提高产品价值的基本途径：①保持产品的功能不变，降低产品成本，以提高产品的价值；②在产品成本不变的条件下，提高产品的功能，以提高产品的价值；③产品成本虽有增加，但功能提高的幅度更大，相应提高产品的价值；④在不影响产品主要功能的前提下，针对用户的特殊需要，适当降低一些次要功能，大幅度降低产品成本，提高产品价值；⑤运用新技术，革新产品，既提高功能又降低成本，以提高价值。

2. 设计阶段投资成本控制的限额设计方法

所谓限额设计方法，就是在设计阶段根据拟建项目的建设标准、功能和使用要求等进行投资规划，对工程项目投资目标进行切块分解，将投资分配到各个单项工程、单位工程或分部工程，分配到各个专业设计工种，明确工程项目各组成部分和各个专业设计工种所分配的投资限额。而后，将其提交设计单位，要求各专业设计人员按分配的投资限额进行设计，并在设计的全过程严格按照分配的投资限额控制各个阶段的设计工作，采取各种措施，以使投资限额不被突破，从而实现设计阶段投资控制的目标。在工程设计阶段采用限额设计方法控制工程项目投资，是投资控制的有力措施之一。

（1）投资目标分解。采用限额设计方法，在工程设计开始之前就需要确定限额设计的限额目标，即进行投资目标的分解，确定拟分配至各专业设计工种和项目各组成部分的投资限额。

投资目标及其分解的准确与合理，是限额设计方法应用的前提。投资限额目标若存在问题，则无法用于指导设计和控制设计工作，设计人员也无法按照分配的限额进行设计。因此，在设计准备阶段需要科学合理地编制投资规划文件，依据批准的可行性研究报告、拟定的工程建设标准、工程建设项目的功能描述和使用要求等，给出工程项目各专业和各组成部分的投资限额。由于工程设计尚未开始，工程项目的功能要求和使用要求就成为分配投资限额最主要的依据。限额设计的投资目标分解和确定，不能一味考虑节约投资，也不能简单地对投资进行分割，而应该在保证各专业、各组成部分达到使用功能和拟定标准的前提下，进行投资的合理分配。因此，投资目标的分解和限额分配要尊重科学，实事求是，需要掌握和积累丰富的投资数据及资料，采用科学的分析方法。否则，限额设计很难取得好的效果。此外，投资限额目标一旦确定，必须坚持投资限额的严肃性，不能随意进行变动。

（2）限额设计的控制内容。投资目标的分解工作完成以后，就需在设计全过程中按分配的投资限额指导和控制工程设计工作，使各设计阶段形成的投资费用能够被控制在确定的投资限额以内。

1）建设前期的工作内容。工程项目从可行性研究开始，便要建立限额设计的观念，充分理解和掌握工程项目的设计原则、建设方针和各项技术经济指标，认真做好项目定义及其描述等工作，合理和准确地确定投资目标。可行性研究报告和投资估算获得批准以后，就应成为下一阶段进行限额设计和控制投资的重要依据。

2）方案设计阶段的工作内容，在进入设计阶段以后，首先就应将投资目标及其分配的限额向各专业的设计人员进行说明和解释，使其明确限额设计的基本要求和工作内容，明确各自的投资限额，取得设计人员的理解和支持，在方案设计阶段，以分配的投资限额为目标，通过多方案的分析和比较，合理选定经济指标，严格按照设定的投资限额控制设计工作，如果设计方案的投资费用突破投资限额，则需要对相应专业或工程相应的组成部分或内容进行调整和优化。

3）初步设计阶段的工作内容，在初步设计阶段，严格按照限额设计所分配的投资限额，在保证工程项目使用功能的前提下进行设计，按确定的设计方案开展初步设计的工作，在设计过程中，要跟踪各专业设计的工作，与各专业的设计人员密切配合，对主要工程、关键设备、工艺流程及其相应各种费用指标进行分析和比较，研究实现投资限额的可行方案。随着初步设计工作的进展，经常分析和计算各专业设计及各工程组成部分设计形成的可能的投资费用，并定期或不定期地将可能的投资费用与设定的投资限额进行比较，若两者出现较大差异，需要研究调整方法和措施。工程设计是一项涉及面广和专业性强的技术工作，采用限额设计方法就是要用经济观念来引导和指导设计工作，以经济理念能动地影响工程设计，从而实现在设计阶段对工程项目投资进行有效的控制。

初步设计的设计文件形成以后，要准确编制设计概算，分析比较设计概算与投资估算的关系，分析比较设计概算中各专业工程费用与投资限额的关系，发现问题及时调整，按投资限额和设计概算对初步设计的各个专业设计文件做出确认。经审核批准后的设计概算，便是下一阶段，即施工图设计阶段控制投资的重要目标计划值。

4）施工图设计阶段的工作内容。施工图设计文件是设计的最终产品，必须严格按初步设计确定的原则、范围、内容和投资限额进行。此阶段的限额设计工作应在各专业设计的任务书中，附上设定的投资限额和批准的设计概算文件，供设计人员在设计中参考使用。在施工图设计过程中，局部变更和修改是正常的，关键是要进行核算和调整，使施工图预算不会突破投资限额。对于涉及建设规模和设计方案等的重大变更，则必须重新编制或修改初步设计文件和设计概算，并以批准修改后的设计概算作为施工图设计阶段投资控制的目标计划值。

施工图设计的设计文件形成以后，要准确编制施工图预算，分析比较施工图预算与设计概算的关系，分析比较施工图预算中各专业工程费用与投资限额的关系，发现问题及时调整，按施工图预算对各个专业施工图设计文件做出最后确认，实现限额设计确定的投资限额目标。

从限额设计的控制内容看，采用限额设计方法，就是要按照批准的可行性研究报告及投资估算控制初步设计，按照批准的初步设计和设计概算控制施工图设计，使各专业在保证达到功能要求和使用要求的前提下，按分配的投资限额控制工程设计，严格控制设计的不合理变更，通过层层控制和管理，保证工程项目投资限额不被突破，最终实现设计阶段投资控制的目标。

3. 工程实施阶段投资成本控制的挣值分析方法

挣值法和偏差分析法是比较常用的方法工具。其中，挣值法的基本思路是通过引进一个中间变量即“挣值”，来帮助项目管理者分析项目的成本和工期的变动情况并给出相应的信息，以便使项目管理者能够对项目投资成本的发展趋势做出科学的预测与判断，并提出相应的对策。

（1）挣值（earned value，EV）的定义及说明。挣值是一个表示已完成工作量的计划价值大小的中间变量，它是一个使用计划价值量来表示在给定的时间内，已完成实际工作量的一个中间变量。简言之，挣值就是表明截至目前，实际完成工作量的预算值是多少。公式如下

$$EV=\text{实际完成的工作量}\times\text{已完成工作量的预算（计划）成本}$$

对于挣值分析的方法，需要掌握三个关键中间变量、两个差异分析变量和两个指数变量。

（2）三个关键中间变量。

1）项目计划的预算成本（budgeted cost of work scheduled ，BCWS)。项目计划的预算成本表示按照预算价格和预算工作量计算的某项工作的成本。

2）项目已完成部分的实际成本（actual cost of work performed，ACWP）。项目已完成部分的实际成本表示按照实际发生的价格计算得到的实际已完成部分的成本。

3）项目已完成部分的预算成本（budgeted cost of work performed，BCWP)。项目已完成部分的预算成本表示按照预算价格所计算的某个项目实际已完成部分的成本。由于项目业主正是根据这个值对承包商完成的工作量进行支付，这也就是承包商挣得的金额，故也称为挣值。EV 与 BCWP 实质上是同一的，还可称为获得值、赢值、实践值等。

（3）两个差异分析变量。

1）项目投资成本差异（cost variance，CV）。项目投资成本差异可依据以下计算公式进行计算

$$CV = BCWP - ACWP$$

指标含义是：已完成工作量的预算成本与实际成本的绝对差异。

当 CV 为负值时，即表示超支；

当 CV 为正值时，即表示节支。

2）项目进度差异（schedule variance，SV）。项目进度差异是按预算价格计算的已完成工作量与计划工作量之间的绝对差异。其计算公式是

$$SV = BCWP - BCWS$$

当 SV 为负值时，表示进度延误；

当 SV 为正值时，表示进度提前。

（4）两个指数变量。

1）进度绩效指数（schedule performed index，SPI）。进度绩效指数是指按预算价格计算的已完成工作量与相应的计划工作量之间的相对关系，用于衡量正在进行的项目的完工程度。其计算公式如下

$$SPI = BCWP/BCWS$$

当 $SPI > 1$ 时，表示进度提前，即实际进度比计划进度快；

当 $SPI < 1$ 时，表示进度延误，即实际进度比计划进度慢。

2）成本绩效指数（cost performance index，CPI）。成本绩效指数是指已完成工作量的实际成本与预算成本的相对关系，用于衡量正在进行的项目投资成本效率。其计算公式如下

$$CPI = BCWP/ACWP$$

当 $CPI > 1$ 时，表示节支，即实际成本低于预算成本；

当 $CPI < 1$ 时，表示超支，即实际成本高于预算成本。

（5）用挣值分析预测项目投资成本。可以利用挣值分析的方法，预测项目或工作包的未来完工成本。预测项目未来完工成本（forecasted cost at completion，FCC）有多种方法，最常用的方法有以下三种：

1）项目未来完工部分按照目前的效率进行预测，其计算公式如下

预测未来完工成本＝总预算成本/成本绩效指数

即 $$FCC = TBC/CPI$$

2）项目未来完工部分按计划规定的效率进行预测，其公式如下

预测未来完工成本 = 已完成工作的实际成本 +（总预算成本－挣值）

即 $$FCC = ACWP + (TBC - BCWP)$$

3）重估剩余工作量的成本。不做任何假设，重新估算所有剩余工作量的成本，并依此做出项目投资成本和工期的预测，将重估成本与已完成工作的实际成本相加即为预测结果。其计算公式为

预测未来完工成本=已完成工作的实际成本+重估剩余工作量的成本

第二节 工程项目资源管理咨询

一、项目资源分类及其管理内涵

（一）项目资源分类

项目资源既是项目目标得以实现的物质基础，也是项目管理赖以开展的主要对象，主要包括项目使用的人力资源、材料、机械设备、资金，此外，项目资源还可能包括基础设施、计算机软件、信息系统、服务、专利技术等。

1. 人力资源

在工程项目资源中，人力资源是各生产要素中“人”的因素，具有非常重要的作用，主要包括劳动力总量，各专业、各种级别的劳动力，操作工人、修理工以及不同层次和职能的管理人员。

2. 材料

材料主要包括原材料和周转材料。原材料和设备构成工程建筑的实体。建筑工程项目中的原材料按在生产中的作用分类，可分为主要材料、辅助材料和其他材料。主要材料是指在施工中被直接加工，构成工程实体的各种材料，如钢材、水泥、木材、砂石等。辅助材料是指在施工中有助于产品的形成，但不构成实体的材料，如促凝剂、脱模剂、润滑物等。其他材料是指不构成工程实体，但又是施工中必需的材料，如燃料、油料、砂纸、棉纱等。

周转材料，如脚手架材、模板材等，工具、预制构配件、机械零配件等，

都因在施工中有独特作用而自成一类，其管理方式与原材料基本相同。

3. 机械设备

工程项目的机械设备主要是指项目施工所需的施工设备、临时设施和必需的后勤供应设施。施工设备，如塔吊、混凝土拌和设备、运输设备等；临时设施，如施工用仓库、宿舍、办公室、工棚、厕所、现场施工用供排系统（水电管网、道路等）。

4. 资金

资金也是一种资源。就流动过程而言，首先是投入，即筹集到的资金投入到工程项目上；其次是使用，也就是支出。资金的合理使用是施工顺序、有序进行的重要保证。

（二）项目资源管理对象

项目资源管理是对项目资源所进行的计划、组织、指挥、协调和控制等活动。由于工程所需资源的种类多、需求量大，工程项目建设过程是个不均衡的过程，资源供应受外界影响很大，具有复杂性和不确定性，资源经常需要在多个项目中进行协调，资源对项目投资成本的影响很大等原因，使得项目资源管理极其复杂。其目标是通过生产要素管理，实现生产要素的优化配置，做到动态管理，降低工程成本，提高经济效益。

资源管理以实现资源优化配置、动态控制和成本节约为目的。优化配置就是按照优化的原则安排各种资源在时间和空间上的布置，以满足生产经营活动的需要，并实现最佳的经济效益。另外还要不断调整各种资源的配置和组合，最大限度地使用好有限的人、财、物去完成项目实施任务，始终保持各种资源的最优组合，努力节约成本，追求最佳效益。

按照项目资源的分类，项目资源管理按管理对象包括：

1. 人力资源管理

人力资源管理在项目整个资源管理中占有很重要的地位。从经济的角度看，人是生产力要素中的决定因素。此处所指人力资源是广义的人力资源，包括管理层和操作层。只有把管理层和操作人员的积极性充分调动起来，才能很好地使用材料、设备、资金，把工程做好。

人力资源管理的目的，就是对人力资源进行充分利用，提高劳动生产效率，并保证工程按照计划目标实现，从而达到降低成本的目的。人是生产力中最活跃的因素。人在掌握生产技术后，可以运用劳动手段，直接作用于劳动对象，从而形成生产力。人力资源管理的关键，就是如何调动劳动者的积极性，最好办法就是利用行为科学，从劳动力个人的需求和行为的关系出发，进行适当的激励。

2. 材料管理

材料管理就是对项目实施生产过程中所需要的各种材料的计划、订购、运输、储备、发放和使用所进行的一系列组织与管理工作。做好这些物资管理工作，有利于合理使用和节约材料，加速资金周转，降低工程成本，增加企业的盈利，保证并提高项目产出质量。

工程项目材料管理应保证施工生产的顺利进行，降低工程成本，加速流动资金周转，减少流动资金的占用，提高劳动生产率和工程质量，以利于工程按期或提前完成。

3. 机械设备管理

随着建筑业的发展，建筑工业化、机械化的水平不断提高，以机械设备施工代替繁重的体力劳动已经日益显著，而且机械、设备的数量、型号、种类还在不断增多，在施工中所起的作用越来越大，因此加强对施工机械设备的管理日益重要。

机械设备管理的目的，是按照机械设备的客观运转规律，对施工所需要的机械设备进行合理地组织和优化，有利于生产，以便能用较少的机械设备完成尽可能多的施工任务。对机械设备进行优化配置，提高机械设备的生产效率，是管理工作的中心环节。

4. 资金管理

和其他任何行业一样，项目建设单位在运作过程中离不开资金。做好资金管理，把有限的资金运用到关键的地方，加快资金的流动，促进施工，降低成本，是资金管理的基本任务。

工程项目资金管理的内容主要包括资金筹集、资金使用、资金的回收和分配等。此外，项目资金的预测和对比、资金计划管理等，也是工程项目资金管理的重要内容。

（三）项目资源管理的基本任务

1. 编制项目资源管理计划

项目实施过程中，往往涉及多种资源，如人力资源、原材料、机械设备、施工工艺及资金等，在实施前必须编制项目资源管理计划。

为了对资源的投入量、投入时间、投入步骤有一个合理的安排，在编制项目资源管理计划时，必须按照工程施工准备计划，施工进度总计划和主要分部（项）工程进度计划以及工程的工作量，参照有关定额来确定所需资源的数量、进场时间、进场要求和进场安排，编制出详尽的需用计划表。

2. 资源优化配置

配置是指按照编制的计划，从资源的供应到投入到项目实施，保证项目需要。优化是资源管理目标的计划预控，通过项目管理实施规划和施工组织设计予以实现，包括资源的合理选择、供应和使用。配置要遵循资源配置自身经济规律和价值规律，更好地发挥资源的效能，降低成本。

在项目实施过程中，为保证资源的供应，应当按照编制的各种资源计划，对资源供应方案进行优化选择，将其纳入项目管理计划。通过相关计划的实施，确保项目的实施需要得以保证。

节约使用资源应该是资源管理诸环节中最为重要的一环。要节约使用资源，就要根据每种资源的特性，设计出科学合理的措施，进行动态配置和组合，协调投入，合理使用，不断地纠正偏差，以尽可能少的资源，满足项目的使用要求，达到资源节约的目的。

3. 资源使用控制

动态控制是资源管理目标的过程控制，包括对资源利用率和使用效率的监督、闲置资源的清退、资源随项目实施任务的增减变化及时调度等，通过管理活动予以实现。

4. 资源使用效果评价

根据各种资源投入、使用与产出核算结果，进行使用效果分析。一方面是对管理效果的总结，找出经验和问题，评价管理活动；另一方面又为管理提供储备和反馈信息，以指导下一阶段的管理工作，并持续改进。

二、工程项目资源管理的内容和要点

（一）项目资源管理计划

资源管理计划主要包含两个方面的内容，即资源的使用计划和资源的供应计划。资源管理计划还应反映各种资源种类的需求及供应的分项计划，如人力资源计划、材料和设备供应计划等。

1. 项目资源管理计划的基本要求

（1）资源管理计划应包括建立资源管理制度，编制资源使用计划、供应计划和处置计划，规定控制程序和责任体系。

（2）资源管理计划应依据资源供应条件、现场条件和项目管理实施规划编制。

（3）资源管理计划必须纳入进度管理中。由于资源作为网络计划的限制条件，在安排逻辑关系和各工程活动时就要考虑到货源的限制和资源的供应过程对工期的影响。

（4）资源管理计划必须纳入项目投资成本管理中，以作为降低成本的重要措施。

（5）在制订实施方案以及技术管理和质量控制中必须包括资源管理的内容。

2. 项目资源管理计划的内容

（1）资源管理制度，包括人力资源管理制度、材料管理制度、机械设备管理制度、资金管理制度。

（2）资源使用计划，包括人力资源使用计划、材料使用计划、机械设备使用计划、资金使用计划。

（3）资源供应计划，包括人力资源供应计划、材料供应计划、机械设备供应计划、资金供应计划。

（4）资源处置计划，包括人力资源处置计划、材料处置计划、机械设备处置计划、资金处置计划。

3. 项目资源管理计划编制

项目资源管理计划是施工组织设计的一项重要内容，应纳入工程项目的整体计划和组织系统中。通常，项目资源管理计划应包括如下内容：

（1）确定资源的种类、质量和用量。根据工程技术设计和施工方案，初步确定资源的种类、质量和需用量，然后再逐步汇总，最终得到整个项目各种资源的总用量表。

（2）调查资源供应情况。在确定资源的种类、质量和用量后，即可着手调查相关资源的供应情况。调查内容主要包括各种资源的单价，据此进而确定各种资源所需的费用；调查如何得到这些资源，这些资源供应商的供应能力怎样、供应的质量如何、供应的稳定性及其可能的变化；对各种资源供应状况进行对比分析等。

（3）资源的使用情况。主要是确定各种资源使用的约束条件，包括总量限制、单位时间用量限制、供应条件和过程的限制等。对于某些外国进口的材料或设备，在使用时还应考虑资源的安全性、可用性、对周围环境的影响、相关法规和政策以及国际市场供应链风险等因素。

（4）确定资源使用计划。通常应在进度计划的基础上确定资源的使用计划，确定各资源的使用时间和地点，并得到单位时间的资源投入量（强度）。进度计划的制定和资源计划的制定，往往需要结合在一起共同考虑。

（5）确定具体资源供应方案。在编制的资源计划中，应明确各种资源的供应方案、供应环节及具体时间安排等，如人力资源的招雇、培训、调遣、解聘计划，材料的采购、运输、仓储、生产、加工计划等。如把这些供应活动组成供应网络，应与工期网络计划相互对应，协调一致。

（6）确定后勤保障体系。在资源计划中，应根据资源使用计划确定项目的后勤保障体系，如确定施工现场的水电管网的位置及其布置情况，确定材料仓储位置、项目办公室、职工宿舍、工棚、运输工具数量及平面布置等。这些虽不能直接作用于生产，但对项目的施工具有不可忽视的作用，在资源计划中必须予以考虑。

4. 项目资源的优化配置

资源的合理组合、供应和使用对工程项目的经济效益具有很大影响。在工程实施过程中，资源的获得、供应、使用及安排的方案很多，需要在多种方案中进行比选，以实现投资效果最优。

（二）项目资源使用控制

项目资源管理控制包括按照源管理计划进行资源的选择、组织和进场后的管理等内容，具体包括人力资源使用控制、材料资源使用控制、机械设备使用控制、资金使用控制。

1. 人力资源使用控制

人力资源使用控制包括人力资源的选择、订立劳务分包合同、教育培训和考核等。人力资源培训管理包括培训岗位、人数、培训内容、目标、方法、地点和培训费用等。应重点培训生产线关键岗位的操作运行人员和管理人员。对培训人员的培训时间与项目的建设进度应相衔接，如设备操作人员，应在设备安装调试前完成培训工作，以便这些人员参加设备安装、调试过程，熟悉设备性能，掌握处理事故技能等，保证项目顺利完成。组织应该重点考虑对供方、合同方人员的培训方式和途径，可以由组织直接进行培训，也可以根据合同约定由供方、合同方自己进行培训。项目管理团队应在观念、经验、能力等方面满足规定要求。

2. 材料资源使用控制

材料资源使用控制包括材料供应单位的选择、订立采购供应合同、材料出厂或进场验收、材料储存管理、使用管理及不合格品处置等。

（1）材料供应单位的选择。为保证供应材料的合格性，确保工程质量，要对生产厂家及供货单位进行资格审查，内容包括营业执照、生产许可证、产品等级标准、产品鉴定证书、产品获奖情况；检测手段、手续和试验机构，产品合格证。应对其产品质量和生产历史情况进行调查和评估，了解其他用户使用情况与意见，生产厂方（或供货单位）的经济实力、赔偿能力、有无担保及包装储运能力。

（2）订立采购供应合同。采购供应合同内容主要包括采买和采卖双方的责任、权利和义务，以及采购对象的规格、性能指标、数量、单价、总价、附加条件和必要的相关说明。

（3）材料出厂或进场验收。现场材料验收包括：验收准备、质量验收和数量验收。

1）验收准备。办理验收材料前，必须根据用料计划、送料凭证、质量保证或产品合格证、检测报告等，对所进材料进行质量和数量验收，严把质量和数量关。

2）质量验收。要做好一般材料和专用、特殊加工制品外观检验；由专业技术人员负责质量验收。对不符合要求的材料应该拒绝接收，不能满足设计要求和无质量证明的材料、构件、器材，一律不得进场。

以上各种形式的检验，均应做好进场材料质量验收记录，材料验收工作应遵循有关规定进行，并办理验收手续。

3）数量验收。应配备必要的计量器具，对进场、入库、出库材料严格计量把关，并做好相应的验收记录和发放记录。

（4）材料储存管理。项目所需材料是分批采购还是一次采购；若分批采购，分成几批，每批的采购量。材料仓库的选址应有利于材料的进出和存放，符合防火、防雨、防盗、防风、防变质的要求。

（5）使用管理及不合格品处置。

1）材料（设备）领发。凡有定额的材料，应限额领发。超限额的用量，用料前办理手续，填写领料单，注明超耗原因，并经签发批准后实施。应记录领发料台账，记录领发状况和节约或超耗状态。每月对现场材料、半成品和成品进行盘点。

2）材料使用监督。项目材料管理责任者应就是否合理用料，是否严格按设计参数用料，是否严格执行领发手续，是否按规定进行用料交底和工序交接，是否合理堆放材料、设备，是否按要求保管材料等使用问题进行监督。监督的常用手段是检查，检查应做到情况有记录，原因有分析，责任要明确，处理有结果。

3）材料回收。余料应回收，并及时办理退料手续，建立台账。

4）不合格品处置。验收质量不合格，可以拒收，并及时告知供应部门（或供货单位），如与供货单位协商作代保管处理时，则应有书面协议，并应单独存放，在来料凭证上写明质量情况和暂行处理意见。

已进场的材料，发现质量问题或技术资料不齐时，材料管理人员应及时报主管部门，以便及时处理，暂不发料，不使用，原封妥善保管。

3. 机械设备使用控制

机械设备使用控制包括机械设备购置与租赁管理、使用管理、维护管理、操作人员管理等。

（1）机械设备购置与租赁管理。可以选择使用综合评分法、经济费用效果分析法、折算费用法等方法选择适当的施工机器设备。

（2）机械设备使用管理。

1）人机固定。实行机械使用保养责任制，指定专人使用、保养，将机械设备的使用效益与个人经济利益联系起来。

2）实行操作证制度。专机的操作人员必须经过培训及企业或部门的统一考试，确认合格，发给上岗证，这是保证机械设备得到合理使用的必要条件。

3）遵守走合期的使用规定。所谓的走合期就是指新机械设备和经过大修或改造的机械设备在投产使用初期，经过运行磨合使机械零配件摩擦表面逐渐达到良好配合的时间，用以防止机件早期磨损，延长机械使用寿命和修理周期。

4）实行单机或机组核算。根据考核结果进行奖罚，是一项提高机械设备管理水平的重要措施。

5）合理组织机械设备施工。

6）培养机务队伍。采取办训练班，进行岗位练兵等形式，有计划、有步骤地做好培养和提高工作。

7）搞好机械设备的综合利用。现场安装尽量做到一机多用，按小时安排好机械设备的使用，充分利用时间，提高使用效率。

8）努力组织好机械设备的流水施工。当施工进度主要取决于机械设备而不是人力的时候，必须以机械设备的服务能力作为划分施工段的决定因素，使机械设备连续作业。

9）机械设备安全作业。项目管理团队在机械作业前应向操作人员进行安全操作交底，使操作人员对施工要求、场地环境等安全生产要素有所了解。应按机械设备的安全操作要求安排工作和进行指挥，不得要求操作人员违章作业，也不得强令机械设备带病操作，更不得指挥和允许操作人员野蛮施工。

10）为机械设备的施工创造良好条件。现场环境、施工平面图布置应适合机械作业要求，场内运输畅通，夜间施工安排好照明。

（3）机械设备维护管理。维护管理主要包括保养和修理。

1）保养。目的是为了保持机械设备的良好技术状态，提高设备运转的可靠性和安全性，减少零件的磨损，延长使用寿命，降低消耗，提高机械施工的经济效益。可分为例行保养和强制保养。

例行保养。是指根据制度规定按一定周期和内容分级进行保养。不占用机械设备的运转时间，由操作人员在机械运行间隙进行。

强制保养。是每隔一定周期，需要占用机械设备运转时间而停工进行的保养。这种制度安排强调以预防为主，有利于保持设备处于良好状态。保养周期根据各类机械设备的磨损规律、作业条件、维护水平及经济性等因素决定。

2）修理。是指对机械设备的自然损耗进行修复，排除机械运行故障，对损坏的零部件进行更换、修复。对机械设备的预检和修理，可以保证机械的使用效率，延长寿命。机械设备修理可分为大修、中修和零星小修。

大修：是对机械设备进行全面的解体检查修理，保证各零部件质量和配合，尽可能使机械设备恢复原有精度、性能、效率，达到良好的技术状态。

中修：是更换与修复设备的主要零部件和数量较多的其他磨损件，并校正机械设备的基准，恢复机械设备的精度、性能和效率，保证其能正常使用到下一次修理时间。

零星小修：一般是临时安排的修理，目的是消除操作人员无力排除的突然故障、个别零件的损坏或一般性损坏等问题，一般是和保养相结合，不列入修理计划之中。

（4）机械设备操作人员管理。必须持证上岗，通过专业培训考核合格，操作证年审合格，在有效期内，操作的机种与证件允许的内容吻合。操作人员需明确责任，建立考核制度，使其操作的设备发挥出最大的效能。

4. 做好项目资金的来源与筹措

（1）项目实施过程所需要的资金来源。资金来源一般是在合同中做出规定，由发包方提供工程备料款和分期结算工程款。为了保证生产过程的正常进行，施工企业可垫支部分自有资金，但应有所控制，以免影响整个企业生产经营活动的正常进行。因此，项目资金来源渠道是预收工程备料款；已完施工价款结算；银行贷款；企业自有资金；其他项目资金的调剂占用。

（2）资金筹措的原则。①充分利用自有资金；②必须在经过收支对比后，按差额筹措资金，以免造成浪费；③尽量利用低利率的贷款。

5. 项目资金的使用管理

建立健全项目资金管理责任制，明确项目资金的使用管理由项目经理负责，财务人员负责协调组织日常工作，做到统一管理、归口负责，明确有关职能负责人员的资金管理职责和权限。

（1）按用款计划控制资金使用。各部门每次领用支票或现金，都要填写用款申请表，由各部门负责人具体控制本部门支出。额度不大时可在月度用款计划范围内由经办人申请，部门负责人审批。各项支出的有关发票和结算验收单据，由各用款部门负责人签字，并经审批人签证后，方可向财务报账。

（2）设立财务台账，记录资金支出。为预防债务问题，不宜对各工程繁多的债务债权逐一开设账户，做出记录。为对资金使用进行有效控制，需设立财务台账，作为会计核算的补充记录，进行债权债务的明细核算。

（3）加强财务核算，及时盘点盈亏。要随着工程进展定期进行资产和债务的清查，由于单位工程只有到竣工决算，才能确定最终该工程的盈利情况，在施工中的财务结算只是相对准确。要根据工程完成情况，适时进行财产清查。

6. 资金的风险管理

注意发包方资金到位情况，签好施工合同，明确工程款支付办法和发包方供料范围。在发包方资金不足的情况下，尽量要求发包方供应部分材料，要防止发包方把属于甲方供料、甲方分包的范围转给承包方支付。

关注发包方资金动态，在已经发生垫资施工的情况下，要适当掌握施工进度，以利于回收资金。如果出现工程垫资超出原计划控制幅度，要考虑调整施工方案，压缩规模，甚者暂缓施工，并积极与发包方协调，以利于回收资金。

（三）项目资源管理考核

资源管理考核应通过对资源投入、使用、调整以及计划与实际的对比分析，找出管理中存在的问题，并对其进行评价的管理活动。通过考核能及时反馈信息，提高资金使用价值，持续改进。

项目资源管理考核包括人力资源、材料、机械设备、资金等管理考核内容。

1. 人力资源管理考核

人力资源管理考核是以劳务分包合同等为依据，对人力资源管理方法、组织规划、制度建设、团队建设、使用效率和成本管理等进行的分析和评价。项目人力资源的考核就是工作行为的测量过程，即用过去制定的标准来比较工作绩效的记录，是将绩效考核的结果反馈给职工的过程。是以工作目标为导向，以工作标准为依据，对员工行为及其结果的综合管理，目的是确认员工的工作成就，改进员工的工作方式，奖优罚劣，提高工作效率和经营效益。

绩效考核是一个动态的过程，受到各种因素的影响，具有过程性与非人为性特点。绩效考核为人力资源的各个方面提供反馈信息，是组织内人力资源管理最强有力的方法之一，没有绩效考核就无法做出最佳管理决策。同时绩效考核提供的信息可以作为提升职务、工资晋级以及进一步培训提高的依据，这是绩效考核最常见的作用。绩效考核使管理者有效考察下属的工作行为，大多数人都需要并且希望了解其他人对自己工作情况的评价，特别是当这种评价对自己有益处时更是如此，而绩效评估则提供了这种反馈。

2. 材料管理考核

材料管理考核工作是对材料计划、使用、回收以及相关制度进行的效果评价。材料管理考核应坚持计划管理、跟踪检查、总量控制、节超奖罚的原则。工程材料管理考核就是对企业的材料管理情况进行分析，发现材料供应、库存、使用中存在的问题，找出原因，采取相应的措施对策，以达到改进材料管理工作的目的。

材料管理常用的考核指标有：

（1）工程材料（设备）供应情况

进货品种齐备率＝实际进货品种数／计划进货品种数×100%

（2）工程材料（设备）库存情况

年度材料周转次数＝12×库存材料月需用量／月末库存量

库存材料资金占用率＝材料平均库存总值／年度施工产值×100%

（3）工程材料（设备）消耗情况

材料成本节约或超支额＝材料预算成本－材料实际成本

＝材料计划用量×材料预算单价－材料实际用量×材料实际单价

材料成本节约额＝材料实际用量×（预算单价－实际单价）＋

（材料预算用量－材料实际用量）×预算单价

供应材料节约率＝市场价格－（材料采购成本＋采购保管费＋

采购专项设施运行维护费）／实际完成工程量所需材料数量

3. 机械设备管理考核

机械设备管理考核应对项目机械设备的配置、使用、维护以及技术安全措施、设备使用效率和使用成本等进行分析评价。

机械设备管理的考核指标包括：机械设备完好率、机械设备利用率、机械设备资产保值增值率、机械设备新度系数、机械设备装备率、技术装备率。施工企业内部二级单位，如分公司、工程处等是机械设备直接使用和管理者，对其考核应采用的考核指标包括机械设备完好率、机械设备利用率、维修费率、机械设备故障停机率、机械设备修理计划完成率。对机械设备维修和操作人员的考核，应该以人员的技术技能、工作效率、服务态度、规程、标准、定额等全面评价相关人员的业务水平。

在机械设备管理考核工作中应当注意的问题是：

（1）机械设备管理考核必须是全方位、多层次和长期的工作。

（2）要准确、及时和全面做好机械设备管理统计工作，为加强设备设施管理考核，及时发现问题，为研究改进措施提供可靠的依据。

(3) 机械设备管理考核指标应该实事求是、奖罚严明，使机械设备管理考核工作真正起到激励和约束作用。

4. 资金管理考核

资金管理考核通过计划收支与实际收支对比，找出差异，分析原因，改进资金管理。在项目竣工后，应结合成本核算与分析工作进行资金收支情况和经济效益分析。应根据资金管理效果对有关部门进行奖惩。

项目的资金分析要围绕资金收支计划进行。通过计划收入与实际收入的对比，可以从工程款收入的多少看出报告期计划产值的完成情况、增减账索赔办理情况、工程质量缺陷的销项情况、工程保修期执行情况、预算结算定案情况，为抓好工程款回收总结经验。

项目管理机构应按资金使用计划控制资金使用，节约开支；应按会计制度规定设立资金台账，记录项目资金收支情况，实施财务核算和盈亏盘点。通过计划支出与实际支出的对比，分析工料费用支出是否在控制范围内，对超计划的要找出原因，属于材料储备资金的要加强采购计划控制，做到当月索赔当月报量，属于费用开支的要严格开支标准。

项目竣工后随着预算、决算工作，对项目全部资产和负债要进行清算。项目是一次性的，往往不是独立法人单位，没有实收资本，可以有组织拨付所属资金，在清算前将组织拨付所属资金先行交公司，只剩下资产和负债。清算是对期末项目现有的账内外全部资产，包括货币资金、各种应收账款、预付账款、各种存货及固定资产的清查核对，是对项目现有的账内外全部债务，包括各种应付账款、应交税费的清查核对。通过清算，对项目全部资产和负债进行比较，资产大于负债其差数为待结转上缴的利润，资产小于负债其差数为待结转上缴的亏损。最后项目的资产和负债都结转平，当期利润和亏损都转公司，连同以前报告期已经上缴的利润，即可反映项目自开工至竣工的全部利润，反映项目目标成本的完成情况。

清算后，当项目收回工程款，抵偿了全部负债，完成利税及组织管理费用的货币上缴或用项目存货抵缴后，如果取得较好的资金管理效果，组织应对项目管理团队进行奖励。

三、工程项目资源管理的方法工具

（一）资源优化配置方法

工程项目中资源优化配置涉及问题众多，采用的方法各不相同，主要包括两类方法：一是在提供的资源有所限制时，要使每个时段的资源需用量都能满足资源限量的要求，并使项目实施所需的时间最短；二是当工期固定时，怎样使资源安排得更为均衡合理。前者称为“资源有限-工期最短”优化，后者称为“工期固定-资源均衡”优化。

在进行资源优化时，经常用到的基本概念见表5-1。

表5-1　　资源优化常用概念

概　念	定　义	表示符号
资源强度	是指在完成一项工作时，每单位时间内所需的资源量	r_{i-j}或r_i
资源需用量	是指项目进度计划中，某一单位时间内进行各项工作所需某种资源数量之和	Q_t
资源限量	是指单位时间内可提供使用的某种资源的最大数量	Q

1.“资源有限-工期最短”优化

“资源有限-工期最短”优化，又叫“资源计划安排法”，其优化过程就是不断调整进度计划安排，使得在工期最短的条件下，逐步达到满足资源限量的目的。优化步骤如下：

（1）计算网络计划每天资源需用量Q_t。

（2）检查资源需用量是否超过资源限量。检查应从网络计划的开始之日起，逐日进行。如在整个工期内每天的资源需用量均能满足资源限量要求，现有的网络计划即为优化方案；如有不满足资源限量要求的情况，则必须对该网络计划进行优化。

（3）调整超出资源限量时段的工作安排。每天资源需用量相同的时间区段称为一个时段。对于超过资源限量的时段，必须逐段进行调整以满足资源限量要求。调整方法是在该时段内同时进行的几项工作中，拿出一项安排在另一项完成后进行，即使这两项工作从平行作业关系变为依次作业关系，从而减少该时段的资源需用量。此时，项目进度计划的工期将相应延长，其延长的工期：

$\Delta D_{m-n,i-j}=EF_{m-n}-LS_{i-j}$，其中 $\Delta D_{m-n,i-j}$ 表示将工作 i-j 安排在工作 $m-n$ 之后进行时，项目进度计划工期延长的时间；EF_{m-n} 表示工作 $m-n$ 的最早完成时间；LS_{i-j} 表示工作 $i-j$ 的最迟开始时间。

（4）确定有效调整方案。当一个时段有好几项同时进行的工作时，其中任何一项工作都可安排到其他任何一项工作后进行，所以其调整方案有多种。但这些调整方案中，有的可使该时段资源需用量减少到满足资源限量的要求，该方案即为有效调整方案。而有的方案并不能满足这一要求，这样的调整方案便是无效调整方案。一个时段可有一个或多个有效调整方案。进行优化时，应将所有有效调整方案都找出并确定下来。

（5）调整其他超出资源限量时段。在上一时段每一个有效调整方案的基础上，调整下一超过资源限量的时段。如此不断调整，直至全部时段的资源需用量等于小于资源限量为止。

（6）确定最优方案。在所有有效调整方案中，工期最短的方案即为最优方案。

2. “工期固定-资源均衡”优化

“工期固定-资源均衡”的优化过程，是不断调整进度计划安排，以实现在保持工期不变的前提下，资源需用量尽可能均衡的目的。

（1）衡量资源均衡性的指标。所谓资源分布的均衡性，就是力求每天的资源需用量尽量接近平均值，避免出现短时期内的高峰和低谷。衡量指标有：不均衡系数 K、极差值 ΔQ 及均方差 σ^2。

1）不均衡系数 K

$$K=\frac{Q_{\max}}{Q_{\mathrm{m}}},\ Q_{\mathrm{m}}=\frac{1}{T}\sum_{t-1}^{T}Q_t$$

式中　$Q_{\max}$——最高峰日期的每天资源总需用量；

T——总工期；

Q_t——第 t 天的资源需用量；

Q_{m}——资源每天平均需用量。

资源需用量不均衡系数 K 愈小，资源需用量均衡性愈好。

2）极差值 ΔQ

$$\Delta Q = \max|Q_t - Q_m|$$

资源需用量极差值 ΔQ 愈小，资源需用量均衡性愈好。

3）方差 σ^2

$$\sigma^2 = \frac{1}{T}\sum_{t=1}^{T}(Q_t - Q_m)^2 = \left(\frac{1}{T}\sum_{t=1}^{T}Q_t^2\right) - Q_m^2$$

资源需用量方差值 σ^2 愈小，资源需用量均衡性愈好。

（2）判断公式。在进行资源均衡优化时，主要是利用一些工作所具有的时差，将其作业时间予以调整，使每天的资源需用量发生变化，从而达到资源均衡的目的。但工作作业时间移动后，资源均衡性是否会得到改善，则需要通过判断公式进行判定。

由方差公式可知，资源每天平均需用量 Q_m 与工期 T 皆为常数，当 $\sum_{t=1}^{T}Q_t^2$ 变小时，方差 σ^2 也会变小，即资源均衡性得到改善。若将工作 $k-1$ 的开始时间调后一天，即从第 i 天开始调为第 $i+1$ 天开始，其完成时间由第 j 天变为第$j+1$天。此时，调整后与调整前的 $\sum_{t=1}^{T}Q_t^2$ 的差值记为Δ，经计算化简后得

$$\Delta = 2r_{k-1}(Q_{j+1} - Q_i + r_{k-1})$$

当Δ 为负值时，其对应的方差 σ^2 会变小，资源均衡性将得到改善。所以只需判断 Δ 值的正负，即可知资源均衡性是否会得到改善。要使 Δ 值为负，根据上述公式，则应有

$$Q_i > Q_{j+1} + r_{k-1}$$

式中 Q_i ——调整前第 i 天的资源总需用量，i 为待调整工作 $k-1$ 的开始时间；

Q_{j+1} ——调整前第 $j+1$ 天的资源总需用量，j 为待调整工作 $k-1$ 的完成时间；

r_{k-1} ——待调整工作 $k-1$ 的资源强度。

此即资源均衡性得到改善的判断公式。

当上述判断公式成立时，工作 $k-1$ 右移一天（开始时间推后一天），能使

资源均衡性得到改善。

(3) 优化步骤。

1) 确定调整的工作。为保证进度计划的总工期不变，所以关键工作及无总时差的工作，其工作时间不得后移，只有具有总时差的工作才能考虑后移。

选定调整工作应从网络计划的终点节点开始，按工作完成节点的编号值，依从大到小的顺序逐个选定，同一完成节点有多个可调整工作时，开始时间较迟的工作先进行调整。

2) 判断调整效果。利用判断公式：$Q_i > Q_{j+1} + r_{k-1}$ ，判断所选定工作后移一天后，对资源均衡性的影响，如能改善，则后移一天，并判断再后移一天的影响，如此重复，直至不能后移或工作总时差已用完为止。

3) 选定新的调整工作并进行调整。按上述方法再选定新的可调整工作并进行调整，直到所有可调整工作都调整完毕。

4) 再次调整。为使资源均衡性实现最优，在对所有可调整工作调整完成后，要从终点节点开始，从右至左再进行调整，如此反复，直到所有工作的位置都不能再移动为止。

(二) 材料管理中的 ABC 分类法

项目材料的分类方法很多，可按材料在生产中的作用，材料的自然属性或其来源等进行分类，但对材料管理而言，最重要的是从经济观点出发的 ABC 分类法。

ABC 分类法也称为重点管理法。由于工程项目所用材料的品种繁多，材料费用占工程造价的比重较大，如果对所有材料不分轻重地同等管理，其结果将会事倍功半，效率低下。而运用 ABC 分类法可以找出材料管理的重点对象，针对不同对象采取不同的管理措施，以期收到最优效果。

1. 分类方法

(1) 对象可以是一个企业或一个工程处、施工队，一个工程项目、单位工程的材料。

(2) 统计上一计划期实际消耗材料的品种、数量、单价和金额等，核实后制成卡片，然后按材料金额从大到小依次对卡片排序。

（3）顺序按好后，按先大后小的顺序将卡片资料填入ABC分类表，然后进行品种数累计百分比和金额累计百分比的统计。

（4）将占金额累计百分比75%～80%的材料划为A类（A类材料的一般品种累计百分比为8%～10%）；把金额累计百分比为95%的材料扣除已划为A类材料后，划为B类（B类材料的品种数所占比例一般为20%～25%）；其余占总金额5%左右的材料划为C类（C类材料的品种数所占比例一般为70%左右）。

此外，也可根据材料对工程质量和成本的影响程度进行分类。对工程质量有直接影响，占工程成本较大的物资一般为A类；对工程质量有间接影响，为工程实体消耗的物资可作为B类；辅助材料中占工程成本较小的部分视为C类。

2. 分类管理措施

（1）A类材料占用资金较多，要严格控制订货量，力争减少库存，实行重点管理。对其中的每种材料都要规定合理的经济订购批量，尽可能减少安全库存量，并对库存量随时进行严格盘点。把这类材料控制好，能对资金节省起重要作用。

（2）对B类材料不能忽视，应认真管理，控制其库存，按经济批量订购，按储备定额储备。

（3）对于C类材料，可采用简化的方法管理，如定期检查，组织在一起订货或适当加大订货批量，以节省订购费用。

（三）机械设备的选择方法

1. 综合评分法

机械设备的综合特性包括：工作效率、工作质量、使用费和维修费、能源消耗量、占用的操作人员和辅助人员、安全性等。由于因素较多，在综合考虑时如果优劣倾向不明显，则可用定量计算法求出综合指标再加以比较。可采用简单评分法和加权评分法等。

2. 经济分析法

（1）单位工程量成本比较法。机械设备使用时，要发生一定的费用，一类是随着机械的工作时间而变化的费用，称为可变费用；另一类是按一定施工期限分摊的费用，称为固定费用。一般以单位工程量成本低的机械设备作为选择对象。

（2）界限使用时间比较法。界限使用时间就是两台机械设备单位工程量成本相等的时间。

（3）折算费用法，也称等值成本法。如果要选择的机械设备较长时间地服务于一项工程，在选择时必须涉及机械设备的原始投资并且考虑成本的时间价值，这时，可采用折算费用法进行计算选择，低者为优。折算费用法就是在预计的机械设备服务寿命期内，按年或月摊入成本的机械设备费用。

第六章

工程项目安全与环境管理咨询

有关国际组织及相关各方持续推动建立和完善职业健康安全管理体系，使得工程项目的安全管理更加受到重视，成为与环境管理同样重要的管理内容并纳入工程项目管理体系，重点关注对工程项目施工场界内外的环境影响。对施工场界内的环境影响属于职业健康安全问题，而对项目周围外部环境的影响则属于环境保护的问题。本章主要阐述安全、环境和职业健康管理的基本内涵、主要特点和具体要求，以及工程项目安全管理和环境管理的标准体系、重点任务和方法工具。

第一节　工程项目安全与环境管理概述

一、安全、环境和职业健康管理内涵

（一）工程项目安全、环境和职业健康管理内涵

1. 工程项目安全管理内涵

安全是指客观事物的危险程度能够为人们普遍接受的状态，即某一客观事物是否安全，是人们对这一事物的主观评价。当人们综合权衡各种利害关系，认为该事物的危险程度可以接受时，则这种事物的状态是安全的，否则就是危险的。万事万物都存在着危险因素，不存在危险因素的事物几乎没有，只不过危险程度有大小和轻重而已。有的危险因素导致事故的可能性很小，有的则很大；有的引发事故后果非常严重，有的则可以忽略。因此，人们从事任何活动或操作任何系统，都有不同的危险程度。在项目管理活动中，没有危险，不受威胁，不出事故，就是安全。安全不但包括人身安全，也包括财产（建筑产

品、机械设备、物资等）安全。

安全管理就是在生产经营过程中，为实现安全生产而组织和使用人力、物力和财力等各种物质资源的过程，利用计划、组织、指挥和协调等管理机能，控制来自自然界的、机械的、物质的、人为的不安全因素，使生产技术不安全的行为和状态减少到最低程度，避免发生伤亡事故，保证职工的生命和健康，实现生产经营目标。安全管理是项目管理工作的重要组成部分，是为保证生产顺利进行，防止伤亡事故发生，确保安全生产而采取的各种对策、方针和行动的总称。

工程项目安全管理是对生产中一切人、物、环境状态的管理与控制。在实际安全管理中必须正确处理人、物、环境的关系，把安全管理作为一种动态的管理，以求良好的管理效果。工程项目安全管理的中心问题，是保护在工程项目经营活动中人的安全与健康，保护项目财产不受损失，保证生产顺利进行。

2. 工程项目环境管理内涵

环境是指组织运行活动的外部存在，包括空气、水、土地、自然资源、植物、动物、人，以及它们之间的相互关系。工程项目环境管理是贯彻环境保护政策，实现可持续发展的具体措施。工程建设项目的环境管理是对项目的规划选址、环境影响评价、防治污染设施的建设和使用等进行的管理，其宗旨是预防和尽可能减少工程建设项目对环境的污染和破坏，运用行政、法律、经济、技术、教育等手段，按照环境保护相关政策法规从事开发建设活动，使工程建设项目实现合理布局，项目建设和环境建设同步规划和同步实施，以达到经济、社会和环境效益的统一。

3. 职业健康安全管理内涵

在职业健康安全领域，国家专门制定了一系列相关法律法规，如劳动法、安全生产法、职业病防治法、消防法、道路交通安全法、矿山安全法等。这些法律法规所确立的职业健康安全制度和要求是组织建立和保持职业健康安全管理体系所必须考虑的制度、政策和技术背景。

职业健康安全管理与环境管理是组织管理体系的重要组成部分，要求在建立职业健康安全与环境管理目标的基础上，识别与组织运行活动有关的危险源和环境因素，通过风险评价和环境影响评价，对重大危险源和环境因素进行管理和控制，达到安全生产和保护环境的目的。我国通常将职业健康安全管理称为安全生产管理。

（二）职业健康安全和环境管理的基本任务

1. 职业健康安全管理的基本任务

职业健康安全管理的目的是在生产活动中，通过职业健康安全生产的管理活动，对影响生产的具体因素进行状态控制，使生产因素中的不安全行为和状态减少或消除，且不引发事故，以保证生产活动中人员的健康和安全。对于工程建设项目，职业健康安全管理的目的是防止和减少生产安全事故、保护产品生产者的健康与安全、保障人民群众的生命和财产免受损失；控制影响工作场所内员工、临时工作人员、合同方人员、访问者和其他有关部门人员健康和安全的条件和因素；考虑和避免因管理不当对员工健康和安全造成的危害。

2. 环境管理的基本任务

环境保护是我国的一项基本国策。对环境管理的目的是保护生态环境，使社会经济发展与人类生存环境相协调。对于工程建设项目，环境保护主要是保护和改善施工现场的环境。企业应当遵照国家和地方的相关法律法规以及行业和企业自身的要求，采取措施控制施工现场的各种粉尘、废水、废气、固体废弃物以及噪声、振动对环境的污染和危害，并且要注意对资源的节约和避免资源的浪费。

二、工程项目职业健康安全与环境管理的特点和具体要求

（一）工程项目职业健康安全与环境管理的特点

依据建设工程产品的特性，工程项目职业健康安全与环境管理有以下特点。

1. 复杂性

工程建设项目的职业健康安全和环境管理涉及大量的露天作业，受到气候条件、工程地质和水文地质、地理条件和地域资源等不可控因素的影响较大。

2. 多变性

一方面是项目建设现场材料、设备和工具的流动性大；另一方面由于技术

进步，项目不断引入新材料、新设备和新工艺，这都加大了相应的管理难度。

3. 协调性

项目建设涉及的工种甚多，包括大量的高空作业、地下作业、用电作业、爆破作业、施工机械、起重作业等较危险的工程，并且各工种经常需要交叉或平行作业。

4. 持续性

项目建设一般具有建设周期长的特点，从设计、实施直至投产阶段，诸多工序环环相扣。前一道工序的隐患，可能在后续的工序中暴露，酿成安全事故。

5. 经济性

产品的时代性、社会性与多样性决定环境管理的经济性。

（二）工程项目职业健康安全与环境管理的具体要求

1. 工程项目决策阶段

建设单位应按照有关建设工程法律法规的规定和强制性标准的要求，办理各种有关安全与环境保护方面的审批手续。对需要进行环境影响评价或安全评价的工程建设项目，应组织或委托有相应资质的单位进行工程建设项目环境影响评价和安全评价。

2. 工程项目设计阶段

设计单位应按照有关建设工程法律法规的规定和强制性标准的要求，进行环境保护设施和安全设施的设计，防止因设计考虑不周而导致生产安全事故的发生或对环境造成不良影响。在进行工程项目设计时，设计单位应当考虑施工安全和防护需要，对涉及施工安全的重点部分和环节在设计文件中予以注明，并对防范生产安全事故提出指导意见。对于采用新结构、新材料、新工艺的建设工程和特殊结构的建设工程，设计单位应在设计中提出保障施工作业人员安全和预防生产安全事故的措施建议。

在工程总概算中，应明确工程项目安全环保设施费用、安全施工和环境保护措施费等。设计单位和专业建筑师等执业人员应当对其设计负责。

3. 工程项目施工阶段

建设单位在申请领取施工许可证时，应当提供建设工程有关安全施工措施的资料。对于依法批准开工报告的建设工程，建设单位应当自开工报告批准之日起的规定期限内，将保证安全施工的措施报送建设工程所在地的政府建设行政主管部门或者其他有关部门备案。

对于应当拆除的工程，建设单位应当在拆除工程施工前，将拆除施工单位资质等级证明，拟拆除建筑物、构筑物及可能涉及毗邻建筑的说明，拆除施工组织方案，堆放、清除废弃物的措施方案报送建设工程所在地的政府主管部门或者其他有关部门备案。

施工企业在其生产经营活动中必须对本企业的安全生产负全面责任。企业的法定代表人是安全生产的第一负责人，项目经理是工程项目的主要负责人。施工企业应当具备安全生产的资质条件，取得安全生产许可证的施工企业应设立安全机构，配备合格的安全人员，提供必要的资源；要建立健全职业健康安全体系以及有关的安全生产责任制和各项安全生产规章制度。对项目要编制切合实际的安全生产计划，制定职业健康安全保障措施；实施安全教育培训制度，不断提高员工的安全意识和安全生产素质。

建设工程实行总承包的，由总承包单位对施工现场的安全生产负总责并自行完成工程主体结构的施工。分包单位应当接受总承包单位的安全生产管理，分包合同中应当明确各自的安全生产权利、义务。分包单位不服从管理导致生产安全事故的，由分包单位承担主要责任，总承包和分包单位对分包工程的安全生产承担连带责任。

4. 工程项目验收试运行阶段

工程项目竣工后，建设单位应向审批工程建设项目环境影响评价文件的环境保护行政主管部门申请，对环保设施进行竣工验收。环保行政主管部门应在收到申请环保设施竣工验收申请材料后规定时间内完成验收。验收合格后，才能投入生产和使用。对于需要试生产的工程建设项目，建设单位应当在项目投入试生产后向环保行政主管部门申请对其项目配套的环保设施进行竣工验收。

第二节　工程项目安全管理咨询

一、安全管理体系标准和具体要求

（一）安全管理体系标准

1. 国际标准

职业健康安全管理体系（occupational health and safety management systems，OHSMS）是20世纪80年代后期在国际上兴起的现代安全生产管理模式，它与ISO 9000和ISO 14000等标准体系一并被称为“后工业化时代的管理方法”。职业健康安全管理体系产生的主要原因是企业自身发展的要求。随着企业规模扩大和生产集约化程度的提高，对企业的质量管理和经营模式提出了更高的要求。企业必须采用现代化的管理模式，使包括安全生产管理在内的所有生产经营活动科学化、规范化和法制化。

1996年，英国颁布了BS 8800《职业健康安全管理体系指南》，美国工业卫生协会制定了《职业健康安全管理体系》指导性文件。1997年，澳大利亚和新西兰提出了《职业健康安全管理原则、体系和支持技术通用指南》草案、日本工业安全卫生协会（JISHA）提出了《职业健康安全管理体系导则》、挪威船级社（DNV）制定了《职业健康安全管理体系认证标准》。1999年，英国标准协会（BSI）、挪威船级社（DNV）等13个组织提出了职业健康安全评价系列（OHSAS）标准，即OHSAS 18001《职业健康安全管理体系-规范》、OHSAS 18002《职业健康安全管理体系-实施指南》。

2. 中国标准

我国于2001年11月首次颁布《职业健康安全管理体系规范》（GB/T 28001—2001），属于推荐性国家标准，与OHSAS 18001内容基本一致。2011年12月发布新版GB/T 28001—2011标准，2020年发布《职业健康安全管理体系要求及使用指南》（GB/T 45001—2020），与国际标准ISO 45001：2018属于等同采用。我国职业健康安全管理体系标准实践也已取得丰硕成果，越来越多的各类组织主动关注并积极实施职业健康安全管理体系国家标准。GB/T

45001—2020在原国家标准的基础上进行了重大改进，吸收了国内外多年来丰富的实践经验。通过采用先进的、系统化的科学管理技术和方法，提高广大组织的职业健康安全管理水平，以预防和尽可能减少职业健康安全伤害和健康损害。在引导和促进组织更有效地提高职业健康安全意识、构建职业健康安全文化、提升职业健康安全管理水平、保障广大职工的身心健康和生命安全、有效降低财产损失、改善职业健康安全状况等方面将发挥重要的推动作用。

（二）安全管理具体要求

安全管理体系要求具体体现在对安全管理体系的方针、策划、实施与运行、检查和纠正措施、管理评审等方面。

1. 安全管理体系方针要求

组织应有一个经最高管理者批准的安全管理体系方针，该方针应清楚阐明安全总目标和改进安全绩效的承诺。安全方针应适合组织的职业健康安全风险的性质和规模，包括持续改进的承诺，组织至少遵守现行安全法规和组织接受的其他要求的承诺，形成文件，实施并保持，使全体员工认识各自的安全义务，可为各相关方所获取；定期评审情况，以确保其与组织保持相关和适宜。

2. 安全管理体系策划要求

（1）对危险源辨识、风险评价和风险控制的策划。组织应建立并保持程序，以持续进行危险源辨识、风险评价和实施必要的控制措施，这些程序应包括：常规和非常规活动；所有进入工作场所的人员（包括合同方人员和访问者）的活动；工作场所的设施（无论由本组织还是由外界所提供）。组织应确保在建立安全目标时，考虑这些风险评价的结果和控制的效果，将此信息形成文件并及时更新。

（2）法规和其他要求。组织应建立并保持程序，以识别和获得适用法规和其他事业健康安全要求，组织应及时更新有关法规和其他要求的信息，并将这些信息传达给员工和其他有关的相关方。

（3）安全目标。组织应针对其内部各有关职能和层次。建立并保持形成文件的安全目标。如有可能性，目标宜予以量化。组织在建立和评审安全目标时，应考虑法规和其他要求，具体的安全危险源和风险程度，可选择的技术方案，财务、运行、经营要求和相关方的意见。目标应符合职业健康安全原则，包括对持续改进的承诺。

(4) 安全管理方案。组织应制定并保持安全管理方案，以实现其目标。方案应包含为实现目标所赋予组织有关职能和层次的职责和权限，以及实现目标的方法和时间表。

组织应定期并且在计划的时间间隔内对安全管理方案进行评审，必要时应针对组织的活动、产品、服务或运行条件的变化对安全管理方案进行修订。

（三）工程项目安全管理体系的策划和实施

1. 安全管理目标的界定

目标是一切管理活动的中心和方向，决定着组织最终目的执行时的行为导向、考核标准和纠偏依据。对日常的安全管理工作具有组织、激励、计划和控制作用。因此，在组织内部依据组织的具体情况设定目标是管理工作的重要方法和内容。

安全目标管理是工程项目安全管理的重要举措，通过确定安全目标，明确责任，落实措施，实行严格的考核与奖励，鼓励企业员工积极参与全员、全方位、全过程的安全生产管理，严格按照安全生产目标和安全生产责任制的要求，落实安全措施，消除人们的不安全行为和物的不安全状态，实现项目生产安全。项目推行安全生产目标管理不仅能进一步优化安全生产责任制，强化安全生产管理，体现"安全生产，人人有责"的原则，也能使安全生产工作实现全员管理，有利于提高全体员工的安全素质。

例如，对于某项目制定如下安全管理目标：①事故因工负伤年平均频率小于等于0.5%；②杜绝人身伤亡、火灾、设备、交通管线、食物中毒等重大事故；③污水、粉尘、噪声、有害气体、固体废弃物排放受控，无相关方重大投诉事件；④重大职业危害、环境事故为零；⑤相关部门提出的其他目标。

2. 安全管理体系策划

工程建设安全管理体系的策划包括：对危险源辨识、风险评价和控制的策划；法规和其他要求；目标；职业安全健康管理方案等四个要素。通过对工程建设项目安全生产危险源辨识，风险评价和控制，按照法规和其他要求，明确工程项目安全生产管理目标，并为实现该目标建立职业安全健康管理方案。

3. 安全管理体系实施

工程建设项目安全管理，通过管理和控制影响施工现场工作人员、临时工作人员、合同方人员、访问者和其他人员的安全和健康的条件因素，保护施工现场工作人员和其他可能受工程影响人员的安全和健康。为此，建设单位和项目管理机构必须对本组织的活动进行计划、组织、指挥、协调和控制，包括制定、实施、评审和保持职业安全健康方针所需的组织机构、计划活动、职责、惯例、程序、过程和资源。不同组织根据自身的情况制定安全规定并为之实施、实现、评审和保持及持续改进，而建立组织机构、策划活动，明确职责，遵守有关法律法规和惯例。编制程序控制文件，实现过程控制并提供人员、设备、资金和信息资源。保证工程建设安全任务完成而形成的工程建设安全管理体系。

工程项目安全管理体系应参照工程建设安全管理体系的标准，结合建设工程安全管理的实际情况和特点，根据“安全第一、预防为主”的安全生产方针和有关安全生产的法律法规和规程标准，针对工程建设项目全过程进行安全管理和控制，并体现持续改进的原则进行编制。

二、工程项目安全管理的重点任务和实现路径

（一）安全管理的重点任务

1. 建立安全生产制度

由于建设工程规模大、周期长、参与人数多、环境复杂多变，安全生产的难度很大。因此，通过建立各项制度，规范建设工程的生产行为，对于提高建设工程安全生产水平是非常重要的。《建筑法》《安全生产法》《安全生产许可证条例》《建设工程安全生产管理条例》《建筑施工企业安全生产许可证管理规定》等建设工程相关法律法规和部门规章，对政府部门、有关企业及相关人员的建设工程安全生产和管理行为进行了全面的规范，确立了一系列建设工程安全生产管理制度，包括安全生产责任制度、安全生产许可证制度、政府安全生产监督检查制度、安全生产教育培训制度、安全措施计划制度、特种作业人员持证上岗制度、专项施工方案专家论证制度、生产安全事故报告和调查处理制

度和安全评价制度等。

安全生产责任制，是根据“管生产必须管安全”“安全工作、人人有责”的原则，以制度的形式，明确规定各级领导和各类人员在生产活动中应负的安全职责，是施工企业岗位责任制的一个重要组成部分，是企业安全管理中最基本的制度，是所有安全规章制度的核心。安全生产制度的制定，必须符合国家和地区的有关政策、法规、条例和规程，并结合工程项目的特点，明确各级各类人员安全生产责任，要求全体人员必须认真贯彻执行。

2. 加强安全技术管理

编制施工组织设计时，必须结合工程实际，编制切实可行的安全技术措施方案，要求全体人员必须认真贯彻执行，执行过程中发现问题，应及时采取妥善的安全防护措施。要不断积累安全技术措施在执行过程中的技术资料，进行研究分析，总结提高，以利于以后工程的借鉴。

3. 强化安全教育和安全技术培训

组织全体人员认真学习国家、地方和本企业的安全生产责任制、安全技术规程、安全操作规程和劳动保护条例等。新工人进入岗位之前要进行安全纪律教育，特种专业作业人员要进行专业安全技术培训，考核合格后方能上岗。要使全体职工经常保持高度的安全生产意识，牢固树立“安全第一”的思想。

4. 组织安全检查

为了确保安全生产，必须严格安全督察，建立健全安全督察制度。安全检查员要经常查看现场，及时排除施工中的不安全因素，纠正违章作业，监督安全技术措施的执行，不断改善劳动条件，防止工伤事故的发生。

5. 进行事故处理

人身伤亡和各种安全事故发生后，应立即进行调查，了解事故产生的原因、过程和后果，提出鉴定意见，在总结经验教训的基础上，有针对性地制定预防事故再次发生的可靠措施。施工伤亡事故处理应采取以下措施：

（1）突发性安全事故的应急措施。项目承包方应立即启动突发性安全事故应急救援预案，总包和分包单位应根据预案的组织分工立即投入工作中去。抢救伤员，排除险情，采取措施制止事故蔓延扩大；保护事故现场，建立警戒线，撤离无关人员；妥善保管物证，待事故结案后解除现场保护。

（2）安全事故报告。事故发生后，现场有关人员应立即向本单位负责人及事故发生地负有安全生产监管职责的有关部门报告，事故报告应当及时、准确、完整，不得迟报、漏报、谎报或瞒报。

（3）事故调查。事故发生的项目团队应积极配合事故调查组的调查、取证，为调查组提供一切便利。若发现有违规现象，除对责任者视其情节给予通报批评和罚款外，责任严重者还必须承担由此产生的一切法律后果。

（4）事故处理。事故责任项目团队应根据事故调查报告中提出的事故纠正与预防措施建议，编制详细的纠正与预防措施，将事故详情、原因及责任人处理等编印成事故通报，组织全体职员学习，从中吸取教训，防止事故的再次发生。

（二）安全管理的基本原则

1. 法治原则

所有安全管理的措施、规章、制度必须符合国家和地方有关法律法规规定。对于重大违规事件，应严格执法，违规必究，确保对安全生产进行严格管理与控制。

2. 预防原则

必须以人为本，预防为主。事故发生的主要原因是人的不安全行为和物的不安全状态，而这些原因又是由小变大，由影响事故的间接原因演变成导致事故发生的直接原因。这一演变的过程，为安全预防管理提供了可能。通过管理，消除引发事故的原因，杜绝隐患，将事故消灭在萌芽状态。

3. 全面原则

安全管理涉及生产活动的方方面面，涉及从开工到竣工的全部生产过程，涉及全部的生产时间，涉及一切变化着的生产因素，安全生产无小事、无盲区、无死角，因此必须坚持全员、全过程、全方位、全天候的“四全”动态安全管理。

4. 监督原则

安全管理的重要手段是监督、检查日常的安全工作事项。实践表明，事故结局为轻微伤害和无伤害的事件是大量的，而导致这些事故的原因往往不被重视或习以为常。事实上，轻微伤害和无伤害事故的背后，隐藏着与造成严重事故相同的原因。因此，日常的检查工作显得非常重要，不能流于形式，要细致、警觉，甚至对一些不起眼的，尤其是容易引起忽视的小事进行关注。这样有助于及时发现和消除小隐患，避免大事故。

5. 控制原则

安全管理的各项主要内容中，对生产因素状态的控制和安全管理的目的关系更直接、更突出。因此，对生产中人的不安全行为、物的不安全状态、管理上的缺陷和不良的环境条件的控制是动态安全管理的重点。

6. 教育原则

安全管理不仅仅是安全部门的责任，也是一项群力群防的工作，要求每一位员工都应有良好的安全意识、预防意识、危机意识，这样才有利于从根本上消除和降低人的不安全行为和物的不安全状态。因此，必须通过安全知识的教育、安全技能的培训、安全政策的宣传、安全信息的传播等各种手段，充分引起人们对安全问题的重视，明确安全生产操作规程，掌握安全生产的方法。

7. 发展原则

安全管理是一种动态管理，必须不断发展和变化，以适应生产活动的变化，消除新的危险因素，摸索新的生产活动规律，总结管理的办法和经验，从而使安全管理发展、上升到新的水平和高度。

(三) 安全管理的主要措施

1. 安全管理的法律措施

为实现保障安全的职能，应坚持利用法律法规手段，将法律法规视为实现安全职能的利器。法律法规规定了建设工程安全生产管理的制度体系。

安全管理法律法规是指国家关于改善劳动条件，实现安全生产，为保护劳动者在生产过程中的安全与健康而制定的法律、法规、规章和规范性文件的总和，是生产实践中的经验总结和对自然规律的认识和运用，是以国家强制力保证实施的一种行为规范。

建设工程安全管理法律法规体系，是指国家为改善劳动条件，实现建设工程安全生产，保护劳动者在施工生产过程中的安全和健康而制定的各种法律、法规、规章和规范性文件的总和，是必须执行的法律法规。

建设工程法律是指由全国人大及其常务委员会通过的规范工程建设活动的法律规范，由国家主席签署主席令予以公布，如《中华人民共和国建筑法》《中华人民共和国安全生产法》《中华人民共和国劳动法》等。

建设工程行政法规是由国务院根据宪法和法律制定的规范工程建设活动的各项法规，由总理签署国务院令予以公布，如《建设工程安全生产管理条例》《建设工程质量管理条例》《安全生产许可证条例》等。

建设工程部门规章是指建设行政主管部门按照国务院规定的职权范围，独立或与国务院有关部门联合根据法律和国务院的行政法规、决定、命令，制定的规范工程建设活动的各项规章，如《建筑安全生产监督管理规定》《建设工程施工现场管理规定》《建设施工企业安全生产许可证管理规定》等。

2. 安全管理的技术措施

建筑工程安全生产离不开科学技术，并且必然得到科学技术的推动和引导。加强建筑安全科技研究与应用是一项具有社会效益和经济效益的事情，是改善建筑安全生产管理的有效途径之一。

现代安全技术不仅包括技术措施，还包括组织措施；不仅包括硬件技术，还包括软件技术；不仅包括安全，还包括卫生。现代建筑工程安全管理技术发挥科技手段措施主要包括以下内容。

(1) 建立合理的安全科技体制。建立适应社会主义市场经济体制要求的，面向社会、面向企业、面向安全生产的新型安全科技体制，逐步形成研究、开发、应用、推广紧密结合的工作机制。对现有的组织机构和专业机构实行优化组合。加快科研机构的改革步伐，实行企业化管理，建立责权明确的组织管理制度。从体制上解决机构重叠、专业分散、科技成果推广应用率低、人才使用不尽合理等弊端，逐步形成包括独立科研机构、重点高等院校、技术开发与技术服务机构、企业技术开发机构、民营科技企业等组成的安全科学技术结构体系。

(2) 加大安全科研投入。安全科技要进步，必须有必要的资金支持。在国家不可能全额拨款的情况下，需要多方式、多渠道筹集资金。除争取经常性费用的不断增加外，还应通过申报国家级重点科技项目，争取增加国家补助经费；筹资建立安全科研基金；把科研成果推向市场，形成科研与开发的良性循环；坚持谁投资谁受益的原则，积极争取国内外有关机构对安全科研工作的资金投入；培育和推进安全科研技术市场化发展，鼓励社会资本的投入；通过相关制度措施，确保企业的安全投入落实到位。

(3) 培育高水平的科技研究队伍。提高安全科技水平的关键在于人才。要加快培养和引进人才，一方面要充分发挥现有科技人员的作用，加快中青年学术和技术带头人的培养，大胆使用中青年科技人员，让其在研究开发第一线担当重任；另一方面要从国内外引进安全科技人才，特别是引进有专长、年富力强的学术带头人，造就出一支专业化、年轻化、具有创新意识和奉献精神的有较高水平的安全科技研究队伍。

(4) 提高安全成果的转化率。安全科研成果只有转化成现实的生产力，只有为企业提高安全管理水平服务，才能体现出其价值。而实际上科研人员更多追求的是学术地位与学术影响力，并不考虑科研成果能否被市场接受。为此，应努力开拓安全科研产品市场，发展劳动保护产业，使劳动保护产业为保护劳动者的安全与健康提供更多的优质产品和技术手段，同时为科技成果应用提供广阔的市场，解决安全生产领域科技研究与经济发展脱节的问题，促进安全科研成果的转化。

(5) 建立与完善行业与企业安全文化。行业与企业文化是行业与企业的灵魂。越是科技含量高的技术设备，越是要求具有高度的安全可靠性。现代高科技对企业安全生产管理工作提出了更高的要求，尤其是对操作人员的安全意识提出了更高的要求，建立与完善建筑行业与建筑企业安全文化，提高全行业、全企业人员的安全意识，对于搞好安全管理无疑具有重要作用。

3. 安全管理的教育措施

(1) 现代建筑工程安全管理教育文化。安全文化是有关行业、组织和个人对安全的认识与态度的集合。建筑工程安全管理教育文化是指建筑行业、建筑企业对建筑安全的认识与态度的集合，体现在以下方面：①强有力的领导和对高标准的建筑安全与健康的明显承诺；②全行业、全企业的安全意识；③当安全事故发生后，整个企业、行业具有一种吸取经验的态度，从而促进整体提高。

（2）现代建筑工程社会安全文化。安全生产原则是国家对全国安全生产工作的总要求，是指导全国安全生产工作的总思想。安全生产又是构建和谐社会的重要组成部分，没有安全就没有和谐。做好安全生产，必须在法制的前提下，必须在全社会关注、参与的前提下进行。

安全文化建设的主要措施包括：一是倡导以人为本的安全理念，宣传普及安全生产法律和安全知识，提高全民安全意识和安全文化素质；二是坚持面向基层、面向群众的原则，促进安全文化的繁荣；三是通过扶持、引导和发展安全文化产业，推动安全文化建设的社会化和产业化；四是发挥大众传媒的作用，加强舆论阵地建设，营造全社会关爱生命、安全的舆论氛围。

（3）建筑行业安全文化。行业安全文化是指整个行业对于安全和健康的价值观、期望、行为模式和准则，形成整个行业的安全氛围，主要措施包括：①建设系统安全生产月活动。建设系统安全生产月活动是全国安全生产月活动在建设领域的延伸，是社会安全文化在建设领域的体现。②全国建筑安全生产检查。③创建安全生产文明工地活动。

（4）建筑企业安全文化。企业文化是指一个企业全体成员的企业目标及日常运作的共同信念。企业安全文化是企业文化的一个分支，是企业文化在安全方面的体现。建筑企业安全文化活动主要包括：①从企业员工心理出发，结合工作与环境建立组织文化；②广泛开展安全生产的宣传教育，使全体员工真正认识到安全生产的重要性和必要性；③把安全知识、安全技能、设备性能、操作规程、安全法规等作为安全教育的主要内容；④建立经常性的安全教育考核制度，考核成绩要记入员工档案。

4. 安全管理的经济措施

经济措施就是各类责任主体通过各类保险为自己编制一个安全网，维护自身利益，同时运用经济杠杆使信誉好、建筑产品质量高的企业获得较高的经济效益，对违章行为进行惩罚。经济措施有工伤保险、建筑意外伤害保险、经济惩罚制度、提取安全费用制度等。

（1）建筑职业意外伤害保险制度。我国建筑职业意外伤害保险制度体系是以工伤保险制度为基础，工伤保险和建筑意外伤害保险相结合的制度，同时积极探索意外伤害保险行业自保或企业自保模式。建筑职业意外伤害保险市场有三种类型：一是工伤保险制度与建筑意外伤害保险并存的市场；二是工伤保险制度与行业自保或企业联合自保制度并存的市场；三是工伤保险制度、建筑意外伤害保险制度与行业自保或企业联合自保制度并存的市场。

1）工伤保险制度。工伤保险制度是指为生产、工作中遭受事故伤害和患职业性疾病的劳动者及亲属提供医疗救治、生活保障、经济补偿、医疗和职业康复等物质帮助的一种社会保障制度。具有强制性、社会性、互济性、保障性、福利性特点，目的在于保障职工的切身利益；工伤保险制度直接干预事故预防工作，工伤保险基金可以增加工伤事故预防的支出；费率机制刺激企业改善劳动条件；工伤保险机构对安全生产具有监督作用。

2）建筑意外伤害保险制度。建筑意外伤害保险制度是以被保险人因意外伤害而造成伤残、死亡、暂时丧失劳动能力、支出医疗费用作为赔付条件的人身保险制度，是保护建筑业从业人员合法权益，转移企业事故风险，增强企业预防和控制事故能力，促进企业安全生产的重要措施，同时也是工伤保险之外，专门针对建筑施工现场人员的工作危险性而建立的补充保险形式。建筑意外伤害保险制度规定了建筑意外伤害的保险范围、保险期限、保险金额、保险费、投保人、安全服务等。其中投保人为施工企业，保险费列入建筑安装工程费用，由施工企业支付，不得向职工摊派。

3）行业自保或企业联合自保制度。建筑意外伤害保险企业自保或企业联合自保制度是根据建筑行业高风险特点，在行业内部由企业自筹基金进行事故预防，自行补偿事故损失，互保险的非营利性保险制度。

（2）经济惩罚制度。经济惩罚制度，从严格上来说是属于行政处罚范畴，但经济惩罚的后果则是造成企业实际利益的损失，因此是一种惩罚性的经济措施。

经济惩罚主要是通过法律法规的规定，对有关违章的行为进行处罚。针对处罚的行为对象，可以分为对潜在违章行为的处罚、对违章行为的处罚和对违章行为产生后果（即事故）的处罚。同时，经济惩罚制度还采取了连带制、复利制的方式，即惩罚连带相关人员，罚款额度随惩罚次数增加而增加等。作为一种具有行政处罚特征的经济措施，经济惩罚制度和一般的经济措施相比，虽然有一定的被动性，但其震慑力大，往往对建筑施工企业的声誉带来负面的影响。

（3）科学合理地确定安全投入。安全投入是指一国、行业或企业用于与安全生产有关的费用总和。安全总投入包括安全措施经费投入、劳动保护用品投入、职业病预付费用投入等方面。其中，安全措施经费投入又包括安全技术、工业卫生、辅助设施、宣传教育投入等。科学合理地确定安全投入是搞好安全管理的重要经济措施。

（4）提取安全费用制度。强制提取安全费用，保证安全生产所需资金，是弥补安全生产投入不足的措施之一。安全费用的提取，根据地区特点，由企业自行安排使用，专款专用。

（5）提高企业生产安全事故伤亡赔偿标准。企业生产安全事故伤亡赔偿是指企业发生生产安全责任事故后，事故受害者除应得到工伤社会保险赔偿外，事故单位还应按照伤亡者的伤亡程度给予受害者和伤亡者家属的一次性补偿。提高企业生产安全事故伤亡赔偿标准，是强化安全生产工作的重要措施。

（6）安全生产风险抵押金制度。安全生产风险抵押金制度是预防企业发生生产安全事故预先提取的，用于企业发生重、特大事故后的抢险救灾和善后处理的专项资金制度。安全生产风险抵押金由企业自行负担，在自有资金中支付，其收缴、管理、使用和相关业务的开展由各级人民政府指定的机构负责。

5. 安全管理的评价措施

为加强施工企业安全生产的监督管理，科学地评价施工企业安全生产条件、安全生产业绩及相应的安全生产能力，实现施工企业安全生产评价工作的规范化和制度化，促进施工企业安全生产管理水平的提升，应重视对施工企业进行安全生产评价。

安全评价有安全预评价、安全验收评价、安全现状评价和安全专项评价，覆盖了工程项目的生命周期各个环节。实践证明，安全评价不仅能有效地提高企业和生产设备的安全程度，而且可以为各级安全生产监督部门的决策和监督检查提供强有力的技术支持。

（四）工程项目安全管理理论和工具

1. 事故致因理论

根据事故理论的研究，事故具有三种基本性质，即因果性、随机性与偶然性、潜在性与必然性，每一起事故发生，尽管或多或少都存在偶然性，但都有各种各样的必然性。因此，预防和避免事故的关键就在于找出事故发生的规律，识别、发现并且消除导致事故的必然原因，控制和减少偶然原因，使发生事故的可能性降低到最小。现代工业生产系统是人造系统，因此，任何事故从理论和客观上讲，都是可预防的。

防止事故，需要掌握事故发生和控制的原理，即事故预防原理，主要是阐明事故是怎样发生的，为什么会发生，以及如何采取措施防止事故的理论体系。它以伤亡事故为研究对象，探讨事故致因因素及其相互关系、事故致因因素控制等方面的问题。

安全管理的诸多机能中最核心的是控制机能，即通过对事故致因因素的控制，防止事故发生。然而，事故致因因素又涉及一系列关于事故发生原因的认识论问题。事故致因理论是指导安全管理的基本理论，是对以往事故进行研究而形成的相关理论。

（1）单因素理论。单因素理论的基本观点认为，事故是由单因素引起。因素是指人或环境（物）的某种特征，其代表性理论主要有：事故倾向性理论、心理动力理论和社会环境理论。

（2）事故因果链理论。事故因果链理论的基本观点是，事故是由一连串因素以因果关系依次发生，就如链式反应的结果。其代表性理论有：Heinrich 事故因果连锁理论、Frank Bird 管理失误连锁理论等。图 6-1 所示为事故连锁反应示意图。

Heinrich 事故因果连锁理论被奉为安全生产的经典理论，该理论认为伤亡事故是由五个要素（遗传和社会环境、人的失误、人的不安全行为或物的不安

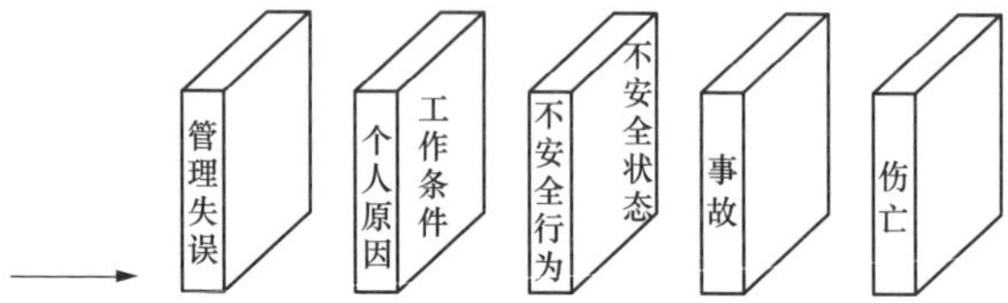

图 6-1　事故连锁反应示意图

全状态、事故、伤害）顺序发展的结果，可用多米诺骨牌形象地描述事故及导致伤害的过程。

Heinrich 曾统计了 55 万件机械事故，其中死亡重伤事故有 1666 件，轻伤事故 48334 件，其余为无伤害事故，由此可推导出每发生 330 件意外事故，有 1 件导致人员重伤或死亡，29 件造成人员轻伤，300 件未产生人员伤害。因此，只要消除了人的不安全行为或物的不安全状态，伤亡事故就不会发生。

此后，许多人对该理论进行改进研究，Frank Bird 提出事故的根本原因是管理失误，主要体现在对导致事故的根本原因控制不足。“4M”理论将事故连锁反应理论中的“深层原因”进一步分析，将其归纳为四大因素，即人的因素（man）、设备的因素（machine）、作业的因素（media）和管理的因素（management）。

（3）多重因素-流行病学理论，采用流行病学的研究方法，认为事故的研究对象不只是个体，更重视由个体组成的群体。该理论认为事故是人群、环境与媒介三类变量组中某些因素相互作用的结果。

2. 故障树分析方法

故障树分析（FTA）是由上往下的演绎式失效分析法，利用布林逻辑组合低阶事件，分析系统中不希望出现的状态。故障树分析主要用在安全工程以及可靠度工程的领域，用来了解系统失效的原因，并且找到最好的方式降低风险，或是确认某一安全事故或是特定系统失效的发生概率。故障树分析也用在航空航天、核动力、化工、制药、石化及其他高风险产业，也会用在其他领域的风险识别，例如社会服务系统的失效。

故障树分析通常包括五个步骤：

（1）定义要探讨的不想要事件。不想要事件的定义可能非常困难，不过也有一些事件很容易分析及进行观察。充分了解系统设计的工程师或是有工程背景的系统分析师最适合定义及列举不想要的事件。一个故障树分析只能对应一个不想要的事件。

（2）获得系统的相关信息。若选择了不想要的事件，所有影响不想要事件的原因及其发生概率都要进行研究。要得知确切的概率需要很高的成本及时间，多半是不可能的。电脑软件可以用来研究相关概率，可以进行成本较低的系统分析。系统分析师可以了解整个系统。系统设计者知道有关系统的所有知识，这些知识相当重要，可以避免遗漏任何一个会造成不想要事件的原因。要将所有事件及其概率列出，以便绘制故障树。

（3）绘制故障树。在选择了不想要的事件，并且进行系统分析，研究所有会造成此事件的原因，以及发生的概率，绘制故障树。

（4）评估故障树。在针对不想要的事件绘制故障树后，应对不想要事件进行评估，分析其具体特征，研究是否存在降低不想要事件发生概率的方式。

（5）控制所识别的风险。在故障树评估的基础上，研究降低不想要事件发生概率的措施方案，制定控制相关风险的行动方案。

第三节　工程项目环境管理咨询

一、环境影响评价和管理体系建设

（一）环境影响评价

1. 环境影响评价的作用

为了实施可持续发展战略，预防因规划和工程建设项目实施后对环境造成不良影响，促进经济、社会和环境的协调发展，需要对工程建设项目进行环境影响评价。

工程建设项目环境影响评价是对工程建设项目实施可能造成的环境影响进行分析、预测和评估，根据评价分析的结果有针对性地进行环境影响控制，提出预防或者减轻不良环境影响的对策和措施，从而取得良好的环保效果，达到持续改进的目的。评价的前提是现有的和计划准备采取的技术及管理措施得以实施，在这种前提下对项目环境影响的大小进行评估。环境影响的评价必须客观、公开、公正，要综合考虑工程建设项目实施对各种环境因素及其所构成的生态系统可能造成的影响，为决策提供科学依据。

2. 环境影响评价的分类管理

我国实行工程建设项目环境影响评价制度。根据工程建设项目对环境的影响程度，按照下列规定对工程建设项目的环境保护实行分类管理：

（1）工程建设项目对环境可能造成重大影响的，应当编制环境影响报告书，对工程建设项目产生的污染和对环境的影响进行全面、详细的评价。

（2）工程建设项目对环境可能造成轻度影响的，应当编制环境影响报告表，对工程建设项目产生的污染和对环境的影响进行分析或者专项评价。

（3）工程建设项目对环境影响很小，不需要进行环境影响评价的，应当填报环境影响登记表。

工程建设项目环境影响评价分类管理名录，由国务院环境保护行政主管部门在组织专家进行论证和征求有关部门、行业协会、企事业单位、公众等意见的基础上制定并公布。

3. 环境影响评价文件的编制和审批

（1）工程建设项目环境影响评价文件编制。工程建设项目环境影响报告书应当包括下列内容：①工程建设项目概况；②工程建设项目周围环境现状；③工程建设项目对环境可能造成影响的分析和预测；④环境保护措施及其经济、技术论证；⑤环境影响经济损益分析；⑥对工程建设项目实施环境监测的建议；⑦环境影响评价结论。

工程建设项目环境影响报告表、环境影响登记表的内容和格式，由国务院环境保护行政主管部门规定。

（2）工程建设项目环评审批。依法应当编制环境影响报告书、环境影响报告表的工程建设项目，建设单位应当在开工建设前将环境影响报告书、环境影响报告表报有审批权的环境保护行政主管部门审批；工程建设项目的环境影响评价文件未依法经审批部门审查或者审查后未予批准的，建设单位不得开工建设。

环境保护行政主管部门审批环境影响报告书、环境影响报告表，应当重点审查工程建设项目的环境可行性、环境影响分析预测评估的可靠性、环境保护措施的有效性、环境影响评价结论的科学性等，并分别自收到环境影响报告书之日起 60 日内、收到环境影响报告表之日起 30 日内，做出审批决定并书面通知建设单位。

环境保护行政主管部门可以组织技术机构对工程建设项目环境影响报告书、环境影响报告表进行技术评估，并承担相应费用；技术机构应当对其提出的技术评估意见负责，不得向建设单位、从事环境影响评价工作的单位收取任何费用。

依法应当填报环境影响登记表的工程建设项目，建设单位应当按照国务院环境保护行政主管部门的规定将环境影响登记表报工程建设项目所在地县级环境保护行政主管部门备案。环境保护行政主管部门应当开展环境影响评价文件网上审批、备案和信息公开。

（二）工程建设项目环境管理体系的建立和实施

1. 工程建设项目环境管理体系的建立

为便于环境管理工作的有效开展，应当对环境管理的作用、职责和权限做出明确规定，形成文件并予以传达。管理者应为环境管理体系的实施与控制提供必要的资源，其中包括人力资源和专项技能、技术以及财力资源。组织的最高管理者指定专门的管理者代表，无论其是否还负有其他方面的责任，应明确规定其作用、职责和权限，以便确保按照标准的规定，建立、实施并保持环境管理体系有效运行，向最高管理者汇报环境管理体系的运行情况以供评审，并为环境管理体系的改进提供依据。

2. 工程建设项目环境检查与纠偏

工程建设项目环境管理的监测、检查和监督是管理机构日常的基本工作之一。通过监测、检查和监督，能及时发现和消除事故隐患，纠正违章行为，改善管理状况，不断提高管理水平，确保项目环境管理正常、有效地运行。

（1）监测。监测是采用各种监测技术，持续不断地对项目的环境管理体系的运行情况进行监视和测量。监测内容包括项目的环境管理状况，有关的运行控制以及目标、指标和管理方案的实现程度等，监测设备应予以校准并妥善维护，并根据组织的程序保存校准与维护记录。

组织应建立并保持一套以文件支持的程序，对可能具有重大环境影响运行与活动的关键特性进行例行监测和测量。其中应包括与环境表现有关的运行控制，对组织环境目标和指标符合情况的跟踪信息进行记录。

组织应建立并保持一个以文件支持的程序，以定期评价对有关环境法律、法规的遵循情况。

（2）检查。检查是工程建设项目环境管理控制工作的重要措施之一。检查的方式有日常性检查、专业性检查、季节性检查、节假日前后检查和不定期检查等。检查应包括查思想、查管理、查隐患、查整改、查事故处理情况等内容。

（3）监督。监督是工程建设项目环境管理工作的查看和督促，是管理部门日常性的岗位工作。监督点主要在项目的作业区，重点设在有风险因素的作业区，监督内容为各项作业操作是否按规定执行，建立监测、检查和监督程序，确定监测、检查和监督要求，是做好工程建设项目环境管理工作的先决条件。同时，还要建立以下制度：使用、维护、保管监测设备制度；记录和保管记录制度；评价和报告监测结果制度。

二、工程项目环境保护设施建设和验收

（一）环境保护设施建设

1.“三同时”制度

“三同时”制度是在中国出台最早的一项环境管理制度，是中国独创，具有中国特色并行之有效的环境管理制度。根据我国环境保护法的规定，工程建设项目中防治污染的设施，应当与主体工程同时设计、同时施工、同时投产使用。防治污染的设施应当符合经批准的环境影响评价文件的要求，不得擅自拆除或者闲置。

在工程建设项目正式施工前，建设单位必须向环境保护行政主管部门提交初步设计中的环境保护篇章。在环境保护篇章中必须落实防治环境污染和生态破坏的措施以及环境保护设施投资概算。环境保护篇章经审查批准后，才能纳

入建设计划，并投入施工。工程建设项目的主体工程完工后，需要进行试生产的，其配套建设的环境保护设施必须与主体工程同时投入试运行。

2. 环境保护设施建设要求

（1）工程建设项目需要配套建设的环境保护设施，必须与主体工程同时设计、同时施工、同时投产使用。

（2）工程建设项目的初步设计，应当按照环境保护设计规范的要求，编制环境保护篇章，落实防治环境污染和生态破坏的措施以及环境保护设施投资概算。

建设单位应当将环境保护设施建设纳入施工合同，保证环境保护设施建设进度和资金，并在项目建设过程中同时组织实施环境影响报告书、环境影响报告表及其审批部门审批决定中提出的环境保护对策措施。

（3）编制环境影响报告书、环境影响报告表的工程建设项目竣工后，建设单位应当按照国务院环境保护行政主管部门规定的标准和程序，对配套建设的环境保护设施进行验收，编制验收报告。建设单位在环境保护设施验收过程中，应当如实查验、监测、记载工程建设项目环境保护设施的建设和调试情况，不得弄虚作假。除按照国家规定需要保密的情形外，建设单位应当依法向社会公开验收报告。

（4）分期建设、分期投入生产或者使用的工程建设项目，其相应的环境保护设施应当分期验收。

（5）编制环境影响报告书、环境影响报告表的工程建设项目，其配套建设的环境保护设施经验收合格，方可投入生产或者使用；未经验收或者验收不合格的，不得投入生产或者使用。工程建设项目投入生产或者使用后，应当按照国务院环境保护行政主管部门的规定开展环境影响后评价。

（6）环境保护行政主管部门应当对工程建设项目环境保护设施设计、施工、验收、投入生产或者使用情况，以及有关环境影响评价文件确定的其他环境保护措施的落实情况，进行监督检查。

（二）施工现场的环境保护

工程建设项目必须满足有关环境保护法律法规的要求，在施工过程中注意环境保护，按照法律法规、各级主管部门和企业的要求，保护和改善作业现场的环境，控制现场的各种粉尘、废水、废气、固体废弃物、噪声、振动等对环境的污染和危害，做到文明施工。

1. 施工现场的环境保护要求

根据环境保护法和环境影响评价法的有关规定，工程建设项目对环境保护的基本要求如下：

（1）涉及依法划定的自然保护区、风景名胜区、生活饮用水水源保护区及其他需要特别保护的区域时，应当符合国家有关法律法规及该区域内工程建设项目环境管理的规定，不得建设污染环境的工业生产设施；建设的工程项目设施的污染物排放不得超过规定的排放标准。

（2）开发利用自然资源的项目，必须采取措施保护生态环境。

（3）工程建设项目选址、选线、布局应当符合区域、流域规划和城市总体规划。

（4）应满足项目所在区域环境质量、相应环境功能区划和生态功能区划标准或要求。

（5）拟采取的污染防治措施应确保污染物排放达到国家和地方规定的排放标准，满足污染物总量控制要求；涉及可能产生放射性污染的，应采取有效预防和控制放射性污染措施。

（6）建设工程应当采用节能、节水等有利于环境与资源保护的建筑设计方案、建筑材料、装修材料、建筑构配件及设备。建筑材料和装修材料必须符合国家标准。禁止生产、销售和使用有毒、有害物质超过国家标准的建筑材料和装修材料。

（7）尽量减少建设工程施工中所产生的干扰周围生活环境的噪声。

（8）应采取生态保护措施，有效预防和控制生态破坏。

（9）对环境可能造成重大影响、应当编制环境影响报告书的工程建设项目，可能严重影响项目所在地居民生活环境质量的工程建设项目，以及存在重大意见分歧的工程建设项目，环保部门可以举行听证会，听取有关单位、专家和公众的意见，并公开听证结果，说明对有关意见采纳或不采纳的理由。

（10）工程建设项目中防治污染的设施，必须与主体工程同时设计、同时施工、同时投产使用。防治污染的设施必须经原审批环境影响报告书的环境保护行政主管部门验收合格后，该工程建设项目方可投入生产或者使用。

（11）禁止引进不符合我国环境保护规定要求的技术和设备。

（12）任何单位不得将产生严重污染的生产设备转移给没有污染防治能力的单位使用。

（13）在进行海岸工程建设和海洋石油勘探开发时，必须依照海洋环境保护法的规定，防止对海洋环境的污染损害。

2. 建设工程施工现场的环境保护措施

工程建设过程中的污染主要包括对施工场界内的污染和对周围环境的污染。对施工场界内的污染防治属于职业健康安全问题，而对周围环境的污染防治是环境保护的问题。建设工程环境保护措施主要包括大气污染的防治、水污染的防治、噪声污染的防治、固体废弃物的处理以及文明施工措施等。

（三）工程建设项目环境保护验收

工程建设项目环境保护竣工验收是“三同时”制度实施的有效监管手段。根据工程建设项目竣工环境保护验收办法规定，工程建设项目环境保护验收工作具体要求如下：

1. 验收主体及责任

（1）验收主体。建设单位是工程建设项目环境保护验收的责任主体，应当组织对工程建设项目配套建设的环境保护设施进行验收，编制验收报告，公开相关信息，接受社会监督；验收报告包括验收监测（调查）报告、验收意见和其他需要说明的事项等三项内容。

（2）验收责任。建设单位应对验收内容、结论和所公开信息的真实性、准确性和完整性负责，不得在验收过程中弄虚作假。

工程建设项目竣工后，由建设单位查验、监测、记载环境保护设施的建设和调试情况，并编制验收监测（调查）报告；建设单位不具备编制验收监测（调查）报告能力的，可以委托有能力的技术机构编制，建设单位对委托技术机构编制的验收监测（调查）报告结论负责，并承担相应法律责任。

2. 验收范围及期限

(1) 范围。编制环境影响报告书、环境影响报告表的工程建设项目应当依法开展自主环境保护验收；编制环境影响登记表的工程建设项目，不需要开展自主环境保护验收。

自主环境保护验收的范围为工程建设项目配套建设的环境保护设施、措施。其中，环境保护设施是指防治环境污染和生态破坏以及开展环境监测所需的装置、设备和工程设施等；环境保护措施是指预防或减轻对环境产生不良影响的管理或技术等措施。

(2) 期限。验收期限是指工程建设项目环境保护设施竣工之日起至建设单位向社会公开验收报告之日止的时间。除需要取得排污许可证的水和大气污染防治设施外，其他环境保护设施的验收期限一般不超过3个月；需要对该类环境保护设施进行调试或者整改的，验收期限可以适当延期，但最长不超过12个月。

工程建设项目环境保护设施未与主体工程同时建成的或应当取得排污许可证但未取得的，不应对环境保护设施进行调试。工程建设项目分期建设、分期投入生产或者使用，可依法进行分期验收。

3. 验收一般程序

工程建设项目验收程序和内容执行工程建设项目竣工环境保护验收技术指南的相关规定。验收工作主要包括准备工作、验收监测（调查）工作和后续工作，其中验收监测（调查）工作可分为现场查验、验收监测和调查、编制验收报告三个阶段。

第七章

工程项目信息与沟通管理咨询

工程项目管理具有涉及范围广、周期长、参与者多、制约性强、信息流量大等特点。建立及时、准确、有效的信息沟通体制机制，是对拟建项目进行计划、组织、控制和协调等管理工作的重要基础，是保证项目实现进度、成本、质量、安全、环保等管理目标的重要条件。因此，项目信息及沟通管理已经成为工程项目管理必不可少的重要组成部分。本章主要对工程项目信息管理、沟通管理的主要内容和方法工具等进行阐述。

第一节　工程项目信息管理咨询

一、信息管理概述

（一）项目信息及信息管理

1. 项目信息的内涵

信息是有意义的数据，是通过对数据处理而产生的、按一定的规则组织在一起的数据的集合，其具有超出原数据本身价值以外的附加价值。所有的信息都是数据，数据只有经过提炼、抽象等加工处理之后，形成具有描述一个客观事物和客观事物的关系逻辑的数据流的使用价值时才能成为信息。

工程规模庞大和项目参与者众多是现代工程项目的主要特征之一。随之而来的是项目信息量、信息传递、信息交互的大幅增多和日益复杂化。为了便于对项目信息的管理和应用，有必要对种类繁多的信息进行分类。信息分类就是把具有相同属性或特征的信息归并在一起，把不具有这种共同属性或特征的信息区别开来的过程。信息分类的产物是各式各样的分类或分类表，并建立起一定的分类系统，以便管理和利用信息。

2. 项目信息分类

工程项目信息分类建议从横向和纵向两个维度来考虑。横向是指不同项目参与方（业主、设计单位、承包商等）和项目管理方划分要统一；纵向是指工程项目整体实施周期中，各阶段的划分体系要统一。横向统一有利于不同项目利益相关方之间的信息共享和信息传递：纵向统一有利于项目实施周期信息管理工作的一致性和项目管理信息系统对项目实施情况的追踪和比较。

3. 项目信息管理

信息管理是指对信息的收集、整理、处理、储存、传递与应用等一系列工作的总称。工程项目的信息管理，应根据其信息的特点，有计划地组织信息沟通，以保证能及时、准确获得各级管理者所需要的信息，达到能正确做出决策的目的。

项目信息管理的根本作用在于为各级管理人员及决策者提供所需要的各种信息。通过对工程建设过程中产生的各类信息进行系统管理，提高信息的可靠性和广泛性，使业主能对项目的管理目标进行较好的控制，为协调各方关系提高保障。

项目信息管理的对象需包括项目全过程项目管理机构内部产生的信息和项目管理机构外部产生的相关信息，具体包括项目全过程（包括设计、采购、施工、试运行等过程）项目管理机构内部及外部产生的信息。比如施工单位信息的来源不仅包括项目团队自己施工部分，还需包括市场、政府、建设单位、勘察、设计、管理单位、分包单位、供应单位所产生的信息。

（二）项目信息管理的任务和原则

1. 项目信息管理的任务

项目信息管理的任务主要包括以下方面：

（1）组织项目基本情况的信息，并编制成系统化的项目手册。项目管理的任务之一就是按照项目的任务及实施要求设计项目实施和项目管理中的信息和信息流，确定它们的基本要求和特征，并保证在实施过程中信息流通畅。

（2）项目报告及各种资料的规定，例如资料的格式、内容、数据结构要求。

（3）按照项目实施需要，在项目组织和管理工作过程建立项目管理信息系统流程，在实际工作中保证这个系统正常运行，并控制信息流。

（4）文件档案管理工作。

2. 项目信息管理的原则

建设工程产生的信息数量巨大，种类繁多。为了便于信息的搜集、处理、储存、传递和利用，在进行工程项目信息管理具体工作时，应遵循以下基本原则：

（1）标准化原则。在工程项目的实施过程中要求对有关信息进行统一分类，对信息流程进行规范，图表力求做到格式化和标准化，通过建立健全信息管理制度，从组织上保证信息生产过程的效率。

（2）定量化原则。建设工程产生的信息不应是项目实施过程中产生数据的简单记录，应该由信息处理人员进行比较与分析。所以采用定量工具对有关数据进行分析和比较是十分必要的。

（3）有效性原则。项目信息管理者所提供的信息应针对不同层次管理者的要求进行适当加工，针对不同管理层提供不同要求和浓缩程度的信息。例如对于项目的高层管理者而言，提供的决策信息应力求精练、直观，尽量采用形象的图表来表达，以满足其战略决策的信息需要。

（4）时效性原则。建设工程的信息都有一定的生产周期，如月报表、季度表、年度报表等，这都是为了保证信息产品能够及时服务于决策。所以，建设工程的成果也应具有相应的时效性。

（5）可预见原则。建设工程产生的信息作为项目实施的历史数据，可以用于预测未来的情况，管理者应通过采用先进的方法和工具为决策者制定未来目标和行动规划提供必要的信息。如通过对以往投资执行情况的分析，对未来可能发生的投资进行预测，作为采取事先控制措施的依据。

（6）高效处理原则。通过采用高性能的信息处理工具（建设工程信息管理系统），尽量缩短信息在处理过程中的延迟，项目信息管理者的主要精力应放在对处理结果的分析和控制措施的制定上。

(三)项目信息管理的方法

在项目信息管理的过程中,应重点抓好对信息的采集与筛选、信息的处理与加工、信息的利用与扩充,以便业主能有效利用信息对投资、质量、进度目标实施有效控制。

1. 信息的采集与筛选

必须建立一套完善的信息采集制度,通过业主代表的施工记录、工程质量记录及各方参加的工地会议纪要等方式,广泛收集初始信息,并对初始信息进行筛选、整理、分类、编辑、计算等,变换为可以利用的形式。

2. 信息的处理与加工

信息处理的要求应符合及时、准确、适用、经济等要求,处理的方法包括信息的收集、加工、传输、储存、检索与输出。信息的加工既可以通过管理人员利用图表数据来进行手工处理,更可以利用信息处理系统进行数据处理。

3. 信息的利用与扩充

未来更好地利用信息、扩充信息,要求被利用的信息应具有如下特性:

(1)适用性。主要包括:①必须能为使用者所理解;②必须为决策服务;③必须与工程项目组织机构中的各级管理相关联;④必须具有预测性。

(2)及时性。信息必须能够有助于适时做出决策和控制。

(3)可靠性。信息必须完整、准确,不能导致决策控制的失误。

(四)项目信息管理体系

为了实现对项目信息的有效收集、传输、储存和使用,项目管理机构需建立信息管理体系,包含管理组织、管理岗位、管理人员、管理制度、信息与知识系统等。信息管理系统的成功实施,不仅应有一套先进适用的建设工程信息管理软件和性能可靠的计算机硬件平台,更为重要的是应该建立一整套与计算机的工作手段相适应的、科学合理的信息管理体系,以便能够及时准确地获得和高效、安全可靠地使用所需信息。

1. 建立工程项目信息管理组织

在工程项目信息的管理过程中应该组建信息管理机构,明确信息管理组织体系。建立与信息管理业务相适应的组织机构是实现信息管理战略任务的关键。建立工程项目信息管理机构要明确信息管理部门与其他业务部门的关系，特别是应发挥信息化管理部门的作用，明确相关信息机构的职责定位。信息管理相关机构主要由以下职能部门组成。

(1) 信息使用部门。是提出信息的需求、内容、范围、时限等具体要求的部门，也是将信息用于分析研究、解决管理决策问题的部门。

(2) 信息供应部门。信息源有内部和外部两大渠道。对工程项目管理而言，了解和掌握外部信息资源十分必要。

(3) 信息处理部门。主要是使用各种技术工具和技术方法处理信息的专业部门。他们按照使用部门提出的要求，将供应部门提供的原始数据进行处理后供用户使用。

(4) 信息咨询部门。主要是为使用部门提供咨询意见，帮助他们向信息供应部门、信息处理部门提出要求，帮助用户研究信息和使用信息。

(5) 信息管理部门。在信息工作的所有职能部门中处于核心地位，负责协调各部门，确保能够合理有效地开发和利用信息资源。

2. 建立工程项目信息管理制度

工程项目信息管理制度是整个工程建设项目信息管理系统得以正常运行的基础。在工程建设项目信息管理系统的实施中，必须采取相应的组织措施，建立健全相应的信息管理制度，保证工程项目信息管理系统软硬件正常、高效地运行，这是工程项目信息管理体系的基本要求。

3. 信息安全

信息安全是指对信息的保密性、完整性和可用性的保持。项目信息安全建设是一项复杂的系统工程，规划、管理、技术等多种因素相结合使之成为一个可持续的动态发展的过程。项目信息安全问题的解决只能通过一系列的规划和措施，把风险降低到可被接受的程度，同时采取适当的机制使风险保持在此程度之内。

项目信息安全应进行分类、分级管理，并采取下列管理措施：

(1) 设立信息安全岗位，明确职责分工。组织及项目管理机构需分层建立配套的安全组织，明确岗位职责和信息安全人员。

（2）实施信息安全教育，规范信息安全行为。定期或不定期地进行安全教育，进行信息安全检查，规范安全信息行为。信息安全教育应当持续进行，在企业中建立信息安全文化并融入整个企业文化体系之中。

（3）采用先进的安全技术，确保信息安全状态。项目信息安全建设是一个全方位的工程，需要统筹考虑。安全技术和产品都应该与企业的IT业务实际情况相结合，才能建设成为完整的信息安全系统。可采用防火墙、入侵检测、上网行为检测等技术手段，提高信息安全水平。

信息安全是技术、服务和管理的统一，信息安全管理体系的建立必须同时关注这三方面。安全技术是整个信息系统安全保障体系的基础，由专业安全服务厂商提供的安全服务是信息系统安全的保障手段，信息系统内部的安全管理是安全技术有效发挥作用的关键。安全技术、安全服务和安全管理构成信息安全管理。

项目管理机构应实施全过程信息安全管理，建立完善的信息安全责任制度，实施信息安全控制程序，并确保信息安全管理的持续改进。项目管理机构需坚持全过程管理的原则，严格执行已建立的安全责任制度和信息安全措施，实现动态安全管理，发现问题及时改进，持续提升安全管理水平。项目信息安全管理工作需遵循国家的有关法律法规和地方主管部门的有关规定。

二、项目信息管理的计划和实施

（一）项目信息管理计划

1. 总体要求

在项目信息管理系统实施前，企业应以项目管理实施规划中的有关内容为依据制定项目信息管理计划。在项目执行过程中，应定期检查其实施效果并根据需要进行计划调整。

项目信息管理计划应包括下列内容：①项目信息管理范围；②项目信息管理目标；③项目信息需求；④项目信息管理手段和协调机制；⑤项目信息编码系统；⑥项目信息渠道和管理流程；⑦项目信息资源需求计划；⑧项目信息管理制度与信息变更控制措施。

2. 项目信息需求分析

在项目管理过程中，充分开发信息资源，为需求者提供有效的信息服务，满足工程项目管理的信息需要，是项目信息管理的主要任务。对信息需求的研究是信息管理的出发点，信息需要是信息系统建设和信息服务工作的根本依据。在工程项目的整个管理过程中，工程参建的各方都会在不同的时期对信息有不同的需要，但侧重点有不同，就存在着不同的规范信息行为。项目信息需求应明确实施项目相关方所需的信息，包括信息的类型、内容、格式、传递要求等，并应进行信息价值分析。

（二）项目信息编码系统

在工程项目管理工作中，随时都可能产生大量的信息（如报表、数字、文字、声像等），用文字来描述其特征已不能满足现代管理要求，因此必须赋予信息一组能反映其主要特征的代码，用以表征信息的实体或属性，建立项目信息编码系统，以便于利用计算机进行管理。

工程项目信息编码是项目信息分类的具体体现，是工程项目信息管理的基础，也是对信息进行计算机管理和项目管理信息系统应用的基本要求，项目信息建立统一的编码有利于不同项目参与方之间、不同组织之间消除信息交流障碍，保持信息交流和传递流畅，保证信息准确和有效的应用。

1. 常用编码方法

（1）顺序编码法。是一种较为简单的编码方法，它仅仅按排列的先后顺序对每一项信息进行编号，该编码方法简单，代码较短，但缺乏逻辑基础，本身不说明事物的任何特征。若需要了解代码的含义，需要查询主登记表。在现实生活中这种编码方法使用较为广泛，因为很多情况下在建立编码系统时，对未来系统的发展不清楚并且也无法做出恰当的估计，应用此方法可以很方便地对条目表进行编码，而不需对条目的内涵有专门的了解，并且具有几乎无限的可扩充性。

（2）缩写编码法。这种编码的本质特性是依据统一的方法缩写编码对象的名称，由取自编码对象名称中的一个或多个字符赋值成编码表示。例如用 L 代表 labor（人工），用 M 代表 material（材料），用 E 代表 equipment（设备）

等，此编码方法在没有说明详细的总条目表的情形下也可以通过联想回忆起其含义或特征。但在信息项较多的情况下，使用此法进行编码十分困难，在每次增加代码值之后，如果不重新检查全部的代码值，则缩写过程的结果就不能保证代码值的唯一性。

（3）基于标准分类的编码方法。这可能是最重要和最有用的方法，同样也是进行工程项目统计和核算所愿意采用的方法。这种方法的基础是把要编码的条目表详细划分为若干类型，很类似于图书管理中的十进制编码法，即先把对象分成十大类，编以第一个号0～9，再在每大类中分十小类，编以第二个号0～9，依次编下去。在待编条目规模很大时使用这种分类编码法具有很多优越性：一方面便于确定各信息项的分类及特性；另一方面便于信息项的添加；再就是其逻辑意义清楚，便于进行信息项的排序、检索及分类统计。

2. 信息编码原则

信息编码是信息管理的基础，项目信息编码系统应有助于提高信息的结构化程度，方便使用，并且应与组织信息编码保持一致。进行项目信息编码时应遵循以下原则。

（1）唯一性。每一个代码仅代表唯一的实体属性或状态。

（2）合理性。编码的方法必须是合理的，能够适合使用者和信息处理的需要，项目信息编码结构应与项目信息分类体系相适应。

（3）可扩充性和稳定性。代码设计应留出适当的扩充位置，以便当增加新的内容时，可直接利用原代码扩充，而无须更改代码系统。

（4）逻辑性与直观性。代码不但要具有一定的逻辑含义，以便于数据的统计汇总；而且要简明直观，以便于识别和记忆。

（5）规范性。国家有关编码标准是代码设计的重要依据，要严格遵循国家标准及行业标准进行代码设计，以便于系统的拓展。

（6）精炼性。代码的长度不仅会影响所占据的储存空间和信息处理的速度，而且也会影响代码输入时出错的概率及输入输出的速度，因而要适当压缩代码的长度。

3. 项目信息流程

项目信息流程用于反映工程项目上各有关单位及人员之间的关系。信息流程如果畅通，就会给工程项目信息管理工作带来很大的方便和好处。相反，信息流程如果混乱，信息管理工作是无法进行的。为了保证工程项目管理工作的顺畅进行，必须使信息在工程项目管理的上下级之间、有关单位之间和外部环境之间流动，形成有效的“信息流”。需要指出的是，信息流不是信息，而是信息流通的渠道。

项目信息渠道和管理流程应明确信息产生和提供的主体，明确该信息在项目管理机构内部和外部的具体使用单位、部门和人员之间的信息流动要求。此外，项目信息资源需求计划还应明确所需的各种信息资源名称、配置标准、数量、需用时间和费用估算。项目信息管理制度应确保信息管理人员以有效的方式进行信息管理，信息变更控制措施应确保信息在变更时进行有效控制。

4. 项目信息过程管理总体要求

项目信息过程管理应包括信息的采集、传输、储存、应用和评价过程。项目信息过程管理需充分利用现代信息技术，如互联网、物联网、数据库、人工智能等，实现从信息的采集、传输、储存，到应用、评价的高效的过程管理。

项目管理机构应按信息管理计划实施下列信息过程管理：①与项目有关的自然信息、市场信息、法规信息、政策信息；②项目利益相关方信息；③项目内部的各种管理和技术信息。

（三）项目信息的收集

信息管理工作质量的好坏，很大程度上取决于原始资料的全面性和可靠性。建设工程参建各方对数据和信息的收集是不同的，有不同的来源和角度，不同的处理方法，但要求各类数据和信息应进行规范管理。项目信息应采用移动终端、计算机终端、物联网技术或其他技术进行及时、有效、准确地采集。

1. 工程建设项目建设前期的信息收集

工程建设项目在正式开工之前，需要进行大量的工作，这些工作将产生大量的文件，包含着丰富的信息内容，如可行性研究报告、设计文件、招标投标合同文件及其有关资料。

2. 工程建设项目施工阶段的信息收集

工程建设项目在整个工程施工阶段，每天都发生各种各样的情况，相应地包含着各种信息，需要及时收集和处理。项目施工阶段是大量的信息发生、传递和处理的阶段，如建设单位、承包商提供的信息；项目管理机构的记录；工地会议信息。

3. 工程竣工阶段的信息收集

工程竣工并按要求进行竣工验收时，有大量的对竣工验收有关的各种资料信息，一部分是在整个施工过程中长期积累形成的；另一部分是在竣工验收期间根据积累的资料整理分析而形成的，完整的竣工资料应由承建单位编制，经项目管理机构和有关方面审查后，移交建设单位并通过建设单位移交给项目管理运行单位以及相关的政府主管部门。

（四）项目信息储存及应用

1. 项目信息的加工、整理与储存

项目信息的加工、整理和储存是数据收集后的必要过程。收集的数据经过加工、整理后产生信息。数据加工主要由相应的数据处理系统来完成，对于使用者主要是找到数据的关系和数据流程图，决定处理的时间要求和选择必要的、适合的软件和数学模型来实现加工、整理和储存过程。

通过对收集的数据进行分类加工处理产生信息后，要及时提供给需要使用数据和信息的部门，信息和数据的传输要根据需要来分发，信息和数据的检索则要建立必要的分级管理制度。项目信息应采用安全、可靠、经济、合理的方式和载体进行传输。需高度重视信息的传输安全问题，在安全、可靠的前提下，尽量采用投入产出比高的传输方式。

信息的储存是将信息保留起来以备将来应用。对有价值的原始资料、数据及经过加工整理的信息，要长期积累以备查阅。信息的储存一般需要建立统一的数据库，各类数据以文件的形式组织在一起，组织的方法一般由单位自定，但要考虑规范化。项目管理机构应建立相应的数据库，对信息进行储存。在信息储存方式上，建议采用数据库进行信息的结构化储存，以实现数据的统计分析。在选用数据库时应充分考虑数据的访问速度要求，储存空间容量以及可靠性要求。

2. 项目信息的应用

项目管理机构应通过项目信息的应用，掌握项目的实施状态和偏差情况，以便于实现通过任务安排进行偏差控制。需充分利用项目的大量信息，及时掌握项目实施各方面的实际情况，与计划进行对比，分析偏差情况，然后通过计划任务的调整安排，对偏差控制进行调整，促使计划与实际的一致性。

项目信息管理评价应确保定期检查信息的有效性、管理成本以及信息管理所产生的效益，持续改进信息管理工作。在信息管理过程中，需定期进行评价，持续提高信息管理的效益。

（五）项目文档管理

在实际工程中，许多信息以文件档案资料等形式呈现。工程项目文档管理指的是在项目信息管理中对作为信息载体的资料进行有序地收集、加工、分解、编目、存档，并为项目各参加者提供专用的和常用的信息的过程。

1. 职责分工

工程建设项目文档管理的职责涉及建设单位、项目管理机构、施工单位等以及建设档案管理部门。项目管理机构应配备专职或兼职的文件与档案管理人员。文件与档案宜分类、分级进行管理，重点环节是人员的配置。项目管理机构即使已配备了信息管理人员，对文件或档案管理职责也应另配备专职或兼职人员。项目各参建单位文档管理基本要求如下：

（1）工程各参建单位填写的建设工程档案应以施工及验收规范、工程合同、设计文件、工程施工质量验收统一标准等为依据。

（2）工程档案资料应随工程进度及时收集、整理，并应按专业归类，认真书写，字迹清楚，项目齐全、准确、真实。表格应采用统一表格，特殊要求需增加的表格应统一归类。

（3）工程档案资料进行分级管理，工程建设项目各单位技术负责人负责本单位工程档案资料的全过程组织工作并负责审核，各相关单位档案管理人员负责工程档案资料的收集、整理工作。

（4）对工程档案资料进行涂改、伪造、随意抽撤或损毁、丢失等，按有关规定予以处罚，情节严重的，应依法追究法律责任。

2. 管理职责

（1）项目管理过程中产生的文件与档案均应进行及时收集、整理，并按项目的统一规定标识，完整存档。项目管理过程中产生的资料、文件和信息数据需全面进行收集、整理，不仅是项目施工部分，还包括分包部分。分包工程中的资料、文件和信息数据都应及时收集、整理，按项目的统一规定进行完整的存档。

（2）项目文件与档案管理宜应用信息系统，对于不宜使用项目信息系统管理的，需按有关标准规范执行。对采用信息系统管理的，其中重要项目文件和档案应有纸介质备份。

（3）项目管理机构应保证项目文件和档案资料的真实、准确和完整。项目文件与档案根据相关法律法规和地方主管部门的要求，分类、分级进行管理，并制定信息安全和保密管理程序、规定和措施，确保文件、信息的安全，防止内部信息和领先技术的失密与流失，确保企业的竞争优势。

（4）工程建设项目技术文档应按完整化、准确化、规范化、标准化、系统化的要求整理编制，包括各种技术文件资料和竣工图纸，以及政府主管部门规定办理的各种报批文件。编制好技术文档是各工程管理部门、工程建设项目业主单位、项目管理单位、施工单位、设计单位等的共同责任。

（5）技术文档资料的管理应与工程建设项目的决策与实施同步进行，竣工资料的积累、整编、审定等工作与施工进度均应同步进行。在大中型工程建设项目竣工验收时，施工单位要提交一套合格的档案资料及完整的竣工图纸，并作为竣工验收的条件之一，为今后工程建设项目维修、管理、改建提供依据。

3. 项目档案的收集整理

工程建设项目的档案工作要与项目建设进程同步，纳入项目建设管理程序。项目申请立项时，即应开始进行文件材料的收集、整理、审查工作；项目竣工验收时，完成文件材料的归档和验收工作。

项目建设过程中，各单位要落实建设单位、工程总承包单位、工程现场指挥机构、施工单位、勘察设计单位、项目管理单位明确一位负责人分管档案工作，并建立与基建档案工作任务相适应的管理机构，配备档案管理人员及库房、设备，制定档案管理制度，在各自的职责范围内搞好基建项目文件材料的收集、整理、归档、保管工作。

基建项目各类文件应按文件形成的先后顺序或项目完成情况及时收集；引进技术、设备文件应首先由建设单位或接受委托的单位登记、归档，再行译校、复制和分发使用。

建设单位各机构负责收集、整理项目前期文件以及设备、工艺和涉外文件；勘察、设计单位负责收集、整理勘察、设计文件，并于任务结束后向建设单位移交完整、准确的设计基础材料和设计文件。

工程建设项目实行总承包的，由各分包单位负责其分包项目范围内文件材料的收集、整理，并提交总承包单位汇总；由建设单位分别向多个单位发包的，由各承包单位负责收集、整理其承包项目的文件材料，交建设单位汇总、整理；项目管理单位负责收集、整理项目管理文件，基建项目实体完成后向建设单位移交，统一归档。

4. 项目档案的验收

（1）工程建设项目档案验收是项目竣工验收的重要组成部分，未经档案验收或档案验收不合格的项目，不得进行或通过项目的竣工验收。验收主管单位应当通知有关档案管理部门派员参加基建项目竣工验收。项目档案验收应在项目竣工验收之前完成。

（2）工程建设项目档案验收应成立以工程建设项目主管部门、档案管理部门及专业技术人员共同组成的项目档案验收组，并以召集验收会议的形式进行。项目的建设、设计、施工和生产运行管理（或使用）单位的有关人员列席会议。项目档案验收组检查项目档案时，采用质询、现场查验、抽查案卷的方式。抽查重点为项目前期管理性文件、隐蔽工程文件、竣工文件、质检文件、重要合同、协议等。

（3）项目档案验收内容主要包括检查项目档案的基础管理工作，项目档案的完整、准确、系统情况，项目档案的安全管理。

5. 项目档案的移交

工程建设项目所形成的全部项目文件在归档前应按档案管理的要求，由文件形成单位进行分类、组卷、装订、编目等整理工作；由建设单位负责进行或组织汇总整理。除受委托进行项目档案汇总整理外，各施工承包单位应在项目实体完成后三个月内将项目文件向建设单位归档；有尾工的应在尾工完成后及时归档。

（六）项目信息系统

1. 项目信息系统的特点

工程建设项目信息系统是处理工程项目信息的人-机系统。它通过收集、储存及分析工程项目实施过程中的有关数据，辅助工程项目的管理人员和决策者规划、决策和检查，其核心是辅助对工程项目目标的控制。项目信息系统应包括项目所有的管理数据，为用户提供项目各方面信息，实现信息共享、协同工作、过程控制、实时管理。

工程建设项目信息系统是一个由进度控制、投资控制、质量控制及合同管理等多个子系统构成的综合系统，其功能的实现要靠公用数据库的支持，该公用数据库将各子系统共用的数据按一定的方式组织并储存起来，以实现各子系统之间的数据共享。项目信息系统宜基于互联网并结合建筑信息模型、云计算、大数据、物联网等先进技术进行建设和应用。

2. 项目信息系统的功能

项目信息系统需至少包括以下功能：信息处理功能、业务处理功能、数据集成功能、辅助决策功能，以及项目文件与档案管理功能。

（1）信息处理功能。在项目各个阶段所产生的电子、书面等各种形式的信息、数据等，都应进行收集、传送、加工、反馈、分发、查询等处理。

（2）业务处理功能。对项目的进度管理、成本管理、质量管理、安全管理、技术管理等都能实现协同处理。

（3）数据集成功能。系统应与进度计划、预算软件等工具软件，与人力资源、财务系统、办公系统等管理系统有数据交换接口，以实现数据共享和交换的功能，实现数据集成，消除信息孤岛。

（4）辅助决策功能。项目的信息化管理要具备数据分析预测功能，利用已有数据和预先设定的数据处理方法，为决策提供依据信息。

（5）项目文件与档案管理功能。项目的信息化管理要具备对项目各个阶段所产生的项目文件按规定的分类进行收集、储存和查询功能，同时具备向档案管理系统进行文件推送功能，在档案系统内对项目文件进行整理、归档、立卷、档案维护、检索。

3. 项目信息子系统功能

通过使用项目管理系统，充分利用信息技术，应能够实现项目文档管理一体化，方便检索使用和知识积累传递；可以获取项目的进度、成本、质量、安全、合同、资金、技术、环保、人力资源、保险等动态信息，实时掌握项目进展现状；支持项目管理做到“事前估计、事中控制、事后分析”；通过项目的原始数据可以自动产生相关报表和图表，为分析及决策提供参考依据。工程建设项目信息系统的基本功能应包括进度控制、投资控制、质量控制及合同管理四个子系统，各子系统应实现的功能如下：

（1）进度控制子系统。主要功能包括编制进度计划；工程实际进度的统计分析；实际进度与计划进度的动态比较；工程进度变化趋势预测；计划进度的定期调整；工程进度各类数据的查询；提供多种（不同管理平面）工程进度报表；绘制网络图；绘制横道图等。

（2）投资控制子系统。主要功能包括投资分配分析；编制项目概算和预算；投资分配与项目概算的对比分析；项目概算与预算的对比分析；合同价与投资分配、概算、预算的对比分析；实际投资与概算、预算、合同价的对比分析；项目投资变化趋势预测；项目结算与预算、合同价的对比分析；项目投资的各类数据查询；提供各种项目投资报表。

（3）质量控制子系统。主要功能包括项目建设的质量要求和质量标准的制定；分项工程、分部工程和单位工程的验收记录和统计分析；工程材料验收记录（包括机电设备的设计质量、监造质量、开箱检验情况、资料质量、安装调试质量、试运行质量、验收及索赔情况）；工程设计质量的鉴定记录；安全事故的处理记录；提供多种工程质量报表。

（4）合同管理子系统。主要功能包括提供和选择标准的合同文本；合同文件、资料的管理；合同执行情况的跟踪和处理过程的管理；经济法规库（国内外经济法规）的查询；提供各种合同管理报表。

4. 项目信息系统的安全措施

项目信息系统需要具有以下安全技术措施：

（1）身份认证。信息系统必须具备密码认证或硬件认证功能。采用密码认证时，密码要求有一定的复杂性。

（2）防止恶意攻击。服务器应进行安全加固和防护，网络内应配置防火墙或入侵检测系统，防止恶意攻击。

（3）信息权限设置。信息系统应有按用户或岗位设置信息权限的功能，实现数据的增、删、改、查权限控制。对流程审批，要设置审批权限和二次身份确认。

（4）跟踪审计和信息过滤。信息系统要具备信息的跟踪审计和信息过滤功能。

（5）病毒防护。网络内要安装网络版病毒防护软件，个人电脑和服务器端安装病毒防护软件客户端，并可以进行病毒库自动升级。

（6）安全监测。网络内应安装安全检测系统，对网络通信、服务器进行安全检测，发现异常能报警。

（7）数据灾难备份。需具备数据备份设施，备份方式可以采用差异备份或全备份。通过备份，保证信息数据的安全，保证项目的正常运行。

三、工程项目信息管理的方法工具

（一）工程项目信息系统的开发方法

工程项目信息系统的开发是一项艰巨的工作，需要大量的人力、财力和时间的投入。而系统开发的效率、质量、成本及用户的满意程度，除了管理、技术等方面的因素外，很大程度上取决于系统开发方法的选择。工程项目信息系统开发方法很多，常用的有生命周期法和原型法两种。

1. 生命周期法

生命周期法是系统工程思想和工程化方法在系统开发领域的运用，是先将整个信息系统开发过程划分出若干个相对独立的阶段，如系统规划、系统分析、系统设计、系统实施等，再严格规定每一阶段的任务和工作步骤，同时提供便于理解和交流的开发工具方法（图表）。在系统分析时，采用自顶向下、逐层分解，由抽象到具体的逐步认识问题的过程；在系统设计时，先考虑系统整体的优化，然后再考虑局部的优化问题；在系统实施时，则坚持自底向上，先局部后整体，通过标准化模块的链接形成完整的系统。

用生命周期法开发一个系统，可将整个系统开发过程划分为若干个首尾相连接的阶段，每一个阶段内部又包含若干前后关联的工作步骤，一般称之为系统开发的生命周期。生命周期各阶段的划分不尽相同，如Ⅲ阶段、Ⅳ阶段、Ⅴ阶段等，但人们对整个开发过程所完成的主要工作认同一致。图 7-1 给出了信息系统生命周期的五阶段划分方法。

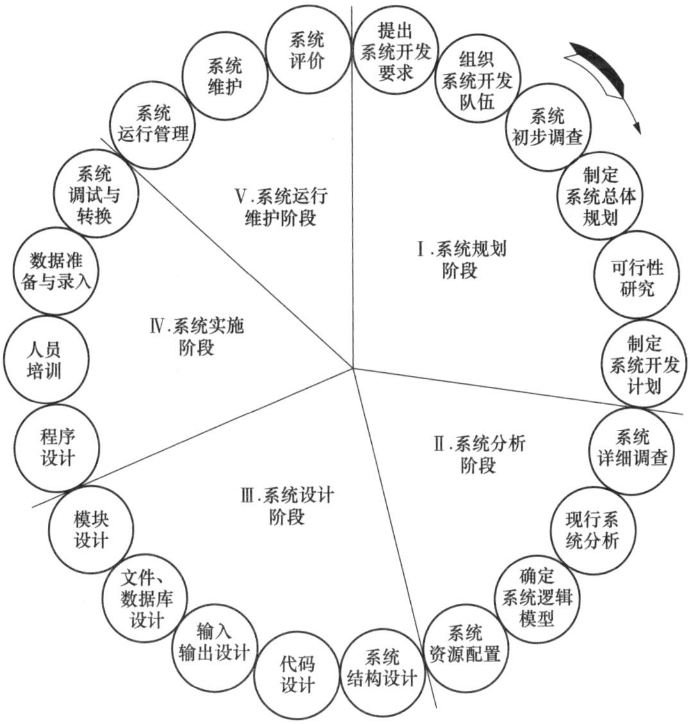

图 7-1　信息系统生命周期

系统开发生命周期各阶段的主要工作内容如下：

（1）系统规划阶段。主要是对环境、目标、现行系统的状况进行初步调查，明确问题，确定信息系统的发展战略；对建设新系统的需求做出分析和预测，分析建设新系统所受的各种约束，研究建设新系统的必要性和可能性。根据需要和可能，给出拟建系统的备选方案，从技术和经济角度对方案进行可行性分析，完成可行性研究报告，提交用户批准后，将系统建议方案及实施计划编写成系统开发任务书，进入系统分析阶段。

（2）系统分析阶段。主要是对现行系统进行详细调查，在此基础上进行组织机构功能分析；管理业务流程分析；数据与数据流程分析；功能与数据之间的关系分析；建立新系统逻辑模型；形成综合性的系统分析报告，并提交用户讨论审核，然后转入系统设计阶段。

（3）系统设计阶段。主要是在系统分析工作基础上，以系统分析报告为依据，进行总体结构设计，然后分别进行代码设计、数据库/文件设计、输入输出设计、模块结构与功能设计。与此同时，根据总体设计的要求，购置有关设备并安装调试。最后给出系统的物理模型和系统设计报告，提交用户讨论审核，批准确认后转入系统实施阶段。

（4）系统实施阶段。主要工作内容包括：程序设计；程序调试（单调、分调、总调）；计算机等设备的购置、安装与调试；人员培训；数据准备和初始化；系统调试与转化；最后投入试运行并进行完善性维护。

（5）系统运行与维护阶段。主要工作内容包括：系统的日常运行管理、维护；系统综合评价及系统开发项目审计等。在系统运行过程中，可能会出现由于环境变化导致的系统功能不足或者是因开发过程中未能发现或无法解决的功能要求，需要对系统进行修改、维护或者是局部调整。

当系统运行若干年之后，系统运行的环境可能会发生根本性的变化，出现了一些不可调和的大问题。此时，用户将会进一步提出开发新系统的要求，也就标志着旧系统生命的结束，新系统的诞生。

2. 原型法

原型法是指借助于功能强大的辅助系统开发工具，按照不断寻优的设计思想，通过反复的完善性实验而最终开发出符合用户要求的信息系统的过程和方法，即首先快速开发一个原型，然后运行这个原型，再通过对原型的不断评价和改进，使之逐步完善，直至用户满意为止。原型法的开发过程大致要经过可行性研究、确定系统基本要求、建造原始系统、系统评审和开发人员修改原始系统等阶段，其过程如图 7-2 所示。

根据应用目的及场合，原型法又可将其分为演化式原型法、丢弃式原型法

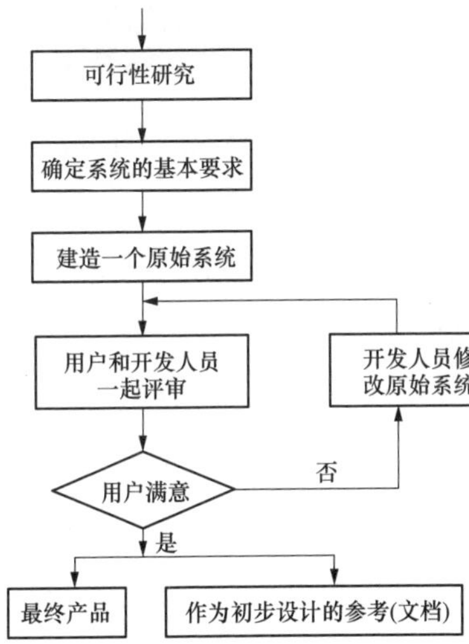

图 7-2 原型法的开发过程

和递增式原型法三种。

（1）演化式原型法。这种开发方法的思路：用户的要求及系统的功能无时不在发生变化，与其花大力气去了解不清楚的内容，不如先按照基本需求开发出一个系统，使用户先用起来，随时有问题随时修改。

演化式原型法的开发过程一般由设计、实施和演化三个阶段组成。按原始系统不断演化后的系统为最终系统，立即投入运行使用。一般来说，这种开发方法所得最终系统已经过反复修改，用户对其也做了多次评价，因此应能满足用户的要求。与丢弃式原型法不同的是，演化式原型法的原始系统经过不断修改就成了最终系统，因此在原始系统建立和演化过程中，对系统的文档管理要特别注意。

（2）丢弃式原型法。这种方法是将原型系统作为用户和开发人员之间进行通信的媒介，并不打算把它作为实际系统运行。这类似于水利水电工程中用模型试验方法得到具体水工结构尺寸的方法。建立原始系统的目的是为了对最终系统进行研究，使用户和开发人员借助这个系统进行交流，共同明确新系统的需求。使用这种方法时，原型的开发过程可以作为传统生命周期法的一个阶段，即需求定义阶段（或称系统分析阶段）。由于原型系统在完成评审，明确开发需求后即被丢弃，不需建立十分完整的文档，因而原型系统开发费用较低，速度较快。

（3）递增式原型法。这种方法同丢弃式原型法及演化式原型法相比，既有相同的地方，又有不同之处。其开发思路是，在开始时，系统有一个总体框架，各功能单元的结构和功能也十分清楚，但还没有进行具体实现，即系统应完成什么功能，分为几部分，各部分又有几个模块等都已明确，且今后也不会变化或变化不大，但还没有全部实现。以后的开发，即是去具体实现或完善这些模块。具体的设计过程中，可能是完全实现一个新模块，也可能是用一个效率更高的模块去代替一个旧模块。这些工作均基于一个前提：系统的结构不发生变化，模块的外部功能不发生变化。

（二）信息化管理工具

1. 项目信息门户（PIP）

项目信息门户（project information portal，PIP）在项目主题网站（project-specific websites）和项目外联网（project extranet）的基础上发展而来，是工程建设领域一系列基于 Internet 技术标准的项目信息交流系统的总称。PIP 是以项目控制论、项目协同和电子商务为基础，在对项目实施全过程中项目参与各方产生的信息和知识进行集中式管理的基础上，为项目参与各方在 Internet 平台上提供的一个获取个性项目信息的单一入口，其目的是为工程项目参与各方提供一个高效率信息沟通和协同工作的环境。

PIP 的主要功能是项目信息的共享和传递，主要提供项目变更与桌面管理、文档管理、工作流管理、项目通信、任务管理、电子商务等基本功能，其中变更与桌面管理、项目通信、任务管理、电子商务等功能，主要为了让项目主持方和项目参与方之间以及项目各参与方之间在项目范围内进行高效的信息交流和传递，通过项目邮件、视频会议等方式实现项目协同工作；项目文档管理功能包括文档信息的查询、文档版本控制、文档的上传与下载、文档在线修改等功能；工作流管理功能可以根据业务流程文件的跟踪统计实现流程控制。

图 7-3 所示为常见的项目信息门户功能结构示意图，在具体工程建设项目的应用中仍需要结合情况进行适当的选择和扩展。

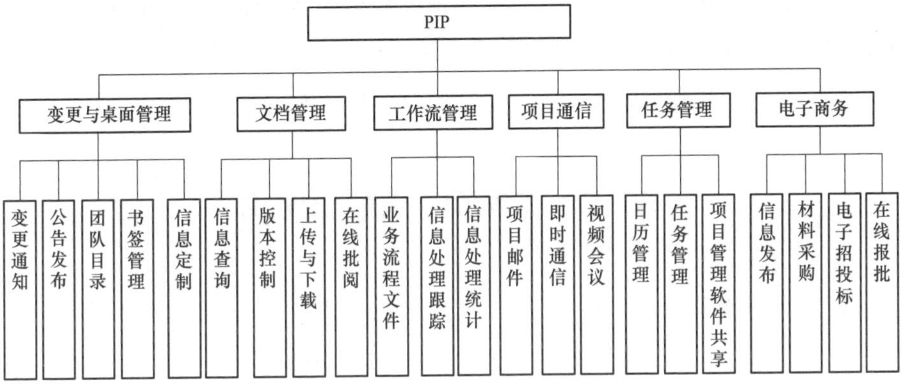

图 7-3　项目信息门户功能结构示意图

2. 基于 BIM 的建设工程生命周期管理应用软件

BIM 技术将数字化的三维建筑模型作为核心应用于建设工程的设计、施工等过程中，主要通过相关的软件开发和应用为工程技术与管理人员提供工具和工作手段，并在有关技术的发展过程中逐渐形成较为通行的行业标准和操作规范。

建设工程生命周期管理（building lifecycle management，BLM）的核心目的，就在于解决建设工程生命周期中的信息创建、信息管理和信息共享问题，BLM 是改变数字化设计信息管理和共享的理念与技术。

建筑信息模型（BIM）技术的出现，为真正实现 BLM 的理念和 BLM 的实践应用提供了技术支撑。BIM 技术从根本上改变了建筑信息的创建行为和创建过程，采用 BIM 技术，则从建设工程设计开始，创建的就是数字化的设计信息。基于数字化设计信息的创建，再应用 BLM 的相关技术产品，可以改变建设工程信息的管理过程和共享过程，从而实现建设工程生命周期管理。

数字化信息模型改变了建设工程信息的创建过程，实现了由建筑设计从传统的 2D 图形到 3D 信息模型，即由图形到工程信息模型的本质变换；再进一步实现已创建数据的共享，即从 3D 到 nD（多维），即三维信息模型＋时间维＋费用维＋多项管理维构成的集成管理，实现真正意义上的建设工程管理集成化和信息化，结合了基于 BIM 的在线协同工作的 BLM 理念和相关技术，被认为是未来改进建设工程设计过程、建造过程和管理过程的重要推动力量。应用 BIM 理论及其技术和相关软件产品，需要改变传统工程管理的思维和方法，强化工程建设的基础性管理工作，提高项目参与各方人员的素质。

第二节　工程项目沟通管理咨询

一、沟通管理概述

沟通是为了一个设定的目标，把信息、思想和情感在个人或群体间传递，并且达成共同协议的过程。这种信息的交流，既可以是通过通信工具进行交流，如电话、传真、网络等，也可以是发生在人与人之间、人与组织之间的交流。沟通交流有三大要素：①要有一个明确的目标；②达成共同的协议；③沟通信息、思想和情感。

（一）项目沟通的内容

在项目的实施过程中，沟通主要包括人际沟通和组织沟通。而人际沟通是组织沟通的基础，因为首先要把握人际沟通的形式、特点和对策，然后才能考察置于组织特定环境下发生的组织沟通的形式、特点和对策。

1. 人际沟通

人际沟通就是将信息由一个人传递给另一个人或多个人，同时也包括人与人之间的相互理解。人际沟通不同于组织沟通，有其自身的特点，主要通过语言交流来实现，而且随着信息的交流，同时也包含着情感、思想、态度等的交流。

2. 组织沟通

组织沟通是指组织之间的信息传递。组织内部的信息沟通主要有两条渠道，即正式渠道和非正式渠道，两者均载有信息，且同等重要。所谓正式渠道是指组织内部按正规的方式建立起来的渠道。信息既可以从上级部门传递给下级部门，如政策、规范、指令等，也可以从下级部门反映到上级部门，如报告、请求、意见、建议等，还可以是同级部门之间的信息交流。而非正式渠道是由组织内部成员之间因为彼此的共同利益而形成的，这些利益既可能是因为工作而产生的，也可能是由于组织外部的各种条件而产生的。通过非正式渠道传递的信息经常会被曲解，与正式渠道传播的信息相矛盾，但有时会成为正式渠道信息的补充。

在项目沟通管理中，不同的内容可能需要采取不同的方式、方法或渠道，因此在收集项目沟通内容的同时，还要注意收集适合各种沟通内容的沟通方式、方法和渠道方面的信息，以及考虑适当的项目沟通频率问题。

（二）影响项目沟通的因素

1. 内部因素

典型的内部因素包括扣留信息、备忘录管理、有反面作用的情绪化行为、混合了的信息、间接沟通、传达部分信息、障碍或有选择地理解。

2. 外部因素

典型的外部因素包括政治环境、经济气候、商业环境、已取缔的代理机构、技术方面的苛求。

3. 谣传

谣传可以在一定范围内扭曲和破坏信息，谣传产生于支配人们信息提出方式的个性过滤网。谣传会导致含糊不清。

4. 其他因素

沟通环境还受以下因素的影响：后勤（地理）上的分离、个人接触的需要、小组会议、电话、信件（次数和数量）、电子邮件。

（三）项目沟通的重要性

早期的项目管理，大多侧重于项目管理工作手段和技术的研究、开发和论述。自 20 世纪 70 年代，项目组织行为及其组织协调工作逐步得到重视，研究重点转移到项目管理中的组织和行为方面，领域涉及领导类型/人际关系技巧；冲突的管理；决策方式和建立项目组织的技巧；组织设计和项目经理的权威关系；项目管理中信息的沟通；项目组织内部、近外层及远外层组织的关系等。

沟通是计划、组织、领导、控制等管理职能有效性的保证，没有良好的沟通，对项目的发展以及人际关系的处理、改善都存在着制约作用。在项目管理中，专门将沟通管理作为一个知识领域。美国项目管理知识体系（PMBOK）

建议项目经理要在沟通方面花75%以上的时间，表明沟通在项目管理中的重要性。多数人理解的沟通，就是善于表达，能说、会说，项目管理中的沟通，并不等同于人际交往的沟通技巧，更多是对沟通的管理，其重要性可以概括为以下方面。

1. 决策和计划的基础

项目的决策者要做出正确的决策，就必须有准确、完整、及时的大量信息作为决策依据。沟通不力、信息不畅，阻碍了决策者获取最及时有效的信息，依据滞后的信息做出的决策必然不符合项目实际情况，将可能导致项目的失败。通过项目内、外部环境之间的信息沟通，就可以获得充分的信息，从而为决策提供依据。

2. 组织和控制管理过程的依据和手段

在项目管理内部，没有畅通的信息沟通，就无法实施科学的管理。只有通过信息沟通，掌握项目管理内的各方面情况，才能为科学管理提供依据，才能有效地提高项目管理的组织效能。组织内部成员，有必要通过沟通知晓所要实现的目标，并通过沟通处理好内部成员个体之间的关系，形成一个强有力的整体，通过组织内部与组织外部的沟通，协调各自关系，减少矛盾与对立的产生，使项目能够顺利实施。

3. 项目经理成功管理的重要手段

项目经理是通过各种途径将意图传递给下级人员并使下级人员理解和执行。如果沟通不畅，下级人员就不能正确理解和执行领导意图，项目就不能按经理的意图进行，最终导致项目混乱甚至项目失败。因此，提高项目经理的沟通能力，对项目成功管理影响很大。

4. 信息反馈的重要条件

项目在实施的过程中，要不断对其工作进程进行评价，并将评价信息反馈给管理者。管理者通过收集、过滤、合并、引导信息流以确定适宜的行动，无论对小型组织还是大型项目组织，这一点都是至关重要的。

（四）项目沟通管理类型

沟通管理的内容涉及与项目实施有关的所有信息，尤其是需要在各相关方共享的核心信息，包括内部关系、近外层关系、远外层关系等。

1. 项目不同参与方的沟通管理

（1）项目团队内部的沟通。项目经理所领导的项目团队是项目组织的领导核心。通常项目管理团队直接控制资源和具体的工作，项目经理和职能人员之间及各职能人员之间应该具有良好的工作关系，应当经常进行沟通和协调。

（2）项目经理与职能部门的沟通。项目经理与组织职能部门经理之间的沟通是十分重要的，特别是在矩阵式组织中。职能部门必须对项目提供持续的资源和管理工作支持，职能部门与项目之间有高度的依存性。

在项目经理与职能经理之间自然会产生矛盾，在组织设置中他们之间的权力和利益平衡存在着许多内在的矛盾性。但是项目经理必须发展与职能经理良好的工作关系，这是项目经理工作顺利进行的保证。因此，项目经理和职能经理之间有一个清楚的、快捷的信息沟通渠道，不能发出相互矛盾的指令。

在实际上，由于项目组织的特性，项目经理对于项目来说只是某一个项目的经理，是项目实施期存在的，需要职能经理在各个职能方面对其提供支持，要通过沟通消除职能经理与项目经理不必要的对立和矛盾。

（3）项目经理与业主的沟通。业主代表项目的所有者，对项目具有特殊的权力，而项目经理为业主管理项目，必须服从业主的决策、指令和对工程项目的干预，项目经理的最重要的职责是保证业主满意。要取得项目的成功，必须获得业主的支持。

项目经理首先要理解项目目标，理解业主的意图，反复阅读合同或项目任务文件。其次，应该让业主一起投入项目全过程，而不仅仅是给他一个结果。再次，业主在委托项目管理任务后，应将项目前期策划和决策过程向项目经理做全面的说明和解释，提供详细的资料。最后，项目经理有时会遇到业主所属组织的其他部门，或者投资人方都想来指导项目实施的情况，对于这种状况，项目经理应该很好地听取其意见和建议，对其做出耐心的解释和说明，但不能让其直接插手项目管理事务。

（4）项目管理者与承包商的沟通。承包商通常指工程的承包商、设计单位、供应商，他们与项目经理没有直接的合同关系，但他们必须接受项目管理者的组织、协调和监督指导。

在技术交底以及整个项目实施过程中，项目管理者应该让各承包商理解总目标、阶段目标以及各自的目标、项目的实施方案、各自的工作任务及职责等，并向他们详细说明，增加项目的透明度。项目管理者应该强调其职责是提供服务，强调各方利益的一致性。在招标、签订合同、工程施工中应让承包商掌握信息，了解情况，以做出正确的决策。

2. 项目不同阶段的沟通管理

项目建设程序包括项目决策、建设准备、工程实施、完工阶段等阶段，沟通管理贯穿工程建设项目生命周期的全过程，而不仅仅是其中的某一个阶段，在每一个阶段所需要进行沟通的主体各不相同。

（1）项目决策阶段沟通。项目决策阶段主要的沟通对象有政府职能部门、设计单位、主管部门、项目团队成员等，主要采用正式沟通方式和书面报告形式。对于主管部门要采取上行沟通的方式反映其意见，在传递信息前要对信息进行预审，仅向高层传递重要的信息，要求组织有意地限制上行沟通信息的数量和质量。项目内部同时采取下行沟通方式，明确分配给成员工作或任务的性质，使其按照主管部门意图对外进行沟通。

（2）建设准备阶段沟通。这个阶段主要是根据批准的可行性研究报告，成立项目法人，进行工程地质勘查、初步设计和施工图设计，编制设计概算，安排年度建设计划，进行工程发包，准备设备、材料，做好施工等准备工作。

该阶段的主要沟通对象是业主，勘察单位、周边地区、设计单位、施工承包商等，主要采取正式的沟通渠道，例会是主要的沟通形式，要采取上行沟通渠道用会议及会谈方式经常向主管部门汇报进展情况。采取下行沟通方式与组织成员布置任务和交流信息，可以采用会议、会谈、电话和非正式沟通方式进行。项目内部成员要连接各方面的专业人员，主要采取平行沟通与非正式沟通方式，可以会议、电话、图表、报告、电子邮件、传真等多种形式进行专业信息交流。同时通过上行沟通渠道，利用会议、会谈、电话及时汇报各方面的进展情况。

（3）工程实施阶段沟通。工程实施阶段是项目决策的实施，建成投产是发挥投资效益的关键环节。该阶段是时间最长、工作量最大、资源消耗最多的阶段，沟通主要对象为设计院、施工单位、项目管理部门、设备厂家等，还要有政府职能部门的监督，在整个工程施工建设中，将各种沟通方式与渠道结合应用，进行各方面协调，进行充分的配合沟通，确保管理顺畅，才能使信息传播速度快，工程能够顺利进行，不影响工期。

（4）完工使用阶段沟通。按批准的设计文件和合同规定的内容建成的工程项目，能够正常使用的，要及时组织验收、办理移交固定资产手续。竣工验收是考核建设成果、检验设计和工程质量的重要步骤，是投资成果转入生产或使用的标志。沟通的主要对象为业主、政府职能部门、质检部门、生产部门等，这一阶段主要采取正式沟通渠道，以书面报告形式为主。通过会议，以报告形式进行项目完工汇报，并组织成员联系政府有关职能部门进行项目验收和生产交接工作。项目内部要采取上行沟通渠道，以报告形式向项目经理汇报专业工程完工情况。

二、项目沟通管理的内容

（一）项目利益相关方分析

1. 项目利益相关方分类

项目管理的一个重要理念，就是项目的目标不仅在于得出项目的交付物，还在于使项目的利益相关方满意，利益相关方意识是项目管理人员最为重要的意识之一，也是保证项目成功的关键因素。项目经理的首要工作，就是要识别项目利益相关方及其在项目中所扮演的角色，通过对其角色的分析，进一步找到那些对项目进行至关重要的利益相关方，分析他们的需要和利益，最大限度地通过项目实现其期望。关键的项目利益相关方主要包含以下几类：

（1）对项目具有签字权力的客户或用户方领导，他们往往是项目的发起人，项目的成败对他们影响巨大，他们关注的是项目的重大决策和时间节点，希望项目能按照他们所计划的那样顺利进行，顺利结束并有一个正面的评价。

（2）需求决策者，即关键用户部门的领导，这类用户相对第一类用户来说，通常更多地关注项目的具体内容。在这类关键用户之间，通常容易发生利益或管理权力方面的冲突。他们希望项目能提高他们的管理或业务水平，但又不希望看到因为项目而改变目前的管理架构和权力体系。

（3）关键用户，这类用户通常是项目成果的真正使用者，他们关注的是通过项目，能否减轻他们的工作，解决他们烦琐的日常工作，却又不至于替代他们在部门中的角色。

2. 项目利益相关方需求分析

利益相关方对项目的期望和需求包含多个方面，归纳起来可以分为三类：第一类是“实质性需求”，即如果缺乏就不能满足其基本需要的成果特性；第二类是“扩展性需求”，即利益相关方希望得到能够丰富其需要的东西；第三类是“增值性需求”，即对利益相关方而言多多益善。尽管从理性上看这三类需求对利益相关方的重要性而言是递减的，然而在项目生命周期中，利益相关方表达这些期望的频率却常常是递增的，项目利益相关方的期望并不是都可以清晰定义的，也不是都可以写进合同里的。利益相关方通常是通过描述性的语言来进行期望说明，必须将这些期望挖掘出来并将其定义成清晰、准确的需求才能明晰项目成功的标准。

不同利益相关方需求对项目的影响可能是积极的也可能是消极的。积极的项目利益相关方，是指那些会从项目成功中获益的利益相关方；而消极的项目利益相关方则是指那些在项目成功中看到负面结果的利益相关方。对于项目的积极利益相关方，他们的利益会因为项目的成功而更好地达成，因此他们会提供支持，项目的消极利益相关方则会通过提出更多的、更大范围的各类环境影响因素来阻止项目顺利推进。项目的消极利益相关方往往被项目团队忽略，这会增加项目失败的风险。利益相关方能够影响组织，他们的意见一定要作为决策时需要考虑的因素。但是，所有利益相关方不可能对所有问题保持一致意见。其中一些群体要比另一些群体的影响力更大，因此如何平衡各方利益将成为项目沟通管理考虑的关键问题。

项目的目标始终应该是追求目标主体的利益最大化，只是不同阶段利益最大化的主体不同而已，这也符合利益相关方不断变动的实际情况。各利益相关方在不断变动的过程中，保持一种均衡状态。项目的存在和发展就是其作为一个系统而存在的不同均衡状态。项目的运行实际上是该系统由均衡到不均衡再到均衡的循环过程，这一过程表现为项目不同的生命周期发展阶段，而推动项目实施和运动的力量便是利益相关方的利益。因此，在以契约为纽带将专用性资源所有者的权利与义务联结在一起的项目中，不同利益相关方的利益应达到均衡。与之相对应，项目的目标是实现利益相关方的利益均衡，而不是最大化。

对利益相关方利益均衡的项目而言，则体现了利益相关方之间利益变化的运行状态和他们之间的一种利益均衡状态，表现出项目对利益相关方的一种静态和动态的依存状态。当专用性资源的所有者和使用者之间的利益达到一定均衡时，均衡价格形成，各种专用性资源就开始形成交易，项目便从利益相关方处取得了资源，并对专用性经济资源进行运作，这便有了项目的产生、存在和发展所需要的资源，如果专用性资源所有者和项目之间没有利益的均衡，意味着针对专用性资源的交易不能成交，则项目也就不能获得其存在和发展的资源，项目目标也无法实现。

（二）项目沟通管理计划

1. 项目沟通管理计划的内容

（1）信息沟通的方式。主要说明在项目的不同实施阶段，针对不同的项目利益相关方及不同的沟通要求，拟采用的信息沟通方式和沟通渠道。即说明信息（包括状态报告、数据、进度计划、技术文件等）流向何人、将采用什么方法（包括口头、书面报告、会议等）分发不同类别的信息。

（2）信息收集归档格式。用于详细说明收集和储存不同类别信息的方法。应包括对先前收集和分发材料、信息的更新和纠正。

（3）信息的发布和使用权限。

（4）发布信息说明。包括格式、内容、详细程度以及应采用的准则和定义。

（5）信息发布时间。即用于说明每一类沟通将发生的时间，确定提供信息更新依据或修改程序，以及确定在每一类沟通之前应该提供的现时信息。

（6）更新修改沟通管理计划的方法。

（7）约束条件和假设。

2. 项目沟通管理计划的编制

在沟通计划中要确定利益相关方的信息与沟通需求，明确谁需要何种信息、何时需要以及如何向他们传递信息。因此，项目的沟通计划要认清利益相关方的信息需求，确定满足这些需求的恰当手段。同时，虽然项目的沟通计划是在项目早期阶段进行的，但在项目的整个过程中都应该对其结果进行定期的检查，并根据需要进行修改，以保证其持续适用性，项目的沟通计划编制要保证其准确性以及时效性。

沟通计划编制依据是：合同文件；项目各相关组织的信息需求；项目的实际情况；项目的组织结构；沟通方案的约束条件；假设以及适用的沟通技术。具体解释如下：

（1）沟通需求。沟通需求主要是提供相关者所要求的信息内容、形式和类型，以及考虑分析该信息的价值来确定的，通常主要包括：①项目组织和相关者的责任关系；②该项目需要的技术领域、部门和专业；③由具体个人参与的该项目的后勤保证；④外部信息联系等。

（2）沟通的技术。进行项目沟通的方式有很多，选用沟通的方式取决于下列因素：①对信息要求的紧迫程度。如果项目对信息传递要求较紧急，可以通过口头沟通的方式，相反则可以采用定期发布的书面报告的形式。②技术的获取性。例如项目的需求是否有理由要求扩大或缩小已有的系统。③预期的项目环境。对于已经建立的沟通信息系统，是否适合项目成员经验的交流和专业特长的发挥，能否使所有的成员都能从沟通中获得所想要的信息。④制约因素和假设。制约因素和假设是限制项目管理人员选择的因素，项目沟通管理者应对其他知识领域各过程的结果进行评价，找出可能影响项目沟通的因素，并采取措施。

编制项目沟通管理计划的主要依据包括：①建设、设计、管理单位等组织的沟通要求和规定；②合同文件；③项目管理的相关制度；④国家法律法规和当地政府的有关规定；⑤工程的具体情况；⑥项目采用的组织形式；⑦与沟通方案相适用的沟通技术约束条件和假设前提。

3. 项目沟通的信息利用

信息利用就是把所需要的信息及时地分发给项目相关者，包括实施沟通管理计划，以及对不曾预料的信息索取要求做出反应。

（1）信息的利用。要进行信息的利用，首先应该确定按照哪些内容进行信息的发布。主要内容包括：①项目计划的工作结果。项目组织应该收集工作成果的资料，作为项目计划执行的一部分。②沟通管理计划。应根据项目早期阶段所制定的沟通管理计划进行实施，并在实际操作中不断修改和完善，以适应项目发展过程。③项目计划。项目计划是在项目的招投标过程中，经过科学论证并得到批准的正式文件。项目组织应该及时分阶段地将项目计划信息发布出去。

（2）信息沟通技巧。沟通技巧用于交换信息。信息的发送者保证信息的内容清晰明确、完整无缺、不模棱两可，以便让接收者能够正确接收，并确认理解无误。接收者的责任在于保证信息接收完整、信息理解无误，在沟通过程中有多种方式，即书面沟通与口头沟通；正式沟通与非正式沟通；上行沟通、下行沟通与平行沟通等。

（3）项目管理信息系统。项目管理信息系统用于收集、整理、发布项目信息。通过项目管理信息系统，能够快速沟通和处理纷繁复杂的事件，系统信息使管理者通过各种方法共享。主要包括信息检索系统和信息发布系统。通过信息检索系统由项目团队成员与利益相关方通过多种方式实现信息共享，包括手工归档系统、电子数据库、项目管理软件以及可调用的工程图纸、设计要求、实验计划等技术文件的系统。项目信息通过信息发布系统以多种方式分发，包括项目会议，拷贝文件发布，联网数据库调用共享、传真、电子邮件、电话信箱留言、可视电话会议以及项目网络等。

（4）沟通信息的传递。项目沟通信息要以管理信息系统为载体，根据不同的重要程度实施不同的传递方式，特殊沟通信息应按照特殊途径进行传递；重要沟通信息应按照相应高级的方式进行传递；一般沟通信息应按照普通的方式进行传递，以确保信息在规定的条件下及时、有效、快捷、安全地到达既定的部门。

（三）项目沟通方式的选择

信息发送是实施沟通管理计划中的重要环节，指将需要的信息及时地传送给项目利益相关方。信息发送的过程如图 7-4 所示。

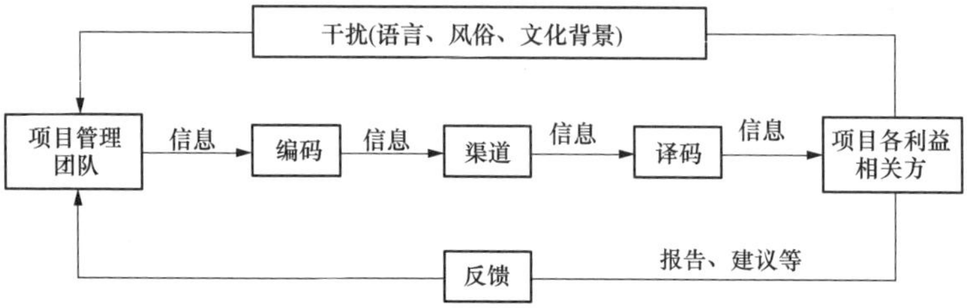

图 7-4 信息发送的过程

1. 选择项目沟通方式应考虑的因素

在项目沟通中，不同信息的沟通需要采取不同的沟通方式，因此在编制项目沟通计划过程中还必须明确各种信息需求的沟通方式。不同的沟通方式会直接影响到项目信息传递的准确性、可靠性、及时性和完整性。究竟项目组织需要采用哪种沟通方式需要根据项目实际需求和客观条件决定。一般来讲，影响项目选择沟通方式的因素主要有以下方面。

（1）沟通需求的紧迫程度。项目的成功必须依靠大量的、不断更新的信息沟通，但是有些沟通要求时间紧迫，而有些可以暂缓。所以在确定沟通方式时要充分考虑这些因素，对于急迫的信息沟通需要更为快捷的沟通方式。

（2）沟通方式的有效性。满足项目沟通需要是确定项目沟通方式的关键因素之一。例如，会议沟通方式适合于研究和集体决策，公告的沟通方式适合于规章制度的发布或各种项目事务的通告。

（3）项目相关人员的能力和习惯。沟通方式的选择还必须充分考虑项目参与者的经历、知识水平、接受与理解能力和在沟通方面的习惯做法。这包括现有的能力和习惯，以及需要进行广泛的学习和培训提高和改进的能力与习惯。

（4）项目本身的规模。如果项目的规模小、工作量不大、生命周期很短，一般可以选用现有人们习惯的和便于实施的沟通方式与方法；如果项目规模大、生命周期长，需要采取一些先进而有效的项目沟通方式和方法。

2. 选择项目沟通方式的原则

在实际的项目管理中，根据实际需要，还可以采用更多的交流、沟通方式。项目需要有效的沟通，恰当的沟通方式能使正确的信息在适当的时间以较低的成本被团队成员获得。结合管理的实践，在选择沟通方式时，可遵循如下原则：

（1）永远不要在项目会议上批评或责难项目成员。如果必须要强调队员们在工作中的状态，可以限制参加会议的人数或保持会议的秘密性。

（2）可以使用电子邮件发送日常信息或安排每天的工作任务，但必须注意每日发送信息的数量。在不必要时，不要将所有的信息传递给每一位项目成员。

（3）在发送重要的项目报告、文件之前，可以使用传真、电子邮件等方式引起接受者的注意。在发送重要的信息之前，可以使用较为快捷的方式预先通告，这样可以达到较好的效果。

（4）当需要解决项目问题时，最好采用面对面的会议或项目会议。

（5）限制项目会议的人数。每次项目会议都是有的放矢的，只有相关团队成员才需要真正参加特定的项目会议。

（6）考虑团队的文化建设。由于某些原因，一些项目团队需要更多的沟通，这些团队大多缺乏足够的凝聚力，团队成员之间只存在有限的接触。高效的项目团队是项目成功的必要条件，项目团队的文化是团队的精神支柱，能将成员紧紧地联系在一起。

（四）项目冲突管理

冲突就是项目中各因素出现不协调的现象。冲突管理是项目管理者利用现有技术方法，对项目实施过程中出现的不协调现象进行处置或对可能出现的不协调现象进行预防的过程。

在项目环境中，冲突是不可避免的。这是由于在项目中存在：①有压力的环境，因为项目必须在批准的预算内和规定的时间内完成；②不够明确的角色职责，项目经理、职能经理和界面人员的职责可能相互交叉与重叠；③多重上司，项目中有的项目团队成员要向两个或两个以上的主管部门汇报；④技术上的创新，项目技术上的创新将导致不确定性增加。

冲突具有两面性。解决好可以有助于团队的建设、改善项目状况，是一个学习和提高的机会；若解决不当，有的会给项目带来灾难性的后果，有的则给项目埋下未来的隐患。因此冲突管理的作用是引导冲突结果向积极的、协作的、有利的方面发展，而不是向破坏性的方向发展。在这个过程中，项目经理扮演着关键角色，应该在做好冲突防范的同时，在冲突发生后能够分析冲突来源，运用正确的方法来解决冲突，并通过解决冲突发现问题、解决问题，促进项目工作更好地展开。

1. 项目冲突源和强度

项目冲突不可避免。当项目成员意见发生分歧时，冲突随之产生。试图避免冲突、压制冲突的想法是错误的，只能进一步恶化冲突、激发矛盾，最终导致更大的冲突。认识冲突的起因和来源有助于更好地解决冲突。

冲突是组织团队或队员为了限制或阻止另一部分组织、团队或队员达到其预期目的而采取的行为和措施。尽管冲突可能会阻碍某个组织或个人目标的实现，但是当冲突能给决策带来新信息、产生新方法时，会促进项目工作的开展。

(1) 冲突源。项目冲突有各种各样的起因。萨姆汉（Thamhain）和威尔蒙（Wilemon）曾经有过一次针对项目冲突管理的调查，总结出项目最主要的七种冲突来源。

1) 人力资源的冲突。对有来自其他职能部门或参谋部门人员的项目团队而言，围绕着用人问题，会产生冲突。当人员支配权在职能部门或参谋部门的领导手中时，双方会在如何使用这些队员上存在冲突。

2) 成本费用冲突。成本费用冲突往往在费用如何分配上产生，涉及工作分解结构，一般是来自支持部门的成本估算及预算分配上的冲突。

3) 技术冲突。在面向技术的项目中，在技术质量、技术规范、技术性能要求、技术权衡以及实现技术性能的手段都会发生冲突。

4) 管理程序上的冲突。在项目如何管理的问题上发生的管理导向的冲突。许多冲突来源于项目如何管理，如项目经理的责任定义、界面关系、项目工作范围、运行要求、实施计划、与其他组织协商的工作协议，以及管理支持程序等。

5）项目优先权的冲突。当存在多个项目时，各项目的优先级别上的冲突，或项目参与者在活动和任务的顺序上观点不同。

6）项目进度的冲突。围绕项目工作任务的时间确定次序安排和进度计划会产生冲突，或对项目中的活动定义、排序、工时估计以及进度安排上意见不一致。

7）项目成员个性冲突。经常集中于个人的价值观、判断事物的标准等个性差别上，而并非技术上的问题。

在项目的冲突来源中，进度计划、项目优先级、人力资源和技术问题是冲突的主要来源。

（2）冲突强度。在项目实施过程中，把握冲突的强度非常关键。图 7-5 反映了项目进程中冲突源的强度。

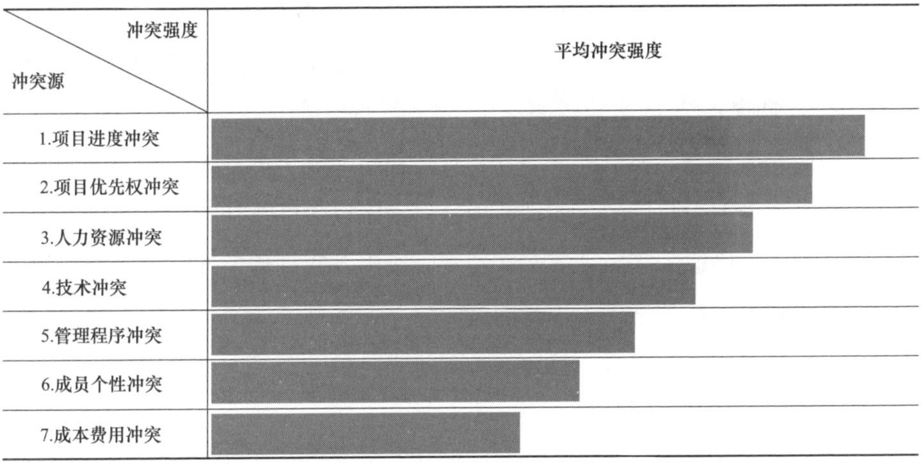

图 7-5　项目进程中平均冲突强度

与其他冲突源相比，项目进度冲突强度最大。项目进度冲突常因项目经理对相关部门只有有限的权力而发生。项目优先权冲突占第二位，这种冲突常常发生于项目组织对当前的项目实施没有经验。人力资源冲突是第三位的冲突源。强度排在第四位的冲突源是技术冲突，管理程序冲突排在第五位，大部分发生在职能部门、项目队员和项目经理等方面。成员个性冲突通常被项目经理认为是较低强度的冲突。像项目进度冲突一样，成本费用冲突经常是项目管理目标是否完成的度量标准，作为一种冲突源，费用冲突排在最低。

2. 项目冲突与项目生命周期

从项目的生命周期角度来考察冲突，把握每阶段中可能出现的冲突源、冲突的性质、冲突的强度，有利于寻找更好的模式来解决冲突。

（1）项目启动阶段。启动阶段是项目生命周期中的第一阶段，在这一阶段中冲突源的排序如下：① 项目优先权冲突；② 管理程序冲突；③ 项目进度冲突；④ 人力资源冲突；⑤ 成本费用冲突；⑥ 技术冲突；⑦ 成员个性冲突。

在项目的启动阶段，冲突呈现出一些独特的性质。在工作活动的优先权问题上，项目经理、职能部门、咨询顾问部门常常孕育和产生冲突。冲突源中排在第二位的是管理程序冲突，涉及项目组织设计、项目经理的职责等关键管理问题。

（2）项目规划阶段。在这一阶段中冲突源的排序如下：① 项目优先权冲突；② 项目进度冲突；③ 管理程序冲突；④ 技术冲突；⑤ 人力资源冲突；⑥ 成员个性冲突；⑦ 成本费用冲突。

项目优先权冲突、项目进度冲突和管理程序冲突仍然是重要的冲突，其中一些冲突表现为上一阶段的延伸。在项目启动阶段强度排在第三位项目进度冲突，到了规划阶段成了第二冲突。在这一阶段中，管理程序冲突的强度开始降低，这表明随着项目的推进、规章制度的建立，管理问题逐步稳定下来。技术冲突是由于项目职能部门或项目协作方不能满足技术要求或增加的技术投入而导致的，重要性显著提高起来。

（3）项目实施阶段。这一阶段冲突源的排序如下：① 项目进度冲突；② 技术冲突；③ 人力资源冲突；④ 项目优先权冲突；⑤ 管理程序冲突；⑥ 成本费用冲突；⑦ 成员个性冲突。

由于项目已处于执行期，主要冲突源的排序与其他阶段相比已发生了明显的变化。项目进度冲突往往是在项目早期发展起来的，常与进度计划的建立有关。技术冲突也是实施阶段一种最重要的冲突源，主要原因是在可靠性与质量控制标准、各种设计问题和测试程序上发生冲突。人力资源冲突排在第三位，对人力的需要在实施阶段达到了最高水平。最后，管理程序冲突、成本费用冲突和成员个性冲突并列排在各种冲突源的最后。

（4）项目的结束阶段。这一阶段冲突源的排序如下：① 项目进度冲突；② 成员个性冲突；③ 人力资源冲突；④ 项目优先权冲突；⑤ 成本费用冲突；⑥ 技术冲突；⑦ 管理程序冲突。

这一阶段，项目进度冲突再次上升为主要的冲突因素。成员个性冲突排在第二位，主要原因在于项目成员对于未来工作安排的关注与紧张。排在冲突源第三位的是人力资源冲突，这是因为公司中新项目的启动常常会与进入结束阶段的项目争夺人才。结束阶段的优先权冲突直接或间接地与公司内其他项目的启动有关。技术冲突和管理程序冲突问题排在最后，道理非常明显，当项目达到这一阶段时，大多数技术问题和管理程序问题已经解决。

3. 冲突的解决

尽管引发冲突的因素各式各样，尽管不同的冲突源在项目的整个生命周期中呈现出不同的性质，但面对众多的冲突，项目管理专家仍提出了五种基本的解决方式。

（1）回避或撤出。回避或撤出的方法就是让卷入冲突的项目成员从这一状态中撤离出来，从而避免发生实质的或潜在的争端。有时，这种方法并不是一种积极的解决途径，它可能会使冲突积累起来，而在后来逐步升级。这种方法应当用于：当你无法获胜的时候；当利害关系不明显的时候；当利害关系很明显，但你尚未做好准备的时候；为了赢得时间；为了消磨对手的意志；为了保持中立或保持名声；当你认为问题会自行解决的时候；当你通过拖延能够获胜的时候。

（2）竞争或逼迫。这种方法的实质就是“非赢即输”，认为在冲突中获胜要比“勉强”保持人际关系更为重要。这是一种积极的冲突解决方式。当然有时也可能出现一种极端的情形，如用权力进行强制处理，可能会导致团队成员的怨恨，恶化工作氛围。这种方法应当用于：当你是正确的时候；正处于一种生死存亡的局面；当利害关系很明显的时候；当基本原则受到威胁的时候；当你占上风的时候；为了获得某个位置或某项权力；短期的一次性交易；当关系并不重要的时候；当明白这是在进行比赛的时候；当需要尽快做出一项决策的时候。

（3）缓和或调停。“求同存异”是这种策略的实质，即尽力在冲突中强调意见一致的方面，最大可能地忽视差异。尽管这一方式能够缓和冲突，避免一些矛盾，但并不利于问题的解决。这种方法应当用于：为了达到一个全局目标；为以后的折中先尽义务；当利害关系不明显的时候；当责任有限的时候；为了保持融洽；当任何方案都足以解决问题的时候；为了表示友好；无论如何你都会失败的时候；为了赢得时间。

（4）妥协。协商并寻求双方在一定程度上都满意的方法是这一策略的实质。这种方法的主要特征是寻求一种折中方案。尤其当两个方案势均力敌、难分优劣时，妥协也许是较为恰当的解决方式。但是，这种方法并非永远可行。妥协的方法应当用于：当冲突各方都希望成为赢家的时候；当你无法取胜的时候；当其他人的力量与你相当的时候；为了保持与竞争对手的联系；当你对自己是否正确没有把握的时候；如果没有这么做就什么也得不到的时候；当利害关系一般的时候；为了避免给人一种“好斗”的印象。

（5）正视。直接面对冲突是克服分歧、解决冲突的有效途径。通过这种方法，项目团队成员直接正视问题、面对冲突，共同探讨、采取解决问题的态度，使冲突得到一个明确的结局。这种方法是一种积极的冲突解决途径，它既正视问题的结局，也重视团队成员之间的关系。以诚待人的氛围是这种方法的关键。它要求成员花更多的时间去理解把握其他成员的观点和方案，要善于处理而不是压制自己的情绪和想法。正视的方法应当用于：当你和冲突的那一方都至少能够得到所需要的，甚至得到更多时；为了降低成本时；为了建立共同的权力基础时；为了攻击共同的对手时；当技术较为复杂时；当时间足够时；有信任时；当你相信他人的能力时；最终目标还有待于被认识时。

以上策略的分析和评价主要针对的是普遍情况，项目经理解决冲突的风格决定了解决冲突的模式，正视是项目经理最常用的解决方式，有70%的项目经理喜欢这种冲突解决模式；排在第二位的是以权衡和互让为特征的妥协模式，然后是缓和模式，最后是竞争和回避模式。但在实际的冲突面前，项目经理需要组合多种策略以达到最佳的效果。例如，在冲突最激烈的时候或是信息掌握不充分的时候，可以先考虑采用回避、撤出的策略缓解双方激烈、冲动的气氛，然后再采取积极的解决措施。

4. 两方冲突的解决

冲突有时涉及两方，有时涉及多方。涉及两方的冲突在项目管理中时有发生，项目管理人员在管理这方面冲突时，经常会采用以下三个典型的策略。

（1）双赢：这种策略中，冲突双方都达到了目的。该策略的主要目标是找到冲突双方都能接受的解决方法，最终达成共识。

（2）赢-输：将冲突视为一种公开的竞争。多数裁定原则和少数裁定原则就是这种解决冲突策略的例子。

（3）输-输：这个策略的基本前提是，得到一点总比一无所获强。多数情况下，一方或双方都尽力通过调和退让来避免冲突，而不是通过对抗的方式解决问题。

在赢-输和输-输两种策略中，双方总是争论如何做这项工作，而不是仔细确定目标和寻求最好的解决办法。

5. 减少冲突不良后果的措施

项目冲突如果解决不好，可能会给项目带来不良的后果。因此，在冲突管理的过程中，应注意减少冲突带来的不良后果。实践证明，高度的信任和开放而有效的沟通是减少冲突不良后果的有效措施。

（1）高度的信任。对项目团队人员的高度信任会使他们得到极大的满足，进而提高他们的积极性和创造性。

（2）开放而有效的沟通。开放而有效的沟通既可以减少冲突，同时又可以消除冲突带来的不良影响，提高团队的凝聚力。

这两种措施既可以减少冲突的不良后果，同时也能提高项目经理对项目团队成员的影响力。

三、工程项目沟通管理的方法技术

（一）沟通方法的分类

1. 正式沟通与非正式沟通

（1）正式沟通是组织内部明确的规章制度所规定的沟通方法，它和组织的结构息息相关，主要包括按正式组织系统发布的命令、指示、文件，组织召开的正式会议，组织正式颁布的法令规章、手册、简报、通知、公告，组织内部上下级之间和同事之间因工作需要而进行的正式接触。正式沟通的优点是沟通效果好，比较严肃而且约束力强，易于保密，可以使信息沟通保持权威性。缺点是沟通速度慢。

（2）非正式沟通指在正式沟通渠道之外进行的信息传递和交流，如员工之间的私下交谈、小道消息等，是一类以社会关系为基础，与组织内部明确的规章制度无关的沟通方式。其沟通对象、时间及内容等各方面都是未经计划和难辨别的。因为非正式组织是由于组织成员的感情和动机上的需要而形成的，所以其沟通渠道是通过组织内的各种社会关系，这种社会关系超越了部门、单位及层次。

这种沟通的优点是沟通方便、沟通速度快，且能提供一些正式沟通中难以获得的信息。缺点是容易失真。

在很多情况下来自非正式沟通的信息反而易于获得接收者的重视。因为这种沟通一般是采取口头方式，不留证据、不负责任，有许多在正式沟通中不便于传递的信息却可以在非正式的沟通中透露。

2. 上行沟通、下行沟通和平行沟通及斜向沟通

（1）上行沟通。上行沟通是指下级的意见向上级反映，即自下而上的沟通。项目经理应采取某些措施以鼓励向上沟通，例如态度调查、征求意见座谈会、意见箱等。只有上行沟通渠道畅通，项目经理才能掌握全面情况，做出符合实际的决策。上行沟通有两种形式：一是层层传递，即依据一定的组织原则和组织程序逐级向上反映；二是越级反映，是指减少中间层次，让项目最高决策者与一般员工直接沟通。信息技术的发展为越级反映提供了条件。

（2）下行沟通。下行沟通是指领导者对员工进行的自上而下的信息沟通。一般以命令方式传达上级组织或其上级所决定的政策、计划之类的信息。例如，公司总经理可以指示项目经理加快项目实施，项目经理依次向主管发出详细指示，主管以此为根据指示生产工人。下行沟通是领导者向被领导者发布命令和指示的过程。这种沟通方式的目的包括：明确项目的目标，传达工作方面

的指示，提供项目进展情况，反馈其本身工作的绩效。

（3）平行沟通及斜向沟通。平行沟通是指组织中各平行部门之间的信息交流。而斜向沟通是指信息在不同层次的不同部门之间流动时的沟通。这两种沟通都跨越了不同部门、脱离了正式的指挥系统，但只要在进行沟通前先得到直接领导者的允许，并在沟通后把任何值得肯定的结果及时向直接领导汇报，这种沟通便值得积极提倡。

3. 单向沟通与双向沟通

（1）单向沟通。单向沟通是指发送者和接收者两者之间的地位不变，一方只发送信息，另一方只接收信息。双方无论是在情感上还是在语言上都不需要信息反馈，如做报告、发布指令等。这种沟通的速度快，信息发送者的压力小，但是接收者没有反馈意见的机会，不能产生平等和参与感，不利于增加接收者的自信心和责任心，不利于建立双方的感情。

（2）双向沟通。与单向沟通相对应，在双向沟通中，发送者和接收者两者之间的位置不断交换，且发送者是以协商和讨论的姿态面对接收者，信息发出以后还需及时听取反馈意见，必要时双方可进行多次重复商谈，直到双方共同明确和满意为止，如交谈、谈判等。双向沟通的优点是沟通信息准确性较高，接收者有反馈意见的机会，产生平等感和参与感，增加自信心和责任心，有助于建立双方的感情，但是沟通的速度较慢。

4. 书面沟通和口头沟通

（1）书面沟通。书面沟通是指用通知、文件、报刊、备忘录等书面形式所进行的信息传递和交流。其优点是可以作为资料长期保存，反复查阅，沟通显得正式和严肃。

（2）口头沟通。口头沟通是运用口头表达，如谈话、游说、演讲等进行信息交流活动。其优点是传递消息较为准确，沟通比较灵活、速度快，双方可以自由交换意思。

5. 言语沟通和体语沟通

（1）言语沟通。言语沟通是利用语言、文字、图画、表格等形式进行的沟通。

（2）体语沟通。言语沟通是利用动作、表情姿态等非语言方式（形体）进行的沟通。一个动作、一个表情、一个姿势都可以向对方传递某种信息；不同形式的丰富复杂的“身体语言”在一定程度上能够起着沟通的作用。

6. 小结

本节在不同视角下将沟通方法进行了不同维度的分类，在实践中，不同方法可组合形成项目会议、正式的项目报告和备忘录、电话、电子邮件、个人会谈及现场管理、传真等常见的沟通方式，各种沟通方式的比较见表7-1，下文将对这些方式进一步展开讨论。

表7-1　　各种沟通方式的比较

沟通方式	优　点	缺　点
项目会议	（1）有利于团队成员提出问题，各抒己见； （2）能详细讨论和解决项目中的各种问题； （3）有利于项目信息的发布	（1）信息一经发布难以收回和取消； （2）当传递的信息是消极的时候，容易引起成员的误解和猜疑
正式的项目报告和备忘录	（1）为项目提供了连续的记录； （2）为项目交流提供连续的、最新的资料	（1）信息一经发布难以收回和取消； （2）当传递的信息是消极的时候，容易引起成员的误解和猜疑
电话	（1）节省交流时间； （2）有利于联络感情	成功解决问题的概率较低
电子邮件	（1）便于收发需要有记录的信息； （2）能迅速将信息传递； （3）信息的可信度较高； （4）成本低廉	（1）难以引起高度的重视； （2）保密性较差
个人会谈及现场管理	（1）可以详细讨论项目问题； （2）直接了解现场的工作活动； （3）保持与团队成员的密切关系	（1）容易打乱正常的工作秩序； （2）不一定能引起项目成员的重视
传真	（1）有利于远距离的项目成员间传递信息； （2）能将重要的报告及时传递给需要的人员	保密性差

（二）项目会议

项目沟通有许多方法，其中项目会议是项目管理者进行有效的项目沟通的主要方式和途径，也是促进项目团队建设和强化团队成员的期望、角色以及对项目目标投入的有效工具。

1. 常用的项目会议

一般而言，项目会议中最常用的会议有三种：项目情况评审会议、解决问题会议、技术设计会议。客户和项目承约人通常在签订的合作合同中明确各种会议的要求。

（1）项目情况评审会议。项目情况评审会议一般是由项目经理主持召开的，会议成员一般包括全部或部分项目团队成员以及客户或项目团队的上层管理人员。会议的基本目的是通知情况、找出问题和确定行动内容。项目情况评审会议应定期召开，以便及早发现当前问题和潜在的问题，防止危及项目目标实现的情况发生。一般来说，项目情况评审会议可以在项目团队中每周召开一次，而与客户进行的项目情况评审会议周期可以长一些，如每月一次或每季度一次，根据项目的整个持续时间和合同要求而定。

项目情况评审会议需要讨论的主题有：①自上次会议以来所取得的成就；②成本、进度计划和工作范围的进展情况；③成本、进度计划和工作范围的趋势；④成本、进度计划和工作范围的预测；⑤成本、进度计划和工作范围的差异；⑥纠正措施；⑦改进的机会；⑧行动细目分配。

（2）解决问题会议。当项目团队成员发现当前问题或潜在问题时，应立即和其他有关人员召开一个解决问题会议，而不是等着在以后的情况评审会议上再去解决。项目经理和项目团队在项目开始，对于由谁、在什么时候召开解决问题会议以及实施纠正措施所需权限大小等问题就应当设立准则。

解决问题会议主要有以下工作需要完成：①描述问题；②找出问题的潜在原因；③收集数据并找出最可能的原因；④找出可行方案；⑤确定最佳解决方案；⑥修订项目计划；⑦实施解决方案；⑧确定问题的解决。

（3）技术设计会议。在项目运作过程中，需要召开一次或多次的技术设计评审会议，以确保客户同意或批准项目承约人提出的设计方案。大多数技术性项目一般采取如下两种设计评审会议：

1）最初设计评审会议。最初设计评审会议在承约人已经完成最初的概念说明、图形或流程时进行，其目的是在承约人订购较长交货期的原材料之前获得客户对设计方案符合技术要求的批准。

2）最终设计评审会议。最终设计评审会议在承约人已经完成详细说明、图形、屏幕和报告格式等问题时进行，其目的是在承约人开始建设、装配和生产项目交付物之前获得客户的批准。

2. 会议计划的制定

制定会议计划的项目经理应清楚地知道举行会议的真正目的。会议的主要计划问题包括：①计划中的会议是否真的有必要召开；②如果会议没有召开，会出现什么结果；③通过会议，希望获得哪些内容；④举行会议的主要事项是什么；⑤会议需要的事实是什么；⑥潜在的方式或方法是什么；⑦会议可能产生的建议是什么。

3. 组织会议

一般来说，项目会议的组织要考虑到以下事项：①议事日程；②合适的地点；③与会者的确定和通知；④任命主席；⑤向与会者公布各自所需的信息；⑥会议将如何进行。

4. 控制会议

控制会议意味着确保会议能完成其目的。控制会议必须注意下列因素：①设定时间限制，并遵守这些限制；②从论述会议的目的开始；③限制讨论；④总结进展或没有进展的情况；⑤鼓励和控制不同意见；⑥花费一定的时间评议会议的进展情况，并确定哪些工作可以提高会议的质量。

（三）有效会议的操作模式

在召开项目会议过程中，无论是会前、会中还是会后，项目管理者或会议主持者都可以采取多种措施以确保会议的有效进行。

1. 会前

会前一般必须注意以下问题：①确定会议是否真正必要，是否有另外合适的方式；②确定会议的目的；③确定谁需要参加会议，说明会议目的；④事先将会议议程分发给被邀请者；⑤准备直观教具或分发的材料；⑥安排会议室。

2. 会议期间

主要关注：①按时开始会议；②指定记录员；③评论会议的目的和议程表；④督促而不能支配会议；⑤在会议结束时总结会议成果；⑥不要超过会议计划召开的时间；⑦评价会议进程。

3. 会后

在会后24h之内公布会议成果。总结文件应该简洁，并明确会议所做的决定，列出行动细目，包括谁负责、预计完工日期和预期的交付物等。

第八章

工程项目风险管理咨询

工程项目风险管理通过风险识别、风险分析和风险评价，提出风险应对措施，通过采用各种管理方法和技术手段对项目风险进行有效控制，妥善处理风险事件造成的不利后果，以最少的代价保证工程项目的目标实现。本章重点介绍风险管理的内涵、目标、任务和工程项目风险管理计划的编制，并对拟建项目的风险识别、风险评价、风险应对和风险监控的主要内容和方法工具进行了系统阐述。

第一节　工程项目风险管理的目标和任务

一、工程项目风险管理内涵

（一）风险和风险管理

1. 风险的基本内涵

在实现组织目标的过程中，会遇到各种不确定性事件，这些事件发生的概率及其影响程度是无法事先预知的，这些事件将对组织目标产生影响，从而影响项目组织目标实现的程度，这种在一定环境下和一定限期内客观存在的、影响组织目标实现的各种不确定性事件就是风险。

关于风险的定义很多，代表性的表述有：①风险是有害后果发生的可能性，是对潜在的、未来可能发生损害的一种度量；②风险是在一定的时间和空间、在冒险和弱点交互过程中产生的一种预期损失；③风险是一个统计概念，用于描述在给定的时间和空间中消极事件和状态影响人或事件的可能性；④风险是在给定情况下和特定时间内，项目可能发生的结果之间的差异；⑤风险是不期望发生事件的客观不确定性；⑥项目风险是所有影响项目目标实现的不确定因素集合。

风险一般具备下列要素：①事件。是指活动或事件的主体未曾预料到或虽预料到其发生，但未预料到其后果的事件。②事件发生的概率。即事件发生具有不确定性，但根据某些方法，可以进行度量。③事件的影响。即事件发生后，可能带来的后果。④风险的原因。即引起该风险的各种原因。

风险在项目中普遍存在，它具有以下基本特征：客观性、不确定性、不利性、可变性、相对性。

2. 风险管理内涵

风险管理问题最先源于第一次世界大战，1931 年美国管理协会首先倡导风险管理。从 20 世纪 60 年代起，对风险管理的研究逐步趋向系统化、专门化，使风险管理成为管理学中的一门独立科学。

风险管理是社会组织或者个人用以降低风险的消极结果的决策过程，通过风险识别、风险估测、风险评价，并在此基础上选择与优化组合各种风险管理技术，对风险实施有效控制和妥善处理风险所致损失的后果，从而以最小的成本收获最大的安全保障。

风险管理的具体内容包括：①风险管理的对象是风险；②风险管理的主体可以是任何组织和个人，包括个人、家庭、组织（包括营利性组织和非营利性组织）；③风险管理的过程包括风险识别、风险估测、风险评价、选择风险管理技术和评估风险管理效果等；④风险管理的基本目标是以最小的成本收获最大的安全保障；⑤风险管理成为一个独立的管理系统，并成为一门新兴学科。

（二）工程项目风险管理

1. 纯粹风险和投机风险

工程项目风险，是指影响工程项目目标实现的事先不能确定的内部和外部的因素及其发生的可能性和可能损失。工程项目从可行性研究、立项，各种分析、规划、设计和施工都是基于未来情况的预测（政治，经济、社会，市场、技术等），而在实际实施（施工建设）以及项目运行过程中，这些因素都有可能与预测目标有变化，甚至偏离较远，也就不能实现原定目标。风险按性质可以分为纯粹风险（pure risk）和投机风险（speculative risk）。

（1）纯粹风险。纯粹风险是只有损失机会而无获利可能的风险。如火灾暴雨、车祸、地震等。一般而言，纯粹风险事件会重复出现，通常其发生的概率服从大数定律，因而较有可能对之进行预测。

（2）投机风险。投机风险是既有损失可能又有获利机会的风险。如股票投资、购买期货、经营房地产等的风险，投机风险较为多变和不规则，大数定律常常对它不适用。

在现代工程项目中，风险和机会同在，把风险看作是纯粹负面的事件，有利于人们专注于防范风险带来的负面效应，但同时有可能忽略风险中蕴藏的机会。把风险纯粹定义为负面的影响还会带来一些技术处理上的困难。因为某些不确定性的影响往往随着时间的变化游走于正负面之间，或者由于人们目标的改变而改变，当这种变化发生的时候，人为地割裂就会对分析风险造成一定的困难。风险正负面不分开的重要原因在于人们对正负面的考虑往往是结合在一起的，正负面是同一个情形的两个侧面，同一个风险的两面。人们在考虑风险的时候必须同时考虑这两方面的因素。

2. 工程项目风险产生的原因

风险在任何工程项目中都存在。风险会造成工程项目实施的失控现象，如工期延长、成本增加、计划修改等，最终导致工程经济效益降低，甚至项目失败。在现代工程项目中风险产生的原因体现在多个方面。

（1）现代工程项目的特点是规模大、技术新颖、结构复杂、技术标准和质量标准高、持续时间长、与环境接口复杂，导致实施和管理的难度增加。

（2）工程的参加单位和协作单位多，即使一个简单的工程就涉及业主、总包、分包、材料供应商、设备供应商、设计单位、管理单位、运输单位、保险公司等十几家甚至几十家。各方面责任界限的划分、权利和义务的定义异常复杂，设计、计划和合同文件等出错和矛盾的可能性加大。

（3）由于工程实施时间长，涉及面广，受环境的影响大，如经济条件、社会条件、法律和自然条件的变化等。这些因素常常难以预测，不能控制，但都会妨碍正常实施，造成经济损失。

（4）现代工程建设项目科技含量高，是研究、开发、建设、运行的结合，而不仅仅是传统意义上的建筑工程，项目投资管理、经营管理、资产管理的任务加重，难度加大，对设计、供应、施工、运营一体化的要求高，难度大。

（5）由于市场竞争激烈和技术更新速度加快，产品从概念到市场的时间缩短。人们面临着必须在短期内完成建设（例如开发新产品）的巨大压力。

（6）新的融资方式、承包方式和管理模式不断出现，使工程项目的组织关系、合同关系、实施和运行程序越来越复杂。

（7）项目所需资金、承包商、技术、设备、咨询服务的国际化，如国际工程承包、国际投资和合作，增加了项目的风险。

（8）项目管理必须服从企业战略，满足用户和相关者的需求，现在企业、投资者、业主、社会各方面对工程项目的期望、要求和干预越来越多。

3. 工程项目风险管理内涵

工程项目风险管理包括对工程项目的风险因素进行识别、分析、评估，并制定防范对策等一系列管理过程。组织应建立风险管理制度，明确各层次管理人员的风险管理责任，管理各种不确定因素对项目的影响。整个工程项目的生命周期可以分为四个阶段，按工程项目的不同阶段，可以分为不同阶段的风险管理，工程项目风险管理是涵盖以下四个阶段的全部风险管理过程：①项目的前期策划阶段风险管理，此阶段从项目策划到立项批准；②项目的设计阶段风险管理，这个阶段从批准立项到现场开工；③项目的实施阶段风险管理，即项目的施工阶段，从现场开工到项目交付；④项目的营运阶段风险管理，从项目接收到项目营运到项目结束。

按管理者主体不同，工程项目风险管理又分为：①投资者的风险管理；②业主的风险管理；③项目管理公司（咨询公司）的风险管理；④项目承包商的风险管理；⑤政府主管部门对项目的风险管理。

二、工程项目风险管理任务和计划编制

（一）工程项目风险管理目标及作用

1. 工程项目风险管理目标

工程项目风险管理的目的并不是消灭风险。在工程项目中大多数风险是不

可能被项目管理者消灭或杜绝的，而是采取适当的应对措施，减少风险损失和减轻影响范围。一般地，工程项目风险管理目标的确定要满足以下要求：①风险管理目标应与项目总体目标一致；②目标应可以实现；③目标应明确、具体。

根据上述原则，可以认为：工程项目风险管理的目标就是通过对项目风险的识别，进行综合分析和评价，采取针对性的对策措施，从而实现项目的总体目标，总的来说，工程项目风险管理的最终目标是完成合同要求，获取最大的经济和社会效益。通过风险管理活动，能够预测风险，并采取预防措施，使损失降低，从而使项目目标能够顺利实现。

2. 工程项目风险管理的作用

作为项目全方位管理的重要环节，风险管理对保证工程项目实施的成功具有重要的影响，其作用主要表现在：①通过风险分析，可以加深对项目的认识和理解，澄清各个方案的利弊，了解风险对项目的影响，以便减少或分散风险；②通过检查和考虑所掌握的信息、数据和资料，可以明确项目的各种前提和假设；③通过风险分析不但可以提高项目各种计划的可信度，而且有利于改善项目执行组织内部和外部之间的沟通；④编制应急计划时更具有计划性；⑤能够将处理风险后果的各种方式更加灵活地组合起来，在项目管理中减少被动性，增加主动性；⑥有利于抓住机遇，利用机遇；⑦为以后的规划和设计工作提供反馈，以便在规划和设计阶段就提早采取措施防止和避免风险损失；⑧风险即使无法避免，也能够明确项目到底应该承受多大损失和危害；⑨为项目施工、运营选择合同形式和制订应急计划提供依据；⑩通过深入的研究和情况了解，可以使决策更有把握，更符合项目的方针和目标，从总体上使项目减少风险，保证项目目标的实现；⑪有利于项目执行组织和管理班子积累有关风险的资料和数据，以便改进未来的项目管理。

（二）工程项目风险管理方案计划

1. 工程项目管理的主要内容

（1）风险识别。确定可能影响项目的风险的种类，即可能有哪些风险发生，并将这些风险的特性整理成文档，以决定如何采取和计划一个项目的风险管理活动。

（2）风险评估。风险评估通常又可以分为风险估计和风险评价。即对项目风险发生的条件、概率及风险事件对项目的影响进行分析，并评估他们对项目目标的影响，并按影响顺序进行排列。

（3）风险应对。即编制风险应对计划，制定一些程序和技术手段，用来提高实现项目目标的概率和减少负面风险的威胁，或者扩大正面风险的机遇。

（4）风险监控。在项目的整个生命期阶段进行风险预警，在风险发生情况下，实施降低负面风险或者扩大正面风险计划，保证对策措施的应用和有效性，监控残余风险，识别新的风险，更新风险计划，以及评估这些工作的有效性等。

2. 风险管理计划编制

（1）风险管理计划内涵。风险管理计划就是制定风险识别、风险分析、风险减缓策略，确定风险管理的职责，为项目的风险管理提供完整的行动计划。是确定如何在项目中进行风险管理活动，以及制定项目风险管理计划的过程。

风险管理计划是项目计划中的一部分。在项目管理策划时就应该确定项目风险管理计划，以清楚地反映出在项目整个生命周期中，风险识别、风险评估、应对措施、预警和控制如何建立并执行，从而为项目风险管理工作提供基准，为控制项目风险、检查项目绩效、发现与既定计划的偏差提供了依据，有助于提升实现项目目标的机会、减少对项目目标的威胁。

（2）风险管理计划编制依据。风险管理计划编制依据应包括下列内容：①项目范围说明；②招投标文件与工程合同；③项目工作分解结构；④项目管理策划的结果；⑤组织风险管理制度：⑥其他相关信息和历史资料。

（3）风险管理计划的内容。风险管理计划应包括下列内容：①风险管理目标；②风险管理范围；③可使用的风险管理方法、措施、工具和数据；④风险跟踪的要求；⑤风险管理的责任和权限；⑥必需的资源和费用预算。

3. 确定项目风险管理目标

风险管理计划进行编制之前，首先要先确定项目风险管理目标，项目管理合同一旦签订，则项目团队的工作任务范围和组织分工也随之确定，此时也要将项目风险管理的总目标和阶段目标确定下来。通常情况下，按照项目风险产生具有阶段性特点和根据工作分解结构分解后的指标量化可以将项目风险管理目标分为以下三种：

（1）总体目标。项目风险管理总体目标是构建完善的风险管理组织机构，确立清晰明确的风险策略，制定明确的风险管理职责，建立能够快速反应有效运行的风险管理系统的全面风险管理体系，以使得项目效益价值最大化。

（2）阶段目标。根据风险产生具有阶段性的特点，可将风险发展态势分为风险的潜伏、发生和后果三个阶段，同时按照这个划分，可以进一步将风险管理目标细分为四个可行的阶段性目标，第一要尽早识别项目执行中可能出现的各种风险，这是风险潜伏阶段的管理目标；第二是尽力避免风险事件的发生，这也是风险潜伏阶段的管理目标；第三是一旦风险发生，要尽量减少或降低风险造成的损失，这属于风险发生阶段的管理目标；第四是风险发生后，要全面负责总结风险带来的教训，这是风险后果阶段的管理目标。因此从主观角度来说，可以将上述四个阶段简称为“四尽原则”，即尽早、尽力、尽量、尽责。

（3）具体目标。在项目执行过程中，工作分解结构完成后，就可以对项目风险管理进行量化，具体的费用、进度、质量和安全目标分解，以使各项工作协调进行，确保项目的实施过程符合合同要求规定。

4. 设立项目风险管理组织机构

为了项目风险管理活动能够有序有效进行，就需要建立一个结构健全、合理有序、稳固运行的风险管理组织机构。工程项目的组织结构可以多种多样，但大多数公司将与项目管理相对应的风险管理组织作为基本模式。由此看来，风险管理组织形式也可采用职能式组织结构、项目式组织结构、矩阵式组织结构等，而对于 EPC 国际项目，大多采用项目式组织结构。

5. 风险管理计划的编制原则

（1）编制风险管理计划时，要针对识别出的风险源，编制出可行得当、适用性强、具体可操作的管理措施，确保管理措施的有效性，即可行、适用、有效原则。

（2）编制出的管理措施和方案应本着简洁明了，信息沟通渠道流畅，操作手段先进，管理成本节约合理原则进行。

（3）编制风险管理计划，尤其是制订管理方案时，要本着控制风险要有主动性的管理思想，如果周围环境变化或出现其他新的问题时，要及时采取应对措施，或者对管理措施在项目全生命周期内进行相应调整。

（4）编制风险管理计划时，要结合有效合理的风险管理组织机构，动员所有项目参与人员力量，采取综合治理原则，合理科学地划分每个人的风险职责，共同建立项目全周期、全方位和风险利益一体化的风险管理体系。

第二节 工程项目风险管理的内容及方法工具

一、风险识别

风险识别是指风险管理人员在收集资料和调查研究之后，运用各种方法对尚未发生的潜在风险以及客观存在的各种风险进行系统归类和全面识别。这是进行风险管理的第一步，在这个过程中，要全面调查、详细了解和研究项目面临的内部和外部情况，从而了解项目的潜在威胁。风险识别出来后，应针对不同的风险类型进行分析和采取决策措施。风险识别是一个连续的过程，应贯穿在项目实施的全过程，风险也会因条件的变化而不断变化。由于边界条件的变化，旧的风险被处置后，新的风险又可能会出现，并且原来处于弱势的风险因素可能会逐渐转化为风险事件。

（一）工程项目风险识别

工程项目的建设涉及业主、投资人、承包商、工程管理、设计、材料供应商等多方参与，他们会面临一些共同风险，而有的风险因素对某一方来说是风险，对另一方来说则不是风险而是机会。

1. 风险识别的内容

项目管理机构应针对下列风险进行识别：①工程本身条件及约定条件；②自然条件与社会条件；③市场情况；④项目相关方的影响；⑤项目管理团队的能力。

2. 工程项目风险源及其影响

（1）费用超支或者节约风险。在工程实施过程中，由于通货膨胀、环境、新的规定等原因，致使工程施工的实际费用超出原来的预算，或者由于管理优化、技术提升导致了工程成本的节约。

（2）工期拖延或者提前风险。在工程实施过程中，由于设计错误、施工能力差、自然灾害等原因致使项目不能按期建成，或者由于施工优化形成了工期提前的风险。

（3）质量风险。在工程实施过程中，由于原材料、构配件质量不符合要求，技术人员或操作人员水平不高，违反操作规程等原因而产生质量问题，或者由于质量管理改进提升了质量等级的风险。

（4）技术风险。在工程项目中采用的技术不成熟，或采用新技术、新设备、新工艺时未掌握要点致使项目出现质量、工期、成本问题。或者由于技术应用的改进形成了质量、工期、成本的效益提升。

（5）自然灾害和意外事故风险。自然灾害风险是指由于火灾、暴风雨等一系列自然灾害所造成的损失可能性，意外事故风险是指由于人们的过失行为或侵权行为给项目带来的损失。

（6）财务风险。由于业主经济状况不佳而拖欠工程款致使工程无法顺利进行，或由于意外使项目取得外部贷款发生困难，或已接受的贷款因利率过高而无法偿还。

（二）识别项目风险的步骤

1. 收集与风险有关的信息

收集与风险有关的信息应该从两个方面着手：①安全检查记录，项目管理者进行安全检查并记录检查结果；②分析工程资料，包括项目的设计方案、施工技术方案、水文地质资料、人力资源管理资料、财务报表、合同、物料供应资料等。

2. 确定风险因素

风险因素是指引起或增加风险事故发生的机会或扩大损失幅度的条件，是风险事故发生的潜在原因，风险因素引起或增加风险事故。根据性质的不同，风险因素可以分为实质性风险因素、道德风险因素和心理风险因素。

（1）实质性风险因素。实质性风险因素是指能引起或增加损失机会与损失程度的物理的或实质性的因素。

（2）道德风险因素。道德风险因素是指能引起或增加损失机会和程度的个人道德品质方面原因，如不诚实、抢劫企图、纵火索赔图谋等。

（3）心理风险因素。心理风险因素是指能引起或增加损失机会和程度的人的心理状态方面原因，如不谨慎、不关心、情绪波动等。其中，道德风险因素和心理风险因素均属人为因素，但道德风险因素偏向于人的故意恶行，而心理风险因素则偏向于人的非故意的疏忽，这两类因素一般是无形的。

3. 编制项目风险识别报告

在风险识别的基础上还应编制项目风险识别报告，对识别结果进行记录。项目风险识别报告应由编制人签字确认，并经批准后发布。项目风险识别报告应包括下列内容：①风险源的类型、数量；②风险发生的可能性；③风险可能发生的部位及风险的相关特征。

（三）风险识别方法

比较常用的风险识别方法有德尔菲法、头脑风暴法、面谈法、情景分析法、核查表法、流程图、因果分析图和工作分解结构等方法。

1. 德尔菲法

又称专家调查法，起源于20世纪40年代。这种方法已经在经济、社会、工程技术等领域得到广泛采用。德尔菲法采用匿名发表意见的方式，通过多轮次调查专家对问卷所提问题的看法，最后汇总成专家基本一致的看法，作为风险预测的结果。这种方法具有广泛的代表性，较为可靠。

采用德尔菲法的重要环节就是制定函询调查表，调查表制定得好坏，直接关系到预测结果的质量。在制定调查表时，应该以封闭型的问句为主，将各种答案列出，由专家根据自己的经验和知识进行选择，在问卷的最后，往往加入一些开放型的问句，让专家充分表述自己的意见和看法。

对于调查表确定的主要风险因素，还可以设计更加详细的风险识别问卷，选择若干专家进行进一步调查，着重调查风险可能发生的时间、影响范围、风险的管理主体等问题。这一类的问卷往往采用开放式的问句，必须选择该领域具有丰富实践经验的专家进行调查，因此人数不宜过多。由于回答工作量较大，可以由风险管理人员采用面对面提问的方式进行。

2. 头脑风暴法

这是最常用的风险识别方法，它是借助于专家的经验，通过会议，集思广益来获取信息的一种直观的预测和识别方法，这种方法通过与会专家的相互交流和启发，发挥创造性思维，达到相互补充和激发的效应，使预测结果更加准确。这是一种思想产生过程，鼓励提出任何种类的方案设计思想，同时禁止对各种方案的任何批评。头脑风暴法可以在很短的时间内得出风险管理所需要的结论，在项目实施的过程中也可以采用这种方法，对以后实施阶段可能出现的风险进行预见性的分析。

3. 面谈法

风险管理者通过和项目相关人员直接进行面谈，收集不同人员对项目风险的认识和建议，了解项目执行过程中的各项活动，这有助于识别那些在常规计划中容易被忽视的风险因素。访谈记录汇总成项目风险识别的基础资料。如果需要专家介入，就可以组织专家面谈：①准备一系列未解决的问题；②提前把问题送到面谈者手中，使之对要面谈的问题有所准备；③记录面谈结果，汇总成项目风险清单。

4. 情景分析法

情景分析法是一种假设分析法，首先总结整个项目系统内外的经验和教训，根据项目发展的趋势，预先设计出多种未来的情景；与此同时，结合各种技术、经济和社会影响，对项目风险进行识别和预测。这种方法特别适合于提醒决策者注意某种措施和政策可能引起的风险或不确定性的后果；建议进行风险监视的范围；确定某些关键因素对未来进程的影响；提醒人们注意某种技术的发展会给人们带来的风险。情景分析法是一种适用于对可变因素较多的项目进行风险预测和识别的系统技术，它在假定关键影响因素有可能发生的基础上，构造多种情景，提出多种可能结果，以便采取措施防患于未然。

5. 核查表法

核查表法是工程项目常用风险分析方法，其优点在于方法简单，易于应用，节约时间。其应用由两步骤组成：首先，辨识出工程计划周期可能遇到的所有风险，列出风险调查表；其次，利用专家经验，对可能的风险因素的重要性进行评估，综合形成项目风险清单。该方法的优点在于使风险识别的工作变得较为简单，容易掌握；缺点是对单个风险的来源描述不够，没有揭示出风险来源之间的相互依赖关系，对风险重要程度没有特别指出，而且有时不够详尽，容易发生遗漏。

6. 流程图

流程图是将工程项目的全过程按其内在的逻辑关系制成流程，针对流程中的关键环节和薄弱因素进行调查和分析，找出风险存在的原因，从中发现潜在的风险威胁，分析风险发生后可能造成的损失和对工程项目全过程的影响。运用流程图分析，项目人员可以明确发现项目所面临的风险。但流程图分析仅着重于流程本身，而无法显示发生问题的损失值或损失发生的概率。

7. 因果分析图

因果分析图又称鱼刺图，通过带箭头的线，将风险问题与风险因素之间的关系表示出来。因果分析图由若干个枝干组成，枝干分为大枝、中枝和小枝，分别代表大大小小不同的风险因素，一般从人、设备、材料、方法和环境等方面进行分析。

8. 工作分解结构

（1）工作分解结构样板。工作分解结构（WBS）是由工程项目各部分构成的、面向成果的树形结构，该结构界定并组成了工程项目的全部范围。一个组织过去所实施的项目的工作分解结构常常可以作为新项目的工作分解结构的样板。虽然每个项目都是独一无二的，但是仍有许多工程项目彼此间都存在着某种程度的相似之处。许多应用领域有标准的或半标准的工作分解结构样板，因为在一个组织内的绝大多数项目是属于相同的专业应用领域，如土建工程或设备安装工程，而且一个组织的管理模式是相对稳定的。

（2）分解技术。分解就是把项目的可交付成果分解成较小的、更易管理的组成部分，直到可交付成果界定得足够详细，如工程项目可以分解为分项工程、分部工程和单位工程等。分解的步骤如下：

1）项目层面，识别项目的主要组成部分；确定每一组成部分是否分解得足够详细，以便可以对它进行费用和时间的估算。

2）子项目层面，确定可交付成果的构成要素，活动或任务；核对分解是否正确。可以从以下方面来确定：①确定低层次的要素对于被分解的要素的完成是充分必要的；②确定每个构成要素都被清楚完全的界定；③确定对每一个构成要素都已经做了预算及时间安排。

3）工作包层面，利用工作分解结构图，将项目按照其内在结构或实施过程的顺序进行逐层分解而形成工作分解结构示意图。

二、风险评价

风险识别仅仅是发现项目存在的风险因素，对风险事故发生的概率和损失后果进行了预测，但是没有明确风险事件发生所引发的综合后果，也没有研究这些风险对项目实施的影响程度和工程项目主体能否接受这些风险。风险评价则是对项目所有阶段的整体风险给予考虑，比如各风险之间的相互作用、对项目的总体影响等。具体来说，风险评价应在风险识别和量化的基础上，运用概率论和数理统计的方法对项目风险发生的概率、项目风险的影响范围、项目风险后果的严重程度和项目风险的发生时间进行估计和评价，确定项目风险水平并明确关键风险，建立项目风险的系统评价模型，对项目目标的影响程度进行风险分级排序。

（一）风险评价的内容

由于识别出来的每一个风险都有发生的规律和特点、影响范围和影响程度，因此项目管理机构通常对罗列出来的风险必须做如下分析和评估：

1. 风险发生的可能性分析

风险发生的可能性分析是研究风险自身的规律性，通常可用概率表示。既然被视为风险，则其必然在必然事件（概率＝1）和不可能事件（概率＝0）之间。其发生是不确定的，但有一定的规律性，人们可以通过后面所提及的各种方法研究风险发生的概率。项目风险事件发生的可能性，即发生的概率，一般可利用已有数据资料分析与统计、主观测验法、专家估计法等方法估算。

2. 风险损失量或效益水平的估计

风险的发生会对项目产生一定的影响，使项目偏离预期的目标，这种影响可以是正面的也可能是负面的。

3. 风险存在和发生的时间分析

即风险可能在项目的哪个阶段、哪个环节上发生，有许多风险有明显的阶段性，有的风险是直接与具体的工程活动（工作包）相联系的。这个分析对风险的预警有很大的作用。

4. 风险事件的级别评定

风险因素众多，涉及各个方面，但人们并不是对所有的风险都予以同等重视。否则将大大提高管理费用，而且谨小慎微，反过来会干扰正常的决策过程。

（1）风险位能。对于一个具体的风险，其如果发生，则损失为 RH，发生的可能性为 E_w，则风险的期望值 R_w 为

$$R_w = RH \times E_w$$

例如一种自然环境风险如果发生，则损失达 20 万元，而发生的可能性为 0.1，则损失的期望值 $R_w = 20 \times 0.1 = 2$（万元）。

此处引用物理学中位能的概念，损失期望值越高，则风险位能也越高。

（2）风险分类。不同的风险位能则可分为不同的类别（见图 8-1）。

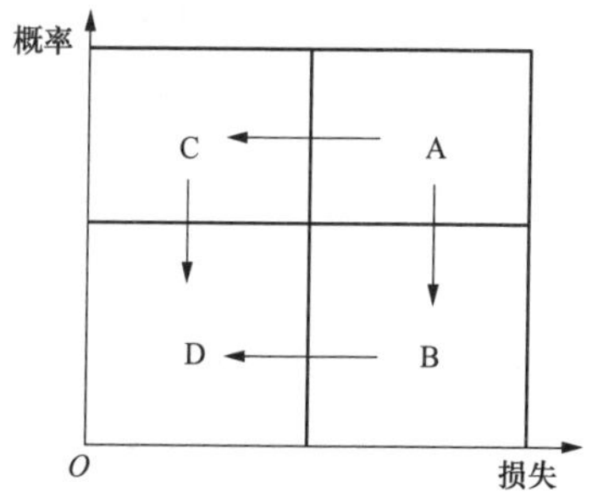

图 8-1　风险量示意图

A 类：即风险发生的可能性很大，同时一旦发生损失也很大，这类风险常常是风险管理的重点。对其可以着眼于采取措施以减少发生的可能性，或减少损失。

B 类：风险损失很大，但发生的可能性较小的风险。对其可以着眼于采取措施以减少损失。

C 类：风险发生的可能性较大，但损失很小。对其可以着眼于采取措施以减小风险发生的可能性。

D类：发生的可能性和损失都很小的风险。

有时也可以用其他形式的分类，例如1、2、3、4级等，其意义是相同的。显然，也可以按照上述方法，把正面风险依据其发生的效益水平进行风险分类。

（二）风险估计

风险估计就是估计风险的性质、估算风险事件发生的概率及其后果的大小，以减少项目计算的不确定性。风险估计的对象是项目的各个单个风险，而不是项目整体风险，风险估计应考虑两个方面：风险事件发生的概率和可能造成的损失。风险事件发生可能性的大小用概率表示，可能的损失则用费用损失或建设工期增加来表示。

1. 风险估计的主要内容

风险估计的首要工作是确定风险事件的概率分布。一般来讲，风险事件的概率分布应当按照历史资料来确定。当项目管理人员没有足够的历史资料来确定风险事件的概率分布时，可以利用理论概率分布进行风险估计。其次是对风险事故后果的估计，要从三个方面来衡量：风险损失的性质、风险损失范围大小和风险损失的时间分布。风险损失就是项目风险发生后，将会对工程项目的实施过程和目标的实现产生不利影响，风险损失可能包括：工期损失的估计，费用损失的估计，对工程的质量、功能、使用效果等方面的影响估计，以及对人身保障、安全、健康、环境、法律责任、企业信誉、职业道德等方面的影响估计。

2. 风险估计的计量标度

对风险估计进行计量是为了取得有关数值或排列顺序。计量使用标识、序数、基数标度和比率四种标度。

（1）标识标度。标识对象或事件，用来区分不同的风险，但不涉及数量。不同的颜色和符号都可以作为标识标度。在尚未充分掌握风险的所有方面或同其他已知风险的关系时，使用标识标度。

（2）序数标度。事先确定一个基准，然后按照与这个基准的差距大小将风险排出先后顺序，使之彼此区别开来。利用序数标度还能判断一个风险是大于、等于还是小于另一个风险，但是序数标度无法判断各风险之间的具体差别大小。将风险分为已知风险、可预测风险和不可预测风险用的就是序数标度。

（3）基数标度。使用基数标度不但可以把各个风险彼此区别开来，而且还可以确定他们彼此之间差别的大小。

（4）比率标度。不但可以确定他们彼此之间差别的大小，还可以确定一个计量起点。风险发生的概率就是一种比率标度。

3. 风险评价的步骤

项目管理机构应根据风险因素发生的概率、损失量或效益水平，确定风险量并进行分级，风险评价就是对工程项目整体风险，或某一部分、某一阶段风险进行评价，即评价各风险事件的共同作用，风险事件的发生概率（可能性）和引起损失的综合后果对工程项目实施带来的影响。工程项目风险评价主要包括以下步骤：

（1）确定项目风险评价基准。工程项目风险评价基准就是工程项目主体针对不同的项目风险后果，确定的可接受水平，单个风险和整体风险都要确定评价基准，分别称为单个评价基准和整体评价基准。项目的目标多种多样，时间最短、利润最大、成本最小和风险损失最小等，这些目标可以进行量化，成为评价基准。

（2）确定项目风险水平。包括单个风险水平和整体风险水平的确定。工程项目整体风险水平是综合了所有风险事件之后确定的，要确定工程项目的整体风险水平，有必要弄清单个风险之间的关系、相互作用以及转化因素对这些相互作用的影响。另外，风险水平的确定方法要和评价基准确定的原则和方法相适应，否则两者就缺乏可比性。

（3）风险水平评价。将工程项目单个风险水平与单个评价基准，整体风险水平与整体评价基准进行比较，进而确定它们是否在可接受的范围之内，进而确定该项目是应该就此止步还是继续进行，对工程项目中各类风险进行评价，根据它们对项目目标的影响程度，包括风险出现的概率和后果，以确定其排序，为制定风险应对措施提供依据。

（4）风险评价报告。风险评价后应出具风险评价报告。风险评价报告应由评估负责人签字确认，并经批准后发布。风险评价报告应包括下列内容：①各类风险发生的概率；②可能造成的损失量或效益水平、风险等级确定；③风险相关的条件因素。

（三）风险评价方法

风险评价方法包括定量分析（包含敏感性分析、概率分析、决策树分析、影响图技术、模糊数学法等）和定性分析（包含专家调查法、层次分析法等）这两种方法，这里具体介绍决策树法和层次分析法。

1. 决策树法

决策树法常常用于不同方案的选择。例如某种产品市场预测，在 10 年中销路好的概率为 0.7，销路不好的概率为 0.3。项目建设有两个方案：①新建大厂需投入 5000 万元，如果销路好每年可获得利润 1600 万元；销路不好，每年亏损 300 万元。②新建小厂需投入 2000 万元，如果销路好每年可获得 600 万元的利润；销路不好，每年只可获得 300 万元的利润。这样，就可以做出决策树见图 8-2。

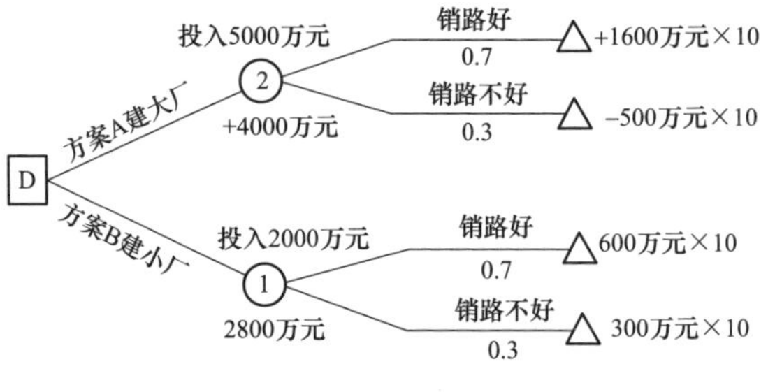

图 8-2 决策树示意图

对方案 A 的收益期望值为：

$E_A=1600\times10\times0.7+(-300)\times10\times0.3-5000=4000$（万元）

$E_B=600\times10\times0.7+300\times10\times0.3-2000=2800$（万元）

由于方案 A 的收益期望值比 B 高，所以选择方案 A 有利。

2. 层次分析法

层次分析法是将决策有关的元素分解成目标、准则、方案等层次，在此基础之上进行定性和定量分析的决策分析方法，是美国运筹学家匹茨堡大学教授萨蒂于20世纪70年代初，在为美国国防部研究“根据各个工业部门对国家福利的贡献大小而进行电力分配”课题时，应用网络系统理论和多目标综合评价方法提出的一种层次权重决策分析方法。这种方法的特点是在对复杂的决策问题的本质、影响因素及其内在关系等进行深入分析的基础上，利用较少的定量信息使决策的思维过程数字化，从而为多目标、多准则或无结构特性的复杂决策问题提供简便的决策方法。这种方法尤其适合于对决策结果难于直接准确计算的场景。

层次分析法的步骤如下：①通过对系统的深刻认识，确定该系统的总目标，弄清规划决策所涉及的范围、所要采取的措施方案和政策、实现目标的准则、策略和各种约束条件等，广泛地收集信息；②建立一个多层次的递阶结构，按目标的不同、实现功能的差异，将系统分为若干等级层次；③确定以上递阶结构中相邻层次元素间的相关程度，通过构造并比较判断矩阵及矩阵运算，确定对于上一层次的某个元素而言，本层次中与其相关元素的重要性排序计算相对权值；④计算各层元素对系统目标的合成权重，进行总排序，以确定递阶结构中最底层各元素在总目标中的重要程度；⑤根据分析计算结果做出决策。

层次分析法在对人们主观判断做形式的表达、处理与客观描述，通过判断矩阵计算出相对权重后，要进行判断矩阵的一致性检验，克服两两相比的不足。层次分析法的整个过程体现出人们决策思维的基本特征，即分解、判断与综合，易学易用，而且定性与定量相结合，便于决策者之间彼此沟通，是一种有效的系统分析方法，广泛地应用在经济管理规划、能源开发利用与资源分析、城市产业规划、人才预测、交通运输、水资源分析利用等方面。

三、风险应对

项目风险应对是针对项目的定量风险分析结果，为降低项目风险的负面效应制定风险应对策略和技术手段的过程。项目风险应对计划依据风险管理计划、风险排序、风险认知等，得出风险对应计划、剩余风险和次要风险，确定合同协议以及其他应对措施。风险应对可从改变风险后果的性质、风险发生的概率或风险后果大小三个方面，提出多种策略。对于项目风险，特别是对重大的风险，要进行专门的策略研究。

（一）应对负面风险或威胁的措施

1. 风险规避

风险规避就是通过回避产生项目风险的有关因素，从而避免项目风险产生的可能性或潜在损失，这是一种常用的处理方法，侧重于消极应对或放弃和中止。风险回避主要是中断风险来源，使其不发生或限制其发展。回避风险有两种基本途径：一是拒绝承担风险；二是放弃以前承担的风险。

采取风险规避措施应该注意：①风险发生的概率较高，且后果较为严重，而组织对该风险有足够的认识时通常采取风险规避的方法。②当采用其他应对策略的成本或效益的期望值不理想时，可以采用风险规避的方法。③有些风险无法采用风险规避策略，比如地震、台风、洪灾等不可抗力造成的风险。④规避了某种风险可能会带来新的风险，应该综合考虑规避措施的有效性。⑤虽然回避风险是一种防范性的措施，但也是一种比较消极的方法，因为回避了风险虽然能够避免损失，但也失去了获取利润的机会。若所有的事情都进行回避，最终的结果就是停滞不前，甚至可能倒退。如果要生存发展，而且还需要回避预测到的风险，最好的办法就是采取除回避之外的其他方法。

2. 风险减轻

风险缓解是指通过技术、管理、组织手段，减少风险发生的机会或降低风险的严重性，设法使风险最小化。通常有两种途径，一是风险预防，指采用各种预防措施以减小风险发生的可能性；二是减少风险，指在风险损失已经不可避免的情况下，通过各种措施来遏制风险势头继续恶化或限制其扩展范围使其不再蔓延。

3. 风险转移

风险转移是指组织为避免承担风险损失而将风险损失转嫁给其他组织，有些风险无法通过上述手段进行有效控制，需要通过合同、保险等转移风险，让第三方承担风险，如通过寻找分承包商转移相关风险。

4. 风险自留

风险自留又称承担风险，是一种由项目组织自己承担风险事故所致损失的措施。那些造成损失小、重复性较高的风险最适合于自留，因为不是所有的风险都可以转移，或者说将这些风险都转移出去是不经济的，对于这些风险就不得不自留。除此之外，在某些情况下，自留一部分风险也是合理的，通常承包商自留风险都是经过认真分析和慎重考虑之后才决定的，因为对于微不足道的风险损失，自留比转移更为有利。

（二）应对正面风险或机遇的策略

1. 正面影响和机会

人们通常将对项目目标有负面影响的可能发生的事件作为风险，而将对项目目标有正面影响的可能发生的事件作为机会。在工程项目中，风险和机会具有相同的规律性，而且有一定的连带性，抓住正面风险带来的机遇，已经成为项目管理提升自身价值的重要途径。

2. 应对策略

当面对正面风险或机遇时管理者可以采取以下策略：①为确保机会的实现，消除该机会实现的不确定性；②将正面风险的责任分配给最能为组织获取利益机会的一方；③针对正面风险或机会的驱动因素，采取措施提高机遇发生的概率。

（三）风险应对措施

项目管理机构应形成相应的项目风险应对措施并将其纳入风险管理计划。通常的风险应对措施有：

1. 技术措施

如选择有弹性的，抗风险能力强的技术方案，一般不采用新的未经过工程检验的不成熟的施工方案；对地理、地质情况进行详细勘察或鉴定，预先进行技术试验、模拟，准备多套备选方案，采用各种保护措施和安全保障措施。

2. 组织措施

风险管理是项目各层次管理人员的任务，应在项目组织中全面落实风险管理责任，建立风险管理体系。

（1）建立风险监控系统，能及早地发现风险，及早做出反应。

（2）对风险很大的项目加强计划工作，选派最得力的技术和管理人员，特别是项目经理。

(3) 对已被确认的有重要影响的风险应指定专人负责风险管理，并赋予相应的职责、权限和资源。将风险责任落实到各个组织单元，使大家有风险意识。在资金、材料、设备、人力上对风险大的工程予以保证，在同期项目中提高其优先级别，在实施过程中严密地控制。

(4) 通过项目任务书、责任证书、合同等分配风险，分配风险应从工程整体效益的角度出发，最大限度地发挥各方的积极性，应体现公平合理，责权利平衡。应符合工程项目的惯例，符合通常的处理方法。

3. 工程保险

工程保险是对以工程建设过程中所涉及的财产、人身和建设各方当事人之间权利和义务关系为对象的保险的总称，是业主和承包商为了工程项目的顺利实施，以工程建设项目，包括建设工程本身、工程设备和施工机具以及与之有关联的人员作为保险对象，向保险人支付保险费，由保险人根据合同约定对建设过程中遭受自然灾害或意外事故所造成的财产和人身伤害承担赔偿保险金责任的一种保险形式。投保人将威胁自己的工程风险通过按约向保险人交纳保险费的办法转移给保险人（保险公司），如果事故发生，投保人可以通过保险公司取得损失赔偿，以保证自身免受损失。

工程保险作为风险转移的一种方式，是应对项目风险的一种重要措施。工程保险按保障范围可分为建筑工程一切险、安装工程一切险、人身伤亡保险、第三方责任、机械设备保险、保证保险、职业责任保险。按实施形式分为自愿保险、强制保险或法定保障。当风险发生时由保险公司承担全部或部分损失，其前提条件是必须支付一笔保险金，对任何一种保险要注意其保险范围，赔偿条件、理赔程序、赔偿额度等。

工程保险不仅具有防范风险的保障作用，还有利于对建筑工程风险的监管，有利于降低处理事故纠纷的协调成本，并且有利于发挥中介机构的特殊作用，为市场提供良好的竞争环境。

4. 工程担保

工程担保是合同当事人为了保证工程合同的切实履行，由保证人作为第三方对建设工程中一系列合同的履行进行监管并承担相应的责任，是一种采用市场经济的手段和法律手段进行风险管理的机制。例如由银行出具投标保函、预付款保函、履约保函，在 BOT 项目中由政府出具保证，工程担保和工程保险是建设工程管理的有效途径，工程担保和工程保险的推行将大大增强各行为主体的质量安全责任意识，有利于工程交易的优化和工程质量水平的提高，有助于按照市场经济的规则规范工程建设中各种行为，形成有效的风险防范机制。

工程担保与工程保险的不同之处在于以下几方面：

（1）工程担保契约有三方当事人：承包商、业主和保证人；而工程保险只有两方：保险人和被保险人。

（2）工程保险所赔偿的只能是由于自然灾害或意外事故引起的，而工程担保的是人为因素，其保证的对象是因资金、技术、非自然灾害、非意外事故等原因导致的违约行为，是道德风险。

（3）工程担保人向被保证人提供保证担保，可以要求被保证人提供反担保措施，签订反担保合同，一旦保证人因被保证人违约而遭受损失，可以向被保证人追偿。工程保险事件一旦出现，保险人支付的赔偿只能自己承担，不能向被保险人追偿。

（4）被保证人因故不能履行合同时，工程担保人必须采取各种措施，保证被保证人能使合同得以继续履行，提供给权利人合格的产品，而投保人出现意外损失，保险人只需根据投保额度，支付相应的赔款，不再承担其他责任。

（5）保证担保费用一般计入工程成本，包含在业主支付工程款中；而强制保险的保险费由业主承担，自愿保险的保险费用由被保险人承担。

5. 风险准备金

风险准备金是从财务的角度为风险做准备。在计划（或合同报价）中增加一笔费用。例如在投标报价中，承包商经常根据工程技术、业主的资信、自然环境、合同等方面的风险大小以及发生可能性（概率）在报价中加上一笔不可预见风险费。风险越大，则风险准备金越高。理论上，准备金的数量应与风险损失期望相等，即为风险发生所产生的损失与发生的可能性（概率）之积。

风险准备金存在以下基本矛盾：

（1）在工程项目过程中，经济、自然、政治等方面风险的发生是不可预测的，许多风险的发生很突然，规律性难以把握，有时仅5%可能性的风险却发生了，而95%可能性的风险却没有发生。

（2）风险如果没有发生，风险准备金则造成一种浪费，例如合同风险很大，承包商报出了一笔不可预见风险费，结果风险没有发生，则业主损失了一笔费用，有时项目的风险准备金会在没有风险的情况下被用掉。

（3）如果风险发生，这一笔风险金又不足以弥补损失，因为它是仅按一定的折扣（概率）计算的，所以仍然会带来许多问题。

（4）准备金的多少是一个管理决策问题，除了要考虑到理论值的高低外，还应考虑到项目边界条件和项目状态，例如对承包商来说，决定报价中的不可预见风险费，要考虑到竞争者的数量，中标的可能性，项目对组织经营的影响等因素。如果风险准备金高，报价竞争力降低，中标的可能性很小，即不中标的风险就大。

6. 采取合作方式共同承担风险

任何项目不可能完全由一个组织或部门独立承担，须与其他组织或部门合作，有合作就有风险的分担，但不同的合作方式，风险不一样，各方的责权利关系不一样，例如借贷、租赁业务、分包、承包、合伙承包、联营和BOT项目，它们有不同的合作紧密程度，有不同的风险分担方式，则有不同的利益分享。因此，应该寻找抗风险能力强的可靠的有信誉的合作伙伴。双方合作越紧密，则要求合作者越可靠。例如合资者为政府、大的可靠的信誉良好的公司、金融集团等，则双方结合后，项目的抗风险能力会大大增强。

在许多情况下通过合同排除（推卸）风险是最重要的手段，合同中可规定风险分担的责任及谁对风险负责，例如对承包商要减少风险，在承包合同中要明确规定：①业主的风险责任及哪些不利情况应由业主负责；②承包商的索赔权利，即要求调整工期和价格的权力；③工程付款方式、付款期，以及对业主不付款的处置权力；④对业主违约行为的处理权力；⑤承包商权力的保护性条款；⑥采用符合惯例的通用的合同条件；⑦应该注意仲裁地点和适用法律的选择。

工程项目越来越多地采用多领域、多地域、多项目的投资以分散风险，因为理论和实践都证明：多项目投资，当多个项目的风险之间不相关时，其总风险最小，所以抗风险能力最强，许多投资公司的经营手段，通过参股、合资、合作，既扩大了经营范围，提高了资本的投资效率，能够参与其独自不能承担的项目，同时又能与许多组织共同承担风险，进而降低了经营风险。项目管理机构应形成相应的项目风险应对措施并将其纳入风险管理计划。

四、风险监控

项目风险监控就是跟踪已识别的风险，监视剩余风险和识别新的风险，保证风险计划的执行，并评估消减风险的有效性。风险监控是建立在项目风险的阶段性、渐进性和可控性基础上的一种管理工作，通过对项目风险的识别和分析，以及对风险信息的收集，并且对可能出现的潜在风险因素进行监控，跟踪风险因素的变动趋势，就可以采取正确的风险应对措施，从而实现对项目风险的有效控制。

（一）风险预警和风险监控

1. 风险预警

组织应收集和分析与项目风险相关的各种信息，获取风险信息，预测未来的风险并提出预警。预警应纳入项目进展报告，采用下列方法：①通过工期检查、成本跟踪分析、合同履行情况监督、质量监控措施、现场情况报告、定期例会，全面了解工程风险；②对新的环境条件、实施状况和变更进行分析，预测风险，修订风险应对措施，持续评价项目风险管理的有效性。

2. 风险监控的内容

组织应对可能出现的潜在风险因素进行监控，跟踪风险因素的变动趋势。工程项目风险监控的内容包括：①风险应对措施是否按计划正在实施；②风险应对措施是否如预期的那样有效，是否需要制定新的应对方案；③对工程项目建设环境的预期分析，以及对项目整体目标实现可能性的预期分析是否依然成立；④风险的发生情况与预期的状况相比是否发生了变化；⑤识别到的风险哪些已发生，哪些正在发生，哪些可能在后面发生；⑥是否出现了以新的风险因素为核心的风险事件，它们是如何发展变化的。

（二）风险控制措施

组织应采取措施控制风险的影响，降低损失，提高效益，防止负面风险，确保工程的顺利实施。工程项目的风险控制措施如下：

1. 权变措施

风险控制的权变措施，即未事先计划或考虑到的应对风险的措施。工程建设项目是一个开放性的系统，建设环境较为复杂。有许多风险因素在风险计划时考虑不到，或对其没有充分认识，因此应对措施可能考虑不足，而在风险监控中才发现了某些风险的严重性或是识别出一些新的风险，针对这种情况，就要求能随时应变，提出应急应对措施，并把这些措施追加纳入项目风险应对计划之中。

2. 纠正措施

纠正措施就是使项目未来预计绩效与原定计划不一致所做的变更。在项目风险监控过程中，一旦发现工程项目列入控制的风险进一步扩展或出现了新的风险，则应对项目风险做深入分析，并在找出引发风险事件影响因素的基础上，及时采取纠正措施。

3. 项目变更申请

项目变更申请就是提出改变工程项目的范围、改变工程设计、改变项目实施方案、改变项目环境、改变工程项目费用和进度安排的申请。

4. 风险应对计划更新

工程建设项目实施的开发环境是在随时发生变化的，在风险监控的基础上，有必要对项目的各种风险重新进行评估，将项目风险的重要次序重新排列，风险的应对计划相应也要进行更新，以使风险得到有效全面的控制。

（三）风险监控方法

工程项目控制的三大目标即进度、质量和费用风险监控，对不同目标应采用不同的监控方法。对同一目标也应分层次，采取适当的方法分别进行监控。

风险监控的常用方法如下：

1. 工程项目进度风险监控方法

（1）横道图法。是把在项目实施中检查实际进度收集的信息，经整理后直接用横道线并列标示于原计划的横道线旁，进行直观比较，为进度控制者提供了实际实施进度与计划进度之间偏差的观察工具，为采取调整措施提供明确的任务，是工程实施中进行工程项目进度控制的常用方法。利用横道图进行进度控制时，可将每天、每周或每月实际进度情况定期记录在横道图上，用以直观地比较计划进度与实际进度，检查实际执行的进度是超前、落后，还是按计划进行。

（2）前锋线法。前锋线又称为实际进度前锋线，是在网络计划执行中的某一时刻正在进行的各个活动的实际进度前锋的连线，前锋线一般是在时间坐标网络上标示的，从时间坐标轴开始自上而下依次连接各线路的实际进度前锋，即形成一条波折线，这条波折线就是前锋线。实际进度前锋线的功能包括两个方面：分析当前进度和预测未来的进度风险。

2. 工程项目质量风险监控方法

对工程项目质量风险的监控主要在项目实施阶段，对其监控分为实施过程和工程产品两个层面。主要的控制方法采用控制图。控制图也称为管理图，既可以用来分析施工工序是否正常、工序质量是否存在风险，也可以用来分析工程产品是否存在质量风险。

控制图一般有三条基本线：上控制线（UCL）为指标控制上限，下控制线（LCL）为指标控制下限，中心线（CL）为指标平均值。把控制对象发出的反映质量状态的质量特性值用图中某一相应点来表示，将连续打出的点顺次连接起来，形成表示质量波动的折线，即为控制图图形，根据质量特性数据点是否在上下控制界限内和质量数据间的排列位置来分析工程建设项目质量风险。

3. 工程项目费用风险监控方法

费用风险监控可采用横道图法和挣值法，横道图法的使用方法如上述。挣值法是在工程项目实施中使用较多的一种方法，是对项目进度和费用进行综合控制的一种有效方法，该方法的核心是将项目在任一时间的计划指标、完成状况和资源耗费综合度量，将进度转化为货币单位进行估算，或人工时、工程量，其价值在于将项目的进度和费用综合度量，从而能准确描述项目的进展状态。挣值法的另一个重要优点是可以预测项目可能发生的工期滞后量和费用超支量，从而及时采取纠正措施，为项目管理和控制提供有效手段。

第九章

工程项目收尾管理咨询

收尾阶段是工程项目管理的最后阶段，包括竣工收尾、竣工验收、竣工结算、竣工决算、回访保修和总结评价等内容。项目管理单位在本阶段主要以工程资料整理、竣工验收、竣工结算为主，需要整理和收集从决策、设计、发承包、实施等阶段中形成的过程文件、图纸、批复等资料，协助建设单位完成竣工验收、结算、移交等工作，把经过检验合格的工程建设项目及工程资料完整移交给运营方，为项目顺利进入运营阶段奠定基础，并根据项目具体情况开展后评价和绩效评价。

第一节　工程项目收尾竣工验收

一、工程项目收尾管理的基本内涵

在美国项目管理学会（PMI）的项目管理知识体系（PMBOK）中，对项目收尾管理的基本内涵有清晰的阐述：项目收尾是项目生命周期的最后阶段，对其有效管理有助于在适当的时候做出正确决策，通过分析影响项目成功或失败因素，为今后项目管理积累经验。项目收尾包括合同收尾和管理收尾。

（一）合同收尾

合同收尾的内容包括合同终止的原因、核实合同条款、项目移交评审、合同文件归档等工作。

1. 合同终止的原因

主要包括：①合同因履行而终止；②因行政关系而终止；③因不可抗力的原因而终止；④合同因双方当事人协调同意而终止；⑤仲裁机构或者法院判决

终止合同。

2. 核实合同条款

合同的内容由双方当事人约定，一般包括如下条款：①当事人的名称或者姓名以及地址；②标的；③数量；④质量；⑤价格；⑥合同履行的期限、地点和方式；⑦违约责任；⑧解决争议的方法。

3. 项目移交评审

项目移交评审就是项目团队在将项目的产品、服务或管理过程移交给最终用户之前对项目的范围、项目交付结果的技术性能等进行检查，确保项目移交给客户时能满足其要求，同时对移交后的服务，如培训、担保等方面的安排与确认；另一方面，项目的接受方也要对已完成的工作结果重新、全面地进行审核，检查、落实项目计划范围内的各项活动是否已经完成、完成的结果怎么样、项目交付结果是否有效并且令人满意等。

4. 合同文件归档

合同期满，并且对合同的执行结果进行了验收与确认，还要将合同的正、副文本以及补充协议、备忘录、更改记录等文件进行整理、编号、存档，一方面为合同后期的服务、担保等活动保留依据；另一方面也为将来的项目执行时需要寻找分承包商、定价、合同谈判、执行、验收等提供参考。

（二）管理收尾

管理收尾包括一系列零碎烦琐的工作，如收集整理项目文件、发布项目信息、重新安排项目人员、庆祝项目结束、总结经验教训等。管理收尾包括建立项目文档、项目验收、项目总结等工作。

1. 建立项目文档

为了保证文档版本的一致性，在项目执行之前就要对文档的输出格式、文档的描述质量、文档的具体内容、文档的可用性进行明文规定，并且要求所有的项目管理人员严格按照规定的要求输出、记录、提交文档。

项目经理应事先在项目团队内部指定专门的文档管理员，对于符合质量要求的文档，统一由文档管理员管理；对于不符合要求的文档，全部退回文档输出责任人重新处理。在项目执行的每一阶段，必须将所完成的文档提交到项目执行小组，如果发现提交的文档不符合要求，文档输出责任人必须对文档进行修改并在项目实施的下一阶段对其进行完善，必须从文档管理员的文档配置库中将文档登记取出进行完善，而不得进行随意修改，修改完毕后再提交审核和入库管理。

项目结束后需要将项目全过程形成的文档进行汇总、归类和保存。文档管理员需要建立一个项目文档配置管理目录，并对各文档进行编号，对不同阶段输出的文档进行版本控制管理，该目录可给各文档输出责任人读取的权限但没有改写的权限。

2. 项目验收

当项目团队完成项目的所有任务后，还应该协助相关方对项目进行验收，以确保项目事先规定的工作范围都得到圆满完成，同时检查项目完成的任务是否符合客户的要求，并确认客户的各项要求得到满足。

3. 项目总结

对项目进行成功或失败因素分析，从与项目有关的各个因素（项目经理、项目成员、成本、环境等）进行分析，并对项目绩效进行评价和总结。

（三）工程项目收尾管理的具体任务

对于工程项目而言，竣工阶段完成后，项目建设过程基本结束，各方集合对项目组织竣工验收并收集竣工资料。项目管理机构以此为基础进行项目结算或项目决算审核。竣工验收合格后，项目进入保修期，在咨询机构协调下进行项目移交工作。项目竣工管理包括竣工计划、竣工验收、竣工结算、竣工决算、回访保修及总结与评价等。工程项目收尾阶段各项管理工作应符合以下要求。

1. 工程项目竣工计划

工程在项目竣工验收前，项目团队应检查合同约定的哪些工作内容已经完成，或完成到什么程度，并将检查结果记录并形成文件；总分包之间还有哪些连带工作需要收尾接口，项目近外层和远外层关系还有哪些工作需要沟通协调等，以保证竣工收尾顺利完成。

2. 工程项目竣工验收

工程项目竣工收尾工作内容按计划完成后，除了承包人的自检评定外，应及时地向发包人递交竣工工程申请验收报告。

3. 工程项目竣工结算

工程项目竣工验收条件具备后，承包人应按合同约定和工程价款结算的规定，及时编制并向发包人递交项目竣工结算报告及完整的结算资料，经双方确认后，按有关规定办理项目竣工结算。办完竣工结算，承包人应履约按时移交工程成品，并建立交接记录，完善交工手续。

4. 工程项目竣工决算

工程项目竣工决算是由项目发包人（业主）编制的工程项目从筹建到竣工投产或使用全过程的全部实际支出费用的文件，竣工决算综合反映竣工项目建设成果和财务情况，是竣工验收报告的重要组成部分。按国家有关规定，所有新建、扩建、改建的项目竣工后都要编制竣工决算。

5. 工程项目回访保修

工程项目竣工验收后，承包人应按工程建设法律、法规的规定，履行工程质量保修义务，并采取适宜的回访方式为顾客提供售后服务，工程项目回访与质量保修制度应纳入承包人的质量管理体系，明确组织和人员的职责，提出服务工作计划，按管理程序进行控制。

6. 工程项目总结与评价

工程项目结束后，应对工程项目的建设和运行情况进行全面总结与评价。工程项目总结与评价是项目相关方对项目实施过程和实施效果从不同角度进行的评价和总结，通过定量指标和定性指标的分析、比较，总结经验，找出差距，提出改进处理意见。政府投资项目总结与评价主要采用项目后评价和财政支出绩效评价的形式。

二、工程项目的竣工验收

（一）工程项目竣工计划

项目收尾是项目结束阶段管理工作的关键环节，由项目团队全面负责，组织编制详细的项目竣工计划，报送上级主管部门批准后，采取有效措施逐项落实，保证按期完成。

1. 工程项目竣工计划编制程序

工程项目竣工计划的编制应按以下程序进行：

（1）制订项目竣工计划。项目收尾应详细整理项目竣工收尾的工程内容，列出清单，做到安排的竣工计划有切实可靠的依据。

（2）审核项目竣工计划。项目经理应全面掌握项目竣工收尾条件，认真审核项目竣工内容，做到安排的竣工计划有具体可行的措施。

（3）批准项目竣工计划。主管部门应调查核实项目竣工收尾情况，按照报批程序执行，做到安排的竣工计划有目标可控的保证。

2. 工程项目竣工计划内容与要求

工程项目竣工计划的内容应包括现场实施和资料管理两个部分，两者缺一不可，两部分都关系到竣工条件的形成，具体包括以下内容：①竣工项目名称；②竣工项目收尾具体内容；③竣工项目质量要求；④竣工项目进度计划安排；⑤竣工项目文件档案资料整理归档要求。竣工计划的内容形式可采用表格化的形式呈现，编制、审批、执行、验证的程序应表述清楚。

3. 工程项目竣工计划的实施

项目经理应按计划要求，及时组织实施工程项目竣工收尾工作，及时与相关方沟通，协助项目业主进行项目验收。工程项目竣工收尾阶段，项目经理和技术负责人应定期和不定期地对工程项目竣工计划进行反复的检查。有关施工、质量、安全、材料等技术、管理人员要积极协作配合，对列入计划的收尾、修补、成品保护、资料整理、场地清扫等内容，要按分工原则逐项检查核对，做到完工一项、验证一项、消除一项，不给竣工收尾留下遗憾。

工程项目竣工计划的检查应依据法律、行政法规和强制性标准的规定严格进行，发现偏差要及时进行调整、纠偏，发现问题要强制执行调整。项目团队完成工程项目竣工计划，并确认达到竣工条件后，应按规定向所在企业报告，进行工程项目竣工自检验收，填写工程质量竣工验收记录、质量控制资料核查记录、工程质量观感记录表，并对工程实施质量做出是否合格的自评结论。

（二）工程项目竣工验收

工程项目竣工验收应在工程建设项目竣工后，由建设单位会同设计、施工、设备供应单位及工程质量监督部门，对该项目是否符合规划设计要求以及建筑施工和设备安装质量进行全面检验，取得竣工合格资料、数据和凭证。竣工验收应建立在分阶段验收的基础之上，在前面已经完成验收的工程，一般在工程项目竣工验收时不再重新验收，工程建设项目的竣工验收主要由建设单位负责组织和进行现场检查、收集与整理资料，设计、施工、设备制造单位有提供有关资料及竣工图纸的责任。竣工验收是全面考核建设工作，检查是否符合设计要求和工程质量的重要环节，对促进工程建设项目及时投产，发挥投资效果，总结建设经验应发挥重要作用。

1. 工程项目竣工验收的条件

建设单位在收到施工单位提交的工程竣工报告，并具备以下条件后，方可组织勘察、设计、施工、管理等单位有关人员进行竣工验收。

（1）完成了工程设计和合同约定的各项内容。

（2）施工单位对竣工工程质量进行了检查，确认工程质量符合有关法律、法规和工程建设强制性标准，符合设计文件及合同要求，并提出工程竣工报告，该报告应经项目经理和施工单位有关负责人审核签字。

（3）有完整的技术档案和施工管理资料。

（4）建设行政主管部门及委托的工程质量监督机构等有关部门责令整改的问题全部整改完毕。

（5）勘察、设计单位对勘察、设计文件及实施过程中由设计单位签署的设计变更通知书进行检查，并提出质量检查报告，该报告应经该项目勘察、设计负责人和各自单位有关负责人审核签字。

（6）有规划、消防、环保等部门出具的验收认可文件。

（7）有建设单位与施工单位签署的工程质量保修书。

2. 工程项目竣工验收的范围

（1）凡列入固定资产投资计划的新建、扩建、改建、迁建的工程建设项目或单项工程按批准的设计文件规定的内容和施工图纸要求全部建成符合验收标准的，必须及时组织验收，办理固定资产移交手续。

（2）使用更新改造资金进行的基本建设或属于基本建设性质的技术改造工

程项目，也应按国家关于工程建设项目竣工验收规定，办理竣工验收手续。

（3）小型基本建设和技术改造项目的竣工验收，可根据有关部门（地区）的规定适当简化手续，但必须按规定办理竣工验收和固定资产交付生产手续。

3. 工程项目竣工验收的程序

（1）施工单位自检合格，提交《工程竣工验收报告》。工程项目完工后，施工单位对工程进行质量检查，确认符合设计文件及合同要求后，填写《工程竣工验收报告》，并经项目经理和施工单位负责人签字后提交建设单位，申请工程竣工验收。

（2）建设单位收到《工程竣工验收报告》后，对符合竣工验收要求的工程，组织勘察、设计、施工、管理等单位和其他有关方面的专家组成验收组，制定验收方案。

（3）建设单位应当在工程竣工验收 7 个工作日前将验收的时间、地点及验收组名单通知负责监督该工程的工程监督机构。

（4）建设单位组织工程竣工验收。参与工程竣工验收的建设、勘察、设计、施工等各方不能形成一致意见时，应报当地建设行政主管部门或监督机构进行协调，待意见一致后，重新组织工程竣工验收。

（5）工程文件的归档整理，应按有关标准、规定执行；承包人向发包人移交工程文件档案应与编制的清单目录保持一致，须有交接签认手续，并符合移交规定。

4. 工程项目竣工验收的检查内容

（1）检查工程是否按批准的设计文件建成，配套、辅助工程是否与主体工程同步建成。

（2）检查工程质量是否符合相关设计规范及工程施工质量验收标准。

（3）检查工程设备配套及设备安装、调试情况，国外引进设备合同完成情况。

（4）检查概算执行情况及财务竣工决算编制情况。

（5）检查联调联试、动态检测、运行试验情况。

（6）检查环保、水保、劳动、安全、卫生、消防、防灾安全监控系统、安全防护、应急疏散通道、办公房屋、生产房屋、生活房屋等设施是否按批准的设计文件建成、合格，精测网复测是否完成，复测成果和相关资料是否移交设备管理单位，工机具、常备材料是否按设计配备到位，地质灾害整治及建筑抗震设防是否符合规定。

（7）检查工程竣工文件编制完成情况，竣工文件是否齐全、准确。

（8）检查建设用地权属来源是否合法，面积是否准确，界址是否清楚，手续是否齐备。

5. 工程移交

工程项目通过竣工验收，承包人递交《工程竣工结算报告》的日期为实际竣工日期。承包人应在发包人对《工程竣工验收报告》签认后的规定期限内向发包人递交《工程竣工结算报告》和完整的结算资料。承包人在收到工程竣工结算价款后，应在规定的期限内将竣工项目移交发包人，及时转移撤出施工现场，解除施工现场全部管理责任。

（三）工程项目竣工结算

1. 工程项目竣工结算的条件

（1）工程已按施工承包合同及补充条款确定的工作内容全部竣工，并有合格的竣工质量验收报告及工程质量评定报告。

（2）工程已正式移交运营单位并签订保修合同。

（3）具备完整的竣工图、图纸会审纪要，工程变更、现场签证以及工程验收资料，且竣工材料已按照档案管理要求完整移交给项目公司。

（4）工程量差、重大设计变更、委托洽商（含审定的价款）审批材料齐全。

2. 竣工结算书的编制

竣工结算书是指承包人按照签订的工程承包合同完成所约定的工程承包范围内的全部工作内容，发包人应当根据施工图纸及说明书、施工验收规范和质量检验标准及时进行验收，竣工验收合格后，承包人向发包人办理的最终工程价款结算的结算书。竣工结算书必须包含合同内造价及变更、签证等内容，并附带所有证明资料。经审查的工程项目竣工结算是核定建设工程造价的依据，也是工程建设项目竣工验收后发包人编制竣工结算和核定新增固定资产价值的依据。审查确认的工程结算报告由合同双方签字盖章，作为合同执行的重要文件双方留存。

3. 竣工结算要求

（1）单位工程竣工结算由承包人编制，发包人审查。实行总承包的工程，由具体承包人编制，在总包人审查的基础上，发包人审查。单项工程竣工结算或工程建设项目竣工总结算由总（承）包人编制，发包人可直接进行审查。单项工程竣工结算或工程建设项目竣工总结算经发、承包人签字盖章后生效。

（2）国有资金投资建筑工程的发包方，应当委托具有相应资质的工程造价咨询企业对竣工结算文件进行审核，并在收到竣工结算文件后的约定期限内向承包方提出由工程造价咨询企业出具的竣工结算文件审核意见。逾期未答复的，按照合同约定处理；合同没有约定的，竣工结算文件视为已被认可。

（3）非国有资金投资的建筑工程发包方，应当在收到竣工结算文件后的约定期限内予以答复。逾期未答复的，按照合同约定处理；合同没有约定的，竣工结算文件视为已被认可。发包方对竣工结算文件有异议的，应当在答复期内向承包方提出，并可以在提出异议之日起的约定期限内与承包方协商；发包方在协商期内未与承包方协商或者经协商未能与承包方达成协议的，应当委托造价咨询企业进行竣工结算审核，并在协商期满后的约定期限内向承包方提出由工程造价咨询企业出具的竣工结算文件审核意见。

（4）承包方与发包方提出对工程造价咨询企业竣工结算审核意见有异议，在接到该审核意见后一个月内，可以向有关工程造价管理机构或有关行业组织申请调解；调解不成的，可以依法申请仲裁或者向人民法院提起诉讼。

双方应在工程完成后，按照约定的合同价款及合同价款调整内容以及索赔事项进行工程竣工结算。项目竣工结算一般分为单位工程竣工结算、单项工程竣工结算及工程建设项目竣工总结算。

4. 工程项目竣工结算递交

（1）结算申请。工程完工并验收合格后，承包人根据合同约定进行结算书的编制。编制完成后，出具书面结算申请书、竣工结算报告和完整的结算资料一并上报。该工作须在一个月内完成。

（2）管理批准。工程管理公司核实工程是否通过验收，以及结算书中所附结算资料是否属实，并在结算申请书上书写意见，该工作在一周内完成。

（3）发包人审查。工程管理公司将同意结算的批复意见报至发包人后，发包人应在接到竣工结算报告和完整的竣工资料后进行审核，该工作在60天内完成。

（4）承包人答疑。承包人与竣工核算单位对结算当中的扣减项目进行核对工作，在竣工结算的最后阶段，发包人上级主管部门或审计单位对承包人上报的竣工结算资料发出书面审核通知书（查询单），承包人应在规定期限内（一般为7个工作日内）对审核通知单所提出的意见逐条进行详细回复。

（5）工程项目竣工结算文件的确认与备案。工程项目竣工结算文件经发、承包双方签字确认的，应当作为工程决算的依据。未经双方同意，另一方不得就已生效的工程项目竣工结算文件委托工程造价咨询企业重复审核。发包方应当按照工程项目竣工结算文件及时支付竣工结算款，工程项目竣工结算文件应当由发包方报工程所在地县级以上地方政府住房和城乡建设主管部门备案。

（四）工程项目竣工决算

1. 工程项目竣工决算编制概述

工程项目竣工决算是指以实物数量和货币指标为计量单位，综合反映竣工项目从筹建开始到工程项目竣工交付使用为止的全部建设费用、建设成果和财务情况的总结性文件。《工程项目竣工决算书》的主要内容包括竣工财务决算说明书、竣工财务决算报表、工程竣工图和工程造价对比分析四个部分，其中竣工财务决算说明书和竣工财务决算报表是竣工决算的核心内容，造价管理部门负责工程项目竣工决算工作，编制《工程项目竣工决算书》，务求数据准确、内容全面、简明扼要，能够真实、客观地说明问题。项目团队及相关部门或单位需积极配合造价管理部门工作，提供真实可靠的资料。

2. 工程项目竣工决算编制依据

主要包括：①工程项目可行性研究报告及投资估算；②工程项目初步设计预算或扩大初步设计后的预算及修正预算；③工程施工图及施工图预算；④设

计交底及图纸会审纪要；⑤招投标标的、承包合同、工程结算资料；⑥施工记录或施工签证单，以及其他施工中发生的费用记录；⑦竣工图及各种竣工验收资料；⑧设备、材料调价文件和调价记录；⑨有关财务核算制度、办法和其他有关资料、文件等。

3. 工程项目竣工决算编制内容

工程项目竣工决算的内容包括竣工财务决算说明书、竣工财务决算报表、工程竣工图和工程造价对比分析四个部分，前两个部分又称为工程建设项目竣工财务决算，是竣工决算的核心内容和重要组成部分。

（1）竣工财务决算说明书。主要反映竣工工程建设成果和经验，是对竣工决算报表进行分析和补充说明的文件，是全面考核分析工程投资和造价的书面总结。

（2）竣工财务决算报表。根据大、中型工程建设项目和小型工程建设项目分别制定。

（3）工程竣工图。真实记录各种地上、地下建筑物、构筑物等情况的技术文件，是工程进行交接验收、维护改建和扩建的依据，是重要工程技术档案。

（4）工程造价对比分析。批准的概算是考核建设工程造价的依据，在分析比较中，可先对比整个项目的总概算，然后将建安工程费、设备工器具费和其他工程费用逐一与竣工决算表中所提供的实际数据和相关资料及批准的概算、预算指标、实际工程造价进行对比分析，以确定竣工项目总造价是节约还是超支，并在对比的基础上，总结先进经验，找出节约和超支的内容和原因，提出改进措施。

（五）工程项目回访保修

1. 工程项目回访保修制度

建设工程的回访保修是指工程在竣工验收交付使用后，在一定的期限内由承包人主动对发包人和使用人进行工程回访。对工程发生的由施工原因造成的使用功能不良或无法使用的质量问题，由承包人负责修理，直到达到正常使用的标准。回访用户是一种“售后服务”方式，体现了“顾客至上”的服务宗旨。实行工程质量保修是促进承包人加强工程施工质量管理，保护用户及消费者合法权益的必然要求，承包人应在工程项目竣工验收之前，与发包人签订质量保修书，对交付发包人使用的工程在质量保修期内承担质量保修责任。

（1）承包人应制定项目回访和保修制度并纳入质量管理体系。项目回访和质量保修应纳入承包人的质量管理体系，没有建立质量管理体系的承包人也应进行项目回访并按法律、法规履行质量保修义务。回访保修的责任应由承包人承担，承包人应建立工程项目交工后的回访与保修制度，听取用户意见，提高服务质量，改进服务方式。承包人应建立与发包人及用户的服务联系网络，及时取得信息，并按计划、实施、验证、报告的程序，搞好回访与保修工作。保修工作必须履行施工合同的约定和《工程质量保修书》中的承诺。

（2）承包人应提醒用户注意建筑物和设备的维护及使用，对顾客在使用中发生的问题进行处理。项目团队负责保修项目的施工组织工作，并保证完成。凡是由于施工质量不良而造成的问题，都属保修范围。工程项目保修内容应根据合同内容进行。

（3）保修期限。在正常使用条件下，建设工程的最低保修期限为：①基础设施工程、房屋建筑的地基基础工程和主体结构工程，为设计文件规定的该工程的合理使用年限；②屋面防水工程、有防水要求的卫生间、房间和外墙面的防渗漏，为5年；③供热与供冷系统，为2个采暖期、供冷期；④电气管线、给排水管道、设备安装和装修工程，为2年；⑤其他项目的保修期限由发包方与承包方约定。保修完毕后，项目团队先组织内部验收，再邀请顾客对保修内容进行验收。

（4）凡属于承包人施工责任影响使用功能的工程，一律免费修理。修理项目由于用户使用不当，设计原因，顾客提供的设备、材料、成品、半成品的质量不良及自然灾害等原因造成，由用户承担全部修理费。修理项目是由用户和承包人双方的责任造成的，双方实事求是地商定各自承担的修理费用。承包人应定期对顾客满意度进行监测，维修部门对顾客满意度监测收集的信息进行汇总、统计分析，并针对顾客不满意的信息制定纠正措施，经主管领导批准后下发相关部门执行。

（5）建立回访小组。项目团队在工程交工后应及时征求用户意见，如反映有质量问题，应及时对反映的质量问题进行调查分析；承包人交工后应设置回访维修小组，回访维修小组的任务是根据回访保修计划，对竣工工程进行定期回访和日常维修，对用户的维修要求及时满足，使业主满意；同时，总结工程中出现的质量情况，为今后提高项目工程质量服务。对发现的质量问题，应检查工程施工过程中的原始质量记录，查明原因后，如属施工方面原因，及时制定维修方案；如遇疑难问题，逐级上报解决；如不属施工方面原因，应派人向用户解释，并妥善处理。

2. 工程项目回访方式

工程项目的回访方式应根据工程项目的具体情况灵活采用，一般有如下方式：

（1）电话询问、会议座谈、登门座谈、例行回访，半年或1年的例行回访。

（2）夏季重点回访屋面及防水工程和空调工程、墙面防水；冬季重点回访采暖工程。

（3）对施工进程中采取的新材料、新技术、新工艺、新装备工程，回访使用效果或技术状态。

（4）特殊工程的专访。

（5）回访应以业主对竣工项目质量的反馈及特殊工程采取的新技术、新材料、新设备、新工艺等的应用情况为重点，并根据需要及时采取改进措施，回访工作方式应根据回访计划的要求，由承包人自主灵活组织。

3. 工程项目质量保修与终生责任管理

（1）签发工程项目质量保修书应确定质量保修范围、期限、责任和费用的承担等内容。承包人签署工程项目质量保修书，其主要内容必须符合法律、行政法规和部门规章已有的规定。没有规定的，应有承包人与发包人约定，并在工程质量保修书中提示。

（2）保修期为自竣工验收合格之日起计算，应符合在正常使用条件下的最低保修期限要求。

（3）在保修期内产生的非使用缘由的质量问题，使用人应填写《工程质量修理通知书》告知承包人，并注明质量问题及部位、联系维修方式。

(4) 承包人应按《工程质量保修书》的许诺向发包人或使用人提供服务。保修业务应列入施工生产计划，并按约定的内容承担保修责任。

(5) 保修经济责任应按以下方式处理：①由于承包人未依照国家标准、规范和设计要求施工成的质量缺陷，应由承包人负责修理并承担经济责任。②由于设计人酿成的质量缺陷，应由设计人承担经济责任。当由承包人修理时，费用数额应按合同约定，不足部分应由发包人补偿。③由于发包人供应的材料、构配件或设备不合格酿成的质量缺陷，应由发包人自行承担经济责任。④由发包人指定的分包人酿成的质量缺陷，应由发包人自行承担经济责任。⑤因使用人未经许可自行改建酿成的质量缺陷，应由使用人自行承担经济责任。⑥因地震、洪水、台风等不可抗力缘由造成破坏或非施工缘由酿成的事故，承包人不承担经济责任。⑦当使用人需要责任之外的修理保护服务时，承包人应提供相应的服务，并在双方协议中明确服务的内容和质量要求，费用由使用人支付。

4. 工程项目总结

工程项目结束之后，应对工程项目实施情况进行总结，形成工程项目总结报告。工程项目总结报告应包括如下内容：①项目概况；②组织机构、管理体系、管理控制程序；③各项经济技术指标完成情况及考核评价；④主要经验及问题处理；⑤其他需要说明的问题。工程项目总结应形成文档，实事求是、概括性强、条理清晰、全面系统地总结项目的实施效果。

第二节　工程项目收尾管理中的后评价和绩效评价

一、工程项目后评价

（一）工程项目后评价的内容及重点

工程项目后评价是指在项目竣工验收并投入使用或运营一定时间后，运用规范、科学、系统的评价方法与指标，将项目建成后所达到的实际效果与项目的可行性研究报告、初步设计（含概算）文件及其审批文件的主要内容进行对比分析，找出差距及原因，总结经验教训、提出相应对策建议，并反馈到项目参与各方，形成良性项目决策反馈机制。根据需要，可以针对项目建设（或运行）的某一问题进行专题评价，也可以对多个同类项目进行综合性、政策性、规划性评价。

1. 工程项目后评价的主要内容

工程项目后评价的重点是对项目决策预期效果和项目实施后实际效果进行对比考核，分析变化原因，及时总结和反馈经验教训，具体内容包括以下方面。

（1）工程项目目标评价。目标评价主要是对项目设定决策目标的正确性、合理性和实践性进行分析评价。

（2）工程项目实施过程评价。过程评价是对照立项评估或可行性研究报告所预计的情况和实际执行的过程进行分析和比较，分析存在的问题及原因。一般应包括项目立项、准备和评估，项目内容和建设规模，工程进度和实施情况，配套设施和服务条件，受益者范围及其反映，财务执行情况。

（3）工程项目效益评价。项目效益评价包含财务和经济评价，主要采用财务和经济内部收益率、净现值和贷款偿还期等项目盈利能力和偿债能力等分析评价指标。

（4）工程项目影响评价。评价内容包括经济影响、环境影响和社会影响等。

（5）工程项目可持续性评价。在项目的生命周期内，项目的经济、社会、环境效益和影响相互协调适应，持续发挥作用，达到各种效益和影响之间的动态平衡，使工程建设项目的效益发挥稳定持久，从而保证工程建设项目目标和运营的持续性。主要体现在技术先进性、经济合理性、社会影响协调性、生态环境相容性、管理体系完整性。

对于政府投资的工程建设项目，还需对工程项目审批及招标采购情况进行全面、综合评价。

2. 工程项目后评价的主要依据

（1）国家及地方对投资工程建设项目管理的相关法律、法规、规章及规定。

（2）地方总体规划、区域规划、行业发展规划和专项建设规划。

（3）项目立项相关审批、核准、备案文件，如项目建议书、可行性研究报告、项目申请报告、资金申请报告、节能评估报告及相关评估报告等。

（4）项目招投标文件与主要合同。

（5）主要投资控制报告：概算（调整）报告、预算报告、结算报告、财务决算报告、审计报告及相关批复文件等。

（6）主要工程建设文件：方案设计、初步设计、施工图及竣工图、工程管理报告、竣工验收报告等。

对于政府投资的工程建设项目，还需审计或稽查的结论性资料、政府投资工程建设项目自评报告等。

3. 工程项目后评价的重点任务

（1）把握工程项目建设程序。在后评价过程中，针对不同工程项目判断工程项目决策的依据和程序是否正确，决策阶段各项手续，如工程项目建议书、可研报告及批复办理流程和时间节点是否合规，相关手续是否齐全；开工各种报批手续是否齐全；实施过程的各项质量检验报检是否及时，资料是否齐备，检验是否合格；竣工验收组织是否及时合规；结算、决算工作是否及时合规。通过对建设程序的深入把握，对项目建设全过程进行系统深入的评价。

（2）评价工程项目实施控制情况，反映存在的问题。通过工程项目后评价结果，如实反映工程项目单位自身存在的问题，如通过对招投标和合同管理、质量控制、进度控制、投资控制情况，资料归档整理情况，映射出工程项目单位的内部审批制度是否规范，决策程序是否科学，合同审批流程是否规范，工程项目组织管理体系是否齐全，质量管理体系、安全、进度、投资成本控制体系是否健全，档案管理是否到位。

由于工程项目后评价工作实现了投资工程项目全过程的闭环管理，因此通过工程项目后评价的信息反馈作用，可进一步帮助提高工程项目单位的投资管理决策水平和投资效益，达到开展后评价工作的最终目的。通过工程项目后评价环节，工程项目单位应对上级部门审计时可提早查找问题，总结分析，为制定整改措施方案提供依据；同时，引导工程项目单位建立一套规范的后评价工作管理制度，以便更好地完成今后的各项工作。

(3) 工程项目效果的后评价中，对工程项目可持续能力应重点分析。工程项目效果后评价主要是对运行（运营）效果、社会效益、经济效益、环境（生态）效益及可持续性进行综合评价，对工程项目可持续能力和发展前景做出分析判断。为投资决策提供依据，是后评价工作的目标之一。例如，企业投资工程建设项目的可持续能力分析主要从内部、外部两方面进行。

1) 内部因素分析。包括财务能力、技术创新能力、人力资源管理、生产能力、营销能力及综合管理能力等分析，这些因素都是组成企业核心竞争力的主要部分。其中：财务能力主要从偿债能力、营运能力、盈利能力和企业发展能力等方面评价企业的财务状况以及经济效益；技术创新能力通常从创新投入能力、创新管理能力、创新实施能力、创新产出能力等方面的评价；人力资源管理可以按人力资源规划、人员招聘与配置、培训与开发、绩效考核管理、薪酬福利管理、员工关系管理、人事管理和职业生涯管理等管理模块分别进行分析评价；生产能力主要从企业所能生产的产品供应能力、规模及可扩产容量等因素进行分析；营销能力主要从产品和品牌策略、分销渠道建设、产品价格管理、促销策略等方面的分析；综合管理分析内容主要包括战略管理、制度体系建设、组织协调、资本运营管理、质量管理、供应链管理等。

2) 外部环境分析。外部环境是企业不可控制的因素，但会影响企业发展，有时会为企业提供发展机会，有时也会限制企业的发展。主要包括经济环境、自然环境、科学技术环境、政治法律环境、社会文化环境、供应商、目标市场及竞争对手等。

(4) 工程项目后评价指标体系。工程项目后评价需采用定性和定量相结合的方法。定量指标的设计需充分反映投资工程建设项目的绩效水平，而定性指标的设计则需体现投资工程建设项目的管理水平。工程项目后评价指标可分为一般性指标和特殊性指标。其中，一般性指标包括工程项目审批管理后评价指标、工程项目实施内容后评价指标、工程项目功能技术后评价指标、资金管理后评价指标、经济效益后评价指标、公共效益后评价指标以及根据需要采用的其他后评价指标。特殊性指标需根据工程项目投资的不同方式、工程项目的不同类型、后评价的重点和管理要求，设置不同的指标。企业投资工程建设项目后评价指标的设定可根据自身决策需求、工程项目实施特点及绩效考核重点进行设置。

（二）工程项目后评价的主要方法

工程项目后评价应采用定性和定量相结合的方法，主要包括对比法、逻辑框架法、调查法、专家打分法、综合指标体系评价法、工程项目成功度评价法。以下主要介绍对比法、逻辑框架法以及工程项目成功度评价法。

1. 对比法

项目后评价的主要分析评价方法是对比法，即根据后评价调查得到的工程项目实际情况，对照工程项目立项时所确定的直接目标和宏观目标，以及其他指标，找出偏差和变化，分析原因，得出结论和经验教训。工程项目后评价的对比法包括前后对比法和有无对比法。

（1）前后对比法。前后对比法是工程项目实施前后相关指标的对比，用以直接估量工程项目实施的相对成效。前后对比法是指将工程项目实施之前与工程项目完成之后的情况加以对比，以确定工程项目的实施效果。在工程项目后评价中，应将工程项目可行性研究与评价时所预测的效益和工程项目竣工投产运营后的实际结果相比较，以发现变化和分析原因。这种对比用于揭示计划、决策和实施的质量，是工程项目过程评价应遵循的原则。如图 9-1 所示，工程项目的前后效果对比表示为 A/B。

（2）有无对比法。有无对比法是指在工程项目周期内“有项目”（实施项目）相关指标的实际值与“无项目”（不实施项目）相关指标的预测值对比，用以度量工程项目真实的效益、作用及影响。对比的重点是要分清工程项目作用的影响与工程项目以外作用的影响。这种对比用于工程项目的效益评价和影响评价，是工程项目后评价的重要方法论原则。“有”与“无”指的是评价的对象，即计划、规划或项目。评价是通过工程项目的实施所付出的代价与工程项目实施后产生的效果进行对比来判断工程项目的成功与否。方法论的关键是要求投入的代价与产出的效果口径一致，确保所度量的效果要真正归因于项目。如图 9-1 所示，项目的有无效果对比表示为 A/C。

在评价过程中，很多大型工程项目，实施后的效果不仅仅是来自项目的效

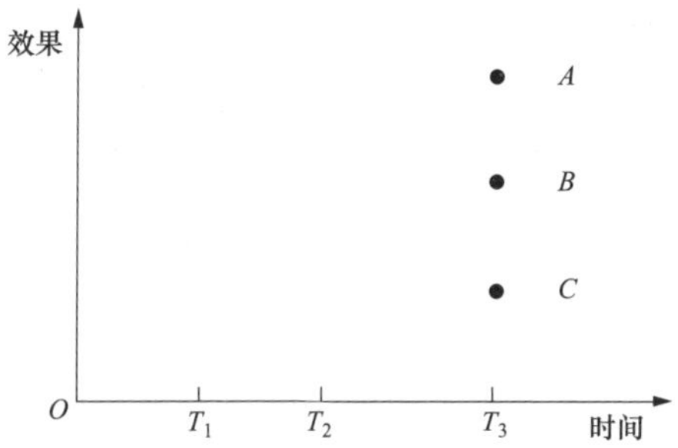

图 9-1　对比法图示

T_1—项目开工时刻；T_2—项目完工时刻；T_3—项目后评价时刻；

A—项目实际效果；B—项目实施前预测效果；C—无项目效果

果和作用，还有项目以外诸多因素的影响。因此，简单的前后对比往往不能得出关于工程项目效果真实的结论。后评价中效益评价的任务就是要去除那些非项目因素，对归因于项目的效果进行正确的定义和度量。理想的做法是在项目受益区之外，找一个类似的项目区的“对照区”，加以比较得出正确的结论。

2. 逻辑框架法

逻辑框架法（logical framework approach，LFA）是美国国际开发署在1970 年开发并使用的一种设计、计划和评价的工具，用于项目的规划、实施、监督和评价。逻辑框架是一种综合和系统地研究和分析问题的思维框架，有助于对关键因素和问题做出系统的、合乎逻辑的分析。采用逻辑框架法进行工程项目后评价时，可根据后评价的特点和工程项目特征，对格式和内容进行调整，以适应不同评价的要求。逻辑框架法一般可用来进行目标评价、项目成败的原因分析、项目可持续性评价等。其基本模式如表 9-1 所示。

表 9-1　逻辑框架法基本模式

层次描述	客观验证指标	验证方法	重要外部条件
目标	目标指标	监测和监督手段及方法	实现目标的主要条件
目的	目的指标	监测和监督手段及方法	实现目的的主要条件
产出	产出物定量指标	监测和监督手段及方法	实现产出的主要条件
投入	投入物定量指标	监测和监督手段及方法	实现投入的主要条件

逻辑框架法是一种定性评价方法，其模式是一张 4×4 的矩阵，垂直逻辑关系由下而上，相邻两个目标层次之间存在“如果”“那么”的因果关系，这些条件包括事物内在的因素和所需的外部因素；水平逻辑关系是指每一行中，在重要的假设条件下，通过客观验证指标和验证方法来衡量一个项目的实施成果。

（1）垂直逻辑关系。逻辑框架图的纵向代表项目的目标层次，共分为四个层次：

一是目标。通常是指高层次的目标，尤其是国家或部门投资项目的整体目标及其可能产生的影响。

二是目的。关注“为什么”要实施这个项目，即项目直接的效果和作用。

三是产出。这里的“产出”是指“干了些什么”，即项目的建设内容或投入的产出物，一般为项目可定量的直接结果。

四是投入。该层次是指项目的实施过程及内容，主要包括资源的投入量和时间等。由图 9-2 可以看出，以上四个层次之间存在着自下而上的因果关系。

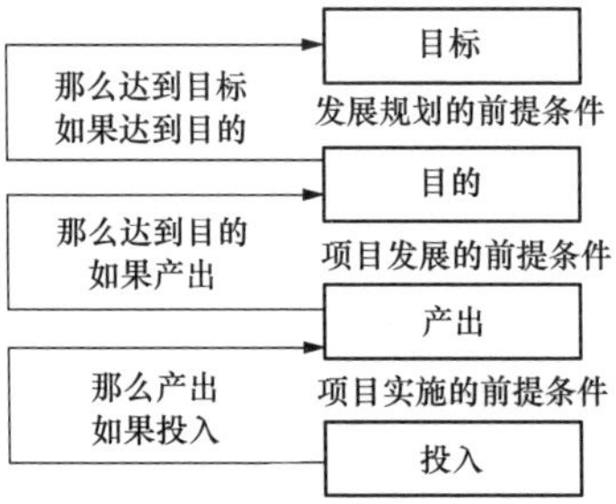

图 9-2 逻辑框架法的垂直逻辑

（2）水平逻辑关系。逻辑框架图的横向指标由验证指标、验证方法和重要外部条件三部分构成，目的是通过这些验证指标和验证方法来衡量一个项目的资源和成果。重要的假定条件主要是指可能对项目的进度和结果产生影响，而项目管理者又无法控制的外部条件，即风险。风险的产生有多方面原因，主要包括项目所在地的特定环境及其条件变化；政府政策、发展计划等方面的变化带来的影响；管理部门体制所造成的问题等。

在工程项目后评价中，通过投入、产出、直接目的、宏观影响四个层面的分析和总结，形成工程项目后评价逻辑框架如表 9-2 所示。

表 9-2　　工程项目后评价逻辑框架表

项目描述	可客观验证的指标			原因分析		项目可持续能力
	原因指标	实现指标	差别或变化	内部原因	外部条件	
宏观目标						
直接目的						
产出/建设内容						
投入/活动						

3. 工程项目成功度评价法

工程项目成功度评价法也就是传统的打分法。依靠专家或工程项目参与者的经验，根据个人或集体的认知标准，根据工程项目的实际情况用一定的系统方法和判断标准来评价项目总体的成功度，或者说得分高低。成功度评价法主要通过判断工程项目目标的实现程度和各种影响、效益的大小来评价工程项目的好坏，以事先确定好的评价指标体系和评分标准进行专家打分，通过权重配比及一定的统计方法，以得分高低来衡量工程项目的综合等级和成功程度。

成功度评价可以根据逻辑框架法所分析的工程项目目标，对其指标实现程度进行分析评价。工程项目评价的成功度可分为五个等级，如表 9-3 所示。

表 9-3　　工程项目成功度等级标准参考表

序号	内容	标　准
1	完全成功	项目各项目标都已经全面或超额实现；相对成本而言，项目取得巨大效益和影响
2	成功	项目各项目标都已经实现；相对成本而言，项目达到了预期的效益和影响
3	部分成功	项目实现了原定的部分目标；相对成本而言，项目只取得了一定的效益和影响
4	不成功	项目实现的目标非常有限；相对成本而言，几乎没有产生正面的效益和影响
5	失败	项目的目标无法实现，项目不得不终止

在评价具体工程项目的成功度时，并不一定要测定所有的评价指标。评价人员首先根据具体工程项目的类型和特点，确定表 9-4 中指标与项目相关的程

度，分为“重要”“次重要”“不重要”三类，在表中第二栏里（项目相关重要性）填注。

在测定各项指标时，采用打分制，即按上述评定标准的第 1～5 等级分别用 A、B、C、D、E 表示。通过指标重要性分析和单项成功度结论的综合，可得到整个项目的成功度指标，也用 A、B、C、D、E 表示，填在表的最后一行（项目总评）的评定等级栏内。

表 9-4　　项目成功度评价表

评定项目指标	项目相关重要性	评定等级
评定指标 1		
评定指标 2		
……		
项目总评		

注 1. 项目相关重要性：分为重要、次重要、不重要。

2. 评定等级分为：A—成功、B—基本成功、C—部分成功、D—不成功、E—失败。

二、工程项目绩效评价

（一）绩效评价的内容及指标

工程项目支出绩效评价（简称绩效评价）是指财政部门、预算部门和单位，依据设定的绩效目标，对工程项目支出的经济性、效率性、效益性和公平性进行客观、公正的测量、分析和评判。

1. 工程项目支出绩效评价的类型

绩效评价分为单位自评、部门评价和财政评价三种方式。

单位自评是指预算部门组织部门本级和所属单位对预算批复的工程项目绩效目标完成情况进行自我评价。

部门评价是指预算部门根据相关要求，运用科学、合理的绩效评价指标、评价标准和方法，对本部门的工程项目组织开展的绩效评价。

财政评价是指财政部门对预算部门的工程项目组织开展的绩效评价。

2. 工程项目支出绩效评价的内容

单位自评的内容主要包括工程项目总体绩效目标、各项绩效指标完成情况以及预算执行情况。对未完成绩效目标或偏离绩效目标较大的工程项目要分析并说明原因，研究提出改进措施。

财政和部门评价的内容主要包括：①决策情况；②资金管理和使用情况；③相关管理制度办法的健全性及执行情况；④实现的产出情况；⑤取得的效益情况；⑥其他相关内容。

3. 工程项目支出绩效评价的指标

单位自评指标是指预算批复时确定的绩效指标，包括工程项目的产出数量、质量、时效、成本，以及经济效益、社会效益、生态效益、可持续影响、服务对象满意度等。

财政和部门绩效评价指标的确定应当符合以下要求：与评价对象密切相关，全面反映项目决策、项目资金管理、产出和效益；优先选取最具代表性、最能直接反映产出和效益的核心指标，精简实用；指标内涵应当明确、具体、可衡量，数据及佐证资料应当可采集、可获得；同类项目绩效评价指标和标准应具有一致性，便于评价结果相互比较。

财政和部门评价指标的权重根据各项指标在评价体系中的重要程度确定，应当突出结果导向，原则上产出、效益指标权重不低于60%。同一评价对象处于不同实施阶段时，指标权重应体现差异性。其中，实施期间的评价更加注重决策、过程和产出，实施期结束后的评价更加注重产出和效益。

（二）工程项目支出绩效评价的方法

1. 数据收集和分析方法

评估机构在制定绩效评价方案时，应当有针对性地对工程项目所涉及的利益相关方开展各种形式的调查，调查方法包括案卷研究、资料收集与数据填报、实地调研、座谈会、问卷调查及数据分析等。

（1）案卷研究。案卷研究是从现有的项目文件、国家和地方的发展政策和战略规划、各种相关的研究和咨询报告等文档资料中寻找数据的过程。案卷研究要注意对同一绩效评价指标在不同文件中的数据进行对比核实，如果不同来源的数据存在差异，则要分析差异的原因，并且在座谈会、实地调研中进行核查，最后确定选择使用的数据。

（2）资料收集与数据填报。评估机构执行绩效评价业务，可以根据评价对象的具体情况向预算部门和资金使用单位收集相关资料。为便于对数据进行梳理与汇总，可以设计相关表格，并配合预算部门和资金使用单位进行填写。

（3）实地调研。实地调研通常包括访谈和现场勘查。评估机构应当从项目利益相关方中确定访谈对象，包括项目的管理人员、实施人员、项目受益者及参与项目立项、决策、实施、管理的行业专家。根据调查的内容范围和主要问题，设计访谈提纲并开展访谈，访谈内容通常为开放式提问，问题应当简明扼要、具体直接。现场勘查是指通过询问、核对、勘查、检查等方法进行调查，获取绩效评价工作需要的基础资料。调研结束后应当对调研记录进行整理与分析，调研记录可以作为绩效评价报告的附件和工作底稿。

（4）座谈会。主要内容包括：①选择参与或熟悉项目的立项、决策、实施、管理等人员为座谈会邀请对象，确保参与人员能够为绩效评价提供有效信息。②注意座谈会参与者对问题答案是否达成共识。如果没有达成共识，需作进一步核实。③座谈会结束后应当进行会议记录整理与分析，会议记录可以作为绩效评价报告的附件和工作底稿。

（5）问卷调查。需要重点关注：①问卷设计通常遵循客观性、合理性、逻辑性、明确性等原则，尽量避免主观臆断或人为导向，问卷数据应当便于整理与分析。②根据项目具体情况，针对项目涉及的各相关当事方，合理选择问卷发放的范围，采用科学合理的方法确定样本量和问卷最低回收率要求等。③根据项目具体情况进行抽样，抽样方法通常包括分层抽样、非概率抽样、多阶抽样、整群抽样及系统抽样。④问卷调查结束后应当对问卷调查结果进行整理和分析，问卷调查格式及汇总信息可以作为绩效评价报告的附件和工作底稿。

（6）数据分析。评估机构执行绩效评价任务时，在数据分析过程中通常采用以下方法：①变化分析。该方法是通过比较绩效评价指标的实际变化情况与预期变化得到分析结果。该方法是绩效评价中最常用的分析方法，主要用于分析绩效评价指标在项目实施后是否达到预期值。②归因分析。该方法是通过建立反事实情景进行分析，确定所观察到的变化有多大比例是由项目实施而产生的。③贡献分析。该方法是分析项目实施过程中的各种因素对该项目的贡献程度。

2. 绩效评价方法

绩效评价方法主要采用费用效益分析法、比较法、因素分析法、最低成本法、公众评判法、标杆管理法等。绩效评价方法的选用，应当坚持定量优先、简便有效的原则。根据评价对象的具体情况，可以采用一种或多种方法进行绩效评价。

（1）费用效益分析法。是指将投入与产出、效益进行关联性分析的方法。是将一定时期内的支出与效益进行对比分析，以评价绩效目标实现程度。

（2）比较法。是指将实施情况与绩效目标、历史情况、不同部门和地区同类支出情况进行比较的方法，用以综合分析绩效目标实现程度。

（3）因素分析法。是指综合分析影响绩效目标实现、实施效果内外部因素的方法，用以评价绩效目标实现程度。

（4）最低成本法。指在绩效目标确定的前提下，成本最小者为优的方法。对效益确定却不易计量的多个同类对象的实施成本进行比较，评价绩效目标实现程度。

（5）公众评判法。是指通过专家评估、公众问卷及抽样调查等方式进行评判的方法，用以对项目支出效果进行评判，评价绩效目标实现程度。

（6）标杆管理法。是指以国内外同行业中较高的绩效水平为标杆进行评判的方法。

附件一： 中咨公司工程项目管理咨询业务导则[1]

1 总 则

1.1 为提高公司工程项目管理咨询业务水平，完善工程咨询产业链和价值链，推动建设世界一流工程咨询公司，提升公司在工程项目管理咨询服务领域的竞争力，加强工程项目管理咨询服务的专业化和规范化建设，防控咨询业务相关风险，制定本导则。

1.2 本导则所称工程项目管理咨询，是运用项目管理的相关知识和方法，对工程项目的计划、组织、指挥、协调和控制等提供的专业化咨询服务，包括新建、扩建、改建等工程项目的管理咨询专业服务。

1.3 工程项目管理咨询，应立足于新发展阶段，完整、准确、全面贯彻新发展理念，创新项目管理咨询理论方法体系，全面实行项目经理责任制，不断改进和提高项目管理咨询专业水平，推动工程咨询服务模式创新，为实现可持续发展和建设工程强国战略服务。

1.4 公司秉承“敢言、多谋、慎断”的执业准则，“公正、科学、可靠”的行为规范，强化“品牌意识、前瞻意识、进取意识、廉洁意识、合作意识”，践行“求实、严谨、高效”的公司精神，按照ISO 9001：2018质量管理体系的要求，为委托单位提供高质量的工程项目管理咨询专业服务。

2 工程项目范围管理和规划管理咨询

2.1 工程项目范围的确定

2.1.1 工程项目管理首先应明确界定项目的范围，提出项目范围说明文件，作为进行项目设计、计划、实施及成果评价的依据。确定项目范围应遵循如下过程：①项目目标分析。②项目环境调查与限制条件分析。③项目可交付成果范围和项目范围确定。④对项目进行结构分解（WBS）工作。⑤项目单

---

[1] 本导则供中咨公司内部使用，并根据情况变化适时进行修改完善。相关内容仅供参考。

元的定义。将项目目标和任务分解落实到具体的项目单元上，从质量、技术要求、实施活动的责任人、费用限制、工期、前提条件等方面对其进行详细界定，并与相应的技术设计、计划、组织安排等工作同步进行。⑥项目单元之间界面的分析，包括界限的划分与定义、逻辑关系分析，实施顺序安排。

2.1.2 项目范围的确定应根据：①项目目标的定义文件。如业主目标、项目建议书、可行性研究报告、项目批准文件（或任务书）、招标文件等。②项目范围说明文件。如工程的功能描述文件、规划文件、设计文件、标准规范、可交付成果清单（如设备表、工程量表等）。③环境调查资料。如法律规定、有关设计和施工标准、现场条件、周边组织的要求等。④项目的其他限制条件和制约因素。如项目相关规划、上层组织对项目的要求等，以及对项目实施的约束和假设条件，如预算限制、资源供应限制、时间约束等。⑤其他。如其他项目的相关历史资料，特别是过去同类项目的经验教训等。

2.2 工程项目范围控制

2.2.1 工程项目范围控制的目的是严格按照项目范围和结构分析文件进行项目的计划和实施控制，保证在预定的项目范围内按照规定的要求完成项目。应在项目周期管理的各个环节加强项目范围控制。在项目实施过程中，项目管理人员应根据项目范围描述文件对设计和施工过程进行经常性检查和跟踪，定期或不定期进行现场访问，通过现场观察，了解项目实施状况，控制项目范围，并建立各种文档，记录实际检查结果。

2.2.2 在项目实施过程中，应动态监测可能导致项目范围变更的因素，主要包括：①环境变化。如气候条件、地质情况、外部交通条件等发生变化。②目标变更。业主或上层组织对原定项目目标系统进行修改的新要求。③工程技术系统的变更，如功能的修改、质量标准的提高、增加工程范围。在实施合同期间，项目合同赋予业主有权在合同范围内对工程进行变更。这些变更可能涉及增加合同工作，或从合同中删去某些工作。④实施计划或实施方案的变更，如项目过程的修改，或改变施工方法和方式。⑤其他原因。

2.2.3 对于项目范围出现的变更，应分析可能导致的项目实施影响，主要包括：①定义工程目标和工程实施的各种文件，如设计图纸、规范、各种计划、合同、施工方案、供应方案等，都应作相应的修改和变更。重大合同变更可能会对整个施工部署进行调整。②引起项目组织责任的变化和组织争执。③有些工程变更还会引起已完工程的返工、现场工程实施的停滞、实施秩序打乱、已购材料的损失等。④项目变更及其控制不是孤立的，必须同时全面考虑到对其他因素或方面的影响，如范围变更会对时间、费用和质量产生影响。

2.2.4 项目范围变更管理应符合下列要求：①项目范围变更的影响程度常常取决于做出变更的时间。同样一个变更，发生在项目早期的变更对项目目标及实施过程的影响要比发生在项目实施中的变更较小。应该对项目范围的可能变更有预见性。②应有严格的项目范围变更审批程序和手续。③范围变更后应及时调整项目实施计划，以及相应的成本、进度、质量和资源计划。④分析项目范围变更对目标的影响。项目范围重大变更决策前，应向有关方面提出影响报告。⑤在工程项目的结束阶段，或整个工程竣工时，应对项目的实施过程和最终交付工程进行全面审核，对项目范围进行全面确认，检查项目范围内规定的各项工作是否已经完成，检查可交付成果是否完备。⑥在项目结束后，相关责任人应对该项目范围管理的经验教训进行总结，并及时传递相关信息。

2.3 工程项目管理规划大纲

2.3.1 工程项目管理规划大纲是项目管理工作中具有战略性、全局性和宏观性的指导文件。编制工程项目管理规划大纲应遵循下列程序：①明确项目目标；②分析项目环境和条件；③收集项目有关资料信息；④确定项目管理组织模式、结构和职责；⑤明确项目管理内容；⑥编制项目目标计划和资源计划；⑦汇总整理，报有关部门审批。

2.3.2 工程项目管理规划大纲应包括如下基本内容：①项目概况；②项目范围管理规划；③项目管理目标规划；④项目管理组织规划；⑤项目成本管理规划；⑥项目进度管理规划；⑦项目质量管理规划；⑧项目职业健康安全与环境管理规划；⑨项目采购与资源管理规划；⑩项目信息管理规划；⑪项目沟通管理规划；⑫项目风险管理规划；⑬项目收尾管理规划。

2.4 工程项目管理实施细则

2.4.1 工程项目管理实施细则应对工程项目管理规划大纲进行细化，使其具有可操作性。项目管理实施细则必须由项目经理组织项目团队在工程开工之前编制完成。编制项目管理实施细则应遵循下列程序：①了解项目相关各方的要求；②分析项目条件和环境；③熟悉相关的法规和文件；④组织编制；⑤履行报批手续。

2.4.2 项目管理实施细则应包括下列内容：①项目概况；②总体工作计划；③组织方案；④技术方案；⑤进度计划；⑥质量计划；⑦职业健康安全与环境管理计划；⑧成本计划；⑨资源需求计划；⑩风险管理计划；⑪信息管理计划；⑫项目沟通管理计划；⑬项目收尾管理计划；⑭项目现场平面布置图；⑮项目目标控制措施；⑯技术经济指标。

2.4.3 项目管理实施细则应符合下列要求：①项目经理签字后报组织管理层审批；②与各相关组织的工作协调一致；③进行跟踪检查和必要的调整；④对项目结束后的总结要求。

2.5 确定项目经理

2.5.1 根据项目范围及管理规划任务要求，确定项目经理。项目经理的选择，应综合考虑如下因素：①符合项目管理要求的能力，善于进行组织协调与沟通；②相应的项目管理经验和业绩；③项目管理需要的专业技术、管理、经济、法律和法规知识；④良好的职业道德和团队协作精神，遵纪守法、爱岗敬业、诚信尽责；⑤身体健康。

2.5.2 项目经理应履行下列职责：①代表公司实施工程项目管理，贯彻执行国家法律、法规、方针、政策和强制性标准，执行公司管理制度，维护公司合法权益；②履行项目管理目标责任书约定的任务；③组织编制项目管理实施规划；④对进入现场的生产要素进行优化配置和动态管理；⑤建立质量管理体系和安全管理体系并组织实施；⑥在授权范围内负责与公司管理层、劳务作业层、各协作单位等协调配合，解决项目中出现的问题；⑦按项目管理目标责任书的约定，处理项目团队与有关各方和职工之间的利益分配；⑧进行现场文明施工管理，发现和处理突发事件；⑨参与工程竣工验收，准备结算资料和分析总结，接受审计；⑩处理项目团队善后工作；⑪协助公司进行项目检查，鉴定和评奖申报等。

2.5.3　项目经理应拥有下列权限：①参与公司进行的工程项目投标和签订施工合同；②经授权组建项目团队，明确组织结构，选择、聘任管理人员，确定管理人员的职责，并定期进行考核、评价和奖惩；③在公司财务制度规定范围内，根据公司法定代表人授权的工程项目管理需要，决定资金的投入和使用，决定项目团队的计酬办法；④在授权范围内行使物资采购权；⑤根据公司法定代表人授权或按照公司规定选择使用作业队伍；⑥主持项目团队工作，组织制定工程项目的各项管理制度；⑦根据公司法定代表人授权，协调和处理与工程项目管理有关的内部与外部事项。

2.6　项目团队组建

2.6.1　项目团队直属项目经理的领导，并接受公司职能管理部门的指导、监督、检查和考核。项目团队在项目竣工验收，审计完成后解体。项目团队应按下列步骤设立：①根据公司批准的项目管理规划大纲，确定项目团队的管理任务和组织形式；②确定项目团队的层次，设立职能部门与工作岗位；③确定人员、职责和权限；④由项目经理根据项目管理目标责任书进行目标分解；⑤组织有关人员制定规章制度，建立目标责任考核和奖惩制度。

2.6.2　项目团队的组建应遵循以下原则：①根据所设计的项目组织形式设置项目团队，项目组织形式应符合公司组织管理要求，与公司对项目团队的授权相符。②根据工程项目的规模、复杂程度和专业特点设置项目团队。大型项目团队可设置职能部、处；中型项目团队可设置处、科；小型项目团队一般只设置岗位职能人员。如果项目专业性强，可设置专业性强的职能部门，如水电处、安装处、打桩处等。③项目团队的机构设置应强调灵活性和实用性，在工程项目实施开始前建立，在工程竣工交付使用且项目管理任务完成后解散。④项目团队人员配置应面向工程项目现场，满足现场计划与调度、技术与质量、成本与核算、劳务与物资、安全与文明施工的需要。不应设置专管经营与咨询、研究与开展、政工与人事等与项目实施关系较少的非生产性部门。⑤在项目管理机构建成以后，应建立有益于组织运转的工作制度。

2.6.3　项目经理应对项目团队建设负责，培育团队精神，定期评估团队运作绩效，有效发挥和调动各成员的工作积极性和责任感。项目经理应通过表彰奖励、学习交流等多种方式，统一团队思想，营造集体观念，处理管理冲突，提高运作效率。项目团队建设应注重管理绩效，有效发挥成员积极性，充分利用成员集体的协作成果。

2.6.4　项目团队需配备专职技术资料管理人员，负责工程从开工至竣工期间的专业技术资料收集、整理和归档，达到技术资料积累与工程同步。工程施工期间，公司总部专职技术资料管理责任人应定期检查指导，保证资料完整。资料收集、整理应分项分工负责。

2.6.5　项目团队的组织形式应根据工程项目的规模、结构复杂程度、专业特点、人员素质和地域范围确定，并应符合下列要求：①大中型项目宜按矩阵式项目管理组织设置项目团队；②远离公司管理层的大中型项目宜按事业部式项目管理组织设置项目团队；③小型项目宜按直线职能式项目管理组织设置项目团队；④项目团队的人员配置应满足工程项目管理的需要。管理人员的高级职称人员一般不应低于10%。

2.6.6　项目团队应按以下步骤建立：①根据项目管理规划大纲确定项目团队的管理任务和组织结构；②根据项目管理目标责任书进行目标分解与责任划分；③确定项目团队的组织设置；④确定人员的职责、分工和权限；⑤制定工作制度、考核制度与奖惩制度。

2.6.7　应根据项目规模等因素确定项目团队规模及岗位设置。小型工程项目，在项目经理的领导下，可设立管理人员，包括工程师、经济员、技术员、料具员、总务员，即“一长、一师、四大员”，不设专业部门；大中型工程项目团队，可设立以下五类专业部门：①经营核算部门，主要负责预算、合同、索赔、资金收支、成本核算、劳动配置及劳动分配等工作；②工程技术部门，主要负责生产调度、文明施工、技术管理、施工组织设计、计划统计等工作；③物资设备部门，主要负责材料询价、采购、计划供应、管理、运输、工具管理、机械设备的租赁配套使用等工作；④监控管理部门，主要负责工作质量、安全管理、消防保卫、环境保护等工作；⑤测试计量部门，主要负责计量、测量、试验等工作。人员配备由项目经理、总工程师、总经济师、总会计师、政工师和技术、预算、劳资、定额、计划、质量、保卫、测试、计量以及辅助生产人员组成。实行一职多岗，全部岗位职责覆盖项目实施过程的全面管理，不留死角，并避免职责重叠交叉。

2.6.8 项目团队应制定以下规章制度：①项目管理人员岗位责任制度；②项目技术管理制度；③项目质量管理制度；④项目安全管理制度；⑤项目计划、统计与行政管理制度；⑥项目成本核算；⑦项目材料、机械设备管理制度；⑧项目现场管理制度；⑨项目分配与奖励制度；⑩项目例会及施工日志制度；⑪项目分包及劳务管理制度；⑫项目组织协调制度；⑬项目信息管理制度。

3 工程项目实施准备管理咨询

3.1 工程项目招投标管理咨询

3.1.1 工程项目招标是指招标人用招标文件将委托的工作内容和要求告知有兴趣参与竞争的投标人，让其按规定条件提出实施计划和价格，然后通过评审比较选出信誉可靠、技术能力强、管理水平高、报价合理的合格单位，如设计单位、工程管理单位、施工单位、供货单位，以合同形式委托其完成。

3.1.2 项目招标和投标属于要约和承诺的表现形式，是合同的形成过程，招标人与中标人签订明确双方权利与义务的合同。项目招标管理从招标前一直延续到中标合同文件的签订，包括勘察设计招标管理、施工招标管理以及材料设备采购招标管理等。依法必须进行招标的项目，其招标投标活动不受地区或者部门的限制。资格预审时，招标人不得以不合理的条件限制、排斥潜在投标人或者投标人，不得对潜在投标人或者投标人实行歧视待遇。任何单位和个人不得以行政手段或者其他不合理方式限制投标人的数量，不得违法限制或者排斥本地区、本系统以外的法人或者其他组织参加投标，不得以任何方式非法干涉招标投标活动。招标可以采用公开招标、邀请招标和议标等方式。

3.2 工程施工招标咨询

3.2.1 施工招标要求发包的工作内容明确具体，各投标人编制的投标书在评标时易于进行横向对比。一个独立合同发包的工作范围可以是：①全部工程招标，即项目建设的所有土建、安装施工工作内容一次性发包；②单位工程招标；③特殊专业工程招标。

3.2.2　不应将单位工程肢解成分部、分项工程进行招标。初步设计完成后方可开始施工招标。为使投标人能够合理地预见合同履行过程中的风险并制定施工方案、编制投标报价，以及签订合同后能够及时开工，招标人必须完成以下工作：①完成建设用地的征用和拆迁；②有能够满足施工需要的设计图纸和技术资料；③建设资金的来源已落实；④施工现场的前期准备工作如果不包括在承包范围内，应满足“三通一平”的开工条件。

3.2.3　招标发包数量的规定中，全部施工内容可以只发一个合同包招标，招标人仅与一个中标人签订合同。招标人也可以将全部施工内容分解成若干个单位工程标段和特殊专业工程分别发包，以发挥不同投标人的专业特长，增强投标的竞争性；并使每个独立合同比总承包合同更容易落实，易于纠正或补救。

3.2.4　资格预审是在招标阶段对申请投标人的第一次筛选，主要侧重于对承包商的总体能力是否适合招标工程的要求进行审查。资格预审表的内容应根据招标工程项目对投标人的要求来确定，中小型工程的审查内容可适当简单，大型复杂工程则要对承包商的能力进行全面审查。对满足资格预审条件申请投标人的资格预审文件，采用加权打分法进行量化评定和比较。权重的分配依据招标工程特点和对承包商的要求配设。打分过程中应注意对承包商报送的资料进行全面分析。评标常采用综合评分法和评标价法等方法。

3.3　工程项目材料和设备供应的招标咨询

3.3.1　项目建设所需物资按标的物的特点可以区分为大宗材料采购和大型设备采购两大类。合格的材料设备供应投标人应具有圆满履行合同的能力，具体要求应符合以下条件：①具有独立订立合同的权利能力。②在专业技术、设备设施、人员组织、业绩经验等方面具有设计、制造、质量控制、经营管理的相应资格和能力。③具有完善的质量保证体系。④业绩良好。要求具有设计、制造与招标设备相同或相近设备1～2台套2年以上良好运行经验，在安装调试运行中未发现重大设备质量问题或已有有效改进措施。⑤有良好的银行资信和商业信誉等。

3.3.2 材料、设备供货评标，不仅要考虑报价的高低，还要考虑招标人在货物运抵现场过程中可能要支付的其他费用，以及设备在评审预定的寿命期内可能投入的运营、管理费用。货物采购评标，一般采用评标价法或综合评分法，也可以将两者结合使用。

3.4 工程项目勘察设计管理咨询

3.4.1 工程项目勘察设计管理咨询包括初步设计管理、技术设计管理、施工图设计管理三个过程，需要对项目设计的质量、投资、进度提供管理咨询服务。

3.4.2 项目勘察设计的委托是指建设单位将项目的勘察设计任务委托给具有与项目规模相匹配资质的勘察设计单位，对项目进行勘察、设计。拟建工程在立项决策阶段和可行性研究阶段，应对拟建项目编制项目建议书和可行性研究报告，内容包括项目建设规模、技术方案、设备方案、资金回收方案等内容。

3.4.3 建设单位勘察管理应遵循下列程序：①选定勘察单位、招标发包勘察设计任务，签订勘察协议或合同，并组织管理合同的实施；②收集、提供勘察设计基础资料及建设协议文件；③组织协调勘察单位与其他单位间的关系；④做好勘察、设计文件和图纸的验收、分发、使用、保管和归档工作；⑤为勘察设计人员提供现场服务；⑥办理勘察等费用的支付和结算。

3.4.4 建设单位的设计管理应遵循下列程序：①选定设计单位、招标发包设计任务，签订设计协议或合同，并组织管理合同的实施；②收集、提供设计基础资料及建设协议文件；③组织协调各勘察、设计单位之间及设计单位与科研、物资供应、设备制造和施工等单位之间的工作配合；④主持研究和确认重大设计方案；⑤配合设计单位编制设计概预算，并做好概预算的管理工作；⑥组织上报设计文件，提请主管部门批准；⑦组织设计、施工单位进行设计交底，会审施工图纸；⑧做好设计文件和图纸的验收、分发、使用、保管和归档工作；⑨办理设计等费用的支付和结算。

3.4.5 勘察设计合同的发包人（甲方）应当是法人或者自然人，承接方（乙方）必须具有法人资格。甲方是建设单位或项目管理部门，乙方是持有工程勘察设计资质证书、工程勘察设计收费资格证书和公司法人营业执照的工程勘察设计单位。勘察设计合同一般应包括以下内容：①订立合同的依据；②发包人义务；③承包人义务；④发包人权利；⑤承包人权利；⑥发包人责任；⑦承包人责任；⑧合同的生效、变更和终止；⑨勘察、设计取费；⑩争议的解决及其他。

3.4.6 项目业主对勘察和科研成果的评审应遵循以下程序：①成立评审委员会。②成立专家小组。③业主主持开会，宣布专家组长、与会成员，介绍项目概况和评审内容要求。④由专家组长主持评审，组织与会代表和专家对报告进行评审、讨论、咨询。对有重大争议问题，要组织编制单位出示依据，组织专家讨论。⑤专家组长根据会审情况，草拟专家意见和评审意见，交与会代表和专家讨论。⑥专家组长宣布评审专家意见，业主宣布评审结论，会议结束。⑦业主组织编制单位根据专家意见修改或完善成果报告，对有原则错误或结论为重大错误的成果要宣布进行重大修改。⑧业主将修改完善后的报告上报主管部门备案，副本交设计单位进行设计。

3.4.7 设计阶段是控制工程造价的关键环节，必须从工程设计阶段开始，将一次性建设成本和项目投运后的运营维护成本综合考虑，以实现项目全生命周期内成本最小为目标。设计阶段必须编制项目进度计划，明确项目实施的进度和可能对进度造成影响的因素，以及当项目实施中出现偏差时采取的纠偏措施。

3.5 工程项目初步设计管理咨询

3.5.1 开展初步设计应满足以下必备条件：①项目可行性研究报告经过审查，业主已获得可行性研究报告批准文件；②已办理征地手续，并已取得规划和国土部门提供的建设用地规划许可证和建设用地红线图；③业主已取得规划部门提供的规划设计条件通知书。

3.5.2 初步设计应遵循以下原则：①工程建设项目远景与近景建设相结合，合理安排建设进度的要求；②对资源和原料要充分利用和综合利用的要求；③产品种类和质量方面的要求；④装备水平、机械化自动化程度的要求，采用先进技术、工艺、设备的要求；⑤环保、安全、卫生、劳动保护的要求；

⑥合理布局和协作配合的要求；⑦合理选用各种技术经济指标的要求；⑧工业建筑、民用设施标准的要求；⑨节约投资、降低生产成本的要求；⑩工程建设项目扩建、预留发展场地的要求。

3.5.3 初步设计的深度应满足：①多方案比较。在充分、细致论证设计项目的经济、社会和环境效益的基础上，择优推荐设计方案。②工程建设项目的单项工程应齐全，工程量误差应在允许范围内。③主要设备和材料明细表应符合订货要求，可作为订货依据。④总概算不应超过可行性研究估算投资总额。⑤满足施工图设计的准备工作要求。⑥满足土地征用、投资包干、招标承包、施工准备、开展施工组织设计，以及生产准备等工作的要求。

3.5.4 对初步设计的审查。项目业主对初步设计文件的审查围绕着所设计项目的质量、进度及投资进行。主要审核设计质量是否符合决策要求，内容是否齐全，有无漏项，设计标准、装备标准是否符合要求。针对业主所提的委托条件和业主对设计的原则要求，应逐条对照，审核设计是否均已满足。初步设计中所安排的施工进度和投产时间是否确有可能实现，各种外部因素是否考虑周全。

3.5.5 技术设计的管理。技术设计应根据已批准的初步设计，对设计中比较复杂的项目、遗留问题或特殊需要，通过更详细的设计和计量，进一步研究和阐明其可靠性和合理性，准确决定各主要技术问题。设计深度和范围与初步设计基本一致。

3.6 工程项目施工图设计管理咨询

3.6.1 开展施工图设计，应满足以下条件：①上级文件，包括业主已取得经上级或主管部门对初步设计的审核批准书、批准的年度基本建设计划和规划部门颁发的施工图设计条件通知书。②初步设计审查时提出的重大问题等遗留问题已经解决，如补充勘探、勘察、试验、模型等已经解决，施工图阶段勘察及地形测绘图已经完成。③外部协作条件，如水电、交通运输、征地安置等各种协议已经签订或基本落实。④主要设备订货基本落实，设备总装图、基础图资料已收集齐全，可满足施工图设计的要求。

3.6.2 施工图设计深度应满足下列要求：①设备材料的安排；②非标准

设备和结构件的加工制作；③编制施工图预算，并作为预算包干、工程结算的依据；④施工组织设计的编制应满足设备安装和土建施工的需要。

3.6.3 施工图设计应符合如下规定：①设计的主要内容应包括：工程安装、施工所需的全部图纸，重要施工、安装部位和生产环节的施工操作说明，施工图设计说明，预算书和设备、材料明细表。②在施工总图（平、剖面图）附有设备、房屋或构筑物结构，管线各部分的布置，及其相互配合、标高、外形尺寸、坐标；设备和标准件清单；建筑配构件明细表等。③在施工详图上应设计非标准详图，设备安装及工艺详图，设计建构筑物及一切配件和构件尺寸、连接、结构断面图，材料明细表及预算表。④图纸要按有关专业配套出齐。

3.6.4 施工图审查应包括以下内容：①总体审查；②总说明审查；③具体图纸审查；④各种政策性要求审查；⑤施工预算和总投资预算审查。

4 工程项目实施管理咨询

4.1 工程项目施工管理咨询

工程项目施工管理咨询工作主要包括施工准备管理、质量控制、进度控制、投资控制等内容。

4.1.1 工程项目施工准备管理

（1）施工准备阶段，建设单位需申请办理的手续包括：①建筑工程用地批准手续；②在城市规划区的建筑工程，需取得规划许可证；③开工许可证。

（2）开工许可证的申请条件包括：①已经办理该建筑工程用地批准手续；②在城市规划区的建筑工程，已经取得规划许可证；③需要拆迁的，其拆迁进度符合施工要求；④需要拆迁的，其拆迁进度符合施工要求；⑤已经确定建筑施工单位；⑥有满足施工需要的施工图纸及技术资料；⑦有保证工程质量和安全的具体措施；⑧建设资金已经落实；⑨法律、行政法规规定的其他条件。

（3）开工许可证的办理应遵循如下程序：①建设单位向发证机关领取《建筑工程施工许可证申请表》。②建设单位持加盖单位及法定代表人印鉴的《建筑工程施工许可证申请表》，并附规定的证明文件，向发证机关提出申请。

③发证机关在收到建设单位报送的《建筑工程施工许可证申请表》和所附证明文件后，若符合条件应自收到申请之日起规定时间内颁发施工许可证；对于证明文件不齐或者失效的，应当限期要求建设单位补正，审批时间可以自证明文件补正齐全后作相应顺延；对于不符合条件的，应当自收到申请之日一定时间内书面通知建设单位，并说明理由。建筑工程在施工过程中，建设单位或施工单位发生变更的，应当重新申请领取施工许可证。

（4）施工单位必须在施工准备阶段办理好施工工地临时供电、供水手续。开工前建设单位需对施工单位的组织机构、人员到岗情况进行审查，主要审查其组织机构设置是否合理；人员配备数量、专业水平能否达到工程项目顺利施工的要求等。施工准备阶段建设单位必须对施工单位进行安全培训，并给专业工种人员配备上岗证，便于辨识和管理。

（5）建设单位应组织进行图纸会审和技术交底，执行图纸会审相关制度。建设单位在确认施工单位的施工组织方案经过其法定代表人签署后，组织审查并填写《施工组织方案审查记录表》。

4.1.2　工程项目质量控制

（1）项目质量控制应按照相关标准和质量管理体系的要求进行。项目质量控制应坚持“质量第一，预防为主”的原则和“计划，执行，检查，处理”循环工作方法，不断改进过程控制。项目质量控制应满足工程施工技术标准和发包人的要求。

（2）工程测量应符合下列规定：①在项目开工前应编制测量控制方案，经项目技术负责人批准后方可实施，测量记录应归档保存；②在施工过程中应对测量点、线妥善保护，严禁擅自移动。

（3）材料的质量控制应符合下列规定：①项目团队应在质量计划确定的合格材料供应人名录中按计划招标采购材料、半成品和构配件；②材料的搬运和储存应按搬运储存规定进行，并应建立台账；③项目团队应对材料、半成品、构配件进行标识；④未经检验和已经检验为不合格的材料、半成品、构配件和工程设备等，不得投入使用；⑤对发包人提供的材料、半成品、构配件、工程设备和检验设备等，必须按规定进行检验和验收；⑥应对承包人自行采购的物资进行验证。

(4) 机械设备的质量控制应符合下列规定：①应按设备进场计划进行施工设备和调配；②现场施工机械应满足施工需要；③对机械设备操作人员的资格进行确认，无证或资格不符合者严禁上岗。

(5) 计量人员应按规定控制计量器具的使用、保管、维修和检验，计量器具应符合有关规定。

(6) 工序控制应符合下列规定：①施工作业人员应按规定经考核后持证上岗；②施工管理人员及作业人员应按操作规程、作业指导书和技术交底文件进行施工；③工序的检验和试验应符合过程检验和试验的规定，对查出的质量缺陷应按不合格控制程序及时处置；④施工管理人员应记录工序施工情况。

(7) 特殊过程控制应符合下列规定：①对在项目质量计划中界定的特殊过程，应设置工序质量控制点进行控制；②对特殊过程的控制，除应执行一般过程控制的规定外，还应由专业技术人员编制专门的作业指导书，经项目技术负责人审批后执行。

(8) 单位工程竣工后，必须进行最终检验和试验，对查出的施工质量缺陷，应按不合格控制程序进行处理，项目技术负责人应按编制竣工资料的要求收集，整理质量记录。项目团队应组织有关专业技术人员按合同要求编制工程竣工文件，并应做好工程移交准备。在最终检验和试验合格后，应对建筑产品采取防护措施。

(9) 施工质量事故处理应按以下程序进行：①事故报告。施工现场发生质量事故时，施工负责人（项目经理）应按规定的时间和规定程序，及时向公司报告事故状况。②现场保护。当施工过程发生质量事故，尤其是导致土方、结构、施工模板、平台坍塌等安全事故造成人员伤亡时，施工负责人应视事故的具体状况，组织在场人员果断采取应急措施保护现场，救护人员，防止事故扩大。同时做好现场记录、标识、拍照等，为后续的事故调查保留客观真实场景。③事故调查。查清质量事故原因，有效进行技术处理，分清质量事故责任。事故调查包括现场施工管理组织的自查和来自技术、质量管理部门的调查。此外，根据事故性质，需要接受政府建设行政主管部门、工程质量监督部门以及检察、劳动部门等的调查，现场施工管理组织应积极配合，如实提供情况和资料。④事故处理。事故处理包括两大方面，即事故的技术处理，解决施工质量不合格和缺陷问题；事故的责任处罚，根据事故性质、损失大小、情节轻重对责任单位和责任人做出行政处分，直至追究刑事责任等。⑤恢复施工。对停工整改、处理质量事故的工程，经过对施工质量的处理过程和处理结果的全面检查验收，并有明确的质量事故处理鉴定意见后，报请批准恢复正常施工。

（10）施工质量事故处理的方式包括：①返工处理。即推倒重来，重新施工或更换零部件，自检合格后重新进行检查验收。②返修处理。即经过适当的加固补强、修复缺陷，自检合格后重新进行检查验收。③让步处理。即对质量不合格的施工结果，经设计负责人核验，虽没达到设计的质量标准，却尚不影响结构安全和使用功能，经业主同意后可予验收。④降级处理。如对已完施工部位，因轴线、标高引起差错而改变设计平面尺寸，若返工损失严重，在不影响使用功能的前提下，经承发包双方协商验收。⑤不做处理。对于轻微的施工质量缺陷，如面积小、点数多、程度轻的混凝土蜂窝麻面、露筋等在施工规范允许范围内的缺陷，可通过后续工序进行修复。

4.1.3 工程项目进度控制

（1）项目进度控制应以实现施工合同约定的竣工日期为最终目标。项目进度控制总目标应进行分解，可按单位工程分解为交工分目标，按承包的专业或施工阶段分解为时间目标。项目进度控制应建立以项目经理为责任主体，由子项目负责人、计划人员、调度人员、作业队长及班组长参加的项目进度控制体系。

（2）项目团队应编制施工总进度计划，并应符合下列规定：①施工总进度计划应依据施工合同、施工进度目标、工期定额、有关技术经济资料、施工部署与主要工程施工方案等编制；②施工总进度计划的内容应包括：编制说明，施工总进度计划表，分期分批施工工程的开工日期、完工日期及工期一览表，资源需要量及供应平衡表等。

（3）编制施工总进度计划的步骤应包括：①收集编制依据；②确定进度控

制目标；③计算工程量；④确定各单位工程的施工期限和开竣工日期；⑤安排各单位工程的搭接关系；⑥编写施工进度计划说明书。

（4）编制单位工程施工进度计划采用工程网络计划技术，符合网络计划技术、工程网络计划技术规程等标准规范规定。工程项目施工进度计划应进行事前控制、事中控制和事后控制，开展全过程控制活动，以实现目标控制的持续改进。

4.1.4 工程项目投资控制

（1）建设单位应审查施工单位编制的工程项目各阶段资金需用申请计划，核实实际工程量，经项目经理审核签字后，上报财务部门批准。工程预、决算应执行工程概预算管理制度、工程决算管理制度等规定。根据施工合同规定的工程价款结算方式，由施工单位按工程进度填写工程价款申请单，经建设单位项目工程预算人员和工程管理人员、项目经理核实签字后，报建设单位审核后进行支付。针对工程预付款支付的内部会计控制，建设单位应建立一套严格的程序。

（2）工程预付款支付的具体程序为：①在已具备施工条件且施工承包商向建设单位提出支付申请时，建设单位除应要求其写明申请预付的金额外，还应要求其提交履约保函、开工预付款保函，以及经项目管理团队签认无误的开工预付款支付证书。②工程部门应对相关资料的真实性、完整性进行审查，确认无误后由负责人签署意见。③财会人员对施工承包商申请支付的金额与招标文件进行核对，核定应付款金额，并报部门负责人签署支付意见。在核定应支付金额时，若银行保证金额与合同规定的支付金额不一致，即开工预付款银行保证金额超过或不足合同规定的金额，超过合同规定金额的，按合同规定金额支付；不足规定金额的，按照开工预付款保函金额支付。④财会人员付款入账。

（3）工程进度款支付的具体程序包括：①由施工承包商提出支付申请，并应提交经审核的工程进度报表，报表要完整、详细，应包括申请支付理由、申请支付金额、工程进度报告等，同时要附现场签证等相关证明材料，一并交给建设单位工程部门。②建设单位工程部门的现场技术人员应针对进度报表从工程进度、工程质量、现场签证、隐蔽工程、付款情况、相关约定、施工要求等方面进行核实，造价负责人根据工程概预算、现场签证、工程进度、付款情况等对上述资料进行再次审核，最后由工程部门负责人签署意见。③会计部门应根据技术负责人核定的已完工工程量及合同总价款、合同变更金额、累计已付款金额以及工程合同中的其他规定等，核定本次应付进度款金额，交由负责人签署支付意见，严格控制“超付”。④申请支付金额较大（金额上限由建设单位根据工程总造价等自行确定）或者双方存在争议时，应报单位主管领导审批。⑥由出纳根据审批额度付款，会计人员及时入账，并将审批单存档。

（4）竣工结算的具体程序：①收到施工单位提交的竣工结算书后，建设单位要及时组织工程技术人员以单位工程为基础，对承包合同内规定的施工内容进行检查和核对，包括各单项项目工程量、单价取费和计算结果等，并核查工程的完成情况。发现问题应及时调整。审核工作完成后，将竣工结算书交由工程部门负责人审定并签署意见。②建设单位应组织内部审计部门或会计师事务所，对核查后的施工单位结算书进行审计，并签署书面意见。③由单位主管领导根据审计结果核定最后的结算额。④会计机构与施工单位及时结清尾款，并做好账务处理。

（5）工程结算应按以下步骤审核：①熟悉施工图纸或竣工图；②确定结算范围；③深入现场并与业务科室工程管理人员沟通，核实按实计算的工作量；④弄清预算采用的定额依据；⑤选择合适的审查方法，按相应内容审核；⑥对于工程变更及价款变更，应审核变更原因，包括设计变更、建设方指令、工程洽商、技术核定等。

4.2 工程项目合同管理咨询

4.2.1 合同拟定

（1）建设单位应建立合同管理制度，并设立专门机构；对于工程量较小的项目组织，也应设立专职人员，保证合同管理的正常开展。合同管理包括合同订立、履行、变更、索赔、解除、终止、争议解决以及控制和综合评价等内容，并应遵守合同法和建筑法等有关规定。

（2）合同策划，即合同拟定是项目批准立项后需要首先开展的工作。合同策划主要内容包括：工程项目的合同体系策划、合同种类的选择、招标方式的选择、合同条件的选择、合同风险策划、重要合同条款的确定。

（3）业主应根据工程特点选择合适的项目管理模式。主要包括：业主自己投入管理力量；采用业主代表与工程师共同管理；将项目管理工作分阶段委托（如分别委托设计、施工、造价咨询单位），或采用项目管理承包。

（4）选择确定工程承发包模式。主要包括分阶段分专业工程平行承包、“设计—施工—供应”（EPC）总承包、采用介于两者之间的中间形式。

（5）明确采用的合同种类，包括：①单价合同，又分为固定单价和可调单价等形式；②总价合同，又分为固定总价合同和可调总价合同；③成本加酬金合同；④目标合同。

（6）合同条件是合同文件中最重要的部分。业主可以按照需要自己（通常委托咨询机构）起草合同协议书（包括合同条款），也可以选择标准的合同条件。在具体应用时，可以按照其需要通过特殊条款对标准文本进行修改、限定或补充。

4.2.2 合同评审

（1）招标文件是业主对投标人的要约邀请文件，其确定的招标条件和方式、合同条件、工程范围和各种技术文件是承包商制定实施方案和报价的依据，也是双方商谈的基础。承包商对招标文件的理解负责，由于对招标文件理解错误造成实施方案和报价失误由承包商自己承担。工程承包合同评审应在招标或合同签订，或合同变更前进行，其目的是全面和正确理解招标文件和合同条件，识别相应的风险，为制定合同实施计划、投标报价、合同谈判和签订提供依据。

（2）合法的工程合同必须符合如下基本要求：①工程项目已具备招标投标、签订和实施合同的一切条件。包括：具有相应的工程建设项目立项批准文件；具有各种工程建设的许可证、建设规划文件、建设部门的批准文件；招标投标过程符合法定的程序；②工程承包合同的目的、内容（条款）和所定义的活动符合合同法和其他各种法律要求；③各主体资格的合法性、有效性，即招标单位和投标人都要具有发包和承包工程、签订合同所必需的能力。

（3）工程合同需要具备完备性。工程合同的完备性包括相关合同文件的完备性和合同条款的完备性。在合同审查中应列出双方各自的责任和权益，在此基础上进行责权利关系审查。在承包合同中合同双方责任和权力应互相制约，互为前提条件。业主和承包商的责任和权益应尽可能具体、详细地在合同中说明，并注意其范围的限定。完备的合同应对双方的权益都能形成保护，对双方的行为都有制约，以保证项目的顺利进行。

（4）合同评审需对工程（产品）要求进行审查。工程（产品）的要求审查应通过技术会审和分析，评估相关的法律法规要求，确定合同所定义的最终可交付成果的范围、功能要求、质量标准、技术要求以及其他隐含的要求等。对竣工工程系统的形象应有比较精确细致的理解。合同评审阶段需要全面考虑工程风险，并对工程实施可能出现的风险进行预测。

（5）合同审查结果必须以合同审查表的形式表达出来，交承包商和合同谈判主谈人。对于一些重大的工程或合同关系和合同文本很复杂的工程，合同审查的结果应经律师或合同法律专家核对评价，或在其直接指导下进行审查。

4.2.3 合同实施计划

（1）合同实施计划应重点突出如下内容：①合同实施的总体策略；②合同实施的总体安排；③工程分包策划；④合同实施保证体系。

（2）合同实施策略是承包商按公司和工程具体情况确定的执行合同的基本原则，包括：项目范围内的工作哪些由公司内部完成，哪些准备委托（分包）出去；对材料和设备所采用的供应方式，由自己采购，或由分包商采购；与分包工程相关的风险的分配；如何有效地控制分包商和供应商。建设单位必须对工程项目范围内的工程、供应或工作的承担者做出安排。没有工程师（业主代表）的同意，承包商不得随便分包工程。

（3）承包商要加强对分包商和供应商的选择和控制工作，防止由于其能力不足，或对本工程没有足够的重视而造成工程和供应的拖延，进而影响整个合同的实施。业主需要将各种合同实施工作责任分解落实到各工程小组或分包商，使其对合同实施工作表（任务单、分包合同）、施工图纸、设备安装图纸、详细的施工说明等有非常详细的了解，并对工程实施技术的和法律的问题进行解释和说明，如工程质量、技术要求和实施中的注意问题、工期要求、消耗标准、相关事件之间的搭接关系、各工程小组（分包商）责任界限的划分、未能完成任务的影响和法律后果等。

（4）在合同实施前，业主需要与其他相关各方进行沟通，召开协调会议，落实各种安排。合同责任的完成必须通过经济手段来保证。对承包商的工程小组（或相应的组织）可通过内部的经济责任制来保证。在落实工期、质量、消耗等目标后，应将其与工程小组经济利益挂钩，建立一整套经济奖罚制度，以保证目标的实现。对分包商，主要通过分包合同确定双方的责权利关系，保证分包商能及时按质按量完成合同任务。如果出现分包商违约行为，可对其进行合同处罚和索赔。

（5）在工程实施过程中，为了协调好各方面工作，使合同管理工作程序化、规范化要求，应订立具体的工作程序，将合同中的一般规定细化，并落实到人。作为合同责任，承包商必须及时向业主（工程师）提交各种信息、报告、请示，以证明其工程实施状况（完成的范围、质量、进度、成本等），并作为继续进行工程实施、请求付款、获得赔偿、工程竣工的条件。业主和承包商必须都配备专门的合同管理人员，负责各种合同资料和工程资料的收集，整理和保存工作。

（6）承包商有自我管理工程质量的责任。承包商应根据合同中的规范、设计图纸和有关标准采购材料和设备，提供产品合格证明，对材料和设备质量负责，达到工程法定质量标准规范要求。如果合同文件对材料的质量要求没有明确的规定，则材料应具有良好的质量，合理地满足用途和工程目的。

（7）由于承包商自己的工程质量问题造成被工程师检查验收不合格，试生产失败而引起返工、窝工损失，工期的拖延应由承包商自己负责，建设单位不予赔偿。业主和承包商、工程师、分包商之间的沟通都应以书面形式进行，或以书面形式作为最终依据。

（8）报告和行文制度主要包括：①定期的工程实施情况报告，如日报、周报、旬报、月报等。应规定报告内容、格式、报告方式、时间以及负责人。②工程过程中发生的特殊情况及其处理的书面文件，如特殊的气候条件、工程环境的变化等，应有书面记录，并由工程师签署。对在工程中合同双方的任何协商、意见、请示、指示等都应有明确的书面文字记录。③工程中所有涉及双方的工程活动，如材料、设备、各种工程的检查验收，场地、图纸的交接，各种文件（如会议纪要、索赔和反索赔报告、账单）的交接，都应有相应的手续，应有签收证据。

4.2.4 合同实施控制

（1）在合同实施前，必须对项目管理人员和各工程小组负责人进行合同交底，把合同责任具体地落实到各责任人和合同实施的具体工作上。

（2）合同交底的内容包括：①合同的主要内容。承包商的主要合同责任、工程范围和权力；业主的主要责任和权力；合同价格、计价方法、补偿条件；工期要求和补偿条件；工程问题的处理方法和过程，如工程变更、付款程序、工程的验收方法、工程的质量控制程序等；争执的解决；双方的违约责任等。②在投标和合同签订过程中的情况。③合同履行时应注意的问题、可能的风险和建议等。④合同要求与相关方期望、法律规定、社会责任等相关注意事项。

（3）建设单位必须对合同实施监督，以保证按照合同完成其合同责任。合同签订后所有工程范围、进度、工程质量要求、合同条款内容、合同双方责权利关系的变化等都可以被看作合同变更。

（4）合同变更范围通常包括：①涉及合同条款的变更。合同条件和合同协议书所定义的双方责权利关系，或一些重大问题的变更。②工程变更。指在工程施工过程中，工程师或业主代表在合同约定范围内对工程范围、质量、数量、性质、施工次序和实施方案等做出变更。③合同主体的变更。如由于特殊原因造成合同责任和权益的转让，或合同主体的变化。

（5）合同变更应符合下列要求：①合同各方提出的变更要求应由工程师进行审查，经业主工程师同意，由业主工程师向项目经理提出合同变更指令。②项目经理可根据接受的权利和施工合同的约定，及时向业主工程师提出变更申请，业主工程师进行审查，并将审查结果通知承包人。

（6）重大的合同变更，由发包人和承包人双方签署变更协议确定。双方签署的合同变更协议与合同一样具有法律约束力，而且法律效力优先于合同文本。工程变更需要经过一定的手续，如申请、审查、批准、通知（指令）等。工程变更申请表的格式和内容可以按具体工程需要设计。

4.2.5 索赔管理

（1）当事人违约责任包括下列情况：①当事人一方不履行合同义务或履行合同义务不符合合同约定的，应当承担继续履行，采取补救措施或者赔偿损失等责任，而不论违约方是否有过错责任。②当事人一方因不可抗力不能履行合同的，应对不可抗力的影响部分（或者全部）免除责任，但法律另有规定的除外。当事人延迟履行后发生不可抗力的，不能免除责任。不可抗力不是当然的免责条件。③当事人一方因第三方的原因造成违约的，应要求对方承担违约责任。④当事人一方违约后，对方应采取适当措施防止损失的扩大，否则不得就扩大的损失要求赔偿。

（2）工程项目索赔应具备的理由：①发包人违反合同给承包人造成时间、费用的损失。②因工程变更（含设计变更、发包人提出的工程变更、业主工程师提出的工程变更，以及承包人提出并经业主工程师批准的变更）造成的时间、费用的增加。③由于业主工程师对合同文件的歧义解释，技术资料不确切，或由于不可抗力导致施工条件的改变，造成时间、费用的增加。④发包人提出提前完成项目或缩短工期而造成承包人的费用增加。⑤发包人延误支付期限造成承包人的损失。⑥合同规定以外的项目进行检验，且检验合格，或非承包人的原因导致项目缺陷的修复所发生的损失或费用。⑦非承包人的原因导致工程暂时停工。⑧物价上涨、法规变化及其他。

（3）当工期延长时，若是由于承包商管理不善造成的，则必须由其承担责任，接受合同规定的处罚。若是由外界干扰引起的工期拖延，承包商可以通过索赔，取得业主对合同工期延长的认可，则在其范围内可免去合同处罚。

（4）由于非承包商自身责任造成工程成本增加，使承包商增加额外费用，蒙受的经济损失，可以根据合同规定提出费用或利润索赔要求。如果该要求得到业主的认可，业主应向其追加支付费用以补偿损失。

（5）索赔的工作内容包括：①寻找索赔机会；②收集索赔的证据和理由，调查和分析干扰事件的影响，计算索赔值；③提出索赔意向和报告。

（6）在招标文件分析、合同谈判（包括在工程实施中双方召开变更会议、签署补充协议等）中，合同双方应对干扰事件有充分的考虑和防范，预测索赔的可能。对于具体的承包合同，具体工程和工程环境，干扰事件的发生有一定的规律性，合同双方应对其有充分估计和准备，在报价、合同谈判、制定实施方案和计划中考虑其影响。

（7）在接到对方索赔报告后，应着手进行分析、反驳，即反索赔。承包商可以向业主索赔，则业主需要反索赔；业主也可以向承包商索赔，则承包商就需要反索赔。反索赔的工作内容包括：①制定反索赔的策略；②合同总体分析；③事态调查；④合同签订和实施状态分析；⑤索赔报告分析；⑥起草并向对方递交反索赔报告。

4.2.6　合同终止和后评价

（1）合同按约定履行结束后，合同即告终止。承包商应及时进行合同后评价，总结合同签订和执行过程中的利弊得失、经验教训，作为改进以后工程合同管理工作的借鉴。分析的情况应进行总结，提出合同总结报告。

（2）合同后评价应包括如下内容：①合同签订情况评价。包括：预定的合同战略和策划是否正确，是否已经顺利实现；招标文件分析和合同风险分析的准确程度；该合同环境调查，实施方案，工程预算以及报价方面的问题及经验教训；合同谈判中的问题及经验教训，以后签订同类合同的注意事项；各相关合同之间的协调问题等。②合同执行情况评价。包括：本合同执行战略是否正确，是否符合实际，是否达到预期结果；在本合同执行中出现了哪些特殊情况，应采取什么措施防止、避免或减少损失；合同风险控制的利弊得失；各相关合同在执行中的协调问题等。③合同管理工作评价。如工作职能、程序、工作成果的评价，包括：合同管理工作对工程项目的总体贡献或影响；合同分析的准确程度；在招标投标和工程实施中，合同管理系统与其他职能的协调问题，需要改进的地方；索赔处理和纠纷处理的经验教训等。④对本项目有重大影响的合同条款的评价。

（3）对本合同的具体条款，特别是对本工程有重大影响的合同条款的表达和执行利弊得失进行评价，对本合同签订和执行过程中所遇到的特殊问题进行分析。指出对具体的合同条款如何表达更为有利，以及哪些条款可以进行增补和缩减。

4.3 工程项目职业健康安全管理咨询

4.3.1 职业健康安全管理原则

（1）项目安全控制应坚持“安全第一，预防为主”的原则，项目团队应建立安全管理体系和安全生产责任制；安全员应持证上岗，保证项目安全目标的实现；项目经理是安全生产的总负责人。工程项目职业健康安全管理，必须遵守国家职业健康安全法律、法规，全面遵守各种管理法规、标准、规范性文件要求。

（2）项目团队必须有一个经最高管理者批准的职业健康安全方针，清楚阐明职业健康安全总目标和改进职业健康安全绩效的承诺，并应注重施工安全操作和防护的需要，采用新结构、新材料、新工艺的建设工程应提出有关安全生产的措施和建议。

（3）工程项目各参建单位应根据风险预防要求和项目特点，制定职业健康、安全生产事故应急救援预案，完善应急准备措施，建立相关组织。发生事故，应按照国家有关规定向有关部门报告。在处理事故时，应防止二次伤害。项目各参建单位应按照有关规定为从事危险作业人员在现场工作期间办理意外伤害保险，特种作业人员要持证上岗。项目各参建单位应不断强化全员职业健康安全培训，保证职业健康安全投入，消除人的不安全行为、物的不安全状态，切实提高职业健康安全水平。

（4）制定职业健康安全方针应包括：①适合公司职业健康安全风险性质要求；②持续改进承诺；③公司遵守现行职业健康安全法规和公司接受的其他要求的承诺；④形成文件，实施并保持；⑤传达到全体员工，使其认识各自的职业健康安全义务；⑥可为相关方所获取；⑦定期评审，以确保其与公司保持相关和适宜。

4.3.2 建立职业健康安全管理体系

（1）项目团队应根据其规模和活动性质，确定职业健康安全管理体系。职业健康安全体系的建立和实施步骤包括：建立职业健康安全管理体系；制定职业健康安全方针；策划、实施和运行；检查和纠正措施以及管理评审等。

（2）职业健康安全管理策划包括危险源辨识、风险评价和风险控制；法规和其他要求的识别和获得；管理目标的建立和管理方案的制定等工作。

（3）危险源辨识应按照生产过程危险和有害因素分类与代码标准，主要采用询问交谈、现场观察、查阅有关记录、获取外部信息、工作任务分析、安全检查表、危险与可操作性研究、事故树分析、故障树分析等方法。对于辨识出的危险源要进行风险的评价，估算其潜在伤害的严重程度和发生的可能性，并对风险进行分级。

（4）风险评价的输出宜为一个按优先顺序排列的控制措施清单，控制措施应包括新设计的措施，拟保持的措施或加以改进的措施。

（5）公司应在最高管理者中指定一名成员作为管理者代表，并有明确的作用、职责和权限，以确保职业健康安全管理体系的正确实施，并能在公司内执行各项要求。

（6）对于与职业健康安全有关的人员，应保证接受充分的教育培训。应按照规定要求识别员工现有知识水平及其不足，并结合危险源辨识、风险评价和风险控制进行培训。确保员工与其他相关方就相关职业健康安全信息进行相互沟通，并将员工参与和协商的安排形成文件，并通报相关方。

（7）员工应参与风险管理方针和程序的制定和评审；参与商讨影响工作场所职业健康安全的任何变化；参与职业健康安全事务；了解谁是职业健康安全的员工代表和指定的管理者代表。公司应以适当的媒介建立并保持有关描述管理体系核心要素及其相互作用的信息，并提供查询相关文件的途径。

（8）建设单位要定期对承包单位的职业健康安全体系进行审核。审核重点是职业健康安全体系的绩效，而不是一般的安全检查。审核的要求是确定承包单位的体系能否满足有关标准和公司要求。审核还要检查以前的审核所发现的问题是否得到了解决。

（9）本单位的职业健康体系应与环境保护体系、质量管理体系等相结合，以便于管理和实施，避免不同体系之间的不协调或产生矛盾，保证管理体系的统一，从而提高实施效能。

4.3.3 安全生产的管理体制

公司在其经营生产活动中必须对本单位的安全生产负全面责任。公司的代表人是安全生产的第一负责人；项目经理是工程项目的主要负责人。

4.3.4 安全生产的法律法规和管理制度

（1）安全生产的法律法规可分为国家法律、行政法规、部门规章、工程建设标准和国际。

（2）部门规章由于制定机关的不同可分为两类：一类是由国务院组成部门及直属机构在其职权范围内制定的规范性文件；另一类是由地方政府依照法定程序制定的规范性文件。规章只在各自的权限范围内施行。

（3）工程建设标准包括国家标准、行业标准、地方标准和公司标准。国际公约是指我国作为国际法主体同外国缔造的双边、多边协议和其他具有条约、协议性质的文件。

（4）公司取得安全生产许可证，应当具备下列条件：①建立、健全安全生产责任制，制定完善的安全生产规章制度和操作规程，安全投入符合生产要求；②设置安全生产管理机构，配备专职安全生产管理人员；③主要负责人和安全生产管理人员经考核合格，特种作业人员经有关业务主管部门考核合格，从业人员经安全教育和培训合格；④依法参加工伤保险，为从业人员缴纳保险费；⑤厂房、作业场所和安全设施、设备、工艺符合有关安全生产法律、法规、标准和规程的要求；⑥有职业危害防治措施，并为从业人员配备符合国家标准或者行业标准的劳动防护用品；⑦依法进行安全评估；⑧有重大危险源检测、评估、监控措施和应急措施；⑨有生产安全事故应急救援预案、应急救援组织或者应急救援人员，配备必要的应急救援器材、设备；⑩法律、法规规定的其他条件。

（5）安全生产责任制度是对各级负责人、各职能部门以及各类施工人员在管理和施工过程中，应当承担的责任做出明确的规定。安全生产责任制度的主要内容包括：①施工单位主要负责人的安全责任，单位负责人或其他副职的安全责任，项目负责人（项目经理）的安全责任，生产、技术、材料等各职能管理负责人及其工作人员的安全责任，技术负责人（工程师）的安全责任、专职安全生产管理人员的安全责任、施工员的安全责任、班组长的安全责任和岗位人员的安全责任等。②项目对各级、各部门安全生产责任制应规定检查和考核办法，并按规定期限进行考核，对考核结果及兑现情况应有记录。③项目独立承包工程在签订合同中必须有安全生产的具体指标和要求。④项目的主要工种应有相应的安全技术操作规程，特种作业应另行补充。应将安全技术操作规程列为日常安全活动和安全教育的主要内容，并应悬挂在操作岗位前。⑤施工现场应按工程项目大小配备专（兼）职安全人员，按不同专业进行安全监督检查。

4.4 工程项目环境管理咨询

4.4.1 工程项目环境管理体系的建立

（1）确定环境管理目标应进行环境因素识别，确定重要环境因素。根据法律法规要求，设立目标和指标，以实现环境保护承诺，并达到组织的其他目的。目标和指标应当进行分解，落实到现场的各个参与单位，一般采用分区划块负责的方法。项目团队应定期组织检查，及时解决发现的问题，做到环境绩效的持续改进。应识别紧急情况，制定环境事故的应急准备和响应预案，并预防可能的二次和多次污染。

（2）项目团队应进行节约能源的宣传、教育和检查。有条件时对现场使用节能设施，对使用能源的单位规定指标，对水、电或其他能源以及原材料消耗进行定量的监测。项目各参建单位应根据批准的项目环境影响报告书、水土保持方案等，通过对环境因素的识别和评估，确定管理目标及主要指标，并在设计、施工、竣工验收各个阶段贯彻实施。

（3）项目环境管理应遵循下列程序：①确定项目环境管理目标；②进行项目环境管理策划；③实施项目环境管理；④验证并持续改进。

（4）建设单位应对项目建设期间的环境保护工作负责，组织设计、施工、竣工验收各个阶段环境保护工作的检查、协调、事故处理和验收。

4.4.2 工程项目环境管理的法律法规

工程项目环境管理应遵循国家法律、行政法规、部门规章、工程建设标准和国际公约等规定，包括建筑法、安全生产法、劳动法、刑法、消防法、环境保护法、环境噪声污染防治法、固体废物污染环境防治法、行政处罚法、行政复议法、行政诉讼法等。

4.4.3 文明施工

（1）文明管理应当通过对施工场地的安排使用和管理，保证生产的顺利进行，确保减少污染，保护环境，达到业主和有关方面的要求。

（2）施工中应按照设计文件中制定的取弃土要求进行施工，应坚持“先护后挖，先挡后弃”，做到不破坏或少破坏环境。弃渣应及时进行覆盖和平整，并做好复耕、绿化。弃渣挡护工程应确保基础牢固，排水设施畅通，防止弃渣流失造成二次污染。施工单位应按规定有效处理有毒有害物质，及时处理施工区和生活区的垃圾等废弃物，将废弃物运至指定地点弃置，并注意避免阻塞水流和污染水源。

（3）施工单位应当依据施工条件，按照施工总平面图、施工方案和施工进度计划的要求，认真进行所负责区域的施工平面图的规划、设计、布置、使用和管理。施工现场的场容管理应符合施工平面图设计的合理安排和物料器具定位管理标准化的要求。

4.5 工程项目信息管理咨询

4.5.1 工程项目信息管理模式

（1）工程项目信息管理模式是指项目管理组织的信息管理系统，以及项目管理组织为实施该系统所承担的项目信息管理和目标控制，以现有的项目组织结构为基础，通过信息管理目标的确定和分解、信息管理计划的制定和实施、信息管理的任务分工、所需人员和资源的配置及信息处理平台的建立和维护，以及信息管理制度和信息管理工作流程的运行，形成具有为各项管理工作提供信息支持和保证的工作系统。

（2）项目团队应根据项目实际情况和需要，在各部门工作中设立专职或兼职的信息管理员，也可在项目团队中单设信息管理员，在组织信息管理部门的指导下开展工作。

4.5.2 工程项目信息管理系统

（1）大型工程建设项目的信息管理涉及项目业主、规划设计单位、勘察设计单位、技术设计单位、政府相关部门（环保、土地、质监、金融、工商等）、施工单位、设备制造与供应单位、材料供应单位等众多项目参与方（信息源），每个项目参与方既是项目信息的供方（源头），也是项目信息的需方（用户），每个项目参与方由于在项目生命周期中所处的阶段与工作不同，相应的项目管理信息系统的结构和功能应有不同。

（2）业主必须在项目策划阶段对项目管理信息系统的内部信息处理流程和外部信息供需关系进行统筹规划与设计。对于外部信息需求，必须在招标文件中向所有供应商明确指明本项目信息系统拟采用的网络平台、数据库平台、安全控制平台等系统特性。对于项目管理中常用的工具软件，如项目财务软件、进度控制软件、图纸档案管理软件等，必须明确指明业主拟采购的厂商、版本号及数据接口等。

（3）工程项目信息管理系统包括信息需求分析、信息编码系统、信息流程、信息处理等部分。信息需求分析应识别项目各参建单位、各层次及各有关人员的信息需求，明确项目实施所必需的信息，包括信息的类型、格式、内容、详细程度、传递要求及复杂性等，并应进行信息成本和收益分析。

（4）工程项目信息编码应反映组织内部信息流和有关的外部信息流及各有关单位、部门、人员之间的关系，并有利于保持信息通畅。信息流程应反映组织内部信息和有关外部信息流及各有关单位、部门和人员之间的关系，并有利于保持信息通畅。信息处理应做到快捷、准确、实用和经济，提高工程动态信息的深度处理和加工。

（5）为实现资源共享，提高数据处理的效率和质量，应建立计算机辅助管理的系统。软件系统应按照总体规划、标准和程序，根据需要，由相关子系统开发实现。计算机基本硬件系统由运算器和控制器、存储器、外围接口和外围设备组成。系统软件包括操作系统、编译程序、数据库管理系统、各种高级语言等。应用软件由通用支援软件和各种应用软件包组成。

（6）计算机应用系统的开发应根据用户对应用系统的技术要求，分析信息处理流程，设计计算机系统的内部结构，并加以实现和维护。

4.5.3 信息管理内容

（1）项目建设前期的信息收集。工程建设项目在正式开工之前，需要进行大量的工作，并产生大量的文件，包括收集设计任务书及有关资料；设计文件及有关资料的收集；招标投标合同文件及其有关资料的收集。

（2）工程建设项目施工期的信息收集。工程建设项目在整个工程施工阶段，每天都发生各种各样的情况，相应地包含着各种信息，需要及时收集和处理。

（3）工程竣工阶段的信息收集。工程竣工并按要求进行竣工验收时，需要大量对竣工验收有关的各种资料信息。这些信息一部分是在整个施工过程中，长期积累形成的；一部分是在竣工验收期间，根据积累的资料整理分析而形成的，完整的竣工资料应由承建单位编制，经有关方面审查后，移交建设单位并通过建设单位移交项目管理运行单位以及相关的政府主管部门。

（4）无论是存入档案库还是存入计算机存储器的信息、资料，为了查找方便，在入库前都要拟定一套科学的查找方法和手段，做好编目分类工作。对工程项目的各种原始信息来源、要收集的信息内容、标准、时间要求、传递途径、反馈的范围、责任人员的工作职责、工作程序等有关问题应做出具体规定，形成制度，认真执行，以保证原始资料的全面性、及时性、准确性和可靠性。

4.6 工程项目风险管理咨询

4.6.1 工程项目风险因素识别

（1）工程项目风险识别是一项贯穿项目实施全过程的项目风险管理工作。风险识别的目标是识别和确定出项目可能存在哪些风险、风险特性及其影响。风险识别的依据包括项目规划、风险管理计划、风险种类、历史资料、制约因素和假设条件等。

（2）风险识别的内容包括识别项目潜在风险、识别引起风险的主要因素和识别风险可能引起的后果。项目风险识别的方法主要包括专家调查法、情景分析法、检查表法、故障树分析法等，具体项目可根据其特点选择适当的风险识别方法。

4.6.2 工程项目风险评估

（1）风险评估的具体内容包括估计风险事件发生的可能性、估计风险事件后果的严重程度、估计风险事件的影响范围、估计风险事件发生的时间。风险评估的依据包括风险管理计划、风险识别成果、项目进展状况、项目类型、数据的准确性和可靠性、概率和影响的程度。

(2) 风险评估的途径有主观概率法、客观概率法、行为估计法三种。风险评估的步骤是：确定风险评价基准；确定项目风险水平；将单个风险和整体风险分别与项目单个评价基准和整体评价基准进行比较，分析项目风险是否在可接受范围之内，进而确定所评估项目是否可取。

(3) 风险评估的判别标准包括两种类型：①以经济指标的累计概率、标准差为判别标准；②以综合风险等级为判别标准。风险评价的方法有调查和专家打分法、决策树、模糊数学、CIM 模型、影响树、蒙特卡洛模拟法、多目标决策树模型、PERT（计划评审技术）、敏感性分析等，常用方法包括调查和专家打分法、蒙特卡洛模拟法和 PERT（计划评审技术）法。

4.6.3 工程项目风险管理计划

(1) 风险管理计划应包括以下主要内容：①方法。确定风险管理使用的方法、工具和数据资源。②人员。确定风险管理活动中的领导者、支持者及参与者的角色定位、任务分工及各自责任、能力要求。③时间周期。界定项目生命周期中风险管理各阶段及过程评价、控制和变更的周期或频率。④类型级别及说明。定义并说明风险评估和风险量化的类型级别。⑤基准。明确定义由谁以何种方式采取风险应对行动。⑥汇报形式。规定风险管理各过程中应汇报或沟通的内容、范围、渠道及方式。汇报与沟通应包括项目团队内部之间的沟通及项目外部与投资方等利益相关者之间的沟通。⑦跟踪。规定如何以文档的方式记录项目实施过程中的风险及风险管理的过程。

(2) 风险管理规划的依据主要包括：①项目规划中所包含或涉及的有关内容。如项目目标、项目规模、项目利益相关者情况、项目复杂程度、所需资源、项目时间段、约束条件及假设前提等。②项目组织及个人所经历和积累的风险管理经验及实践。③决策者、责任方及授权情况。④项目利益相关者对项目风险的敏感程度及可承受能力。⑤可获取的数据及管理系统情况。⑥风险模板。规定风险管理的基本程序、风险量化目标、风险警告级别、风险控制标准等。风险管理规划的成果是形成风险管理计划文件。

4.6.4 工程项目施工中的风险控制

（1）风险监控即通过对风险规划、识别、估计、评价、应对全过程的监视和控制，从而保证风险管理能达到预期目标。风险监控的目的是核对风险管理策略和措施的实际效果是否符合预期，寻找机会改善和细化风险规避计划，使决策更能符合实际。

（2）风险监控的依据主要包括风险管理计划、风险应对计划、风险背景、风险类别等。风险监控的任务是根据整个项目风险管理过程规定的衡量标准，全面跟踪并评价风险处理活动的执行情况。风险监控的主要内容包括监视并报告项目风险状况、跟踪风险管理计划的实施、跟踪风险应对计划的实施、制定风险监控标准、发出风险预警信号、提出风险处置建议。

（3）风险监控的方法主要包括：①风险预警系统。风险预警管理是对项目管理过程中可能出现的风险，采取超前或预先防范的管理方式，一旦在监控过程中发现有发生风险的征兆，及时采取校正行动并发出预警信号，以最大限度控制不利后果发生；②制定应对风险应急计划，以控制项目实施过程中有可能出现或发生的特定情况，提前做好准备，保持项目在遇到特定情况时依然能够有效应对。

（4）风险监控方法主要包括审核检查法、风险监视清单、项目风险报告和费用偏差分析法等。风险监控工具包括直方图、因果分析图和帕累托图等。

4.7 工程项目协调管理咨询

4.7.1 工程项目协调管理方式

（1）项目各参建单位应建立项目沟通管理体系，健全管理制度，采用适当的方法和手段与相关各方进行有效沟通与协调。项目协调管理应贯穿于项目建设全过程。为了确保项目管理顺利进行，必须保证在项目管理工作各方协调中的信息保持通畅，建立准确详细的联络方式。

（2）建设单位应设立专职的联系员，记录保存管理各方的有效联络方式。项目各参建单位内部沟通应包括项目团队与组织高层、项目团队内部的各部门成员之间的沟通协调。内部沟通协调应依据项目沟通计划、规章制度、项目管理目标责任、控制目标等进行。

4.7.2 工程项目协调管理

（1）工程项目的协调管理包括协调项目内部人际关系，协调项目内部组织关系，协调项目内部需求关系，协调项目外部关系。

（2）项目各标段间协调管理包括：经济管理协调、材料供应关系协调、周转料具供应关系协调、预算关系协调，技术、质量、安全、测试等工作关系协调，计划统计关系协调等。工程项目管理过程中需要处理好业主、项目管理、设计咨询单位和承包商之间的关系，保证各方信息沟通及时，对工程目标理解一致。

4.7.3 工程项目冲突管理

（1）冲突就是两个或两个以上的项目决策者在某个问题上的纠纷。对待冲突首先要认清冲突产生来源，正确处理，尽可能在不影响项目计划之前化解冲突。

（2）冲突管理应重点关注如下冲突来源：①人力资源。由于项目团队中的成员来自不同部门，在用人问题上会产生冲突。当人员支配权在职能部门领导手中时，双方会在如何合理分派成员任务上产生矛盾。②成本费用。项目经理分配给各个职能部门的资金总被认为是不够的，因而在成本费用如何分配上产生冲突。③技术冲突。在面向技术的项目中，在技术质量、技术性能要求、技术权衡以及实现性能的手段上都会发生冲突。④管理程序。许多冲突来源于项目应如何管理，如项目经理的报告关系定义、责任定义、截面关系、项目工作范围、运行要求、实施计划、与其他组织的协商工作。⑤项目优先权。项目参加者经常对应该执行的工作活动和任务的次序关系有不同看法，优先权冲突不仅发生在项目组织与其他职能部门之间，在项目组织内部也会发生。⑥项目进度的冲突。围绕项目工作任务的时间确定次序安排和进度计划会产生冲突。⑦项目成员个性。对于不同的人，有不同的价值观和判断事物的标准等，因而常常在项目团队中存在“以自我为中心”的思想，造成项目组织中的冲突。解决冲突，可以采用协商、让步、缓和、强制和退出等方法。

4.8 工程项目收尾管理咨询

4.8.1 工程项目竣工收尾

（1）项目团队是项目竣工收尾工作的责任主体，对竣工收尾的各项工作负责。为保证竣工收尾任务的完成，必须编制针对性很强的项目竣工计划，详细界定项目竣工收尾的工程内容，列出清单，做到安排的竣工计划有切实可靠的依据。

（2）项目经理应全面掌握项目竣工收尾条件，认真审核项目竣工内容，做到安排的竣工计划有具体可行的措施。上级主管部门应调查核实项目竣工收尾的情况，按照报批程序执行，做到安排的竣工计划有目标可控的保证。

（3）在组织竣工收尾时，应针对收尾项目零碎、产值不高、工作量不大、极易产生轻视竣工收尾，导致“尾巴”拉得很长的不良习惯，把各方面的工作做细、做实，保证竣工收尾顺利完成。

（4）项目团队完成项目竣工收尾计划，确定达到竣工条件后，应按照规定向所在公司报告，提交有关部门组织预验收，填写工程质量竣工验收记录、质量控制资料核查记录、工程质量观感记录表，并对工程施工质量做出是否合格的结论。

4.8.2 工程项目竣工验收及资料档案管理

（1）工程项目竣工时，承包人需要按工程档案管理的规定，收集整理工程施工过程中的资料，竣工验收后移交发包人汇总归档备案。项目竣工资料必须真实记录和反映项目管理全过程的实际情况。

（2）根据建设工程的特点，整理工程竣工资料要达到如下要求：①竣工资料的管理，应符合基本工程建设项目档案资料管理有关规定，确保竣工资料齐全完整；②竣工资料的收集，要遵循施工的程序和内在规律，保持资料的内在联系，不得遗漏、丢失和损毁；③竣工资料的整理，应做到图物相符、数据准确、填写、审批手续完备，不得擅自修改、伪造和后补；④竣工资料的构成：应以单位工程为对象整理组卷，案卷构成应符合科学技术档案案卷构成的相关要求规定。

（3）建设工程承包人根据国家和有关部门发布的工程档案资料管理和标准

的规定，应制定行之有效的工程竣工资料形成、收集、整理、交接、立卷、归档管理制度。实行统一领导、分级管理、按时交接、归口立卷的原则，保证竣工资料完整、准确、系统和规范。

4.8.3 工程项目竣工结算和决算

（1）竣工验收合格，并签署工程竣工验收报告，承包人应编制项目竣工结算，承发包双方应按国家有关规定进行工程价款的最终结算。项目竣工结算由承包人编制，发包人审查或委托工程造价咨询单位审核，承包人和发包人最终确定。编制项目竣工结算，除应具备设计施工图和竣工图，工程量清单、取费标准、调价规定等依据外，还应包括工程变更、修改、签证和办理竣工结算有关的其他资料。

（2）工程竣工验收合格，应当按照下列规定进行竣工结算：①承包方应当在工程竣工验收合格的约定期限内提交竣工结算文件。②发包方应在收到竣工结算文件后的约定期限内予以答复。逾期未答复的，竣工结算文件视为已被认可。③发包方对竣工结算文件有异议的，应当在答复期限内向承包方提出，并在提出之日起的约定期限内与承包方协商。④发包方在协商期内与承包方协商或者经协商未能与承包方达成协议的，应当委托工程造价咨询单位进行竣工结算审核。⑤发包方应当在协调期满后的约定期限内向承包方提出工程造价咨询单位出具的竣工结算审核意见。

（3）编制项目竣工结算的依据包括：①合同文件；②竣工图纸和工程变更文件；③施工技术核准资料；④工程计价文件、工程量清单、取费标准及有关调价规定；⑤双方确认的有关签证和工程索赔资料。

（4）工程项目竣工验收后，承包人应在约定的期限内向发包人递交项目竣工结算报告及完整的结算资料，经双方确认并按规定进行竣工结算。项目竣工结算报告和结算资料经主管部门审定，加盖工程造价职业资格专用章后，应及时提交发包人或其委托的咨询单位审查，并按有关规定进行竣工结算。项目竣工结算经发包人签认后，主管部门应将竣工结算书送到财务部门一份，财务部门据此与发包人进行工程价款的结算和支付。

（5）项目工程价款的结算方式主要包括：①按月结算，即实行旬末或月中预支，月中结算，竣工后清算的办法。跨年度的工程，在年终进行工程盘点，办理年度结算。②竣工后一次结算，即工程建设项目或单位工程全部建筑安装工程建设期在12个月以内，或者工程承包合同价值在限额以下的，可实行工程价款每月月中预支、竣工后一次结算。③分段结算，即当年开工，当年不能竣工的单项工程或单位工程按照工程形象进度，划分不同阶段进行结算。分段结算，可以按月预支工程款。④承发包双方约定的其他结算方式。

（6）按照有关规定依法立项的新建、改建、扩建各类工程项目，在项目竣工验收阶段应编制项目竣工决算，由建设单位亦称工程建设项目法人编制。所有竣工验收的项目，在办理验收手续之前必须对所有财产和物资进行清理，以便于做好竣工决算，分析预（概）算执行情况，考核投资效果，报上级主管部门审查。竣工项目经验收交接后，应及时办理固定资产移交手续，加强固定资产管理。

（7）组织建设工程竣工决算编制的主要依据包括：①项目计划任务书和有关文件；②项目总概算和单项工程综合概算书；③项目设计图纸及说明书；④设计交底、图纸会审资料；⑤合同文件；⑥项目竣工结算书；⑦各种设计变更、经济签证文件；⑧设备、材料调价文件及记录；⑨竣工档案资料；⑩有关项目财务决算及批复文件等。

4.8.4 项目工程保修

（1）工程项目在竣工验收交付使用后，按照合同和有关规定，在一定的期限，即回访保修期内（例如一年左右的时间）应由项目团队组织原项目人员主动对交付使用的竣工工程进行回访，听取用户对工程的质量意见，填写质量回访表，报有关部门备案处理。

（2）在保修期内，属于施工单位施工过程中造成的质量问题，要负责维修，不留隐患。工程项目竣工后，各承包单位的工程款保留5%左右，作为保修金，在保修期满退回承包单位。如属于设计原因造成的质量问题，在征得甲方和设计单位认可后，协助修补，其费用由设计单位承担。对所有的回访和保修都必须予以记录，并提交书面报告，作为技术资料归档。项目团队还应不定期听取用户对工程质量的意见。对于各类质量纠纷或问题应尽量协商解决，若无法达成统一意见，则由有关仲裁部门负责仲裁。

（3）项目回访保修制度包括：①工程交工验收时由公司向建设单位（用户）签发《建筑工程保修书》，对保修期、保修范围及费用的计取等做出说明；②建筑工程质量在保修期内，发生保修范围内的质量问题时，建设单位应填写《建筑工程质量修理通知书》，通知施工单位，施工单位自接到通知书之日起，在规定时限内进行处理；③建立质量回访制度，特别在雨季、冬季，应主动对已交付使用的工程进行回访；④返修项目的质量验收标准，以国家建筑施工验收规范、规程、标准和设计要求为准，返修完毕由建设单位签证，纳入技术档案。《建筑工程保修书》中应具体约定保修范围及内容、保修期、保修责任、保修费用等。

（4）保修期为自竣工验收合格之日起计算，在正常使用条件下最低保修期限。在工程竣工验收的同时，由施工单位向建设单位发送《建筑安装工程保修证书》。

（5）《建筑安装工程保修证书》的主要内容包括：①工程简况、房屋使用管理要求；②保修范围和内容；③保修时间；④保修说明；⑤保修情况记录；⑥保修单位（即施工单位）的名称、详细地址等。项目修理完毕后，要在保修证书的“保修记录”栏内做好记录，并经建设单位验收签认。

5　能力建设和风险防范

5.1　工程项目管理咨询能力建设

5.1.1　工程项目管理咨询团队建设

（1）提高内部人才素质。工程项目管理咨询人员应具有持续学习的能力，通过不断学习项目管理新知识，不断提升专业素质，以适应各类工程项目管理咨询的要求。

（2）加强外部人才网络建设。从知识结构、专业技能、职业素质等角度，逐步构建和完善工程项目管理咨询专家网络，适应更加灵活的项目组织方式，有效补充和增强工程项目管理咨询专业团队力量。

（3）跨界整合团队资源。做好复合型人才的培养，如定期进行内部业务轮岗，探索与不同领域的专业人才和机构开展合作，寻求工程项目管理咨询的合作和拓展。

5.1.2　工程项目管理咨询制度和评价体系建设

（1）优化项目组织体系。综合考虑市场环境、工程项目特殊性以及个体能力等因素，建设与项目要求相适应的工程项目管理咨询组织体系，实现组织结构、岗位职能、人员素质的协同匹配，完善项目管理咨询服务的组织体系。

（2）建立管理评价体制。建立适应开展工程项目管理咨询服务的管理体系，对参与主体、组织形式、专业分布、专业能力进行系统管理，以适应发展工程项目管理咨询的要求。同时，对工程项目管理咨询流程和质量进行评价，建立工程项目管理咨询全过程工作规范、评价体系和监管考核标准，促进工程项目管理咨询工作的科学、标准和规范。

5.2　工程项目管理咨询业务竞争力培养

5.2.1　技术竞争力培养

高度重视工程项目管理咨询技术更新和业务创新，在立足传统工程咨询理论方法技术领域的基础上，不断更新已掌握的工程项目管理咨询技术。在项目执行过程中，结合 GIS 技术、BIM 技术、大数据技术等，实现对工程项目管理咨询的事前、事中和事后管理。通过信息化、智能化、云计算等手段，不断拓展工程项目管理咨询的专业能力。

5.2.2　全过程咨询竞争力培养

从完善现代工程咨询业务创新体系的角度出发，以工程项目管理咨询为核心，逐渐向上下游拓展，尤其是向设计优化咨询、采购招标和工程商务咨询、工程法律咨询和工程投资融资管理咨询等专业领域拓展，逐步培养工程项目咨询服务业务链条全过程各环节的专业咨询竞争力。

5.2.3　国际竞争力培养

（1）坚持拓展海外工程项目管理咨询服务。通过分布在不同区域的合作伙伴、媒体等渠道收集项目信息，并加以研判，对项目可行、风险可控、盈利空间充足的工程项目管理咨询业务积极组织开展国际竞标。充分发挥公司在工程咨询领域的专业技术和管理优势，与大型施工公司、国内大型装备公司或大型投资公司优势互补、强强联合，携手开发海外工程项目管理咨询业务。

（2）重视综合性国际人才培养。在语言、技术、商务、礼仪等多方面提升高端人才综合素质。坚持开展 IPMP 项目管理培训、FIDIC 认证工程师培训、IEC 认证工程师培训，完善国际化人才队伍建设。

5.3　工程项目管理咨询风险识别及防范

风险要素识别是应对工程项目管理咨询风险的关键环节。风险存在于工程管理咨询项目周期的各个环节，需要系统连续地对咨询业务风险进行分析识别。内部风险主要包括资料收集和甄别风险、设计风险、技术风险、管理风险等，外部风险主要包括政策风险、社会风险、金融风险、合同风险等。

在工程项目管理咨询的风险防范中，一方面要尽力满足各方利益诉求。工程项目管理咨询服务项目的实现需要使各方利益诉求得到合理满足。另一方面，要合理分担各类风险。首先分析风险，判断风险是否可控；其次要分析项目团队需要承担的风险，包括独立承担和与业主及其他利益相关方共担的风险；最后要根据相关风险对于完成工程项目管理咨询合同任务以及可能产生的影响，选择制定风险应对措施和方法。

5.4　建立工程项目管理咨询责任追究制度

按照实行咨询成果质量终身负责制的要求，建立工程项目管理咨询成果质量追溯机制。通过建立工程项目管理咨询从业档案制度，将委托合同、咨询成果文件等存档备查。工程项目管理咨询承担部门及人员的违法违规信息，列入不良记录，建立违法失信联合惩戒机制，与职务晋升和绩效等实现挂钩。

附件二：项目管理核心任务清单[1]

1 项目整合管理

项目整合管理包括对隶属于项目管理过程组的各种过程和项目管理活动进行识别、定义、组合、统一和协调的各个过程。在项目管理中，整合兼具统一、合并、沟通和建立联系的性质，这些行动应该贯穿项目始终。项目整合管理包括以下内容：①资源分配；②平衡竞争性需求；③研究各种备选方法；④为实现项目目标而优化过程；⑤管理各个项目管理知识领域之间的依赖关系。

项目整合管理过程包括：①制定项目章程——编写一份正式批准项目并授权项目经理在项目活动中使用组织资源的文件的过程；②制定项目管理计划——定义、准备和协调项目计划的所有组成部分，并把它们整合为一份综合项目管理计划的过程；③指导与管理项目工作——为实现项目目标而领导和执行项目管理计划中所确定的工作，并实施已批准变更的过程；④管理项目知识——使用现有知识并生成新知识，以实现项目目标，并且帮助组织学习的过程；⑤监控项目工作——跟踪、审查和报告整体项目进展，以实现项目管理计划中确定的绩效目标的过程；⑥实施整体变更控制——审查所有变更请求，批准变更，管理对可交付成果、组织过程资产、项目文件和项目管理计划的变更，并对变更处理结果进行沟通的过程；⑦结束项目或阶段——终结项目、阶段或合同的所有活动的过程。

1.1 制定项目章程

制定项目章程是编写一份正式批准项目并授权项目经理在项目活动中使用组织资源的文件的过程。本过程的主要作用是，明确项目与组织战略目标之间的直接联系，确立项目的正式地位，并展示组织对项目的承诺。本过程仅开展一次或仅在项目的预定义点开展。

---

[1] 本附件根据美国项目管理学会 PMI 项目管理知识体系指南有关内容整理。

项目章程在项目执行组织与需求组织之间建立起伙伴关系。在执行外部项目时，通常需要用正式的合同来达成合作协议。这种情况下，可能仍要用项目章程来建立组织内部的合作关系，以确保正确交付合同内容。项目章程一旦被批准，就标志着项目的正式启动。在项目中，应尽早确认并任命项目经理，最好在制定项目章程时就任命，且应在规划开始之前任命。项目章程可由发起人编制，或者由项目经理与发起机构合作编制。通过这种合作，项目经理可以更好地了解项目目的、目标和预期效益，以便更有效地向项目活动分配资源。项目章程授权项目经理规划、执行和控制项目。

项目由项目以外的机构来启动，如发起人、项目集或项目管理办公室（PMO)、项目组合治理委员会主席或其授权代表。项目启动者或发起人应该具有一定的职权，能为项目获取资金并提供资源。项目可能因内部经营需要或外部影响而启动，故通常需要编制需求分析、可行性研究、商业论证或有待项目处理的情况的描述。通过编制项目章程，来确认项目符合组织战略和日常运营的需要。不要把项目章程看作合同，因为其中未承诺报酬或金钱或用于交换的对价。

1.2 制定项目管理计划

制定项目管理计划是定义、准备和协调项目计划的所有组成部分，并把它们整合为一份综合项目管理计划的过程。本过程的主要作用是，生成一份综合文件，用于确定所有项目工作的基础及其执行方式，它仅开展一次或仅在项目的预定义点开展。

项目管理计划确定项目的执行、监控和收尾方式，其内容会因项目所在的应用领域和复杂程度而异。项目管理计划可以是概括或详细的，而每个组成部分的详细程度取决于具体项目的要求。项目管理计划应足够强大，可以应对不断变化的项目环境。这种敏捷性有利于随项目进展产出更准确的信息。

项目管理计划应基准化，即，至少应规定项目的范围、时间和成本方面的基准，以便据此考核项目执行情况和管理项目绩效。在确定基准之前，可能要对项目管理计划进行多次更新，且这些更新无须遵循正式流程。但是，一旦确定了基准，就只能通过实施整体变更控制过程进行更新。在这种情况下，如果需要进行变更，应提出变更请求以待决定。这一过程将形成一份项目管理计划。在项目收尾之前，该计划需要通过不断更新来渐进明晰，并且这些更新需要得到控制和批准。

对隶属于项目集或项目组合的项目，则应该制定与项目集或项目组合管理计划相一致的项目管理计划。例如，项目集管理计划中要求超过某一特定成本的所有变更都需要上报变更控制委员会（CCB）审查，在项目管理计划中就应该对审查流程和成本临界值做出相应规定。

1.3　指导与管理项目工作

指导与管理项目工作是为实现项目目标而领导和执行项目管理计划中所确定的工作，并实施已批准变更的过程。本过程的主要作用是，对项目工作和可交付成果开展综合管理，以提高项目成功的可能性。本过程需要在整个项目期间开展。

指导与管理项目工作包括执行计划的项目活动，以完成项目可交付成果并达成既定目标。本过程需要分配可用资源并管理其有效使用，也需要执行因分析工作绩效数据和信息而提出的项目计划变更。指导与管理项目工作过程会受项目所在应用领域的直接影响，按项目管理计划中的规定，开展相关过程，完成项目工作，并产出可交付成果。

项目经理与项目管理团队一起指导实施已计划好的项目活动，并管理项目内的各种技术接口和组织接口。指导与管理项目工作还要求回顾所有项目变更的影响，并实施已批准的变更，包括纠正措施、预防措施和（或）缺陷补救。

在项目执行过程中，收集工作绩效数据并传达给合适的控制过程做进一步分析。通过分析工作绩效数据，得到关于可交付成果的完成情况以及与项目绩效相关的其他细节，工作绩效数据也用作监控过程组的输入，并可作为反馈输入到经验教训库，以改善未来工作包的绩效。

1.4　管理项目知识

管理项目知识是使用现有知识并生成新知识，以实现项目目标，并且帮助组织学习的过程。本过程的主要作用是，利用已有的组织知识来创造或改进项目成果，并且使当前项目创造的知识可用于支持组织运营和未来的项目或阶段。本过程需要在整个项目期间开展。

知识通常分为“显性知识”（易使用文字、图片和数字进行编撰的知识）和“隐性知识”（个体知识以及难以明确表达的知识，如信念、洞察力、经验和“诀窍”）两种。知识管理指管理显性和隐性知识，旨在重复使用现有知识并生成新知识。有助于达成这两个目的的关键活动是知识分享和知识集成（不同领域的知识、情境知识和项目管理知识）。

一个常见误解是，知识管理只是将知识记录下来用于分享；另一种常见误解是，知识管理只是在项目结束时总结经验教训，以供未来项目使用。这样的话，只有经编撰的显性知识可以得到分享。因为显性知识缺乏情境，可作不同解读，所以，虽易分享，但无法确保正确理解或应用。隐性知识虽蕴含情境，却很难编撰。它存在于专家个人的思想中，或者存在于社会团体和情境中，通常经由人际交流和互动来分享。

从组织的角度来看，知识管理指的是确保项目团队和其他相关方的技能、经验和专业知识在项目开始之前、开展期间和结束之后得到运用。因为知识存在于人们的思想中，且无法强迫人们分享自己的知识或关注他人的知识，所以，知识管理最重要的环节就是营造一种相互信任的氛围，激励人们分享知识或关注他人的知识。如果不激励人们分享知识或关注他人的知识，即便最好的知识管理工具和技术也无法发挥作用。在实践中，联合使用知识管理工具和技术（用于人际互动）以及信息管理工具和技术（用于编撰显性知识）来分享知识。

1.5 监控项目工作

监控项目工作是跟踪、审查和报告整体项目进展，以实现项目管理计划中确定的绩效目标的过程。本过程的主要作用是，让相关方了解项目的当前状态并认可为处理绩效问题而采取的行动，以及通过成本和进度预测，让相关方了解未来项目状态。本过程需要在整个项目期间开展。

监督是贯穿于整个项目的项目管理活动之一，包括收集、测量和分析测量结果，以及预测趋势，以便推动过程改进。持续的监督使项目管理团队能洞察项目的健康状况，并识别须特别关注的方面。控制包括制定纠正或预防措施或重新规划，并跟踪行动计划的实施过程，以确保它们能有效解决问题。监控项目工作过程关注：①把项目的实际绩效与项目管理计划进行比较；②定期评估项目绩效，决定是否需要采取纠正或预防措施，并推荐必要的措施；③检查单个项目风险的状态；④在整个项目期间，维护一个准确且及时更新的信息库，以反映项目产品及相关文件的情况；⑤为状态报告、进展测量和预测提供信息；⑥做出预测，以更新当前的成本与进度信息；⑦监督已批准变更的实施情况；⑧如果项目是项目集的一部分，还应向项目集管理层报告项目进展和状态；⑨确保项目与商业需求保持一致。

1.6　实施整体变更控制

实施整体变更控制是审查所有变更请求、批准变更，管理对可交付成果、项目文件和项目管理计划的变更，并对变更处理结果进行沟通的过程。本过程审查对项目文件、可交付成果或项目管理计划的所有变更请求，并决定对变更请求的处置方案。本过程的主要作用是确保对项目中已记录在案的变更做综合评审。如果不考虑变更对整体项目目标或计划的影响就开展变更，往往会加剧整体项目风险。本过程需要在整个项目期间开展。

实施整体变更控制过程贯穿项目始终，项目经理对此承担最终责任。变更请求可能影响项目范围、产品范围以及任一项目管理计划组件或任一项目文件。在整个项目生命周期的任何时间，参与项目的任何相关方都可以提出变更请求。变更控制的实施程度，取决于项目所在应用领域、项目复杂程度、合同要求，以及项目所处的背景与环境。

在基准确定之前，变更无须正式受控于实施整体变更控制过程。一旦确定了项目基准，就必须通过本过程来处理变更请求。依照常规，每个项目的配置管理计划应规定哪些项目工件受控于配置控制程序。对配置要素的任何变更都应该提出变更请求，并经过正式控制。

尽管也可以口头提出，但所有变更请求都必须以书面形式记录，并纳入变更管理和（或）配置管理系统中。在批准变更之前，可能需要了解变更对进度的影响和对成本的影响。在变更请求可能影响任一项目基准的情况下，都需要开展正式的整体变更控制过程。每项记录在案的变更请求都必须由一位责任人批准、推迟或否决，这个责任人通常是项目发起人或项目经理。应该在项目管理计划或组织程序中指定这位责任人，必要时，应该由变更控制委员会（CCB）来开展实施整体变更控制过程。CCB是一个正式组成的团体，负责审查、评价、批准、推迟或否决项目变更，以及记录和传达变更处理决定。

变更请求得到批准后，可能需要新编（或修订）成本估算、活动排序、进度日期、资源需求和（或）风险应对方案分析，这些变更可能要求调整项目管理计划和其他项目文件。某些特定的变更请求，在CCB批准之后，可能还需要得到客户或发起人的批准，除非他们本身就是CCB的成员。

1.7 结束项目或阶段

结束项目或阶段是终结项目、阶段或合同的所有活动的过程。本过程的主要作用是，存档项目或阶段信息，完成计划的工作，释放组织团队资源以展开新的工作。它仅开展一次或仅在项目的预定义点开展。

在结束项目时，项目经理需要回顾项目管理计划，确保所有项目工作都已完成以及项目目标均已实现。项目或阶段行政收尾所需的必要活动包括（但不限于）：

（1）为达到阶段或项目的完工或退出标准所必需的行动和活动，例如：①确保所有文件和可交付成果都已是最新版本，且所有问题都已得到解决；②确认可交付成果已交付给客户并已获得客户的正式验收；③确保所有成本都已记入项目成本账；④关闭项目账户；⑤重新分配人员；⑥处理多余的项目材料；⑦重新分配项目设施、设备和其他资源；⑧根据组织政策编制详尽的最终项目报告。

（2）为关闭项目合同协议或项目阶段合同协议所必须开展的活动，例如：①确认卖方的工作已通过正式验收；②最终处置未决索赔；③更新记录以反映最后的结果；④存档相关信息供未来使用。

（3）为完成下列工作所必需开展的活动：①收集项目或阶段记录；②审计项目成败；③管理知识分享和传递；④总结经验教训；⑤存档项目信息以供组织未来使用。

（4）为向下一个阶段，或者向生产和（或）运营部门移交项目的产品、服务或成果所必须开展的行动和活动。

(5) 收集关于改进或更新组织政策和程序的建议，并将它们发送给相应的组织部门。

(6) 测量相关方的满意程度。如果项目在完工前就提前终止，结束项目或阶段过程还需要制定程序，来调查和记录提前终止的原因。为了实现上述目的，项目经理应该引导所有合适的相关方参与本过程。

2 项目范围管理

项目范围管理包括确保项目做且只做所需的全部工作，以成功完成项目的各个过程。项目范围管理主要在于定义和控制哪些工作应该包括在项目内，哪些不应该包括在项目内。

项目范围管理过程包括：①规划范围管理——为记录如何定义、确认和控制项目范围及产品范围，而创建范围管理计划的过程；②收集需求——为实现项目目标而确定、记录并管理相关方的需要和需求的过程；③定义范围——制定项目和产品详细描述的过程；④创建 WBS——将项目可交付成果和项目工作分解为较小的、更易于管理的组件的过程；⑤确认范围——正式验收已完成的项目可交付成果的过程；⑥控制范围——监督项目和产品的范围状态，管理范围基准变更的过程。

2.1 规划范围管理

规划范围管理是为记录如何定义、确认和控制项目范围及产品范围，而创建范围管理计划的过程。本过程的主要作用是，在整个项目期间对如何管理范围提供指南和方向。本过程仅开展一次或仅在项目的预定义点开展。

范围管理计划是项目或项目集管理计划的组成部分，描述将如何定义、制定、监督、控制和确认项目范围。制定范围管理计划和细化项目范围始于对下列信息的分析：项目章程中的信息、项目管理计划中已批准的子计划、组织过程资产中的历史信息和相关事业环境因素。

2.2 收集需求

收集需求是为实现目标而确定、记录并管理相关方的需要和需求的过程。

本过程的主要作用是，为定义产品范围和项目范围奠定基础，且仅开展一次或仅在项目的预定义点开展。

产品需求因行业而异。让相关方积极参与需求的探索和分解工作（分解成项目和产品需求），并仔细确定、记录和管理对产品、服务或成果的需求，能直接促进项目成功。需求是指根据特定协议或其他强制性规范，产品、服务或成果必须具备的条件或能力。它包括发起人、客户和其他相关方的已量化且书面记录的需要和期望。应该足够详细地探明、分析和记录这些需求，将其包含在范围基准中，并在项目执行开始后对其进行测量。需求将成为工作分解结构（WBS）的基础，也将成为成本、进度、质量和采购规划的基础。

2.3　定义范围

定义范围是制定项目和产品详细描述的过程。本过程的主要作用是，描述产品、服务或成果的边界和验收标准。由于在收集需求过程中识别出的所有需求未必都包含在项目中，所以定义范围过程就要从需求文件（收集需求过程的输出）中选取最终的项目需求，然后制定出关于项目及其产品、服务或成果的详细描述。准备好详细的项目范围说明书，对项目成功至关重要。

应根据项目启动过程中记载的主要可交付成果、假设条件和制约因素来编制详细的项目范围说明书。在项目规划过程中，随着对项目信息的更多了解，应该更加详细具体地定义和描述项目范围。此外，还需要分析现有风险、假设条件和制约因素的完整性，并做必要的增补或更新。需要多次反复开展定义范围过程：在迭代型生命周期的项目中，先为整个项目确定一个高层级的愿景，再一次针对一个迭代型生命周期明确详细范围。通常，随着当前迭代期的项目范围和可交付成果的进展，而详细规划下一个迭代期的工作。

2.4　创建 WBS

创建工作分解结构（WBS）是把项目可交付成果和项目工作分解成较小、更易于管理的组件的过程。本过程的主要作用是，为所要交付的内容提供架构，它仅开展一次或仅在项目的预定义点开展。WBS 是对项目团队为实现项目目标、创建所需可交付成果而需要实施的全部工作范围的层级分解。WBS 组织并定义了项目的总范围，代表着经批准的当前项目范围说明书中所规定的工作。

WBS最底层的组成部分称为工作包，其中包括计划的工作。工作包对相关活动进行归类，以便对工作安排进度、进行估算、开展监督与控制。在“工作分解结构”这个词语中，“工作”是指作为活动结果的工作产品或可交付成果，而不是活动本身。

2.5 确认范围

确认范围是正式验收已完成的项目可交付成果的过程。本过程的主要作用是，使验收过程具有客观性；同时通过确认每个可交付成果，来提高最终产品、服务或成果获得验收的可能性。本过程应根据需要在整个项目期间定期开展。由客户或发起人审查从控制质量过程输出核实的可交付成果，确认这些可交付成果已经圆满完成并通过正式验收。本过程对可交付成果的确认和最终验收，需要依据：从项目范围管理知识领域的各规划过程获得的输出（如需求文件或范围基准），以及从其他知识领域的各执行过程获得的工作绩效数据。

确认范围过程与控制质量过程的不同之处在于，前者关注可交付成果的验收，而后者关注可交付成果的正确性及是否满足质量要求。控制质量过程通常先于确认范围过程，但两者也可同时进行。

2.6 控制范围

控制范围是监督项目和产品的范围状态，管理范围基准变更的过程。本过程的主要作用是，在整个项目期间保持对范围基准的维护，且需要在整个项目期间开展。

控制项目范围确保所有变更请求、推荐的纠正措施或预防措施都通过实施整体变更控制过程进行处理。在变更实际发生时，也要采用控制范围过程来管理这些变更。控制范围过程应该与其他控制过程协调开展。未经控制的产品或项目范围的扩大（未对时间、成本和资源做相应调整）被称为范围蔓延。变更不可避免，因此在每个项目上，都必须强制实施某种形式的变更控制。

3 项目进度管理

项目进度管理包括为管理项目按时完成所需的各个过程。其过程包括：①规划进度管理——为规划、编制、管理、执行和控制项目进度而制定政策、程序和文档的过程；②定义活动——识别和记录为完成项目可交付成果而需采取的具体行动的过程；③排列活动顺序——识别和记录项目活动之间的关系的过程；④估算活动持续时间——根据资源估算的结果，估算完成单项活动所需工作时段数的过程；⑤制定进度计划——分析活动顺序、持续时间、资源需求和进度制约因素，创建项目进度模型，从而落实项目执行和监控的过程；⑥控制进度——监督项目状态，以更新项目进度和管理进度基准变更的过程。

3.1 规划进度管理

规划进度管理是为规划、编制、管理、执行和控制项目进度而制定政策、程序和文档的过程。本过程的主要作用是，为如何在整个项目期间管理项目进度提供指南和方向。本过程仅开展一次或仅在项目的预定义点开展。

3.2 定义活动

定义活动是识别和记录为完成项目可交付成果而须采取的具体行动的过程。本过程的主要作用是，将工作包分解为进度活动，作为对项目工作进行进度估算、规划、执行、监督和控制的基础。本过程需要在整个项目期间开展。

3.3 排列活动顺序

排列活动顺序是识别和记录项目活动之间关系的过程，本过程的主要作用是定义工作之间的逻辑顺序，以便在既定的所有项目制约因素下获得最高的效率。本过程需要在整个项目期间开展。

每项活动都至少有一项紧前活动和一项紧后活动，并且逻辑关系适当。通过设计逻辑关系来创建一个切实的项目进度计划，可能有必要在活动之间使用提前量或滞后量，使项目进度计划更为切实可行；可以使用项目管理软件、手动技术或自动技术，来排列活动顺序。排列活动顺序过程旨在将项目活动列表转化为图表，作为发布进度基准的第一步。

3.4 估算活动持续时间

估算活动持续时间是根据资源估算的结果，估算完成单项活动所需工作时段数的过程。本过程的主要作用是，确定完成每个活动所需花费的时间量。本过程需要在整个项目期间开展。

估算活动持续时间依据的信息包括：工作范围、所需资源类型与技能水平、估算的资源数量和资源日历，可能影响持续时间估算的其他因素包括对持续时间受到的约束、相关人力投入、资源类型（如固定持续时间、固定人力投入或工作、固定资源数量）以及所采用的进度网络分析技术。应该由项目团队中最熟悉具体活动的个人或小组提供持续时间估算所需的各种输入，对持续时间的估算也应该渐进明细，取决于输入数据的数量和质量。例如，在工程与设计项目中，随着数据越来越详细，越来越准确，持续时间估算的准确性和质量也会越来越高。

在本过程中，应该首先估算出完成活动所需的工作量和计划投入该活动的资源数量，然后结合项目日历和资源日历，据此估算出完成活动所需的工作时段数（活动持续时间）。在许多情况下，预计可用的资源数量以及这些资源的技能熟练程度可能会决定活动的持续时间，更改分配到活动的主导性资源通常会影响持续时间，但这不是简单的“直线”或线性关系。有时候，因为工作的特性（即受到持续时间的约束、相关人力投入或资源数量），无论资源分配如何（如 21h 应力测试），都需要花预定的时间才能完成工作。

估算持续时间时需要考虑的其他因素包括：①收益递减规律。在保持其他因素不变的情况下，增加一个用于确定单位产出所需投入的因素（如资源）会最终达到一个临界点，在该点之后的产出或输出会随着增加这个因素而递减。②资源数量。增加资源数量，使其达到初始数量的两倍不一定能缩短一半的时间，因为这样做可能会因风险而造成持续时间增加；在某些情况下，如果增加太多活动资源，可能会因知识传递、学习曲线、额外合作等其他相关因素而造成持续时间增加。③技术进步。在确定持续时间估算时，这个因素也可能发挥重要作用。例如，通过采购最新技术，制造工厂可以提高产量，而这可能会影响持续时间和资源需求。④员工激励。项目经理还需要了解“学生综合征”（即拖延症）和帕金森定律，前者指出，人们只有在最后一刻，即快到期限时才会全力以赴；后者指出，只要还有时间，工作就会不断扩展，直到用完所有的时间。应该把活动持续时间估算所依据的全部数据与假设都记录在案。

3.5　制定进度计划

制定进度计划是分析活动顺序、持续时间、资源需求和进度制约因素，创建进度模型，从而落实项目执行和监控的过程。本过程的主要作用是，为完成项目活动而制定具有计划日期的进度模型。本过程需要在整个项目期间开展。

制定可行的项目进度计划是一个反复进行的过程。基于获取的最佳信息，使用进度模型来确定各项目活动和里程碑的计划开始日期与计划完成日期。编制进度计划时，需要审查和修正持续时间估算、资源估算和进度储备，以制定项目进度计划，并在经批准后作为基准用于跟踪项目进度。关键步骤包括定义项目里程碑、识别活动并排列活动顺序，以及估算持续时间。一旦活动的开始和完成日期得到确定，通常就需要由分配至各个活动的项目人员审查其被分配的活动。之后，项目人员确认开始和完成日期与资源日历没有冲突，也与其他项目或任务没有冲突，从而确认计划日期的有效性。最后分析进度计划，确定是否存在逻辑关系冲突，以及在批准进度计划并将其作为基准之前是否需要资源平衡。同时，需要修订和维护项目进度模型，确保进度计划在整个项目期间一直切实可行。

3.6 控制进度

控制进度是监督项目状态，以更新项目进度和管理进度基准变更的过程。本过程的主要作用是在整个项目期间保持对进度基准的维护，且需要在整个项目期间开展。要更新进度模型，就需要了解迄今为止的实际绩效。进度基准的任何变更都必须经过实施整体变更控制过程的审批。

控制进度作为实施整体变更控制过程的一部分，关注如下内容：①判断项目进度的当前状态；②对引起进度变更的因素施加影响；③重新考虑必要的进度储备；④判断项目进度是否已经发生变更；⑤在变更实际发生时对其进行管理。

如果采用敏捷方法，控制进度要关注如下内容：①通过比较上一个时间周期中已交付并验收的工作总量与已完成的工作估算值，来判断项目进度的当前状态；②实施回顾性审查（定期审查，记录经验教训），以便纠正与改进过程（如果需要的话）；③对剩余工作计划（未完项）重新进行优先级排序；④确定每次迭代时间（约定的工作周期持续时间，通常是两周或一个月）内可交付成果的生成、核实和验收的速度；⑤确定项目进度已经发生变更；⑥在变更实际发生时对其进行管理。将工作外包时，定期向承包商和供应商了解里程碑的状态更新是确保工作按商定进度进行的一种途径，有助于确保进度受控。同时，应执行进度状态评审和巡检，确保承包商报告准确且完整。

4 项目成本管理

项目成本管理包括为使项目在批准的预算内完成而对成本进行规划、估算、预算、融资、筹资、管理和控制的各个过程，从而确保项目在批准的预算内完工。项目成本管理过程包括：①规划成本管理——确定如何估算、预算、管理、监督和控制项目成本的过程；②估算成本——对完成项目活动所需货币资源进行近似估算的过程；③制定预算——汇总所有单个活动或工作包的估算成本，建立一个经批准的成本基准的过程；④控制成本——监督项目状态，以更新项目成本和管理成本基准变更的过程。

4.1 规划成本管理

规划成本管理是确定如何估算、预算、管理、监督和控制项目成本的过程。本过程的主要作用是，在整个项目期间为如何管理项目成本提供指南和方向。本过程仅开展一次或仅在项目的预定义点开展。应该在项目规划阶段的早期就对成本管理工作进行规划，建立各成本管理过程的基本框架，以确保各过程的有效性及各过程之间的协调性。成本管理计划是项目管理计划的组成部分，其过程及工具与技术应记录在成本管理计划中。

4.2 估算成本

估算成本是对完成项目工作所需资源成本进行近似估算的过程。本过程的主要作用是，确定项目所需的资金。本过程应根据需要在整个项目期间定期开展。成本估算是对完成活动所需资源的可能成本的量化评估，是在某特定时点，根据已知信息所做出的成本预测。在估算成本时，需要识别和分析可用于启动与完成项目的备选成本方案；需要权衡备选成本方案并考虑风险，如比较自制成本与外购成本、购买成本与租赁成本及多种资源共享方案，以优化项目成本。

通常用某种货币单位（如美元、欧元、日元等）进行成本估算，但有时也可采用其他计量单位，如人时数或人天数，以消除通货膨胀的影响，便于成本比较。在项目过程中，应该随着更详细信息的呈现和假设条件的验证，对成本估算进行审查和优化。在项目生命周期中，项目估算的准确性亦将随着项目的进展而逐步提高。例如，在启动阶段可得出项目的粗略量级估算（rough order of magnitude，ROM），其区间为－25％～＋45％；之后，随着信息越来越详细，确定性估算的区间可缩小至－5％～＋10％。某些组织已经制定出相应的指南，规定何时进行优化，以及每次优化所要达到的置信度或准确度。

进行成本估算，应该考虑将向项目收费的全部资源，包括（但不限于）人工、材料、设备、服务、设施，以及一些特殊的成本种类，如通货膨胀补贴、融资成本或应急成本。成本估算可在活动层级呈现，也可以汇总形式呈现。

4.3 制定预算

制定预算是汇总所有单个活动或工作包的估算成本，建立一个经批准的成本基准的过程。本过程的主要作用是，确定可据以监督和控制项目绩效的成本基准。本过程仅开展一次或仅在项目的预定义点开展。项目预算包括经批准用于执行项目的全部资金，而成本基准是经过批准且按时间段分配的项目预算，包括应急储备，但不包括管理储备。

4.4 控制成本

控制成本是监督项目状态，以更新项目成本和管理成本基准变更的过程。本过程的主要作用是，在整个项目期间保持对成本基准的维护。本过程需要在整个项目期间开展。要更新预算，就需要了解截至目前的实际成本。只有经过实施整体变更控制过程的批准，才可以增加预算。只监督资金的支出，而不考虑由这些支出所完成的工作的价值，对项目没有什么意义，最多只能跟踪资金流。所以在成本控制中，应重点分析项目资金支出与相应完成的工作之间的关系。有效成本控制的关键在于管理经批准的成本基准。

项目成本控制包括：①对造成成本基准变更的因素施加影响；②确保所有变更请求都得到及时处理；③当变更实际发生时，管理这些变更；④确保成本支出不超过批准的资金限额，既不超出按时段、按 WBS 组件、按活动分配的限额，也不超出项目总限额；⑤监督成本绩效，找出并分析与成本基准间的偏差；⑥对照资金支出，监督工作绩效；⑦防止在成本或资源使用报告中出现未经批准的变更；⑧向相关方报告所有经批准的变更及其相关成本；⑨设法把预期的成本超支控制在可接受的范围内。

5 项目质量管理

项目质量管理包括把组织的质量政策应用于规划、管理、控制项目和产品质量要求，以满足相关方目标的各个过程。此外，项目质量管理以执行组织的名义支持过程的持续改进活动。

项目质量管理过程包括：①规划质量管理：识别项目及其可交付成果的质量要求和/或标准，并书面描述项目将如何证明符合质量要求和/或标准的过程；②管理质量：管理质量是把组织的质量政策用于项目，并将质量管理计划转化为可执行的质量活动的过程；③控制质量：为了评估绩效，确保项目输出完整、正确，并满足客户期望，而监督和记录质量管理活动执行结果的过程。

5.1 规划质量管理

规划质量管理是识别项目及其可交付成果的质量要求和（或）标准，并书面描述项目将如何证明符合质量要求和（或）标准的过程。本过程的主要作用是，为在整个项目期间如何管理和核实质量提供指南和方向。本过程仅开展一次或仅在项目的预定义点开展。

质量规划应与其他规划过程并行开展。例如，为满足既定的质量标准而对可交付成果提出变更，可能需要调整成本或进度计划，并就该变更对相关计划的影响进行详细风险分析。

5.2 管理质量

管理质量是把组织的质量政策用于项目，并将质量管理计划转化为可执行的质量活动的过程。本过程的主要作用是，提高实现质量目标的可能性，以及识别无效过程和导致质量低劣的原因。管理质量使用控制质量过程的数据和结果向相关方展示项目的总体质量状态。本过程需要在整个项目期间开展。

管理质量有时被称为“质量保证”，但“管理质量”的定义比“质量保证”

更广，因其可用于非项目工作。在项目管理中，质量保证着眼于项目使用的过程，旨在高效地执行项目过程，包括遵守和满足标准，向相关方保证最终产品可以满足他们的需求、期望和要求。管理质量包括所有质量保证活动，还与产品设计和过程改进有关。管理质量的工作属于质量成本框架中的一致性工作。

管理质量过程执行在项目质量管理计划中所定义的一系列有计划、有系统的行动和过程，有助于：①通过执行有关产品特定方面的设计准则，设计出最优的成熟产品；②建立信心，相信通过质量保证工具和技术（如质量审计和故障分析）可以使未来输出在完工时满足特定的需求和期望；③确保使用质量过程并确保其使用能够满足项目的质量目标；④提高过程和活动的效率与效果，以获得更好的成果和绩效并提高相关方的满意程度。项目经理和项目团队可以通过组织的质量保证部门或其他组织职能执行某些管理质量活动，例如故障分析、实验设计和质量改进。质量保证部门在质量工具和技术的使用方面通常拥有跨组织经验，是良好的项目资源。

管理质量被认为是所有人的共同职责，包括项目经理、项目团队、项目发起人、执行组织的管理层，甚至是客户。所有人在管理项目质量方面都扮演一定的角色，尽管这些角色的人数和工作量不同。参与质量管理工作的程度取决于所在行业和项目管理风格。在敏捷项目中，整个项目期间的质量管理由所有团队成员执行；但在传统项目中，质量管理通常是特定团队成员的职责。

5.3 控制质量

控制质量是为了评估绩效，确保项目输出完整、正确且满足客户期望，而监督和记录质量管理活动执行结果的过程。本过程的主要作用是，核实项目可交付成果和工作已经达到主要相关方的质量要求，可供最终验收。控制质量过程确定项目输出是否达到预期目的，这些输出需要满足所有适用标准、要求、法规和规范。本过程需要在整个项目期间开展。

控制质量过程的目的是在用户验收和最终交付之前测量产品或服务的完整性、合规性和适用性。本过程通过测量所有步骤、属性和变量，来核实与规划阶段所描述规范的一致性和合规性。

在整个项目期间应执行质量控制，用可靠的数据来证明项目已经达到发起人和/或客户的验收标准。控制质量的努力程度和执行程度可能会因所在行业和项目管理风格而不同。例如，相比其他行业，制药、医疗、运输和核能产业可能拥有更加严格的质量控制程序，为满足标准付出的工作也会更广；在敏捷项目中，控制质量活动可能由所有团队成员在整个项目生命周期中执行，而在瀑布式项目中，控制质量活动由特定团队成员在特定时间点或者项目或阶段快结束时执行。

6 项目资源管理

项目资源管理包括识别、获取和管理所需资源以成功完成项目的各个过程，这些过程有助于确保项目经理和项目团队在正确的时间和地点使用正确的资源。

项目资源管理过程包括：①规划资源管理——如何估算、获取、管理和利用实物以及团队项目资源的过程；②估算活动资源——估算执行项目所需的团队资源，以及材料、设备和用品的类型和数量的过程；③获取资源——获取项目所需的团队成员、设施、设备、材料、用品和其他资源的过程；④建设团队——提高工作能力，促进团队成员互动，改善团队整体氛围，以提高项目绩效的过程；⑤管理团队——跟踪团队成员工作表现，提供反馈，解决问题并管理团队变更，以优化项目绩效的过程；⑥控制资源——确保按计划为项目分配实物资源，以及根据资源使用计划监督资源实际使用情况，并采取必要纠正措施的过程。

6.1 规划资源管理

规划资源管理是定义如何估算、获取、管理和利用团队以及实物资源的过程。本过程的主要作用是，根据项目类型和复杂程度确定适用于项目资源的管理方法和管理程度。本过程仅开展一次或仅在项目的预定义点开展。资源规划用于确定和识别一种方法，以确保项目的成功完成有足够的可用资源。项目资源可能包括团队成员、用品、材料、设备、服务和设施。有效的资源规划需要考虑稀缺资源的可用性和竞争，并编制相应的计划。这些资源可以从组织内部资产获得，或者通过采购过程从组织外部获取。其他项目可能在同一时间和地点竞争项目所需的相同资源，从而对项目成本、进度、风险、质量和其他项目领域造成显著影响。

6.2 估算活动资源

估算活动资源是估算执行项目所需的团队资源，以及材料、设备和用品的类型和数量的过程。本过程的主要作用是，明确完成项目所需的资源种类、数量和特性。本过程应根据需要在整个项目期间定期开展。

估算活动资源过程与其他过程紧密相关，例如估算成本过程。例如：①建筑项目团队需要熟悉当地建筑法规。这类知识常可从当地卖方获取，但是，如果内部劳动力资源对不常用或专门的建筑技术缺乏经验，那么支付额外费用聘请咨询专家，可能就是了解当地建筑法规的最有效的方法。②汽车设计团队需要熟悉最新的自动装配技术。这些必要的知识可以通过聘请顾问、派设计人员参加机器人技术研讨会，或者邀请制造人员加入项目团队等方式来获取。

6.3 获取资源

获取资源是获取项目所需的团队成员、设施、设备、材料、用品和其他资源的过程。本过程的主要作用是，概述和指导资源的选择，并将其分配给相应的活动。本过程应根据需要在整个项目期间定期开展。

项目所需资源可能来自项目执行组织的内部或外部。内部资源由职能经理或资源经理负责获取（分配），外部资源则是通过采购过程获得。因为集体劳资协议、分包商人员使用、矩阵型项目环境、内外部报告关系或其他原因，项目管理团队可能不对资源选择有直接控制权。

在获取项目资源过程中应注意下列事项：①项目经理或项目团队应该进行有效谈判，并影响那些能为项目提供所需团队和实物资源的人员。②不能获得项目所需的资源时，可能会影响项目进度、预算、客户满意度、质量和风险；资源或人员能力不足会降低项目成功的概率，最坏的情况可能导致项目取消。③如因制约因素（如经济因素或其他项目对资源的占用）而无法获得所需团队资源，项目经理或项目团队可能不得不使用也许能力和成本不同的替代资源。在不违反法律、规章、强制性规定或其他具体标准的前提下可以使用替代资源。④在项目规划阶段，应该对上述因素加以考虑并做出适当安排。项目经理或项目管理团队应该在项目进度计划、项目预算、项目风险计划、项目质量计划、培训计划及其他相关项目管理计划中，说明缺少所需资源的后果。

6.4 建设团队

建设团队是提高工作能力，促进团队成员互动，改善团队整体氛围，以提高项目绩效的过程。本过程的主要作用是，改进团队协作、增强人际关系技能、激励员工、减少摩擦以及提升整体项目绩效。本过程需要在整个项目期间开展。

项目经理应该能够定义、建立、维护、激励、领导和鼓舞项目团队，使团队高效运行，并实现项目目标。团队协作是项目成功的关键因素，而建设高效的项目团队是项目经理的主要职责之一。项目经理应创建一个能促进团队协作的环境，并通过给予挑战与机会、提供及时反馈与所需支持，以及认可与奖励优秀绩效，不断激励团队。

通过以下行为可以实现团队的高效运行：①使用开放与有效的沟通；②创造团队建设机遇；③建立团队成员间的信任；④以建设性方式管理冲突；⑤鼓励合作型的问题解决方法；⑥鼓励合作型的决策方法。

项目经理在全球化环境和富有文化多样性的项目中工作：团队成员经常来自不同的行业，讲不同的语言，有时甚至会在工作中使用一种特别的“团队语言”或文化规范，而不是使用他们的母语；项目管理团队应该利用文化差异，在整个项目生命周期中致力于发展和维护项目团队，并促进在相互信任的氛围中充分协作；通过工程建设项目团队，可以改进人际技巧、技术能力、团队环境及项目绩效。在整个项目生命周期中，团队成员之间都要保持明确、及时、有效（包括效果和效率两个方面）的沟通。

工程建设项目团队的目标包括（但不限于）：①提高团队成员的知识和技能，以提高他们完成项目可交付成果的能力，并降低成本、缩短工期和提高质量；②提高团队成员之间的信任和认同感，以提高士气、减少冲突和增进团队协作；③创建富有生气、凝聚力和协作性的团队文化，从而提高个人和团队生产率，振奋团队精神，促进团队合作；促进团队成员之间的交叉培训和辅导，以分享知识和经验；④提高团队参与决策的能力，使他们承担起对解决方案的责任，从而提高团队的生产效率，获得更有效和高效的成果。

有一种关于团队发展的模型叫塔克曼阶梯理论，其中包括团队建设通常要经过的五个阶段。尽管这些阶段通常按顺序进行，然而，团队停滞在某个阶段或退回到较早阶段的情况也并非罕见；而如果团队成员曾经共事过，项目团队建设也可跳过某个阶段。

形成阶段。在本阶段，团队成员相互认识，并了解项目情况及他们在项目中的正式角色与职责。在这一阶段，团队成员倾向于相互独立，不一定开诚布公。

震荡阶段。在本阶段，团队开始从事项目工作、制定技术决策和讨论项目管理方法。如果团队成员不能用合作和开放的态度对待不同观点和意见，团队环境可能变得事与愿违。

规范阶段。在规范阶段，团队成员开始协同工作，并调整各自的工作习惯和行为来支持团队，团队成员会学习相互信任。

成熟阶段。进入这一阶段后，团队就像一个组织有序的单位那样工作，团队成员之间相互依靠，平稳高效地解决问题。

解散阶段。在解散阶段，团队完成所有工作，团队成员离开项目。通常在项目可交付成果完成之后，或者，在结束项目或阶段过程中，释放人员，解散团队。

某个阶段持续时间的长短，取决于团队活力、团队规模和团队领导力。项目经理应该对团队活力有较好的理解，以便有效地带领团队经历所有阶段。

6.5 管理团队

管理团队是跟踪团队成员工作表现，提供反馈，解决问题并管理团队变更，以优化项目绩效的过程。本过程的主要作用是，影响团队行为、管理冲突以及解决问题。本过程需要在整个项目期间管理项目团队需要借助多方面的管理和领导力技能，来促进团队协作，整合团队成员的工作，从而创建高效团队。进行团队管理，需要综合运用各种技能，特别是沟通、冲突管理、谈判和领导技能。项目经理应该向团队成员分配富有挑战性的任务，并对优秀绩效进行表彰。

项目经理应留意团队成员是否有意愿和能力完成工作，然后相应地调整管理和领导力方式。相对那些已展现出能力和有经验的团队成员，技术能力较低的团队成员更需要强化监督。

6.6 控制资源

控制资源是确保按计划为项目分配实物资源，以及根据资源使用计划监督资源实际使用情况，并采取必要纠正措施的过程。本过程的主要作用是，确保所分配的资源适时适地可用于项目，且在不再需要时被释放。本过程需要在整个项目期间开展。应在所有项目阶段和整个项目生命周期期间持续开展控制资源过程，且适时、适地和适量地分配和释放资源，使项目能够持续进行。控制资源过程关注实物资源，例如设备、材料、设施和基础设施。管理团队过程关注团队成员。

更新资源分配时，需要了解已使用的资源和还需要获取的资源。为此，应审查至今为止的资源使用情况。控制资源过程关注：①监督资源支出。②及时识别和处理资源缺乏/剩余情况。③确保根据计划和项目需求使用和释放资源；在出现资源相关问题时通知相应的相关方；影响可以导致资源使用变更的因素。④在变更实际发生时对其进行管理。进度基准或成本基准的任何变更，都必须经过实施整体变更控制过程的审批。

7 项目沟通管理

项目沟通管理包括通过开发工件，以及执行用于有效交换信息的各种活动，来确保项目及其相关方的信息需求得以满足的各个过程。项目沟通管理由两个部分组成：第一部分是制定策略，确保沟通对相关方行之有效；第二部分是执行必要活动，以落实沟通策略。

项目沟通管理的过程包括：①规划沟通管理——基于每个相关方或相关方群体的信息需求、可用的组织资产，以及具体项目的需求，为项目沟通活动制定恰当的方法和计划的过程；②管理沟通——确保项目信息及时且恰当地收集、生成、发布、储存、检索、管理、监督和最终处置的过程；③监督沟通——确保满足项目及其相关方的信息需求的过程。

7.1　规划沟通管理

规划沟通管理是基于每个相关方或相关方群体的信息需求、可用的组织资产，以及具体项目的需求，为项目沟通活动制定恰当的方法和计划的过程。本过程的主要作用是，为及时向相关方提供相关信息，引导相关方有效参与项目，而编制书面沟通计划。本过程应根据需要在整个项目期间定期开展。

需在项目生命周期的早期，针对项目相关方多样性的信息需求，制定有效的沟通管理计划。应该定期审核沟通管理计划，并进行必要的修改，例如在相关方社区发生变化或每个新项目阶段开始时。在大多数项目中，都需要很早就开展沟通规划工作，例如在识别相关方及制定项目管理计划期间。

虽然所有项目都需要进行信息沟通，但是各项目的信息需求和信息发布方式可能差别很大。此外，在本过程中，需要考虑并合理记录用来储存、检索和最终处置项目信息的方法。应该在整个项目期间，定期审查规划沟通管理过程的成果并做必要修改，以确保其持续适用。

7.2　管理沟通

管理沟通是确保项目信息及时且恰当地收集、生成、发布、储存、检索、管理、监督和最终处置的过程。本过程的主要作用是，促成项目团队与相关方之间的有效信息流动。本过程需要在整个项目期间开展。管理沟通过程会涉及与开展有效沟通有关的所有方面，包括使用适当的技术、方法和技巧。此外，它还应允许沟通活动具有灵活性，允许对方法和技术进行调整，以满足相关方及项目不断变化的需求。

本过程不局限于发布相关信息，它还设法确保信息以适当的格式正确生成和送达目标受众。本过程也为相关方提供机会，允许他们请求更多信息、澄清和讨论。有效的沟通管理需要借助相关技术并考虑相关事宜，包括（但不限于）：①发送方-接收方模型。运用反馈循环，为互动和参与提供机会，并清除妨碍有效沟通的障碍。②媒介选择。为满足特定的项目需求而使用合理的沟通工件，例如，何时进行书面沟通或口头沟通、何时准备非正式备忘录或正式报告、何时使用推式或拉式沟通，以及该选择何种沟通技术。③写作风格。合理使用主动或被动语态、句子结构，以及合理选择词汇。④会议管理。准备议程，邀请重要参会者并确保他们出席；处理会议现场发生的冲突，或因对会议纪要和后续行动跟进不力而导致的冲突，或因不当人员与会而导致的冲突。⑤演示。了解肢体语言和视觉辅助设计的作用。⑥引导。达成共识、克服障碍（如小组缺乏活力），以及维持小组成员的兴趣和热情。⑦积极倾听。积极倾听包括告知已收到、澄清与确认信息、理解，以及消除妨碍理解的障碍。

7.3 监督沟通

监督沟通是确保满足项目及其相关方的信息需求的过程。本过程的主要作用是，按沟通管理计划和相关方参与计划的要求优化信息传递流程。本过程需要在整个项目期间开展。

通过监督沟通过程，来确定规划的沟通工件和沟通活动是否如预期提高或保持了相关方对项目可交付成果与预计结果的支持力度。项目沟通的影响和结果应该接受认真的评估和监督，以确保在正确的时间，通过正确的渠道，将正确的内容（发送方和接收方对其理解一致）传递给正确的受众。监督沟通可能需要采取各种方法，例如，开展客户满意度调查、整理经验教训、开展团队观察、审查问题日志中的数据，或评估相关方参与度评估矩阵中的变更。

监督沟通过程可能触发规划沟通管理和（或）管理沟通过程的迭代，以便修改沟通计划并开展额外的沟通活动，来提升沟通的效果。这种迭代体现了项目沟通管理各过程的持续性质。问题、关键绩效指标、风险或冲突，都可能立即触发重新开展这些过程。

8 项目风险管理

项目风险管理包括规划风险管理、识别风险、开展风险分析、规划风险应对、实施风险应对和监督风险的各个过程。项目风险管理的目标在于提高正面风险的概率和（或）影响，降低负面风险的概率和（或）影响，从而提高项目成功的可能性。

项目风险管理的过程是：①规划风险管理——定义如何实施项目风险管理活动的过程。②识别风险——识别单个项目风险，以及整体项目风险的来源，并记录风险特征的过程；③实施定性风险分析——通过评估单个项目风险发生的概率和影响以及其他特征，对风险进行优先级排序，从而为后续分析或行动提供基础的过程；④实施定量风险分析——就已识别的单个项目风险和其他不确定性的来源对整体项目目标的综合影响进行定量分析的过程；⑤规划风险应对——为处理整体项目风险敞口，以及应对单个项目风险，而制定可选方案、选择应对策略并商定应对行动的过程；⑥实施风险应对——执行商定的风险应对计划的过程；⑦监督风险——在整个项目期间，监督商定的风险应对计划的实施、跟踪已识别风险、识别和分析新风险，以及评估风险管理有效性的过程。

8.1 规划风险管理

规划风险管理是定义如何实施项目风险管理活动的过程。本过程的主要作用是，确保风险管理的水平、方法和可见度与项目风险程度，以及项目对组织和其他相关方的重要程度相匹配。本过程仅开展一次或仅在项目的预定义点开展。规划风险管理过程在项目构思阶段就应开始，并在项目早期完成。在项目生命周期的后期，可能有必要重新开展本过程，例如，在发生重大阶段变更时，在项目范围显著变化时，或者后续对风险管理有效性进行审查且确定需要调整项目风险管理过程时。

8.2 识别风险

识别风险是识别单个项目风险以及整体项目风险的来源，并记录风险特征的过程。本过程的主要作用是，记录现有的单个项目风险，以及整体项目风险的来源；同时，汇集相关信息，以便项目团队能够恰当应对已识别的风险。本过程需要在整个项目期间开展。

识别风险时，要同时考虑单个项目风险，以及整体项目风险的来源。风险识别活动的参与者可能包括：项目经理、项目团队成员、项目风险专家（若已指定）、客户、项目团队外部的主题专家、最终用户、其他项目经理、运营经理、相关方和组织内的风险管理专家。虽然这些人员通常是风险识别活动的关键参与者，但是还应鼓励所有项目相关方参与单个项目风险的识别工作。项目团队的参与尤其重要，以便培养和保持他们对已识别单个项目风险、整体项目风险级别和相关风险应对措施的主人翁意识和责任感。

应该采用统一的风险描述格式，来描述和记录单个项目风险，以确保每一项风险都被清楚、明确地理解，从而为有效的分析和风险应对措施制定提供支持。可以在识别风险过程中为单个项目风险指定风险责任人，待实施定性风险分析过程确认。也可以识别和记录初步的风险应对措施，待规划风险应对过程审查和确认。

在整个项目生命周期中，单个项目风险可能随项目进展而不断出现，整体项目风险的级别也会发生变化。因此，识别风险是一个迭代的过程。迭代的频率和每次迭代所需的参与程度因情况而异，应在风险管理计划中做出相应规定。

8.3　实施定性风险分析

实施定性风险分析是通过评估单个项目风险发生的概率和影响以及其他特征，对风险进行优先级排序，从而为后续分析或行动提供基础的过程。本过程的主要作用是重点关注高优先级的风险。本过程需要在整个项目期间开展。

实施定性风险分析，使用项目风险的发生概率、风险发生时对项目目标的相应影响以及其他因素，来评估已识别单个项目风险的优先级。这种评估基于项目团队和其他相关方对风险的感知程度，从而具有主观性。所以，为了实现有效评估，就需要认清和管理本过程关键参与者对风险所持的态度。风险感知会导致评估已识别风险时出现偏见，所以应该注意找出偏见并加以纠正。如果由引导者来引导本过程的开展，那么找出并纠正偏见就是该引导者的一项重要工作。同时，评估单个项目风险的现有信息的质量，也有助于澄清每个风险对项目的重要性的评估。

实施定性风险分析能为规划风险应对过程确定单个项目风险的相对优先级。本过程会为每个风险识别出责任人，以便由他们负责规划风险应对措施，并确保应对措施的实施。如果需要开展实施定量风险分析过程，那么实施定性风险分析也能为其奠定基础。根据风险管理计划的规定，在整个项目生命周期中要定期开展实施定性风险分析过程。在敏捷开发环境中，实施定性风险分析过程通常要在每次迭代开始前进行。

8.4　实施定量风险分析

实施定量风险分析是就已识别的单个项目风险和不确定性的其他来源对整

体项目目标的影响进行定量分析的过程。本过程的主要作用是，量化整体项目风险敞口，并提供额外的定量风险信息，以支持风险应对规划。本过程并非每个项目所必须，但如果采用，它会在整个项目期间持续开展。

并非所有项目都需要实施定量风险分析。能否开展稳健的分析取决于是否有关于单个项目风险和其他不确定性来源的高质量数据，以及与范围、进度和成本相关的扎实项目基准。定量风险分析通常需要运用专门的风险分析软件，以及编制和解释风险模式的专业知识，还需要额外的时间和成本投入。项目风险管理计划会规定是否需要使用定量风险分析，定量风险分析最可能适用于大型或复杂的项目、具有战略重要性的项目、合同要求进行定量分析的项目，或主要相关方要求进行定量分析的项目。通过评估所有单个项目风险和其他不确定性来源对项目结果的综合影响，定量风险分析就成为评估整体项目风险的唯一可靠的方法。

在实施定量风险分析过程中，要使用被定性风险分析过程评估为对项目目标存在重大潜在影响的单个项目风险的信息。实施定量风险分析过程的输出，则要用作规划风险应对过程的输入，特别是要据此为整体项目风险和关键单个项目风险推荐应对措施。定量风险分析也可以在规划风险应对过程之后开展，以分析已规划的应对措施对降低整体项目风险敞口的有效性。

8.5　规划风险应对

规划风险应对是为处理整体项目风险敞口，以及应对单个项目风险，而制定可选方案、选择应对策略并商定应对行动的过程。本过程的主要作用是，制定应对整体项目风险和单个项目风险的适当方法；本过程还将分配资源，并根据需要将相关活动添加进项目文件和项目管理计划。本过程需要在整个项目期间开展。

有效和适当的风险应对可以最小化单个威胁，最大化单个机会，并降低整体项目风险敞口；不恰当的风险应对则会适得其反。一旦完成对风险的识别、分析和排序，指定的风险责任人就应该编制计划，以应对项目团队认为足够重要的每项单个项目风险。这些风险会对项目目标的实现造成威胁或提供机会。项目经理也应该思考如何针对整体项目风险的当前级别做出适当的应对。

风险应对方案应该与风险的重要性相匹配、能经济有效地应对挑战、在当前项目背景下现实可行、能获得全体相关方的同意，并由一名责任人具体负责。往往需要从几套可选方案中选出最优的风险应对方案。应该为每个风险选择最可能有效的策略或策略组合。可用结构化的决策技术来选择最适当的应对策略。对于大型或复杂项目，可能需要以数学优化模型或实际方案分析为基础，进行更加稳健的备选风险应对策略经济分析。

要为实施商定的风险应对策略，包括主要策略和备用策略（若必要），制定具体的应对行动。如果选定的策略并不完全有效，或者发生了已接受的风险，就需要制定应急计划（或弹回计划）。同时，也需要识别次生风险。次生风险是实施风险应对措施而直接导致的风险。往往需要为风险分配时间或成本应急储备，并可能需要说明动用应急储备的条件。

8.6　实施风险应对

实施风险应对是执行商定的风险应对计划的过程。本过程的主要作用是，确保按计划执行商定的风险应对措施，来管理整体项目风险敞口、最小化单个项目威胁，以及最大化单个项目机会。本过程需要在整个项目期间开展。

适当关注实施风险应对过程，能够确保已商定的风险应对措施得到实际执行。项目风险管理的一个常见问题是，项目团队努力识别和分析风险并制定应对措施，然后把经商定的应对措施记录在风险登记册和风险报告中，但是不采取实际行动去管理风险。只有风险责任人以必要的努力去实施商定的应对措施，项目的整体风险敞口和单个威胁及机会才能得到主动管理。

8.7　监督风险

监督风险是在整个项目期间，监督商定的风险应对计划的实施、跟踪已识别风险、识别和分析新风险，以及评估风险管理有效性的过程。本过程的主要作用是，使项目决策都基于关于整体项目风险敞口和单个项目风险的当前信息。本过程需要在整个项目期间开展。

为了确保项目团队和关键相关方了解当前的风险敞口级别，应该通过监督风险过程对项目工作进行持续监督，来发现新出现、正变化和已过时的单个项目风险。监督风险过程采用项目执行期间生成的绩效信息，以确定：①实施的风险应对是否有效；②整体项目风险级别是否已改变；③已识别单个项目风险的状态是否已改变；④是否出现新的单个项目风险，风险管理方法是否依然适用，项目假设条件是否仍然成立；⑤风险管理政策和程序是否已得到遵守；⑥成本或进度应急储备是否需要修改；⑦项目策略是否仍然有效。

9 项目采购管理

项目采购管理包括从项目团队外部采购或获取所需产品、服务或成果的各个过程。项目采购管理包括编制和管理协议所需的管理和控制过程，例如，合同、订购单、协议备忘录（MOA），或服务水平协议（SLA）。被授权采购项目所需货物和（或）服务的人员可以是项目团队、管理层或组织采购部（如果有）的成员。

项目采购管理过程包括：①规划采购管理——记录项目采购决策、明确采购方法，及识别潜在卖方的过程；②实施采购——获取卖方应答、选择卖方并授予合同的过程；③控制采购——管理采购关系、监督合同绩效、实施必要的变更和纠偏，以及关闭合同的过程。

9.1 规划采购管理

规划采购管理是记录项目采购决策、明确采购方法，及识别潜在卖方的过程。本过程的主要作用是，确定是否从项目外部获取货物和服务，如果是，则还要确定将在什么时间、以什么方式获取什么货物和服务。货物和服务可从执行组织的其他部门采购，或者从外部渠道采购。本过程仅开展一次或仅在项目的预定义点开展。

应该在规划采购管理过程的早期，确定与采购有关的角色和职责。项目经理应确保在项目团队中配备具有所需采购专业知识的人员。采购过程的参与者可能包括购买部或采购部的人员，以及采购组织法务部的人员。这些人员的职责也应记录在采购管理计划中。

典型的步骤可能有：①准备采购工作说明书（SOW）或工作大纲（TOR）；②准备高层级的成本估算，制定预算；③发布招标广告；④确定合格卖方的短名单；⑤准备并发布招标文件；⑥由卖方准备并提交建议书；⑦对建议书开展技术（包括质量）评估；⑧对建议书开展成本评估；⑨准备最终的综合评估报告（包括质量及成本），选出中标建议书；⑩结束谈判，买方和卖方签署合同。项目进度计划对规划采购管理过程中的采购策略制定有重要影响。在制定采购管理计划时所做出的决定也会影响项目进度计划。在开展制定进度计划过程、估算活动资源过程以及自制或外购决策制定时，都需要考虑这些决定。

9.2 实施采购

实施采购是获取卖方应答、选择卖方并授予合同的过程。本过程的主要作用是，选定合格卖方并签署关于货物或服务交付的法律协议。本过程的最后成果是签订的协议，包括正式合同。本过程应根据需要在整个项目期间定期开展。

9.3 控制采购

控制采购是管理采购关系，监督合同绩效，实施必要的变更和纠偏，以及关闭合同的过程。本过程的主要作用是，确保买卖双方履行法律协议，满足项目需求。本过程应根据需要在整个项目期间开展。

买方和卖方都出于相似的目的来管理采购合同，每方都必须确保双方履行合同义务，确保各自的合法权利得到保护。合同关系的法律性质，要求项目管理团队必须了解在控制采购期间所采取的任何行动的法律后果。对于有多个供应商的较大项目，合同管理的一个重要方面就是管理各个供应商之间的沟通。

鉴于其法律意义，很多组织都将合同管理视为独立于项目的一种组织职能。虽然采购管理员可以是项目团队成员，但通常还向另一部门的经理报告。

在控制采购过程中，需要把适当的项目管理过程应用于合同关系，并且需要整合这些过程的输出，以用于对项目的整体管理。如果涉及多个卖方，以及多种产品、服务或成果，就往往需要在多个层级上开展这种整合。

合同管理活动可能包括：①收集数据和管理项目记录，包括维护对实体和财务绩效的详细记录，以及建立可测量的采购绩效指标。②完善采购计划和进度计划。③建立与采购相关的项目数据的收集、分析和报告机制，并为组织编制定期报告。④监督采购环境，以便引导或调整实施。⑤向卖方付款。控制措施的质量，包括采购审计的独立性和可信度，是采购系统可靠性的关键决定因素。组织的道德规范、内部法律顾问和外部法律咨询，包括持续的反腐计划，都有助于实现适当的采购控制。

在控制采购过程中，需要开展财务管理工作，包括监督向卖方付款。这是要确保合同中的支付条款得到遵循，确保按合同规定，把付款与卖方的工作进展联系起来。需要重点关注的一点是，确保向卖方的付款与卖方实际已经完成的工作量之间有密切的关系。如果合同规定了基于项目输出及可交付成果来付款，而不是基于项目输入（如工时），那么就可以更有效地开展采购控制。在合同收尾前，若双方达成共识，可以根据协议中的变更控制条款，随时对协议进行修改。通常要书面记录对协议的修改。

10　项目相关方管理

项目相关方管理包括用于开展下列工作的各个过程：识别能够影响项目或会受项目影响的人员、团体或组织，分析相关方对项目的期望和影响，制定合适的管理策略来有效调动相关方参与项目决策和执行。用这些过程分析相关方期望，评估他们对项目或受项目影响的程度，以及制定策略来有效引导相关方支持项目决策、规划和执行。这些过程能够支持项目团队的工作。

项目相关方管理的过程是：①识别相关方——识别相关方是定期识别项目相关方，分析和记录他们的利益、参与度、相互依赖性、影响力和对项目成功的潜在影响的过程；②规划相关方参与——规划相关方参与是根据相关方的需求、期望、利益和对项目的潜在影响，制定项目相关方参与项目的方法的过程；③管理相关方参与——管理相关方参与是与相关方进行沟通和协作，以满足其需求与期望，处理问题，并促进相关方合理参与的过程；④监督相关方参与——监督项目相关方关系，并通过修订参与策略和计划来引导相关方合理参与项目的过程。

10.1　识别相关方

识别相关方是定期识别项目相关方，分析和记录他们的利益、参与度、相互依赖性、影响力和对项目成功的潜在影响的过程。本过程的主要作用是，使项目团队能够建立对每个相关方或相关方群体的适度关注。本过程应根据需要在整个项目期间定期开展。本过程通常在编制和批准项目章程之前或同时首次开展。本过程需在必要时重复开展，至少应在每个阶段开始时，以及项目或组织出现重大变化时重复开展。每次重复开展本过程，都应通过查阅项目管理计划组件及项目文件，来识别有关的项目相关方。

10.2 规划相关方参与

规划相关方参与是根据相关方的需求、期望、利益和对项目的潜在影响，制定项目相关方参与项目的方法的过程。本过程的主要作用是，提供与相关方进行有效互动的可行计划。本过程应根据需要在整个项目期间定期开展。

为满足项目相关方的多样性信息需求，应该在项目生命周期的早期制定一份有效的计划；然后，随着相关方社区的变化，定期审查和更新该计划。在通过识别相关方过程明确最初的相关方社区之后，就应该编制第一版的相关方参与计划，然后定期更新相关方参与计划，以反映相关方社区的变化。会触发该计划更新的典型情况包括（但不限于）：①项目新阶段开始；②组织结构或行业内部发生变化；③新的个人或群体成为相关方，现有相关方不再是相关方社区的成员，或特定相关方对项目成功的重要性发生变化；④当其他项目过程（如变更管理、风险管理或问题管理）的输出导致需要重新审查相关方参与策略。

10.3 管理相关方参与

管理相关方参与是与相关方进行沟通和协作以满足其需求与期望、处理问题，并促进相关方合理参与的过程。本过程的主要作用是，让项目经理能够提高相关方的支持，并尽可能降低相关方的抵制。本过程需要在整个项目期间开展。

在管理相关方参与过程中，需要开展多项活动，例如：①在适当的项目阶段引导相关方参与，以便获取、确认或维持他们对项目成功的持续承诺；②通过谈判和沟通管理相关方期望；③处理与相关方管理有关的任何风险或潜在关注点，预测相关方可能在未来引发的问题；④澄清和解决已识别的问题。管理相关方参与有助于确保相关方明确了解项目目的、目标、收益和风险，以及他们的贡献将如何促进项目成功。

10.4　监督相关方参与

监督相关方参与是监督项目相关方关系，并通过修订参与策略和计划来引导相关方合理参与项目的过程。本过程的主要作用是，随着项目进展和环境变化，维持或提升相关方参与活动的效率和效果。本过程需要在整个项目期间开展。

附件三： 项目管理术语和工具[1]

1. RACI 矩阵　RACI chart

责任分配矩阵的一种常见类型，使用执行、负责、咨询和知情等词语来定义相关方在项目活动中的参与状态。

2. SWOT 分析　SWOT analysis

对一个组织、项目或备选方案的优势、劣势、机会和威胁的分析。

3. WBS 词典　WBS dictionary

针对工作分解结构中的每个组件，详细描述可交付成果、活动和进度信息的文件。

4. 报价邀请书　request for quotation（RFQ）

采购文件的一种，用来向潜在卖方征求对通用或标准产品或服务的报价。有时可用来代替建议邀请书。在某些应用领域，其含义可能更狭窄或更具体。

5. 备选方案分析　alternative analysis

一种对已识别的可选方案进行评估的技术，用来决定选择哪种方案或使用何种方法来执行项目工作。

6. 变更　change

对任何正式受控的可交付成果、项目管理计划组成部分或项目文件的修改。

7. 变更管理计划　change management plan

项目管理计划的一个组成部分，用以建立变更控制委员会，记录其具体权限，并说明如何实施变更控制系统。

8. 变更控制　change control

一个过程，用来识别、记录、批准或否决对项目文件、可交付成果或基准的修改。

---

[1] 本附件根据美国项目管理学会 PMI 项目管理知识体系指南有关内容整理。

9. 变更控制工具　change control tools

辅助变更管理及配置管理的手动或自动的工具。这套工具至少能够支持变更控制委员会的活动。

10. 变更控制委员会　change control board (CCB)

一个正式组成的团体，负责审议、评价、批准、推迟或否决项目变更，以及记录和传达变更处理决定。

11. 变更控制系统　change control system

一套程序，用于描述如何管理和控制针对项目可交付成果和文档的修改。

12. 变更请求　change request

关于修改文档、可交付成果或基准的正式提议。

13. 变更日志　change log

项目过程中所做变更及其当前状态的综合清单。

14. 标杆对照　benchmarking

标杆对照是指将实际或计划的产品、流程和实践与其他可比组织的做法进行比较，以便识别最佳实践、形成改进意见，并为绩效考核提供依据。

15. 标准　standard

基于职权、惯例或共识而建立，并用作模型或范例的文件。

16. 裁剪　tailoring

确定过程、输入、工具、技术、输出和生命周期阶段的恰当组合以管理项目。

17. 采购策略　procurement strategy

为了获得期望的结果，买方用来确定项目交付方式，以及具有法律约束力的协议类型的方法。

18. 采购工作说明书　procurement statement of work

对拟采购项的详细描述，以便潜在卖方确定他们是否有能力提供这些产品、服务或成果。

19. 采购管理计划　procurement management plan

项目或项目集管理计划的组成部分，说明项目团队将如何从执行组织外部获取货物和服务。

20. 采购审计 procurement audits

对合同和采购过程的完整性、正确性和有效性进行的审查。

21. 采购文档 procurement documentation

在签署、执行及结束一份协议时所用到的所有文件。采购文档中可能包括项目启动之前的文件。

22. 采购文件 procurement documents

在招投标活动中使用的文件，包括买方的投标邀请书、谈判邀请书、信息邀请书、报价邀请书、建议邀请书，以及卖方的应答。

23. 参数估算 parametric estimating

基于历史数据和项目参数，使用某种算法来计算成本或持续时间的一种估算技术。

24. 残余风险 residual risk

采取风险应对措施之后仍然存在的风险。

25. 测试与评估文件 test and evaluation documents

描述用于确定产品是否达到质量管理计划中规定的质量目标的各种活动的项目文件。

26. 差异 variation

不同于基准计划中规定的期望情况的实际情况。

27. 产品 product

可以计量的人工制品，既可以是最终制品，也可以是组件制品。也可以用“材料”和“货物”代指产品。参见“可交付成果”。

28. 产品范围 product scope

某项产品、服务或成果所具有的特征和功能。

29. 产品范围描述 product scope description

对产品范围的书面叙述性描述。

30. 产品分析 product analysis

在以产品为可交付成果的项目上，用来定义范围的一种工具。通常要针对产品提问并回答，形成对将要生产的产品的用途、特征和其他方面的描述。

31. 产品生命周期 product life cycle

代表一个产品从概念、交付、成长、成熟到衰退的整个演变过程的一系列阶段。

32. 成本补偿合同 cost-reimbursable contract

合同类型的一种，向卖方支付实际成本加费用（通常代表卖方的利润）。

33. 成本管理计划 cost management plan

项目或项目集管理计划的组成部分，描述如何规划、安排和控制成本。

34. 成本汇总 cost aggregation

在项目工作分解结构的给定层次或给定成本控制账户上，对与各工作包相关的较低层次的成本估算进行汇总。

35. 成本基准 cost baseline

经过批准的、按时间段分配的项目预算，不包括任何管理储备，只有通过正式的变更控制程序才能进行变更，用作与实际结果进行比较的依据。

36. 成本绩效指数 cost performance index（CPI）

测量预算资源的成本效率的一种指标，表示为挣值与实际成本之比。

37. 成本加固定费用合同 cost plus fixed fee contract（CPFF）

成本补偿合同的一种类型，买方为卖方报销可列支成本（可列支成本由合同确定），再加上一笔固定数额的利润（费用）。

38. 成本加激励费用合同 cost plus incentive fee contract（CPIF）

成本补偿合同的一种类型，买方为卖方报销可列支成本（可列支成本由合同确定），并且卖方在达到规定绩效标准时赚取利润。

39. 成本加奖励费用合同 cost plus award fee contract（CPAF）

合同的一种类型，向卖方支付已完工作的全部合法实际成本，再加上一笔奖励费用作为卖方的利润。

40. 成本偏差 cost variance（CV）

在某个给定时间点，预算亏空或盈余量，表示为挣值与实际成本之差。

41. 成本效益分析 cost-benefit analysis

用来比较项目成本与其带来的收益的财务分析工具。

42. 成果 result

实施项目管理过程和活动所产生的输出。成果包括结果（如整合的系统、修订后的过程、重组后的组织、完成的测试、经培训的人员等）和文件（如政策、计划、研究报告、程序、规范、报告等）。

43. 程序 procedure

用于达成稳定绩效或结果的某种既定方法，通常表现为执行某个过程的一系列特定步骤。

44. 持续时间 duration

完成一个活动或工作分解结构组件所需要的工作时段总数，以小时、天或周表示。

45. 储备 reserve

为减轻成本及进度风险，而在项目管理计划中所设置的一种准备。使用时常加修饰词（如管理储备、应急储备），以进一步说明其用于减轻何种风险。

46. 储备分析 reserve analysis

一种分析技术，用来明确项目管理计划各组成部分的基本特征及其相互关系，从而为项目的工期、预算、成本估算或资金需求设定储备。

47. 触发条件 trigger condition

表明风险即将发生的事件或情形。

48. 创建工作分解结构 create WBS

将项目可交付成果和项目工作分解为较小的、更易于管理的组件的过程。

49. 次生风险 secondary risk

由于实施风险应对措施而直接产生的风险。

50. 弹回计划 fallback plan

弹回计划包括一组备用的行动和任务，以便在主计划因问题、风险或其他原因而需要被废弃时采用。

51. 等级 grade

用以区分功能相同但质量要求不同的对象的类别或级别。

52. 迭代型生命周期 iterative life cycle

一种项目生命周期，项目范围通常于项目生命周期的早期确定，但时间及成本估算将随着项目团队对产品理解的不断深入而定期修改。迭代方法是通过一系列循环来开发产品，而增量方法是渐进地增加产品的功能。

53. 定义范围 define scope

制定项目和产品详细描述的过程。

54. 定义活动 define activities

识别和记录为完成项目可交付成果而须采取的具体行动的过程。

55. 独立估算 independent estimates

使用第三方来获取和分析信息，以支持对成本、进度或其他事项的预测的过程。

56. 独立型活动 discrete effort

能够予以规划并测量，且会产出特定输出的活动。独立型活动是用于计算工作绩效的三种挣值管理（EVM）活动之一。

57. 多标准决策分析 multicriteria decision analysis

该技术借助决策矩阵，用系统分析方法建立诸如风险水平、不确定性和价值收益等多种标准，从而对众多方案进行评估和排序。

58. 发起人 sponsor

为项目、项目集或项目组合提供资源和支持，并负责为成功创造条件的个人或团体。

59. 发起组织 sponsoring organization

负责提供项目发起人并为项目输送资金或其他资源的实体。

60. 法规 regulations

政府机构对产品、过程或服务的特征的要求，包括政府强制遵守的相关管理规定。

61. 返工 rework

为了使有缺陷或非一致的部件达到要求或符合规范而采取的行动。

62. 范围 scope

项目所提供的产品、服务和成果的总和。

63. 范围管理计划 scope management plan

项目或项目集管理计划的组成部分，描述将如何定义、制定、监督、控制和确认项目范围。

64. 范围基准 scope baseline

经过批准的范围说明书、工作分解结构（WBS）和相应的 WBS 词典，能够通过正式的变更控制程序进行变更，并被用作与实际结果进行比较的依据。

65. 范围蔓延 scope creep

未对时间、成本和资源做相应调整，未经控制的产品或项目范围的扩大。

66. 方法论 methodology

由专门的从业人员所采用的做法、技术、程序和规则所组成的体系。

67. 访谈 interviews

通过与相关方直接交谈，来获取信息的正式或非正式方法。

68. 费用 fee

卖方所得补偿的一部分，代表利润。

69. 分解 decomposition

把项目范围和项目可交付成果逐步划分为更小、更便于管理的组成部分的技术。

70. 分析技术 analytical techniques

根据可能的项目或环境变量变化及它们与其他变量之间的关系，对潜在后果进行评估、分析和预测的各种技术。

71. 风险 risk

一旦发生，会对一个或多个项目目标产生积极或消极影响的不确定事件或条件。

72. 风险报告 risk report

在整个项目风险管理过程中不断更新的项目文件，用以概述单个项目风险的情况和整体项目风险的程度。

73. 风险敞口 risk exposure

在某个项目、项目集或项目组合中，针对任一特定对象，而适时做出的对所有风险的潜在影响的综合评估。

74. 风险登记册　risk register

记录风险管理过程输出的文件。

75. 风险分解结构　risk breakdown structure (RBS)

对潜在风险来源的一种层级图示。

76. 风险分类　risk categorization

按照风险来源（如使用风险分解结构）、受影响的项目区域（如使用工作分解结构），或其他有用的分类标准（如项目阶段），对项目风险进行分类，以明确受不确定性影响最大的项目区域。

77. 风险分享　risk sharing

一种风险应对策略，项目团队将应对机会的责任分配给最能为项目获得利益的第三方。

78. 风险管理计划　risk management plan

项目、项目集或项目组合管理计划的组成部分，说明将如何安排与实施风险管理活动。

79. 风险规避　risk avoidance

一种风险应对策略，项目团队采取行动来消除威胁，或保护项目免受风险影响。

80. 风险减轻　risk mitigation

一种风险应对策略，项目团队采取行动以降低威胁发生的概率或削弱威胁造成的影响。

81. 风险接受　risk acceptance

一种风险应对策略，项目团队决定接受风险的存在，而不采取任何措施，除非风险真的发生。

82. 风险开拓　risk exploiting

一种风险应对策略，项目团队采取行动以确保机会出现。

83. 风险类别　risk category

对潜在风险成因的归组。

84. 风险临界值 risk threshold

某种特定的风险敞口级别，高于该级别的风险需要处理，低于该级别的风险则可接受。

85. 风险偏好 risk appetite

为了预期的回报，组织或个人愿意承担不确定性的程度。

86. 风险上报 risk escalation

一种风险应对策略，即团队认为风险超出了自身可影响的范围，并将风险责任转移到组织中能更有效管理风险的更高层。

87. 风险审查 risk review

检查和记录应对整体项目风险和已识别单个项目风险的有效性的会议。

88. 风险审计 risk audit

一种用于评价风险管理过程有效性的审计。

89. 风险数据质量评估 risk data quality assessment

评估风险数据对风险管理的有用程度的一种技术。

90. 风险提高 risk enhancement

一种风险应对策略，项目团队采取行动提升机会出现的概率或扩大机会造成的影响。

91. 风险责任人 risk owner

负责监测风险，选择并实施恰当的风险应对策略的个人。

92. 风险转移 risk transference

一种风险应对策略，项目团队把威胁造成的影响连同应对责任一起转移给第三方。

93. 服务水平协议（SLA） service level agreement（SLA）

服务商（内部或外部）与最终用户之间的合同，用以规定服务商应该达到的服务水准。

94. 浮动时间 float

也称“时差”，包括总浮动时间和自由浮动时间。

95. 概括性活动 summary activity

作为单个活动来展示的，一组相关的进度活动的集合。

96. 概率和影响矩阵 probability and impact matrix

把每个风险发生的概率和一旦发生对项目目标的影响映射起来的一种表格。

97. 甘特图 gantt chart

展示进度信息的条形图。纵向列示活动，横向列示日期，用横条表示活动自开始日期至结束日期的持续时间。

98. 赶工 crashing

通过增加资源，以最小的成本代价来压缩进度工期的一种技术。

99. 根本原因分析 root cause analysis

确定引起偏差、缺陷或风险的根本原因的一种分析技术。一项根本原因可能引起多项偏差、缺陷或风险。

100. 更新 update

无须正式变更控制的，对任何可交付成果、项目管理计划组成部分或项目文件所做的修改。

101. 工具 tool

在创造产品或成果的活动中所使用的某种有形的东西，如模板或软件。

102. 工料合同（T&M） time and material contract（T&M）

兼具成本补偿和总价合同特征的一种混合的合同类型。

103. 工作包 work package

工作分解结构最底层的工作，针对这些工作来估算并管理成本和持续时间。

104. 工作分解结构 work breakdown structure（WBS）

对项目团队为实现项目目标、创建所需可交付成果而需要实施的全部工作范围的层级分解。

105. 工作分解结构组件 work breakdown structure component

工作分解结构任意层次上的任何要素。

106. 工作绩效报告 work performance reports

为制定决策、采取行动或引起关注，而汇编工作绩效信息所形成的实物或电子项目文件。

107. 工作绩效数据 work performance data

在执行项目工作的过程中，从每个正在执行的活动中收集到的原始观察结果和测量值。

108. 工作绩效信息 work performance information

从控制过程中收集且与项目管理计划组成部分、项目文件进行对比分析的绩效数据，以及其他工作绩效信息。

109. 工作说明书 statement of work (SOW)

对项目需交付的产品、服务或成果的叙述性说明。

110. 公差 tolerance

对质量要求可接受的变动范围的定量描述。

111. 供方选择标准 source selection criteria

买方提出的一套标准，卖方只有满足或超过这些标准，才有可能被授予合同。

112. 沟通方法 communication methods

在项目相关方之间传递信息的系统化的程序、技术或过程。

113. 沟通风格评估 communication styles assessment

规划沟通活动时，用于识别与相关方开展沟通的优选沟通方法、形式和内容的一种技术。

114. 沟通管理计划 communications management plan

项目、项目集或项目组合管理计划的组成部分，描述了项目信息将如何、何时、由谁来进行管理和传播。

115. 沟通技术 communication technology

用于项目相关方之间传递信息的特定工具、系统或计算机程序等。

116. 沟通模型 communication models

说明在项目中将如何开展沟通过程的描述、比喻或图形。

117. 沟通需求分析　communication requirements analysis

一种分析技术，通过访谈、研讨会或借鉴以往项目经验教训等方式，来确定项目相关方对信息的需求。

118. 估算　estimate

对某一变量的可能数值或结果的定量评估，如项目成本、资源、人力投入或持续时间。

119. 估算成本　estimate costs

对完成项目活动所需资源成本进行近似估算的过程。

120. 估算活动持续时间　estimate activity durations

根据资源估算的结果，估算完成单项活动所需工作时段数的过程。

121. 估算活动资源　estimate activity resources

估算执行项目所需的团队资源，以及材料、设备和用品的类型和数量的过程。

122. 估算依据　basis of estimates

概述项目估算所用依据的支持性文件，如假设条件、制约因素、详细级别、估算区间和置信水平。

123. 固定总价合同　firm fixed price contract (FFP)

总价合同的一种类型。不考虑卖方成本，由买方向卖方支付事先确定的金额（由合同规定）。

124. 关键路径　critical path

代表项目中最长路径的活动序列，决定了项目最短的可能持续时间。

125. 关键路径法　critical path method (CPM)

在项目进度模型中，估算项目最短工期，确定逻辑网络路径的进度灵活性大小的一种方法。

126. 关键路径活动　critical path activity

项目进度计划中，位于关键路径上的任何活动。

127. 管理储备　management reserve

在绩效测量基准之外，留作管理控制之用的一部分项目预算或项目时间。

专为项目范围内不可预见的工作而预留。

128. 管理沟通 manage communications

确保及时且恰当地收集、生成、发布、储存、检索、管理、监督和最终处置项目信息的过程。

129. 管理技能 management skills

对个人或群体进行规划、组织、指导和控制，以实现特定目标的能力。

130. 管理团队 manage team

跟踪团队成员工作表现，提供反馈，解决问题并管理团队变更，以优化项目绩效的过程。

131. 管理相关方参与 manage stakeholder engagement

与相关方进行沟通和协作，以满足其需求与期望，解决问题，并促进相关方合理参与项目活动的过程。

132. 管理项目知识 manage project knowledge

使用现有知识并生成新知识，以实现项目目标，并且帮助组织学习的过程。

133. 管理质量 manage quality

把组织的质量政策用于项目，并将质量管理计划转化为可执行的质量活动的过程。

134. 规范（规格） specification

对需要满足的需求和所需基本特征的准确表述。

135. 规格界限 specification limits

控制图中心线或均值两侧的数据区域，该区域内的数据都满足客户对产品或服务的要求。该区域可能大于或小于控制界限所界定的范围。

136. 规划包 planning package

工作内容已知但详细进度活动未知的，低于控制账户的工作分解结构组件。

137. 规划采购管理 plan procurement management

记录项目采购决策，明确采购方法，识别潜在卖方的过程。

138. 规划成本管理　plan cost management

确定如何估算、预算、管理、监督和控制项目成本的过程。

139. 规划范围管理　plan scope management

为记录如何定义、确认和控制项目范围及产品范围，而创建范围管理计划的过程。

140. 规划风险管理　plan risk management

定义如何实施项目风险管理活动的过程。

141. 规划风险应对　plan risk responses

为处理整体项目风险敞口，以及应对单个项目风险而制定可选方案、选择应对策略并商定应对行动的过程。

142. 规划沟通管理　plan communications management

基于每个相关方或小组的信息需求、可用的组织资产和项目需求，为项目沟通活动制定恰当的方法和计划的过程。

143. 规划过程组　planning process group

明确项目范围，优化目标，为实现目标制定行动方案的一组过程。

144. 规划进度管理　plan schedule management

为规划、编制、管理、执行和控制项目进度而制定政策、程序和文档的过程。

145. 规划相关方参与　plan stakeholder engagement

根据相关方的需求、期望、利益和对项目的潜在影响，制定项目相关方参与项目的方法的过程。

146. 规划质量管理　plan quality management

识别项目及其可交付成果的质量要求及标准，并书面描述项目将如何证明符合质量要求的过程。

147. 规划资源管理　plan resource management

定义如何估算、获取、管理和利用实物以及团队资源的过程。

148. 滚动式规划　rolling wave planning

一种迭代式的规划技术，对近期要完成的工作进行详细规划，对远期工作只做粗略规划。

149. 过程 process

旨在创造最终结果的系统化的系列活动，以便对一个或多个输入进行加工，生成一个或多个输出。

150. 合同 contract

对双方都有约束力的协议，强制卖方提供规定的产品、服务或成果，以及强制买方支付相应的费用。

151. 合同变更控制系统 contract change control system

用来收集、跟踪、裁定和沟通有关合同变更的系统。

152. 核查表 check-sheets

在收集数据时用作查对清单的计数表格。

153. 核对单分析 checklist analysis

使用清单来系统审核材料的准确性及完整性的一种技术。

154. 核实 verification

关于产品、服务或成果是否符合法规、要求、规范或强制条件的评估。

155. 核实的可交付成果 verified deliverables

经过控制质量过程的检查，被证实为正确的已完成的可交付成果。

156. 横道图 bar chart

展示进度相关信息的一种图表方式。在典型的横道图中，进度活动或工作分解结构组件竖列于图的左侧，日期横排在图的顶端，而活动持续时间则以按日期定位的水平条形表示。参见“甘特图”。

157. 缓冲 buffer

见“储备”。

158. 回归分析 regression analysis

通过考察一系列输入变量及其对应的输出结果，建立数学或统计关系的一种分析技术。

159. 活动 activity

在进度计划中所列，并在项目过程中实施的工作组成部分。

160. 活动持续时间　activity duration

用日历单位表示的，进度活动从开始到完成的时间长度。参见“持续时间”。

161. 活动持续时间估算　activity duration estimates

对完成一项活动可能需要的时间的定量评估。

162. 活动节点法　activity-on-node (AON)

创建进度模型的一种技术，用节点表示活动，用一种或多种逻辑关系连接活动，以显示活动的实施顺序。

163. 活动清单　activity list

一份记录进度活动的表格，包含活动描述、活动标识及足够详细的工作范围描述，以便项目团队成员了解所需执行的工作。

164. 活动属性　activity attributes

进度活动所具备的多种属性，可以包含在活动清单中。活动属性包括活动编码、紧前活动、紧后活动、逻辑关系、提前量和滞后量、资源要求、强制日期、制约因素和假设条件。

165. 获取资源　acquire resources

获取项目所需的团队成员、设施、设备、材料、用品和其他资源的过程。

166. 机会　opportunity

对项目的一个或多个目标产生正面影响的风险。

167. 基本规则　ground rules

对项目团队成员的可接受行为的预期。

168. 基准　baseline

经批准的工作产品版本，只有通过正式的变更控制程序才能进行变更，并且用作与实际结果进行比较的依据。

169. 绩效测量基准　performance measurement baseline (PMB)

整合在一起的范围、进度和成本基准，用来与项目执行情况相比较，以管理、测量和控制项目绩效。

170. 绩效审查　performance reviews

对照基准，对项目正在开展的工作的实际绩效进行测量、比较和分析的一种技术。

171. 激励费用 incentive fee

与卖方的成本、进度或技术绩效相关联的财务激励。

172. 集中办公 collocation

为改善沟通和工作关系，提高工作效率，而让项目团队成员的工作地点彼此靠近的一种组织布局策略。

173. 计划价值 planned value (PV)

为计划工作分配的经批准的预算。

174. 技术 technique

人们在执行活动以生产产品、取得成果或提供服务的过程中所使用的经过定义的系统化程序，其中可能用到一种或多种工具。

175. 假设 assumption

在规划过程中不需要验证即可视为正确、真实或确定的因素。

176. 假设情景分析 what-if scenario analysis

对各种情景进行评估，预测它们对项目目标的影响的过程。

177. 假设日志 assumption log

在整个项目生命周期中用来记录所有假设条件和制约因素的项目文件。

178. 监督 monitor

收集项目绩效数据，计算绩效指标，并报告和发布绩效信息。

179. 监督风险 monitor risks

在整个项目期间，监督商定的风险应对计划的实施、跟踪已识别风险、识别和分析新风险，以及评估风险管理有效性的过程。

180. 监督沟通 monitor communications

确保满足项目及其相关方的信息需求的过程。

181. 监督相关方参与 monitor stakeholder engagement

监督项目相关方关系，并通过修订参与策略和计划来引导相关方合理参与项目的过程。

182. 监控过程组 monitoring and controlling process group

跟踪、审查和调整项目进展与绩效，识别必要的计划变更并启动相应变更的一组过程。

183. 监控项目工作 monitor and control project work

跟踪、审查和报告整体项目进展，以实现项目管理计划中确定的绩效目标的过程。

184. 检查 inspection

检查工作产品，以确定其是否符合书面标准。

185. 建设团队 develop team

提高工作能力，促进团队成员互动，改善团队整体氛围，以提高项目绩效的过程。

186. 建议书评价技术 proposal evaluation techniques

为做出合同授予决定而用于评审供应商提交的建议书的各种技术。

187. 建议邀请书 request for proposal (RFP)

采购文件的一种，用来向潜在卖方征求对产品或服务的建议书。在某些应用领域，其含义可能更狭窄或更具体。

188. 渐进明细 progressive elaboration

随着信息越来越多、估算越来越准确，而不断提高项目管理计划的详细程度的迭代过程。

189. 焦点小组 focus groups

召集预定的相关方和主题专家，了解他们对所讨论的产品、服务或成果的期望和态度的一种启发式技术。

190. 角色 role

项目团队成员必须履行的、已明确定义的职责，如测试、归档、检查、编码等。

191. 阶段 phase

一组具有逻辑关系的项目活动的集合，通常以一个或多个可交付成果的完成为结束。

192. 阶段关口　phase gate

为做出进入下个阶段、进行整改或结束项目或项目集的决定而开展的阶段末审查。

193. 节点　node

在进度网络图上连接依赖关系线的一个点。

194. 结束项目或阶段　close project or phase

终结项目、阶段或合同的所有活动的过程。

195. 紧后活动　successor activity

在进度计划的逻辑路径中，排在某个活动后面的活动。

196. 紧急情况　contingency

可能对项目执行产生影响的一个事件或情形，可用储备去应对。

197. 紧前关系　precedence relationship

用于紧前关系绘图法中的逻辑依赖关系。

198. 紧前关系绘图法　precedence diagramming method (PDM)

创建进度模型的一种技术，用节点表示活动，用一种或多种逻辑关系连接活动，以显示活动的实施顺序。

199. 紧前活动　predecessor activity

在进度计划的逻辑路径中，排在非开始活动前面的活动。

200. 进度管理计划　schedule management plan

项目或项目集管理计划的组成部分，为编制、监督和控制项目进度建立准则并确定活动。

201. 进度基准　schedule baseline

经过批准的进度模型，能够通过正式的变更控制程序进行变更，并被用作与实际结果进行比较的依据。

202. 进度绩效指数　schedule performance index (SPI)

测量进度效率的一种指标，表示为挣值与计划价值之比。

203. 进度计划　schedule

参见“项目进度”和“进度模型”。

204. 进度计划编制工具　scheduling tool

配合进度计划编制方法使用的工具，可提供进度计划组成部分的名称、定义、结构关系和格式。

205. 进度模型　schedule model

项目活动执行计划的一种表现形式，其中包含持续时间、依赖关系和其他规划信息，用以生成项目进度计划及其他进度资料。

206. 进度偏差　schedule variance (SV)

测量进度绩效的一种指标，表示为挣值与计划价值之差。

207. 进度数据　schedule data

用以描述和控制进度计划的信息集合。

208. 进度网络分析　schedule network analysis

识别项目活动未完部分的最早和最晚开始日期，以及最早和最晚完成日期的一种技术。

209. 进度压缩　schedule compression

在不缩小项目范围的前提下缩短进度工期的技术。

210. 进度预测　schedule forecasts

根据测算进度时已有的信息和知识，对项目未来的情况和事件所进行的估算或预计。

211. 经验教训　lessons learned

项目过程中获得的知识，说明曾怎样处理某个项目事件或今后应如何处理，以改进未来绩效。

212. 经验教训登记册　lessons learned register

用于记录在项目中所获知识的项目文件，它用于当前项目，并列入经验教训知识库。

213. 经验教训知识库　lessons learned repository

储存从项目中获得的以往经验教训的信息库。

214. 纠正措施　corrective action

为使项目工作绩效重新与项目管理计划一致，而进行的有目的的活动。

215. 矩阵图　matrix diagrams

一种质量管理和控制工具，使用矩阵结构对数据进行分析。在行列交叉的位置展示因素、原因和目标之间的关系强弱。

216. 矩阵型组织　matrix organization

由项目经理与职能经理共同负责安排工作优先级和指挥项目人员的一种组织架构。

217. 决策技术　decision-making techniques

从不同备选方案选择行动方案的技术。

218. 决策树分析　decision tree analysis

一种图形和计算技术，用来评估与一个决策相关的多个可选方案在不确定情形下的可能后果。

219. 开发方法　development approach

在项目生命周期内用于创建并改进产品、服务或成果的方法，例如预测、迭代、增量、敏捷或混合型方法。

220. 开始到开始　start-to-start (SS)

只有紧前活动开始，紧后活动才能开始的逻辑关系。

221. 开始到完成　start-to-finish (SF)

只有紧前活动开始，紧后活动才能完成的逻辑关系。

222. 开始日期　start date

与进度活动的开始相关联的时间点。通常带下列修饰词：实际、计划、估计、预计、最早、最晚、目标、基准或当前。

223. 可交付成果　deliverable

为完成某一过程、阶段或项目而必须产出的任何独特并可核实的产品、成果或服务能力。

224. 客户声音　voice of the customer

一种规划技术，通过在项目产品开发的每个阶段把客户需求转变成适当的技术要求，来提供真正反映客户需求的产品、服务和成果。

225. 控制　control

对比实际绩效与计划绩效，分析偏差，评估趋势以改进过程，评价可能的备选方案，并提出必要的纠正措施建议。

226. 控制采购　control procurements

管理采购关系，监督合同绩效，实施必要的变更和纠偏，以及关闭合同的过程。

227. 控制成本　control costs

监督项目状态，以更新项目成本和管理成本基准变更的过程。

228. 控制范围　control scope

监督项目和产品的范围状态，管理范围基准变更的过程。

229. 控制界限　control limits

在控制图中，中心线或均值两侧三个标准差（基于数据的正态分布）以内的区域，用于反映数据的预期变动范围。

230. 控制进度　control schedule

监督项目状态，以更新项目进度和管理进度基准变更的过程。

231. 控制图　control chart

按时间顺序展示过程数据，并将这些数据与既定的控制界限相比较的一种图形。控制图有一条中心线，有助于观察图中的数据点向两边控制界限偏移的趋势。

232. 控制账户　control account

一种管理控制点。在该控制点上，把范围、预算、实际成本和进度加以整合，并与挣值比较，以测量绩效。

233. 控制质量　control quality

为了评估绩效，确保项目输出完整、正确，并满足客户期望，而监督和记录质量管理活动执行结果的过程。

234. 控制资源　control resources

确保按计划为项目分配资源，以及根据资源使用计划监督资源实际使用情况，并采取必要纠正措施的过程。

235. 快速跟进　fast tracking

一种进度压缩技术，将正常情况下按顺序进行的活动或阶段改为至少是部分并行开展。

236. 类比估算 analogous estimating

使用相似活动或项目的历史数据，来估算当前活动或项目的持续时间或成本的技术。

237. 里程碑 milestone

项目、项目集或项目组合中的重要时点或事件。

238. 里程碑进度计划 milestone schedule

用于显示里程碑的计划实现日期的一种进度计划类型。参见“主进度计划”。

239. 历史信息 historical information

以往项目的文件和数据，包括项目档案、记录、函件、完结的合同和结束的项目。

240. 临界值 threshold

针对可测量的项目变量而预先确定的一个限值，一旦达到此限值就需要采取相应行动。

241. 流程图 flowchart

对某系统内的一个或多个过程的输入、过程行为和输出的图形描述。

242. 龙卷风图 tornado diagram

在敏感性分析中用来比较不同变量的相对重要性的一种特殊形式的条形图。

243. 路径分支 path divergence

表示一个进度活动拥有一个以上的紧后活动的一种关系。

244. 路径汇聚 path convergence

表示一个进度活动拥有一个以上的紧前活动的一种关系。

245. 逻辑关系 logical relationship

两个活动之间，或者一个活动与一个里程碑之间的依赖关系。

246. 卖方 seller

向某个组织提供产品、服务或成果的供应商。

247. 卖方建议书 seller proposals

卖方对建议邀请书或其他采购文件的正式应答，规定了价格、商务销售条款，以及技术规范或卖方将为买方建成的能力，一旦被接受，将形成有约束力的协议。

248. 蒙特卡洛模拟 monte carlo simulation

一种计算机模型分析技术，基于概率分布和概率分支进行许多次迭代，每次迭代都随机抽取输入数据。最终输出的是可能的项目结果的概率分布区间。

249. 敏感性分析 sensitivity analysis

一种定量风险分析技术，将项目结果的变化与定量风险分析模型中输入的变化建立关联，从而确定对项目结果产生最大潜在影响的单个项目风险或其他不确定性来源。

250. 名义小组技术 nominal group technique

用于促进头脑风暴的一种技术，通过投票排列最有用的创意，以便进一步开展头脑风暴或优先排序。

251. 模板 templates

一种固定格式的、已部分完成的文件，为收集、组织和呈现信息与数据提供明确的结构。

252. 模拟 simulation

一种分析技术，通过建立模型，来综合分析各种不确定性因素，评估这些因素对目标的潜在影响。

253. 目标 objective

工作所指向的事物，要达到的战略地位，要达到的目的，要取得的成果，要生产的产品，或者准备提供的服务。

254. 募集 acquisition

获取执行项目活动所必需的人力资源和物质资源。募集将产生资源成本，但不一定是财务成本。

255. 逆推法 backward pass

关键路径法中的一种技术。在进度模型中，从项目完工日期出发，反向推导，计算最晚开始和最晚结束日期。

256. 排列活动顺序 sequence activities

识别和记录项目活动之间的关系的过程。

257. 配置管理计划 configuration management plan

项目管理计划的一个组成部分，用以说明如何在配置控制之下识别和解释项目参数，以及如何记录和报告项目参数的变更。

258. 配置管理系统 configuration management system

用于跟踪项目参数和监控这些参数变更的程序的集合。

259. 偏差 variance

对已知基准或预期值的偏离量。

260. 偏差分析 variance analysis

确定实际绩效与基准的差异程度及原因的一种技术。

261. 启动过程组 initiating process group

定义一个新项目或现有项目的一个新阶段，授权开始该项目或阶段的一组过程。

262. 强制日期 imposed date

强加于进度活动或进度里程碑的固定日期，一般采取“不早于何时开始”和“不晚于何时结束”的形式。

263. 强制性依赖关系 mandatory dependency

合同要求的或工作的内在性质决定的依赖关系。

264. 亲和图 affinity diagrams

一种用来对大量创意进行分组，以便进一步审查和分析的技术。

265. 情商 emotional intelligence

识别、评估和管理个人情绪、他人情绪及团组群体情绪的能力。

266. 趋势分析 trend analysis

根据历史数据并利用数学模型，预测未来结果的一种分析技术。

267. 缺陷 defect

项目组成部分中不能满足要求或规范，需要修补或更换的瑕疵或缺点。

268. 缺陷补救　defect repair

为了修正不一致产品或产品组件的有目的的活动。

269. 确认　validation

对产品、服务或成果能够满足客户和其他已识别相关方需求的保证。

270. 确认范围　validate scope

正式验收已完成的项目可交付成果的过程。

271. 人际关系技能　interpersonal skills

与他人建立并保持关系的技能。

272. 人际关系与团队技能　interpersonal and team skills

用于有效地领导团队成员和其他相关方并与之进行互动的技能。

273. 人际交往　networking

与同一组织和不同组织中的人员建立联系和关系。

274. 人力投入　effort

完成一个进度活动或工作分解结构组件所需要的人工单位数，通常以小时、天和周来表示。

275. 日志　log

对过程或活动实施期间的某些特定事项进行记录、描述或说明的文件。前面常加修饰词，如问题、变更或假设等。

276. 三点估算　three-point estimating

一种估算技术。当单个活动的成本或持续时间估算不易确定时，取其乐观估算、悲观估算和最可能估算的平均值或加权平均值。

277. 商业价值　business value

从商业运作中获得的可量化净效益。效益可以是有形的、无形的或两者兼有之。

278. 商业论证　business case

文档化的经济可行性研究报告，用来对尚缺乏充分定义的所选方案的收益进行有效性论证，是启动后续项目管理活动的依据。

279. 生命周期　life cycle

项目从开始到结束所经历的一系列阶段。

280. 识别风险　identify risks

识别单个风险，以及整体风险的来源，并记录风险特点的过程。

281. 识别相关方　identify stakeholders

定期识别项目相关方，分析和记录他们的利益、参与度、相互依赖性、影响力和对项目成功的潜在影响的过程。

282. 实际成本　actual cost（AC）

在给定时间段内，因执行项目活动而实际发生的成本。

283. 实际持续时间　actual duration

进度活动的实际开始日期与数据日期（如果该进度活动尚未完成）或实际完成日期（如果该进度活动已经完成）之间的日历时间。

284. 实践　practice

有助于过程执行的某种特定类型的专业或管理活动，可能需要运用一种或多种技术及工具。

285. 实施采购　conduct procurements

获取卖方应答、选择卖方并授予合同的过程。

286. 实施定量风险分析　perform quantitative risk analysis

就已识别的单个项目风险和不确定性的其他来源对项目整体目标的综合影响进行定量分析的过程。

287. 实施定性风险分析　perform qualitative risk analysis

通过评估单个项目风险发生的概率和影响以及其他特征，对风险进行优先排序，从而为后续分析或行动提供基础的过程。

288. 实施风险应对　implement risk responses

执行商定的风险应对计划的过程。

289. 实施整体变更控制　perform integrated change control

审查所有变更请求，批准变更，管理对可交付成果、组织过程资产、项目文件和项目管理计划的变更，并对变更处理结果进行沟通的过程。

290. 事业环境因素 enterprise environmental factors

团队不能直接控制的，将对项目、项目集或项目组合产生影响、限制或指导作用的各种条件。

291. 适应型生命周期 adaptive life cycle

迭代型或增量型项目生命周期。

292. 收集需求 collect requirements

为实现项目目标而确定、记录并管理相关方需求的过程。

293. 收尾过程组 closing process group

正式完成或结束项目、阶段或合同所执行的过程。

294. 输出 output

某个过程所产生的产品、成果或服务。可能成为后续过程的输入。

295. 输入 input

开始一个过程所必需的、来自项目内外的任何东西。可以是前一过程的输出。

296. 数据 data

离散的、无序的、未处理的测量结果或原始观察结果。

297. 数据表现技术 data representation techniques

用于传递数据和信息的图形方式或其他方法。

298. 数据分析技术 data analysis techniques

用来组织、评估和评价数据与信息的技术。

299. 数据日期 data date

记录项目状态的时间点。

300. 数据收集技术 data gathering techniques

从各种渠道收集数据与信息的技术。

301. 顺推法 forward pass

关键路径法中的一种技术。在进度模型中，从项目开始日期或某给定时点出发，正向推导，计算最早开始和最早结束日期。

302. 思维导图 mind-mapping

把从头脑风暴中获得的创意整合成一张图的技术，用以反映创意之间的共性与差异，激发新创意。

303. 索赔 claim

根据具有法律约束力的合同条款，卖方向买方（或买方向卖方）提出的关于报酬、补偿或款项的请求、要求或主张，如针对某个有争议的变更。

304. 索赔管理 claims administration

对合同索赔进行处理、裁决和沟通的过程。

305. 提前量 lead

相对于紧前活动，紧后活动可以提前的时间量。

306. 统计抽样 statistical sampling

从目标总体中选取部分样本用于检查。

307. 投标人会议 bidder conference

在准备投标书或建议书之前，与潜在卖方举行的会议，以便保证所有潜在卖方对本项采购都有清楚且一致的理解。又称承包商会议、供应商会议或投标前会议。

308. 投标邀请书 invitation for bid (IFB)

本术语通常等同于建议邀请书。不过在某些应用领域，其含义可能更狭窄或更具体。

309. 图解技术 diagramming techniques

用逻辑链接来呈现信息以辅助理解的方法。

310. 团队管理计划 team management plan

资源管理计划的组成部分，说明将在何时、以何种方式获得项目团队成员，以及他们需要在项目中工作多久。

311. 团队章程 team charter

记录团队价值观、共识和工作指南的文件，并对项目团队成员的可接受行为做出明确规定。

312. 外部依赖关系 external dependency

项目活动与非项目活动之间的关系。

313. 完成百分比　percent complete

对某活动或工作分解结构组件的已完成工作量的百分比估算。

314. 完成到开始　finish-to-start (FS)

只有紧前活动完成，紧后活动才能开始的逻辑关系。

315. 完成到完成　finish-to-finish (FF)

只有紧前活动完成，紧后活动才能完成的逻辑关系。

316. 完成日期　finish date

与进度活动的完成相关联的时间点。通常带下列修饰词：实际、计划、估计、预计、最早、最晚、基准、目标或当前。

317. 完工估算　estimate at completion (EAC)

完成所有工作所需的预期总成本，等于截至目前的实际成本加上完工尚需估算的成本。

318. 完工偏差　variance at completion (VAC)

对预算亏空量或盈余量的一种预测，是完工预算与完工估算之差。

319. 完工尚需估算　estimate to complete (ETC)

完成所有剩余项目工作的预计成本。

320. 完工尚需绩效指数　to-complete performance index (TCPI)

为了实现特定的管理目标，剩余资源的使用必须达到的成本绩效指标，是完成剩余工作所需成本与剩余预算之比。

321. 完工预算　budget at completion (BAC)

为将要执行的工作所建立的全部预算的总和。

322. 网络　network

表示项目进度活动之间逻辑关系的图形。

323. 网络路径　network path

在项目进度网络图中，通过逻辑关系连接起来的一系列进度活动的序列。

324. 网络逻辑　network logic

项目进度网络图中的所有活动依赖关系。

325. 威胁　threat

对项目的一个或多个目标产生负面影响的风险。

326. 文件审查 documentation reviews

收集大量信息并进行审查以确定其准确性及完整性的过程。

327. 问卷调查 questionnaires

设计一系列书面问题，向众多受访者快速收集信息。

328. 问题 issue

可能对项目目标产生影响的当前条件或情形。

329. 问题日志 issue log

记录和监督问题信息的项目文件。

330. 系统交互图 context diagrams

对产品范围的可视化描绘，显示业务系统（过程、设备、计算机系统等）及其与人和其他系统（行动者）之间的交互方式。

331. 显性知识 explicit knowledge

可以使用文字、数字、图片等符号进行编辑的知识。

332. 相对多数原则 plurality

根据群体中相对多数人的意见做出决定，即便未能获得大多数人的同意。

333. 相关方 stakeholder

能影响项目、项目集或项目组合的决策、活动或结果的个人、小组或组织，以及会受或自认为会受它们的决策、活动或结果影响的个人、小组或组织。

334. 相关方参与度评估矩阵 stakeholder engagement assessment matrix

将当前与期望的相关方参与程度进行比较的一种矩阵。

335. 相关方参与计划 stakeholder engagement plan

项目管理计划的一个组成部分，为促进相关方有效参与项目或项目集决策和执行而规定所需的策略和行动。

336. 相关方登记册 stakeholder register

记录项目相关方识别、评估和分类结果的项目文件。

337. 相关方分析 stakeholder analysis

通过系统收集和分析各种定量与定性信息，来确定在整个项目中应该考虑哪些人的利益的一种技术。

338. 项目　project

为创造独特的产品、服务或成果而进行的临时性工作。

339. 项目采购管理　project procurement management

包括从项目团队外部采购或获取所需产品、服务或成果的各个过程。

340. 项目成本管理　project cost management

包括为使项目在批准的预算内完成而对成本进行规划、估算、预算、融资、筹资、管理和控制的各个过程。

341. 项目范围　project scope

为交付具有规定特性与功能的产品、服务或成果而必须完成的工作。

342. 项目范围管理　project scope management

包括确保项目做且只做所需的全部工作以成功完成项目的各个过程。

343. 项目范围说明书　project scope statement

对项目范围、主要可交付成果、假设条件和制约因素的描述。

344. 项目风险管理　project risk management

包括规划风险管理、识别风险、开展风险分析、规划风险应对、实施风险应对和监督风险的各个过程。

345. 项目沟通管理　project communications management

包括为确保及时且恰当地规划、收集、生成、发布、储存、检索、管理、控制、监督和最终处置项目信息所需的各个过程。

346. 项目管理　project management

将知识、技能、工具与技术应用于项目活动，以满足项目的要求。

347. 项目管理办公室　project management office (PMO)

对与项目相关的治理过程进行标准化，并促进资源、方法论、工具和技术共享的一种管理架构。

348. 项目管理过程组　project management process group

项目管理输入、工具和技术以及输出的逻辑组合，包括启动过程组、规划过程组、执行过程组、监控过程组和收尾过程组。项目管理过程组不同于项目阶段。

349. 项目管理计划 project management plan

描述如何执行、监督、控制和结束项目的文件。

350. 项目管理团队 project management team

直接参与项目管理活动的项目团队成员。

351. 项目管理系统 project management system

用于管理项目的各种过程、工具、技术、方法、资源和程序的集合。

352. 项目管理信息系统 project management information system

由收集、整合和传播项目管理过程成果的工具和技术所组成的信息系统。

353. 项目管理知识领域 project management knowledge area

按所需知识内容来定义的项目管理领域，并用其所含过程、做法、输入、输出、工具和技术进行描述。

354. 项目管理知识体系 project management body of knowledge

描述项目管理专业范围内的知识的术语，包括已被验证并广泛应用的传统做法，以及本专业新近涌现的创新做法。

355. 项目集 program

相互关联且被协调管理的项目、子项目集和项目集活动，以便获得分别管理所无法获得的利益。

356. 项目集管理 program management

在项目集中应用知识、技能与原则来实现项目集的目标，获得分别管理项目集组成部分所无法实现的利益和控制。

357. 项目阶段 project phase

一组具有逻辑关系的项目活动的集合，通常以一个或多个可交付成果的完成为结束。

358. 项目进度管理 project schedule management

包括为管理项目按时完成所需的各个过程。

359. 项目进度计划 project schedule

进度模型的输出，为各个相互关联的活动标注计划日期、持续时间、里程碑和资源等信息。

360. 项目进度网络图　project schedule network diagram

表示项目进度活动之间逻辑关系的图形。

361. 项目经理　project manager (PM)

由执行组织委派，领导团队实现项目目标的个人。

362. 项目启动　project initiation

发起一个用来正式授权新项目的过程。

363. 项目日历　project calendar

表明进度活动的可用工作日和工作班次的日历。

364. 项目生命周期　project life cycle

项目从开始到结束所经历的一系列阶段。

365. 项目团队　project team

支持项目经理执行项目工作，以实现项目目标的一组人员。参见“项目管理团队”。

366. 项目团队名录　project team directory

列明项目团队成员及其项目角色和相关沟通信息的书面清单。

367. 项目相关方管理　project stakeholder management

包括用于开展下列工作的各个过程：识别能够影响项目或会受项目影响的人员、团体或组织，分析相关方对项目的期望和影响，制定合适的管理策略来有效调动相关方参与项目决策和执行。

368. 项目章程　project charter

由项目启动者或发起人发布的，正式批准项目成立，并授权项目经理使用组织资源开展项目活动的文件。

369. 项目整合管理　project integration management

包括对隶属于项目管理过程组的各种过程和项目管理活动进行识别、定义、组合、统一和协调的各个过程。

370. 项目治理　project governance

用于指导项目管理活动的框架、功能和过程，从而创造独特的产品、服务或结果以满足组织、战略和运营目标。

371. 项目质量管理　project quality management

包括把组织的质量政策应用于规划、管理、控制项目和产品质量要求，以满足相关方的期望的各个过程。

372. 项目资金需求　project funding requirements

根据成本基准计算出的待付成本预测，可以是总量或阶段资金需求，包括预计支出加预计债务。

373. 项目资源管理　project resource management

包括识别、获取和管理所需资源以成功完成项目的各个过程。

374. 项目组合　portfolio

为实现战略目标而组合在一起管理的项目、项目集、子项目组合和运营工作。

375. 项目组合管理　portfolio management

为了实现战略目标而对一个或多个项目组合进行的集中管理。

376. 项目组织图　project organization chart

以图形方式描述一个具体项目中项目团队成员及其相互关系的文件。

377. 效益管理计划　benefits management plan

对创造、提高和保持项目或项目集效益的过程进行定义的书面文件。

378. 协议　agreements

用于明确项目初步意向的任何文件或沟通，形式有合同、谅解备忘录（MOU）、协议书、口头协议和电子邮件等。

379. 信息　information

被组织或结构化的数据，并进一步为特定目的加以处理，使之在特定环境中具有意义和价值并且能够发挥作用。

380. 信息管理系统　information management systems

用于在信息的生产者与消费者之间以实体或电子形式收集、储存和分发信息的设施、过程及程序。

381. 信息邀请书 request for information (RFI)

采购文件的一种，买方借此邀请潜在卖方就某种产品、服务或卖方能力提供相关信息。

382. 虚拟团队 virtual teams

拥有共同目标的，在很少或不能见面的情况下，完成相应任务的一组人。

383. 需求 requirement

为满足业务需求，某个产品、服务或成果必须达到的条件或具备的能力。

384. 需求跟踪矩阵 requirements traceability matrix

把产品需求从其来源连接到能满足需求的可交付成果的一种表格。

385. 需求管理计划 requirements management plan

项目或项目集管理计划的组成部分，描述将如何分析、记录和管理需求。

386. 需求文件 requirements documentation

关于各种单一需求将如何满足项目商业需求的描述。

387. 选择性依赖关系 discretionary dependency

基于某应用领域或项目方面对活动顺序的最佳实践而建立的依赖关系。

388. 验收标准 acceptance criteria

可交付成果通过验收前必须满足的一系列条件。

389. 验收的可交付成果 accepted deliverables

项目产出的，且被项目客户或发起人确认为满足既定验收标准的产品、结果或能力。

390. 一致同意 unanimity

对某个行动方案，小组中的每个人都表示同意。

391. 一致性 conformance

质量管理体系中的一个通用概念，表示所交付的结果处于某质量要求的可接受偏差界限之内。

392. 依赖关系 dependency

两个活动之间，或者一个活动与一个里程碑之间的依赖关系。

393. 因果图 cause and effect diagram

一种分解技术，有助于追溯造成非预期结果的根本原因。

394. 隐性知识 tacit knowledge

难以明确表达和分享的个人知识，如信念、经验和洞察力。

395. 应急储备 contingency reserve

在进度或成本基准内，为主动应对已知风险而分配的时间或资金。

396. 应急应对策略 contingent response strategies

事先制定的，在某个特定触发条件发生时可以启动的应对措施。

397. 影响图 influence diagram

对变量与结果之间的因果关系、事件时间顺序及其他关系的图形表示。

398. 鱼骨图 fishbone diagram

见“因果图”。

399. 预测 forecast

根据已有的信息和知识，对项目未来的情况和事件进行的估算或预计。

400. 预测型生命周期 predictive life cycle

项目生命周期的一种类型，在生命周期的早期阶段确定项目范围以及所需时间和成本。

401. 预防措施 preventive action

为确保项目工作的未来绩效符合项目管理计划而进行的有目的的活动。

402. 预算 budget

经批准的估算，用于整个项目、任一工作分解结构组件或任一进度活动。

403. 原型法 prototypes

在实际制造预期产品之前，先造出其实用模型，并据此征求对需求的早期反馈的一种方法。

404. 责任分配矩阵 responsibility assignment matrix (RAM)

一种展示项目资源在各个工作包中的任务分配的表格。

405. 增量型生命周期 incremental life cycle

一种适应型项目生命周期，通过在预定的时间区间内渐进增加产品功能的一系列迭代来产出可交付成果。只有在最后一次迭代之后，可交付成果具有了必要和足够的能力，才能被视为完整。

406. 章程　charter

见“项目章程”。

407. 账户编码　code of accounts

用于唯一地识别工作分解结构每个组件的编号系统。

408. 招标文件　bid documents

用于从潜在卖方征集信息、报价或建议书的所有文件。

409. 挣值　earned value (EV)

对已完成工作的测量，用该工作的批准预算来表示。

410. 挣值管理　earned value management

将范围、进度和资源测量值综合起来，以评估项目绩效和进展的方法。

411. 整体项目风险　overall project risk

不确定性对项目整体的影响，代表相关方面临的项目结果可能的正面和负面变异。这些影响源于包括单个风险在内的所有不确定性。

412. 政策　policy

组织所采用的一套结构化的行动模式，组织政策可以解释为一套治理组织行为的基本原则。

413. 支持型活动　level of effort (LOE)

一种不产生明确的最终产品，而是按时间流逝来度量的活动。

414. 知识　knowledge

为了发挥新的经历和信息的作用而使用的经验、价值观和信念、情景信息、直觉和洞察力的组合。

415. 执行　execute

指导、管理、实施和完成项目工作，产出可交付成果和工作绩效数据。

416. 执行过程组　executing process group

完成项目管理计划中确定的工作，以满足项目要求的一组过程。

417. 直方图　histogram

一种展示数字数据的条形图。

418. 职能型组织　functional organization

把员工按专业领域分组的一种组织架构，项目经理分配工作和使用资源的职权有限。

419. 职权　authority

使用项目资源、花费资金、做出决策或给予批准的权力。

420. 职责　responsibility

可在项目管理计划中进行委派的任务，接受委派的资源负有按要求完成任务的义务。

421. 指导与管理项目工作　direct and manage project work

为实现项目目标而领导和执行项目管理计划中所确定的工作，并实施已批准变更的过程。

422. 制定进度计划　develop schedule

分析活动顺序、持续时间、资源需求和进度制约因素，创建项目进度模型，从而落实项目执行和监控的过程。

423. 制定项目管理计划　develop project management plan

定义、准备和协调项目计划的所有组成部分，并把它们整合为一份综合项目管理计划的过程。

424. 制定项目章程　develop project charter

编写一份正式批准项目并授权项目经理在项目活动中使用组织资源的文件的过程。

425. 制定预算　determine budget

汇总所有单个活动或工作包的估算成本，建立一个经批准的成本基准的过程。

426. 制约因素　constraint

对项目、项目集、项目组合或过程的执行有影响的限制性因素。

427. 质量　quality

一系列内在特性满足要求的程度。

428. 质量报告　quality report

用于报告质量管理问题、纠正措施建议以及在质量控制活动中所发现的其他情况的一种项目文件，其中可以包括对过程、项目和产品改进的建议。

429. 质量测量指标 quality metrics

对项目或产品属性及其测量方式的描述。

430. 质量成本 cost of quality (CoQ)

在整个产品生命周期所产生的所有成本，即为预防产品或服务不符合要求而进行的投资，为评估产品或服务是否符合要求而产生的成本，以及因产品或服务未达到要求而带来的损失。

431. 质量管理计划 quality management plan

项目或项目集管理计划的组成部分，描述如何实施适用的政策、程序和指南以实现质量目标。

432. 质量管理体系 quality management system

为质量管理计划的实施提供政策、过程、程序和资源的组织架构。典型的项目质量管理计划应该与组织的质量管理体系相兼容。

433. 质量核对单 quality checklists

用来核实所要求的一系列步骤是否已得到执行的结构化工具。

434. 质量控制测量结果 quality control measurements

对质量控制活动的结果的书面记录。

435. 质量审计 quality audits

是用于确定项目活动是否遵循了组织和项目的政策、过程与程序的一种结构化且独立的过程。

436. 质量要求 quality requirement

必须达到的条件或具备的能力，借此验证成果属性的可接受性和评估成果的质量一致性。

437. 质量政策 quality policy

项目质量管理知识领域中的专有政策，是组织在实施质量管理体系时必须遵守的基本原则。

438. 滞后量 lag

相对于紧前活动、紧后活动需要推迟的时间量。

439. 主进度计划　master schedule

标明主要可交付成果、主要工作分解结构组件和关键进度里程碑的概括性项目进度计划。参见“里程碑进度计划”。

440. 属性抽样　attribute sampling

检测质量的一种方法。

441. 专家判断　expert judgment

基于某应用领域、知识领域、学科和行业等的专业知识而做出的，关于当前活动的合理判断。这些专业知识可来自具有专业学历、知识、技能、经验或培训经历的任何小组或个人。

442. 准确　accuracy

在质量管理体系中，“准确”是指对正确程度的评估。

443. 准则/标准　criteria

各种标准、规则或测试，可据此做出判断或决定，或者据此评价产品、服务、成果或过程。

444. 资金限制平衡　funding limit reconciliation

把项目资金支出计划与项目资金到位承诺进行对比，从而识别资金限制与计划支出之间的差异的过程。

445. 资源　resource

完成项目所需的团队成员或任何实物。

446. 资源分解结构　resource breakdown structure

资源依类别和类型的层级展现。

447. 资源管理计划　resource management plan

项目管理计划的一个组成部分，描述如何获取、分配、监督和控制项目资源。

448. 资源经理　resource manager

具有管理一项或多项资源权限的个人。

449. 资源平衡　resource leveling

一种资源优化技术，对项目进度计划进行调整以优化资源分配，并可能会影响关键路径。

450. 资源平滑　resource smoothing

一种资源优化技术，在不影响关键路径的情况下使用自由浮动时间和总浮动时间。

451. 资源日历　resource calendar

表明每种具体资源的可用工作日或工作班次的日历。

452. 资源需求　resource requirements

工作包中的每个活动所需的资源类型和数量

453. 资源优化技术　resource optimization technique

根据资源的供求情况来调整活动开始和完成日期的一种技术。

454. 资源直方图　resource histogram

按一系列时间段显示某种资源的计划工作时间的条形图。

455. 自下而上估算　bottom-up estimating

估算项目持续时间或成本的一种方法，通过从下到上逐层汇总 WBS 组件的估算而得到项目估算。

456. 自由浮动时间　free float

在不延误任何紧后活动最早开始日期或违反进度制约因素的前提下，某进度活动可以推迟的时间量。

457. 自制或外购分析　make-or-buy analysis

收集和整理有关产品需求的数据，对包括采购产品或内部制造产品在内的多个可选方案进行分析的过程。

458. 自制或外购决策　make-or-buy decisions

关于从外部采购或由内部制造某产品的决策。

459. 自组织团队　self-organizing teams

团队运作无须集中管控的一种团队形式。

460. 总浮动时间　total float

在不延误项目完成日期或违反进度制约因素的前提下，进度活动可以从其最早开始日期推迟或拖延的时间量。

461. 总价合同　fixed-price contract

规定为确定的工作范围所需支付的费用的协议，与完成工作的实际成本或人力投入无关。

462. 总价加激励费用合同　fixed price incentive fee contract (FPIF)

总价合同的一种类型。买方向卖方支付事先确定的金额（由合同规定），如果卖方满足了既定的绩效标准，则还可挣到额外的金额。

463. 总价加经济价格调整合同　fixed price with economic price adjustment contract (FPEPA)

总价合同的一种类型，但合同中包含了特殊条款，允许根据条件变化，如通货膨胀、某些特殊商品的成本增加或降低，以事先确定的方式对合同价格进行最终调整。

464. 组织分解结构　organizational breakdown structure (OBS)

对项目组织的一种层级描述，展示了项目活动与执行这些活动的组织单元之间的关系。

465. 组织过程资产　organizational process assets

执行组织所特有的并被其使用的计划、流程、政策、程序和知识库。

466. 组织学习法　organizational learning

关于个人、群体和组织如何发展知识的方法。

467. 最晚开始日期　late start date (LS)

在关键路径法中，基于进度网络逻辑、项目完成日期和进度制约因素，进度活动未完成部分可能的最晚开始时点。

468. 最晚完成日期　late finish date (LF)

在关键路径法中，基于进度网络逻辑、项目完成日期和进度制约因素，进度活动未完成部分可能的最晚完成时点。

469. 最早开始日期　early start date (ES)

在关键路径法中，基于进度网络逻辑、数据日期和进度制约因素，某进度活动未完部分可能开始的最早时点。

470. 最早完成日期　early finish date (EF)

在关键路径法中，基于进度网络逻辑、数据日期和进度制约因素，某进度活动未完部分可能完成的最早时点。

参　考　文　献

[1] 白思俊．现代项目管理［M］．2版．北京：机械工业出版社，2021.

[2] 白思俊．现代项目管理（升级版）［M］．北京：机械工业出版社，2017.

[3] 董发根．建设工程项目全过程管理操作指南［M］．北京：中国建筑工业出版社，2017.

[4] 戴维·I·克利兰著，杨爱华，等．项目管理战略设计与实施［M］．北京：机械工业出版社，2002.

[5] 戚安邦，孙贤伟．中国式项目风险管理［M］．北京：机械工业出版社，2021.

[6] 阚洪波．项目策划与工程管理［M］．北京：中国建筑工业出版社，2021.

[7] 康路晨，胡立朋．项目管理工具箱［M］．2版．北京：中国铁道出版社，2016.

[8] 乐云，李永奎．工程项目前期策划［M］．北京：中国建筑工业出版社，2011.

[9] 乐云．建设项目前期策划与设计过程项目管理［M］．北京：中国建筑工业出版社，2010.

[10] 孟庆彪．建设项目全过程管理［M］．北京：化学工业出版社，2020.10.

[11] 欧立雄．IPMA ICB 4.0的六大变化［J］．项目管理评论，2019，(03) 36-37.

[12] 孙立杰，曲艺．石油工程企业项目管理制度体系建设分析［J］．科学管理，2020 (1)：25-28.

[13] 苏国平．信息化项目建设与管理［M］．北京：北京航空航天大学出版社，2021.

[14] 汤勇．工程项目管理［M］．北京：中国电力出版社，2015.

[15] 汪小金．项目管理方法论［M］．北京：中国电力出版社，2020.

[16] 吴玉珊，韩江涛，等．建设项目全过程工程咨询理论与实践［M］．北京：中国建筑工业出版社，2018.

[17] 王春军．施企合规管理的原则与目标［J］．施工企业管理，2020，(03)：100-102.

[18] 王岩．项目管理的框架思维［M］．北京：中国林业出版社，2017.

[19] 王富良，韩文斌，范天泉，等．科研项目质量管理［M］．北京：科学出版社，2015.

[20] 许江林．高效运作项目管理办公室［M］．3版．北京：电子工业出版社，2020.

[21] 肖杨．微权力下的项目管理：如何在有责无权的状况下带领项目团队获得项目成功［M］．2版．北京：电子工业出版社，2020.

[22] 上海同济工程咨询有限公司，等．全过程工程咨询实践指南［M］. 北京：中国建筑工业出版社，2018.

[23] 中国国际人才交流基金会．中国项目管理最佳实践［M］. 北京：电子工业出版社，2020.

[24] 全国咨询工程师（投资）职业资格考试参考教材编写委员会．工程项目组织与管理（2019 修订版）［M］. 北京：中国统计出版社，2019.

[25] 全国一级建造师执业资格考试用书编写委员会．建设工程项目管理［M］. 北京：中国建筑工业出版社，2020.

[26] ［美］Harold Kerzner（哈罗德·科兹纳）．项目管理：计划、进度和控制的系统方法［M］. 12 版．杨爱华，译．北京：电子工业出版社，2018.

[27] ［美］Harold Kerzner（哈罗德·科兹纳）．项目管理案例集［M］. 5 版．陈丽兰，译．北京：电子工业出版社，2018.

[28] ［美］哈罗德．科兹纳（Harold Kerzner）．项目管理最佳实践方法：达成全球卓越表现［M］. 4 版．栾梦恺，唐胜男，王颖，译．北京：电子工业出版社，2020.

[29] ［美］哈罗德·科兹纳（Harold Kerzner）．项目绩效管理：项目考核与监控指标的设计和量化［M］. 3 版．肖杨，魏旭，狄弘，译．北京：电子工业出版社，2020.

[30] ［美］Jim Highsmith（吉姆·海史密斯）．敏捷项目管理：快速交付创新产品［M］. 2 版．李建昊，译．北京：电子工业出版社，2019.

[31] ［美］John Goodpasture（约翰·古德帕斯丘）．项目管理的敏捷方法［M］. 2 版．陈伟，译．北京：电子工业出版社，2021.

[32] ［美］杰森·斯科特．项目管理 5.0：领先全球的项目管理技术［M］. 彭相珍，译．北京：中国青年出版社，2020.

[33] ［美］Linda Kretz Zaval（琳达·克雷兹·扎瓦尔），Terri Wagner（特里·瓦格纳）．从 PMP 到卓越项目经理：项目管理实战技巧与案例解析（修订版）［M］. 2 版．郑佃锋，译．北京：电子工业出版社，2019.

[34] 罗德尼·特纳．项目管理手册［M］. 丁杉，译．北京：中国电力出版社，2015.

[35] 罗斯·加兰．项目治理［M］. 汪小金，易洪芳，译．北京：中国电力出版社，2014.

[36] ［美］罗伯特·K. 威索基（Robert K. Wysocki）．有效的项目管理：面向传统、敏捷、极限、混合项目［M］. 8 版．杨爱华，胡庆江，王颖，译．北京：电子工业出版社，2021.

[37] [美] Tom Kendrick（汤姆·肯德里克）. 识别和管理项目风险：预防项目失败的基本方法 [M]. 3 版. 刘悦，译. 北京：电子工业出版社，2017.

[38] [美] 詹姆斯·P·克莱门斯，[美] 杰克·吉多. 项目管理核心资源库：成功的项目管理 [M]. 2 版. 张金成，杨坤，译. 北京：电子工业出版社，2012.

[39] [英] 苏珊娜·马德森（Susanne Madsen）. 项目管理中的领导力：从项目管理者到领导者成功转型的七要素 [M]. 2 版. 沈小滨，译. 北京：电子工业出版社，2020.

[40] 迈克尔·A·希特，等. 战略管理 [M]. 北京：机械工业出版社，2004.

[41] 美国项目管理学会 PMI. 项目组合、项目集和项目治理实践指南 [M]. 北京：电子工业出版社，2016.

[42] 美国项目管理学会. 项目管理知识体系指南：PMBOK®指南 [M]. 6 版. 北京：电子工业出版社，2017.

[43] 美国项目管理学会 PMI. 组织级项目管理标准 [M]. 傅永康，译. 北京：电子工业出版社，2019.

[44] Too E G, Weaver P. The management of project management: A conceptual framework for project governance [J]. International Journal of Project Management, 2014, 32 (8): 1382-1394.